Rosalind Miles
Weltgeschichte der Frau

Band 1473

Zu diesem Buch

Rosalind Miles stellt in ihrem neuen Buch bewußt die Frauen in den Mittelpunkt der Weltgeschichte. Sie zeigt die Entwicklung ihrer gesellschaftlichen Position vom verehrten, gottähnlichen Geschöpf in den frühen Kulturen über die anschließende Unterdrückung der Frauen im Patriarchat bis zur heutigen Frauenemanzipation. Rosalind Miles rückt die Tatsachen gerade: Die Weltgeschichte wurde zwar von Männern *geschrieben*, aber weitgehend von Frauen *gemacht*. In ihrem amüsanten und spannenden Streifzug durch die Jahrhunderte weist sie nach, daß immer die Frauen der treibende Motor waren und die Männer die Helden und Staatsmänner, die in die Geschichte eingingen. Rosalind Miles dokumentiert die eigentliche Vorherrschaft der Frauen von der Frühgeschichte bis in die Gegenwart.

Rosalind Miles ist als Autorin zahlreicher Sachbücher und zweier Romane »Heimkehr nach Eden« und »Bitteres Erbe«, beide Weltbestseller, international bekannt. Sie arbeitet als Fernsehjournalistin und lebt mit ihrer Familie in Warwickshire, England.

Rosalind Miles

Weltgeschichte der Frau

Aus dem Englischen von
Sonia Mikich und John Rayner

Piper
München Zürich

SERIE PIPER
FRAUEN

Die Originalausgabe erschien 1988 unter dem Titel
»The Women's History of the World«
bei Michael Joseph Ltd.

ISBN 3-492-11473-3
Mai 1993
R. Piper GmbH & Co. KG, München
Lizenzausgabe mit Genehmigung des Econ Verlags, Düsseldorf
© 1988 by Rosalind Miles
© 1990 Econ Verlag GmbH, Düsseldorf, Wien und New York
Umschlag: Federico Luci,
unter Verwendung des Gemäldes »Geburt der Venus« (Ausschnitt)
von Sandro Botticelli (Uffizien, Florenz)
Satz: Drölemann-Satz, Lemförde
Druck und Bindung: Clausen & Bosse, Leck
Printed in Germany

*Für alle Frauen auf der Welt, die keine
Geschichte gehabt haben.*

Die Frau ist und macht Geschichte.

Mary Ritter Beard

Inhalt

Vorwort   11

I. Am Anfang   19
     1. Die ersten Frauen   20
     2. Die Große Göttin   38
     3. Der Aufstieg des Phallus   60

II. Der Sturz der Frauen   83
     4. Gott der Vater   84
     5. Die Sünden der Mütter   109
     6. Ein bißchen Bildung   132

III. Land und Herrschaft   159
     7. Frauenarbeit   160
     8. Revolution – die große Maschine .   186
     9. Die Knute des Kolonialismus . . .   213

IV. Die Wende   239
     10. Die Rechte der Frau   240
     11. Die Politik des Körpers   266
     12. Töchter ihrer Zeit   289

Fußnoten   317

Personen- und Sachregister   335

Vorwort

»Was ist Geschichte?« So grübelte Gibbon, der große englische Historiker für römische Geschichte. »Nicht viel mehr als ein Register der Verbrechen, Torheiten und Unglücksfälle von Männern.« Endlich hat die Hand, die die Wiege schaukelt, die Feder ergriffen, um die Vergangenheit zurechtzurücken. In der Geschichte gab es auch Frauen.

Die historischen Aufzeichnungen erlauben kaum, diese These zu unterstützen. Als am Kai von Plymouth ein Gedenkstein für jene Pilgerväter errichtet wurde, die 1620 die historische Reise auf der »Mayflower« unternahmen, blieben die siebzehn Frauen unerwähnt, die mit ihnen segelten, um die Neue Welt aufzubauen. Ganz allgemein haben die Historiker jeder Epoche dem weiblichen Geschlecht wenig Interesse gewidmet. 1283 sah nur eine Dienerin, »die nachts wachte und Psalmen sang«, den Attentäter, der, mit einem Messer bewaffnet, in das Schlafzimmer des Königs von England eindrang. Diese Frau änderte den Lauf der Geschichte – und der Chronist, Matthew de Paris, führte nicht einmal ihren Namen auf.

Aber wir Frauen dieser Welt haben eine Geschichte. Viel reicher und merkwürdiger, als man uns glauben machen will.

Dieses Buch zielt hauptsächlich darauf, die Reichweite, Macht und Bedeutung des weiblichen Beitrags zur Evolution der Menschheit geltend zu machen. Es will die immensen und vielfältigen Errungenschaften der Frauen im öffentlichen und im privaten Bereich illustrieren: in der Kultur, in der Wirtschaft, im Heim, in der Gefühlswelt, in der Gesellschaft, in der Sexualität. Unsere Vergangenheit quillt geradezu über mit unzähligen Geschichten von Amazonen und assyrischen Kriegerköniginnen, Mutter-Gottheiten und Großen Elefanten-Kühen, von kaiserlichen Konkubinen, die den Aufstieg zur Weltherrschaft schafften, von Wissenschaftlerinnen, Psychopathinnen, Heiligen und Huren. Von Frauen wie Brunhilda, Marie de Brinvilliers, Mutter Theresa, Chiang Ch'ingh.

Faszinierend ist das Leben solcher verkannten Heldinnen; ihre großartige Geschichte wurde noch nie erzählt. Wir rücken den Frauenstandpunkt in die Mitte und merken, wie jede historische Epoche, jeder Ort plötzlich eine neue Sicht auf die alte Menschheitsgeschichte erlaubt: Die Erneuerung des Spezies ist stets das alleinige, ganzheitliche, unvermeidliche und wenig anerkannte Geschenk der Frauen dieser Welt an die Zukunft gewesen. Von der Kaiserin, die im Kreise ihrer Ärzte, Hebammen, Hofdamen, Astrologen und Dichter einen Monat lang ihre Entbindung vorbereitete, bis zur armen Feldarbeiterin, die sich unter einem Busch hinhockte und ein Kind zur Welt brachte und dann zur Arbeit zurückkehrte mit dem Neugeborenen auf dem Rücken.

Das alles geht verloren, wenn unser Blick auf die Geschichte sich nur auf Männer konzentriert und Allgemeingültigkeit für die Handlungen einer knappen Hälfte der Menschheit beansprucht. Eine solche Sicht ist einäugig, lügnerisch. Sie ist brüchig, parteiisch, zensiert. Historiker haben einen Fetisch daraus gemacht, in Schatzkammerverzeichnissen und Wäschereilisten herumzuwühlen, um die Schmutzwäsche berühmter Männer zu sondieren, anstatt sich den großen Taten unbekannter Frauen zu widmen. Die Gesellschaft hat goldene Kugeln, Bälle, Schwerter und Amtsstäbe als Insignien verehrter Männlichkeit glorifiziert: glänzende phallische Schaustücke, die das höchste Gut der Männer noch erhabener machten. Jede Generation hat die Nachwelt kräftig mit bunten Fiktionen und hohler Prahlerei angeschwindelt. Das »Heilige Römische Reich Deutscher Nation« – ein Beispiel aus dem Meer historischer Irrtümer – war *nichts* von dem, was der vollmundige Titel verheißt. Wie Jane Austen einst bemerkte: »Oft finde ich es merkwürdig, daß Geschichte so langweilig sein soll; schließlich muß vieles davon pure Erfindung sein.«

Im Gegensatz dazu hat die Geschichte der Frauen erst jetzt damit begonnen, sich zu erfinden. Die Männer verschafften sich im 3. Jahrtausend v. Chr. den Eintritt in das Geschäft mit dem Aufzeichnen, Definieren und Deuten von Ereignissen. Für Frauen begann dieser Prozeß erst im 19. Jahrhundert. Am Anfang ging es darum, die Chroniken nach Königinnen, Äbtissinnen und gelehrten Frauen durchzukämmen, um sie gegen männliche Autoritäten und Experten zu setzen. So wurden Heldinnen als Spiegelbilder von Helden geschaffen: Jeanne d'Arc, Florence Nightingale, Katharina die Große. Diese Wundertütenversion der weiblichen Geschichte hat zwar einigen Wert als Beleg für die Kompetenz und die Macht, die Frauen an den Tag legen können. Aber sie weist doch zwei Schwachstellen auf: Sie bestärkt den (falschen) Glauben an die Errungenschaften der Männerherrschaft, da es immer viel mehr männliche Regierende und »Genies« gab. Und sie spricht nicht die Alltagswirklichkeit der Mehrzahl der Frauen an, die weder Gelegenheit noch Lust hatten, solche Aktivitäten auf sich zu nehmen.

Was also sollte eine weibliche Geschichte der Welt leisten? Sie muß jene Lücken füllen, die die konventionelle, männerfixierte Geschichtsschreibung hinterließ und die der Frauensache die ihr angemessene Würde und Aufmerksamkeit verleiht. Abermillionen erstickter Stimmen – das bedeutet die Aussperrung unseres Geschlechts aus den Annalen. Den weiblichen Anteil an dem, was wir Geschichte nennen, zurückzuerobern ist gewiß keine geringe Errungenschaft. Jede weibliche Geschichtsschreibung muß auf Auslassungen und Halbwahrheiten achten. Sie muß sich das Schweigen anhören und es zum Reden bringen.

Die zweite Aufgabe: Wir müssen uns damit auseinandersetzen, daß Frauen die größte Rasse von Unterdrückten (gewesen) sind, die die Welt je erlebte. »Frauen leben wie Fledermäuse oder Eulen, schuften wie Tiere und sterben wie Würmer«, so schrieb Margaret von Newcastle, eine englische Herzogin im 17. Jahrhundert. Frauen und Männer müssen sich gleichermaßen vor Augen führen und akzeptieren, daß das weibliche Geschlecht systematisch und anhaltend von Männern mit großer Brutalität angegriffen worden ist. Vom Prügeln der Ehefrau zur Hexenverfolgung, von der Verstümmelung weiblicher Genitalien bis hin zum Mord. Das wäre der erste Schritt, um uraltes, schreckliches Unrecht wiedergutzumachen. Es ist wichtig anzuerkennen, daß die Interessen der Frauen häufig im Widerspruch zu denen der Männer standen, von ihnen abgelehnt wurden. Es ist keineswegs ein Paradox, daß historische Phasen, die Männern großartige Fortschritte bescherten, für Frauen Verluste und Rückschritte mit sich brachten. Wenn Lenins These wahr ist, daß der Emanzipationsgrad der Frauen einen guten Maßstab für den Grad der Zivilisation einer Gesellschaft abgibt, so müssen wir einige historische Entwicklungen radikal umbewerten: Die Vorstellung, daß die klassische Kultur Athens, die Renaissance und die Französische Revolution progressiv waren, wäre demzufolge falsch. Denn Frauen erlitten dabei schwerwiegende Rückschläge. Wie die amerikanische Historikerin Joan Kelly trocken anmerkt: »Es gab keine Renaissance für Frauen – zumindest nicht während der Renaissance.«

Eine Geschichte der Frauen muß sich also um Erklärungen und Erzählungen gleichzeitig bemühen. Und die Antwort auf zwei Schlüsselfragen aufspüren: Wie konnten die Männer erfolgreich die Unterdrückung der

Frauen durchsetzen? Und: Warum ließen Frauen dieses zu? Am Anfang
der Menschheitsgeschichte, so die These dieses Buches, bürdete Mutter
Natur den Frauen einen ungleichen (größeren) Anteil der Reproduktionsarbeit auf. Sie mußten sich darum der Männerherrschaft beugen, um
Schutz für sich selbst und ihre Kinder zu erhalten. Aber die Geschichte
beweist, daß Frauen in sogenannten »primitiven« Gesellschaften mehr
Gleichheit erleben können als ihre Schwestern in den angeblich »fortgeschrittenen« Gesellschaften. Denn in letzteren ist die männliche Dominanz in alle Facetten des Lebens eingearbeitet. Ja, sie wird in jeder Epoche
emsig neu aufgelegt: mit einem Sperrfeuer von religiösen, biologischen,
»wissenschaftlichen«, psychologischen und wirtschaftlichen Gründen,
die sich bei der nimmer endenden Aufgabe abwechseln, die Unterlegenheit der Frauen herbeizureden und zu rechtfertigen. Die traditionalisti-
schen Argumente für die Überlegenheit der Männer haben sich als
erstaunlich elastisch erwiesen: Alle demokratischen Experimente, alle
Revolutionen, alle Forderungen nach Gleichheit sind bis jetzt genau dort
stehengeblieben, wo es um die Gleichheit der Geschlechter ging. Und
Frauen, die als biologisch festgelegt (und eingeschränkt) gelten, wird
weiterhin das Menschenrecht der vollen Selbstbestimmung verweigert.

Gehen wir davon aus, daß Männer die Kontrolle begehrten. Warum
überließen die Frauen sie ihnen? Die Erklärungen hierzu greifen ineinan-
der über, ähnlich wie es sich bei der gängigen These der »Unvermeidbar-
keit« der Männerherrschaft verhält. Frauen wurden als Kinder von einem
Mann (dem Vater) an den nächsten (den Ehemann) weitergereicht. Ja,
Tausende Jahre lang waren sie juristisch, finanziell und körperlich der
unverhüllten Macht der Männer unterworfen. Bis in die jüngste Zeit
durften Männer aller Kulturkreise eine Ehefrau töten, die sie der Untreue
verdächtigten. Physische Gewalt war der einzige Kontrollmechanismus.
Als Verstärkung und später als erfolgreicher Ersatz gesellte sich die
geistige Gewalt hinzu: Kopf und Körper der Frau wurden besetzt,
kolonialisiert. Und Frauen wurden stets einer wahren Flut psychosexuel-
len Konditionierens ausgesetzt, damit sie sich den Anforderungen ihrer
Männer anpaßten. Wie Dora Russell bemerkt: »Die erstaunliche Wirklichkeit der menschlichen Geschichte besagt, daß Religion, Philosophie
und Politik, gesellschaftliches und wirtschaftliches Denken den Männern
vorbehalten wurden. Unsere Welt ist das Produkt männlichen Bewußtseins.« Wie konnten aber Frauen das Undenkbare denken? Wie »den
Engel am Herd töten«, wie Virginia Woolf es ausdrückte?

Schließlich – wir dürfen dieser Tatsache nicht ausweichen – haben Frauen sich mit ihrer Unterwerfung einverstanden erklärt. Sie haben es sich in der Anpassung zu bequem gemacht. Sie sind zu stark an das Leben gebunden, das sie für ihre Männer und sich selbst vorgefunden haben. Sie sind zu stark mit ihren oft rührend geschickten und erfindungsreichen Privatlösungen verstrickt gewesen. Und so haben sie nicht nur an der Aufrechterhaltung der Männerherrschaft mitgewirkt, sondern als Verräterin die eigenen Kinder dem System angepaßt.

Und doch sind Frauen letztendlich nicht Opfer der Männer oder der Geschichte gewesen, sondern sind als Starke, Unbezwingbare, Überlebende aus der Misere hervorgegangen. Das ist das eigentlich Paradoxe an der Geschichte der Frauen. Heute sind sie endlich von der ewigen Tyrannei des Gebärzwangs befreit. Sie gehen in die Offensive, um die vorsintflutliche Unausgeglichenheit zu korrigieren. Das Patriarchat ist am Ende seiner Laufbahn angelangt. Es mißlingt ihm heute nicht nur, die wahren Bedürfnisse von Männern und Frauen zu befriedigen. Sondern mit seinem tief verankerten Rassismus und Militarismus, mit seinen hierarchischen Strukturen, mit seiner Lust an der Unterwerfung und Zerstörung bedroht das Patriarchat das Leben auf Erden selbst. »Wir Frauen versammeln uns«, so verkündete 1980 die amerikanische Frauenorganisation »Pentagon Action Group«, »weil ein Leben am Abgrund unerträglich ist.« Solange wir Frauen weiterhin Männern erlauben, Geschichte zu machen, sind wir verantwortlich für die materiellen und moralischen Folgen unseres Ausweichens.

Es geht aber darum, die Frauen von ihren historischen Fesseln zu befreien. Von der Tyrannei uralter Bräuche wie Witwenverbrennung und genitale Verstümmelung, die noch im 20. Jahrhundert entsetzlich lebendig sind. Und von jenen Ketten, die in unserem Zeitalter neu geschmiedet wurden. Der Kampf um die Frauenbefreiung ist längst noch nicht vorbei, wie man im Westen gerne denkt. Die neuen Technologien, der medizinische Fortschritt, die Städteentwicklung unseres Jahrhunderts haben den Frauen beispiellose Freiheit beschert. Aber in jedem Fortschritt liegt doch der Kern eines frauenfeindlichen Mißbrauchs verborgen. Neue Möglichkeiten der Degradierung und Ausbeutung eröffnen sich, neue Formen der Sklavenarbeit, neue Angriffe gegen das Leben und die Hoffnung. Der Amniozentese-Test (Fruchtwasserspiegelung) wurde beispielsweise entwickelt, um die Geburt gesunder Babys zu fördern. Heute wird der Test zur Geschlechtsbestimmung beim Ungeborenen eingesetzt. Als Einleitung für die Abtreibung unerwünschter Mädchen. Eine einzige Klinik in Bombay führte von 1984 bis 1985 etwa 16000 Abtreibungen von weiblichen Föten durch (siehe die englische Zeitung *Guardian* vom 4. 11. 1986).

Ein so großes Thema würde so viele verschiedene Geschichten erlauben, wie es bereitwillige Frauen gibt, sie niederzuschreiben. Dieses Buch beansprucht nicht, vollständig zu sein oder alle Probleme einer frauenorientierten Geschichtsschreibung gelöst zu haben. Viele Leserinnen/Leser werden meinen, daß ihnen diese Aufgabe besser gelungen wäre. Bitte versuchen Sie es. Wir brauchen soviel Frauengeschichte, wie wir bekommen können. Dieses Buch täuscht nicht vor, unparteiisch zu sein, wie die traditionelle Geschichtsschreibung vorgibt. Demzufolge wird es irgendwo einen »duften Kerl« geben, der das Buch für männerfeindlich oder unfair halten wird. So geht es mit den meisten Arbeiten zu Frauenthemen. Aber auf solche Einwände gibt es keine bessere Antwort als jene mutige Selbstverteidigungsrede, die die Pionierin der weiblichen Geschichtsschreibung, Mary Ritter Beard, formulierte: »Sicherlich wird das eine oder das andere überbetont. Aber ich habe eine Entschuldigung: Wenn die Verhältnisse zu lange einseitig gewichtet worden sind, dann wird es notwendig, auf der anderen Seite heftig gegenzusteuern.«

Vielleicht kommt auch der Einwand, daß die Frauensache nicht gesondert behandelt werden dürfe, da beide Geschlechter ähnlich gelitten hätten. Als Männer und Frauen gemeinsam unter anstrengendster Schufterei aufstöhnten und die ewige Geißel von Hunger und plötzlichem Tod erduldeten, war das Leiden der Frauen, so argumentiert man, nicht größer als das der Männer. Ein weitverbreiteter Irrtum, der keiner genauen Prüfung der wirklichen Unterschiede zwischen einem Frauen- und einem Männerdasein standhält. Ein Bauer mochte noch so arm und niedrig geboren sein – er hatte stets das Recht, seine Frau zu schlagen. Der schwarze Sklave mußte zwar tagsüber für den weißen Herrn schuften, aber er mußte ihm nicht auch noch nachts zu Diensten sein. Auch haben gesellschaftliche Veränderungen nicht die gleichen Auswirkungen auf das Leben von Männern und Frauen gehabt. Die Industrialisierung Europas und Amerikas im 19. Jahrhundert, die die materielle Lebensqualität für so viele Menschen verbesserte, hing ihrerseits von der Einführung eines grausamen Konsumdenkens ab, das mehr als alles andere die Frauen des 20. Jahrhunderts entwertet hat.

Die Zukunft der Welt muß also besser als ihre Vergangenheit sein. Um den Weg dorthin zu finden, müssen wir unbedingt unsere Vergangenheit begreifen. Wie Lord Acton richtig bemerkte: »Die Geschichte überzeugt Menschen stärker als die Philosophie.« Historiker finden Erklärungen, Rationalisierung, Symbole, Stereotypen, die uns von einem Zeitalter in das nächste führen. Folglich wird uns eine Geschichtsschreibung nur in die Irre führen, wenn der Ansatz schief ist. Frauen sind zu allen Zeiten der Menschheitsgeschichte aktiv, kompetent und *wichtig* gewesen. Das nicht zu begreifen, wäre verheerend für uns. Auch für Männer ist Geschichte ohne Sinn, wenn die Bedeutung der Frauen unterschlagen wird. Diese einseitigen, männerorientierten Darstellungen der Vergangenheit sind genausowenig akzeptabel wie etwa rassistische Märchen und Vorurteile. Sie sind intellektuelle Mogelpackungen und vermögen nichts zu erklären. Und immer mehr offenbaren sie dumpfes Unwissen.

Können Menschen aus der Vergangenheit lernen? Die Männer müssen bereit sein, auf die rigiden Glaubenssätze und die lebensfeindliche Hierarchie des Patriarchats zu verzichten, wenn sie tatsächlich eine gerechtere Gesellschaft wollen, deren Humanität alle einschließt. Die Frauen müssen ihrerseits ihren Teil der Verantwortung für die Gesellschaft übernehmen und sich in die öffentlichen Angelegenheiten einmischen. Und im Privatbereich müssen sie lernen, Männer als Partner zu lieben. Und nicht als jene (eigentlich beleidigende) gängige Mischung aus dominantem Vater und übergroßem Kind. Von nun an müssen alle künftigen Entwicklungen aus der Sicht beider Geschlechter festgelegt werden. Männer und Frauen machen gleichermaßen Geschichte. Die Hoffnung für die Zukunft beruht, wie auch die Höhepunkte der Vergangenheit, auf der Fähigkeit der Geschlechter, zusammenzuarbeiten und sich zu ergänzen.

Rosalind Miles

I
Am Anfang

»Der Schlüssel zum Verständnis einer Geschichte der Frauen liegt im Akzeptieren der Tatsache, daß sie die Geschichte der Mehrheit der menschlichen Rasse ist. Auch wenn ein solches Akzeptieren schmerzlich ist.«

Gerda Lerner

Kapitel 1
Die ersten Frauen

»Der Mensch als Jäger – das ist die vorherrschende Theorie der kulturellen Evolution der Menschen. Die Theorie, daß die Menschheit von keulenschwingenden, aggressiven und kraftvollen Menschenaffen abstammt, ist scheinbar selbstverständlich. So weit verbreitet ist sie als wissenschaftliche Tatsache, so lebendig als gesichertes Allgemeinwissen.«

Professor Ruth Bleier

»Ohne die Frau gibt es für den Mann keinen Himmel über den Wolken. Weder oben noch unten auf der Erde. Ohne die Frau gäbe es keine Sonne, keinen Mond, keinen Ackerbau, kein Feuer.«

Arabisches Sprichwort

Die Geschichte der menschlichen Rasse fängt mit dem Weiblichen an. Die Frau war und ist Trägerin des Urchromosoms, das uns zum Menschen macht. Ihre evolutionäre Anpassungsfähigkeit sicherte das Überleben und den Erfolg der Art. Ihre Leistung als Mutter ist die Grundlage für jegliche menschliche Kommunikation und gesellschaftliche Organisation, ein wahrer Schub des Gehirns. Und doch: Für Generationen von Historikern, Archäologen, Anthropologen und Biologen leuchtete nur ein Stern am Morgenhimmel der Menschheitswerdung – der Mann. Der Jäger, der Werkzeugmacher, der Herr der Schöpfung, der die urzeitliche Savanne in einsamer Herrlichkeit durchstreift. So sieht es in jeder uns bekannten Schöpfungsgeschichte aus. In Wirklichkeit schickten sich die Frauen ohne großes Aufheben darin, der Menschheit eine Zukunft zu geben. Denn der Schlüssel zum Überleben der Rasse waren ihre Arbeit, ihre Fähigkeiten, ihre Biologie.

Denn wie Wissenschaftler einräumen: »Die Frauen stellen die Rasse selbst dar, das starke Urgeschlecht. Der Mann ist ein biologischer Nachgedanke.«[1] In der menschlichen Zellenstruktur ist das determinierende X-Chromosom weiblich. Ein weibliches Baby – das ist schlicht die Paarung zweier X-Chromosome im Augenblick der Empfängnis. Die Schaffung eines männlichen Babys bedarf der Abspaltung des divergierenden Y-Chromosoms, das von manchen als genetischer Irrtum, als verkrüppeltes X-Chromosom, betrachtet wird. Das weibliche Ei, das hundertfach größer ist als das befruchtende Spermium, trägt alle genetischen Botschaften in sich, die das Kind je empfangen wird. Die Frauen sind die Urform, das erste Geschlecht, die biologische Norm. Männer stellen lediglich eine Abweichung dar. Der Historiker Amaury de Riencourt faßt zusammen: »Weit davon entfernt, eine unvollkommene Form der Männlichkeit zu sein, wie eine Denktradition behauptet, die von der biblischen Schöpfungsgeschichte bis Aristoteles und Thomas von Aquin reicht, *ist die Weiblichkeit die Norm, die Urform des Lebens.«*[2]

Aber wie sagen wir es Papa? Nigel Calder zufolge waren »die ersten Herren des Universums Kügelchen gefärbten Schleims«.[3] Vielleicht handelte es sich um Eiweißmoleküle oder Urbazillen – aber sie waren männlich. Diesem uralten Vorurteil der Biologie widerspricht freilich die jüngste wissenschaftliche Erkenntnis, daß jedes Individuum auf diesem Planeten von demselben primitiven Hominiden abstammt (Hominoidea = die Menschenähnlichen, Anm. der Übersetzer). Und die waren weiblichen Geschlechts. Bei der Erforschung der DNS, des Bauplans unseres Erbgutes, gelang es mit Hilfe modernster Gentechnologie Wissenschaftlern an der Universität von Berkeley/Kalifornien sowie Oxford/Großbritannien unabhängig voneinander, einen genetischen »Fingerabdruck« zu isolieren, der der gesamten menschlichen Rasse gemein ist. Bei allen rassischen und sonstigen Unterschieden der Weltbevölkerung ist dieser Fingerabdruck über Zehntausende von Jahren derselbe geblieben – und er ist ohne Frage weiblich. Die Forschung weist unumwunden auf eine Frau hin, die die »Gen-Quelle« der gesamten Menschheit ist. Sie lebte vor etwa 300 000 Jahren in Afrika. Ihre Nachfahren wanderten von dort aus über den gesamten Globus, und von ihnen stammen wir alle ab.[4]

Diese Theorie von der Urmutter Eva steckt noch in den Kinderschuhen, und ihre Implikationen sind kontrovers. Die Söhne Adams sind implizit aufgefordert, sich vom christlichen Schöpfungsmythos zu verabschieden. Denn diese weibliche »Gen-Quelle«, diese Urmutter, stammt notwendigerweise ebenfalls von einer Mutter ab, und Identität oder Anzahl ihrer Sexualpartner sind irrelevant, da nur ihre Zelle biologisch zählte. Unumstritten ist jedoch die zentrale Rolle, die die Frau für die Evolution der Art darstellte. Um Mensch zu werden, braucht neues Leben bestimmte genetische Botschaften, und diese werden einzig und allein durch die Frau beigesteuert und übermittelt. In diesem Sinne ist jeder, jede von uns ein Kind Evas. Unsere Körper legen, wie lebende Fossilien, Zeugnis ab von jenen ersten Frauen, die die afrikanische Steppe mit ihren Gefährten durchstreiften.

So entspricht nichts weniger der historischen Wahrheit als das Klischee von jenem profillosen weiblichen Wesen, das in der Höhle neben dem Feuer hockt, während der männliche Gefährte draußen auf Jagd geht. Etwa 500 000 Jahre vor unserer Zeitrechnung richtete sich *Femina erecta* neben *Homo erectus* in irgendeinem sonnigen, urzeitlichen Tal auf. Und es bedurfte vieler Veränderungen, bevor das Paar *sapiens* wurde. An zahlreichen Fundstellen der Eiszeit wird klar, wie bedeutend der Anteil der Frau für das Überleben und Weiterentwickeln des Stammes war. Genausowenig wie das Jagen war diese Arbeit ausschließlich Männersache.

Die Urfrau war von morgens bis abends intensiv beschäftigt; für ein langes Leben war sie nicht bestimmt. Wie ihr männlicher Gefährte starb sie, bevor sie zwanzig wurde. Das geht aus wissenschaftlichen Analysen von fossilen Überresten hervor. Wenige erreichten das 30. Lebensjahr. Und Vierzigjährige waren rare Ausnahmen.[5] Aber trotz ihrer kurzen Lebenszeit entwickelten diese ersten Frauen ein riesiges Spektrum von Fähigkeiten und Aktivitäten. Die Archäologie beweist es ebenso wie die noch heute existierenden steinzeitlichen Stammeskulturen. Frauen bewerkstelligten mit Erfolg:

○ das Sammeln von Nahrung,
○ die Aufzucht von Kindern,
○ die Lederherstellung,
○ das Verarbeiten von Tierhäuten zu Kleidern, Schlingen und Gefäßen,
○ das Kochen,
○ das Töpfern,
○ das Körbeflechten,
○ das Herstellen von Schmuck aus Zähnen oder Knochen,
○ die Konstruktion von Unterschlüpfen (vorübergehende oder dauerhafte),
○ das Herstellen von Werkzeugen für den Ackerbau und von scharfen Steinmessern für das Häuten und Zerteilen von Tierkadavern,
○ den gesamten Bereich der Pflanzen- und Heilkunde.

Das Sammeln von Nahrung stand natürlich auf Platz eins der Liste weiblicher Pflichten. Und diese Arbeit sicherte das Überleben des Stammes. *Während der gesamten Vorgeschichte gab es nie eine Phase, in der sich Frauen, mit oder ohne Kinder, sich auf die Jagdkunst ihrer männlichen Gefährten verließen.* Das ist auch noch heute so in manchen »primitiven« Gesellschaften. Anthropologen haben in jüngster Zeit 175 Jäger- und Sammlerkulturen in Ozeanien, Asien, Afrika und Amerika untersucht. Bei 97 Prozent ihrer Forschungsobjekte war die Jagd ausschließlich Männersache, bei den restlichen 3 Prozent stets zumindest ein Vorrecht der Männer. Aber aus diesen breit angelegten und gründlich dokumentierten Studien geht auch hervor, wie wenig effizient die Jagd als Mittel der Nahrungsbeschaffung ist. Frisch erlegtes Fleisch kommt unregelmäßig und nicht allzu häufig in den Topf. Mit großen Mühen jagen zum Beispiel die Kung-Buschmänner aus Botswana eine Woche lang, um sich dann für den Rest des Monats zur Ruhe zu setzen. Aber das Fleisch kann nicht aufbewahrt werden, vor allem nicht in heißen Klimazonen. Demzufolge sichern nur die sammelnden Frauen die Versorgung des Stammes, keineswegs die jagenden Männer. Die Frauen arbeiten bei Tag unaufhörlich, und sie produzieren täglich etwa 80 Prozent des Essens aller Stammesmitglieder. Die Zahlen lassen folgende Interpretationen zu: In jeder Jäger- und Sammlergesellschaft leisteten und leisten die Männer nur ein Fünftel der notwendigen Reproduktionsarbeit, während die Frauen für die restlichen vier Fünftel sorgen.[6]

Am Anfang der Menschheitsgeschichte sicherte die Arbeit der Frauen nicht nur das Überleben des Stammes, sondern sie beschleunigte den langen Weg zur Zivilisation, den man stolpernd in Angriff nahm. Denn erfolgreiches Sammeln erforderte bestimmte Fähigkeiten: das Unterscheiden, das Auswerten, das Erinnern. In Afrika wurden an prähistorischen Fundstätten Samen, Nußschalen und Gräser entdeckt, die eher auf ein sorgfältiges, kenntnisreiches und systematisches Auswahlverfahren als auf bloße Zufälle hinweisen.[7] Diese Sammelarbeit war auch Auslöser für allererste Experimente mit der Technologie. Die Anthropologie hat sich auf die These fixiert, daß die ersten Werkzeuge der Steinzeit vom Mann für seine Jägerei erfunden waren.[8] Aber die Jagd tauchte in einer viel späteren Phase der Menschheitsgeschichte auf. Zuerst galt es, Wurzeln und Knollen auszugraben oder holzige Pflanzen zu zermahlen. Und dazu bedurfte es Knochen, Steine oder Stöcke als Hilfsmittel. Das waren die Werkzeuge der Frauen. In archäologischen Fundstätten entdeckte man

Grabstöcke mit feuergehärteten Spitzen. Das weist auf die ungeheure Kreativität dieser prähistorischen Nahrungssammlerinnen hin, die herausgefunden hatten, wie sehr es ihre Arbeit erleichterte, wenn sie die angespitzten Stöcke in der Glut langsam hart werden ließen.[9]

Aber im Gegensatz zu den bearbeiteten Feuersteinen und Spitzen von Äxten, Speeren und Pfeilen, die die Jahrtausende überdauern konnten, überlebten nur wenige dieser Urwerkzeuge, um vom weiblichen Erfindungsreichtum zu berichten. Bloßen Stöcken ging auch der gruselige Glanz der späteren Mordwerkzeuge ab, und sie spielten darum in den Augen der Archäologen keine Rolle beim dramatischen Anfang der Menschheitsgeschichte, der ganz im Zeichen des Jägers stand. Die Archäologie schweigt ebenfalls zu einer anderen weiblichen Erfindung: dem Sammelsack. Einen solchen Behälter müssen die Frauen erfunden haben, damit sie die Nahrung, die sie im Laufe des Tages gefunden, gefangen oder ausgegraben hatten, ins Lager zurücktragen konnten.[10]

Denn Menge und Art der Nahrungsmittel hätten niemals erlaubt, daß die Frauen alles mit bloßen Händen oder in ihrer Kleidung transportierten. Ihre Beute waren nicht nur eßbare Gräser, Blätter, Beeren und Wurzeln, sondern auch proteinreiche Eidechsen, Ameisen, Schnecken, Frösche und Raupen. Eier und Fisch waren selten auf dem Speisezettel, aber nicht gänzlich unbekannt. Und für Küstenbewohner war das Meer eine reiche, unendliche Vorratskammer. Die Frau durfte nichts übersehen, weder eine tote Heuschrecke noch eine verwesende Schlange. Ihr fiel die Überlebensarbeit zu; nur mit einem vollen Sack konnte sie heimkehren. Um dann, eine letzte Herausforderung, aus diesen beängstigenden Rohstoffen so etwas wie ein Mahl zu zaubern.

Zwangsläufig wurde das Sammeln mühseliger und dringlicher, wenn die Frau zusätzlich Kleinkinder hatte, die es zu ernähren galt. Als Mutter mußte sie wohl zunächst den Sammelsack zu einer Trageschlinge umarbeiten, da sie ihr Kind ja irgendwie zum Sammeln mitnehmen mußte. Da die meisten prähistorischen Frauen nicht älter als zwanzig wurden, gab es keine Gemeinschaft älterer Frauen jenseits der Wechseljahre, die auf die nächste Generation der Kleinkinder hätte aufpassen können. Die Kinder der Hominiden waren schwer und nahmen noch an Gewicht zu, als die Gehirne (und Schädel) im Laufe der Entwicklungsgeschichte größer wurden. Gleichzeitig nahm die Körperbehaarung der Mutter ab, an die sich die Kinder hätten klammern können. Ob sie nun ihr Baby diagonal zur Brust festband oder auf dem Rücken, wie es einige eingeborenen

Frauen der Neuen Welt machen – jedenfalls schlang und knüpfte sie mit Geschick. Aber wie? Wenn die Archäologie diese Frage nur beantworten könnte.

Die Kinderversorgung hatte noch andere Implikationen, die für unsere Urahninnen und die Zukunft der menschlichen Rasse gleichermaßen Bedeutung hatten. Zwei Faktoren machten diese Mutterarbeit viel anspruchsvoller, als sie es noch für die Primaten-Großmama gewesen war: Erstens wachsen Menschenkinder viel langsamer heran als Affenkinder. Es dauert eine Weile, bis sie sich selbst versorgen können. Infolgedessen brauchen sie mehr und länger Fürsorge und Pflege. Man kann sie nicht einfach von der Brust wegreißen und zur nächsten Bananenstaude schubsen. Zudem geht es ja nicht nur um die körperliche Fürsorge: Das Menschenkind muß in ein entschieden komplexeres System sozialer und intellektueller Tätigkeit eingeführt werden als irgendein Tierkind. Und in fast allen menschlichen Gemeinschaften war und ist diese Arbeit ausschließlich und zuvörderst Sache der Frau. Wie gut die ersten Frauen mit dieser Verantwortung fertig wurden, können wir am Welterfolg ihrer Nachkommen ablesen.

Daß Mutterarbeit in der Menschheitsgeschichte mit Evolutionsarbeit gleichzusetzen und darum von zentraler Bedeutung ist – dieser Gedanke muß sich noch durchsetzen. Eine wichtige Stütze der Theorie vom »Menschen als Jäger« war stets die unhinterfragte Behauptung, daß das Jagen innerhalb der männlichen Gemeinschaft immer feinerer Kommunikations- und Organisationsstrukturen bedurfte und daher evolutionär zur Herausbildung eines komplexeren Hirns, ja zur Herausbildung der menschlichen Gesellschaft schlechthin führte. Sally Slocum führt flott und flink das Gegenargument ins Feld: »Das Bedürfnis, die Kinderernährung nach dem Abstillen zu organisieren, der Umgang mit den immer komplexer werdenden sozio-emotionalen Bindungen der Menschen untereinander, die neuen Fähigkeiten und Erfindungen, die mit dem immer extensiver betriebenen Sammeln einherging – all dies bedurfte eines größeren Gehirns.

Zuviel hat man sich mit Fähigkeiten befaßt, die im Zusammenhang mit dem Jagen stehen. Und zu wenig mit solchen, die für das Futtersammeln und Kindergroßziehen nötig sind« (Kursiv der Autorin).[11]

In diesem Sinne muß eine Leistung der Frauen ein mindestens genauso großer Schritt in Richtung Gruppenarbeit und sozialer Organisation gewesen sein, wie es die Kooperation innerhalb der männlichen Jagdgruppe war: das gemeinschaftliche Teilen und Aufteilen der verfügbaren

Nahrung im Zusammenhang mit der immer komplexer werdenden Aufzucht der Kinder. Da Menschenkinder nach ihrer Geburt sich noch lange sehr langsam weiterentwickeln, schließt die weibliche Mutterarbeit noch andere Aspekte ein. Sie beschirmen, trösten und lenken die Kleinen ab. Sie spielen und kommunizieren mit anderen Müttern und Kindern. All diese Fähigkeiten steigern, wie die moderne Psychologie nachdrücklich belegt, den sogenannten Intelligenzquotienten. Und sie müssen, was das intellektuelle Potential betrifft, entschieden zu unserer evolutionären Abspaltung von den großen Menschenaffen beigetragen haben. Das Trösten, Stimulieren oder Spielen sind nicht einzig und allein Sache weiblicher Elternteile. Aber solche Handlungen sind weit von dem entfernt, was wir gewöhnlich mit dem jagenden, tötenden Mann der Steinzeit assoziieren.[12]

Die Bedeutung der Mutter-Kind-Beziehung reicht noch weiter. Im Mythos vom »Mann als Jäger« ist er es, der die Familie erfindet. Indem er seine Gefährtin schwängert und sie in eine Höhle pfercht, wo sie das Feuer hüten soll, schafft er die Keimzelle der Gesellschaft, die er jagend am Leben erhält. Der Hauptexponent der Jäger-These, der US-Journalist Robert Ardrey, schildert naiv die geschlechtsspezifische Arbeitsteilung im prähistorischen Alltag: ». . . die Männer im Jagdrevier, die Frauen im Wohnlager (heute nennen wir es Büro und Heim).«[13] Aber vieles widerspricht diesem Big-Daddy-Szenario. Archäologische Funde weisen darauf hin, daß die Urfamilien aus Frauen und ihren Kindern bestanden, da alle jagenden Stammesgemeinschaften um die Mutter herum organisiert waren. Die jungen Männer verließen den Stamm oder wurden vertrieben, während die jungen Frauen bei den Müttern und beim heimatlichen Lager blieben – mit ihren Gefährten.

In den frauenzentrierten Familien fanden die Männer sozusagen beiläufig statt; der Kern der Familieneinheit und alle sozialen Gefüge, die daraus entstanden, waren unumstößlich weiblich. Solche Arrangements sind auch heute noch in einigen Steinzeitkulturen wirksam, in den sogenannten »lebenden Fossilien«. Wie der Anthropologe W. I. Thomas betont: »Die Kinder gehörten den Frauen und blieben Mitglied ihrer Gruppe. Der Keim jeglicher gesellschaftlicher Organisation waren stets die Frau, ihre Kinder und ihre Kindeskinder.«[14]

Je mehr wir biologische Zeugnisse zu interpretieren lernen, um so mehr stehen wir in der Schuld jener prähistorischen Frauen. Wir verdanken beispielsweise unseren Urmüttern, daß wir Menschen überwiegend

Rechtshänder sind. Nigel Calder erklärt dazu: ». . . der moderne Mensch ist typischerweise Rechtshänder, das ist ein weibliches Phänomen.«[15] Seit jeher pflegt die Frau ihr Kind auf der linken Körperseite zu tragen, wo es durch den mütterlichen Herzschlag getröstet und beruhigt wird. So bleibt die rechte Hand frei, andere Dinge zu tun. Und so haben sich spätere Menschen überwiegend zu Rechtshändern entwickelt. Daß das menschliche Greifenkönnen »weiblich« ist, wird Calder zufolge noch durch folgende Tatsache belegt: Bis zum heutigen Tag lernen weibliche Kleinkinder viel schneller und entschiedener das Greifen als männliche Kleinkinder. (Mit dem Sprechen verhält es sich genauso.)

Nicht unerwähnt bleiben soll eine letzte biologische Errungenschaft, die die Frau dem Mann vererbte. Eine Errungenschaft, die noch nicht so recht gewürdigt wurde. Bei den Primaten ist der männliche Penis ein nur wenig beeindruckendes Organ. Weit davon entfernt, irgendeinem Weibchen Angst einzuflößen, löst der durchschnittliche *King Kong* eher Mitleid für sein (im Verhältnis zur Körpermasse) mickriges Anhängsel aus. Der Mensch hat sich jedoch in dieser Hinsicht zu einer unproportionalen Größe entwickelt; zumindest mit seinem primären Geschlechtsmerkmal darf er sich als Herr der Schöpfung empfinden. Dies verdankt er der Frau. Als Femina sich anschickte, *erecta* zu werden, sich auf die Hinterbeine stellte und losmarschierte, neigte sich ihre Vagina nach vorne und nach unten und verlagerte sich tiefer ins Körperinnere. So einfach war das. Der männliche Penis reagierte auf die Veränderung und folgte dabei dem evolutionären Prinzip, dem die Giraffe ihren langen Hals verdankt: Wachsen, um etwas zu kriegen, das sonst unerreichbar bleibt.[16] Eine weitere Folge dieses Prinzips war ein bei den Säugetieren einzigartiges Experiment: der Sex von Angesicht zu Angesicht. Schließlich verlangte die Zukunft der Spezies, daß sich der Mann irgendwie Eintritt verschaffte. Ob eine Frau von vorne oder hinten penetriert wird: die Leichtigkeit, mit der die meisten Paare beim Geschlechtsverkehr die Positionen wechseln, erinnert beständig an den evolutionären Triumph der weiblichen Biologie und seine Folgen.

Die weibliche Biologie ist der Schlüssel zur Geschichte der menschlichen Rasse; der Triumph der Evolution vollzog sich im Körper der Frau. In einem entscheidenden Entwicklungsschritt, der das Überleben der Art sicherte. Das war der biologische Wechsel von der tierischen Brunst, wenn das Weibchen heiß wird, zum menschlichen Menstruationszyklus. Die Menstruation wird als entwicklungsgeschichtliches Schlüsselereignis kaum erwähnt, geschweige denn hervorgehoben. Und doch war sie die evolutionäre Anpassungsleistung, die die Spezies Mensch vor der Ausrottung bewahrte sowie Überleben und Erfolg dieses Säugetieres sicherte.

Bei den höheren Primaten ist die Brunst der Weibchen ein nicht sonderlich effizienter Mechanismus. Die Brunstzeiten weiblicher Schimpansen, Gorillas und Orang-Utans sind selten und kurz. Alle fünf oder sechs Jahre werfen sie ein Junges. Die Gefahr, ausgerottet zu werden, ist groß. Heutzutage überleben die Menschenaffen nur, wenn sie in kleinen Gruppen und unter günstigen Umweltbedingungen leben. Anders beim Menschen: Weil sie jährlich zwölfmal empfängnisbereit sein kann statt einmal im Abstand von fünf Jahren, hat die Frau eine Reproduktionsfähigkeit, *die sechzigmal höher ist als die ihrer Primatenschwestern*. Der große Sprung nach vorn für die Menschen war die Menstruation – nicht die Jagd. Einer weiblichen Adaption verdanken wir es, daß »der Mensch« gedieh, sich vermehrte und die Welt eroberte.

Die Menstruation war nicht nur ein bloßes körperliches Phänomen, wie etwas essen oder das Ausscheiden. In der jüngsten Zeit argumentieren manche Experten, daß das Evolutionsereignis Menstruation (in der englischen Umgangssprache heißt Menstruation »curse« = Fluch, Anm. d. Übersetzer) nicht nur das Problem mit der ausreichenden Anzahl von Nachkommen löste, sondern auch die intellektuelle Dunkelheit erhellte, in der der Steinzeitmensch gefangen war. In ihrer Pionierarbeit über die Menstruation *The Wise Wound (Die weise Wunde)* heben Penelope Schuttle und Peter Redgrove hervor, wie primitive Gesellschaften einen Zusammenhang zwischen Mond- und Menstruationszyklus herstellen. Die Autoren schließen daraus, daß die Menschen ihre Fähigkeiten zu abstrahieren, zu verknüpfen und symbolisch zu denken zuallererst der Frau verdanken. Elise Boulding zufolge entwickelten sich diese geistigen Funktionen in jener grauen Vorzeit, als die Frauen den Männern abstrakte Prinzipien wie Zeitaufteilung, Zählen, Nummern und Kalender nahebrachten:

»Jede Frau hatte einen eigenen Körperkalender – ihren Monatszyklus. Sie war die erste, die den Zusammenhang zwischen ihrem eigenen Zyklus und dem des Mondes entdeckte.«[17] Andere weibliche Autoritäten amüsieren sich über die Naivität des berühmten Professors Jakob Bronowski, der in der Fernsehserie »The Ascent of Man« (Der Aufstieg der Menschen) allen Ernstes von einem prähistorischen Rentierknochen mit

31 Einkerbungen behauptete, es handele sich um ein Verzeichnis des lunaren Monats, ganz offensichtlich. Bei ihrem Kommentar zu »Der Aufstieg von Sie-wissen-schon-Wer« wendet Vonda McIntyre ein: »Tatsächlich? Ein lunarer Monat von 31 Tagen? Na! Meiner Meinung nach war der Knochen höchstwahrscheinlich der Menstruationskalender einer Frau.«[18]

Objektiv betrachtet konnte dieses sorgsam geführte Verzeichnis, stummer Zeuge einer nicht rekonstruierbaren Handlung, das eine oder das andere sein. Oder beides zugleich. Oder etwas völlig anderes. Aber es wurde nicht einmal in Betracht gezogen, daß dieser Knochen ein Beleg sein könnte für weibliches Reflektieren über den eigenen Intimbereich. Ein solcher Denkansatz, vielmehr Denkstopp, gehört zur Tradition, weibliche Handlungen, Erfahrungen, Rhythmen, ja sogar ihre Fähigkeit zu *zählen* unbewußt zu negieren.

Es ist nie darüber nachgedacht worden, welche Folgen es eigentlich für Frauen hatte, als die leichte, selten auftretende Brunstzeit vom Monatszyklus verdrängt wurde. Alle vier Wochen schieden Frauen unterschiedliche, aber nicht geringe Mengen Blut aus. Was taten unsere Urahninnen? Hockten sie sich einfach auf einen Haufen Blätter und tröpfelten? Das käme dem Klischee der passiven Herdhüterin aus dem Mythos vom »Mann als Jäger« doch bedenklich nahe. Außerdem ist es höchst fraglich, daß die Nahrungssammlerin des Stammes, deren Arbeit für das Überleben so wichtig war, ein Viertel der Zeit lahmgelegt war. Aber wenn die Frauen tatsächlich nach wie vor aktiv waren, so hätte ein unkontrollierter Blutfluß zu schmerzhaften Hautrissen und wunden Oberschenkeln geführt, vor allem bei kaltem oder windigem Wetter. In heißen Klimazonen hätten die Frauen zusätzlich Infektionen riskiert. Schorf- oder Hautwunden hätten wohl kaum vor der nächsten Periode heilen können. Was also unternahmen sie?

Es gibt viele Hinweise auf eine Antwort. In der Wildnis kann man beobachten, wie weibliche Affen sich während der Brunstzeit mit Blättern abwischen. Es ist dokumentiert, daß in auch heute noch existierenden Steinzeitkulturen die Frauen Kleider, Trageschlingen für die Kinder und Sammelbeutel weben oder auf andere Art herstellen. Unsere Urahninnen müssen also Menstruationsgürtel oder -schlingen erfunden haben, deren Polsterteil den Blutfluß absorbierte. Heute noch ersinnen Maori- und Eskimofrauen Binden aus feinem, weichem Moos, während indonesische Frauen tamponartige Kugeln aus weichen Pflanzenfasern herstellen. In Zentralafrika verwenden die Azimbafrauen dieselben Fasern als Binden, die sicher in einer ovalen Ziegenlederschlinge liegen, an einem Gurt befestigt.[19] Daß Frauen, die der gesamten menschlichen Rasse eine Zukunft zu geben vermochten, auch mit ihren eigenen Körperfunktionen geschickt umzugehen verstehen – diese Schlußfolgerung zu vermeiden dürfte wohl schwerfallen.

Etwas ist allerdings gewiß: Solche Objekte, wie auch andere Erfindungen der prähistorischen Frau, überlebten nicht die Jahrtausende. Selbst wenn sie überdauert hätten – wären sie eines wissenschaftlichen Diskurses wert gewesen? Man hat sich ausufernd mit allen Aspekten des Lebens in der Steinzeit befaßt, akademisch-gründlich und wild-spekulativ. Mit dem Leben des Mannes, wohlgemerkt. Aber niemand hat sich mit der evolutionären Bedeutung der biologischen Wende zum Menstruationszyklus befaßt, weder akademisch noch populärwissenschaftlich. Der Anthropologe Donald Johanson, der Entdecker von »Lucy«, dem ersten weiblichen Mitglied der Hominiden, tat die Brunstzeit-These ab. Er erklärte kurzerhand: »Ich glaube an nichts, das ich nicht messen kann. Und mir ist nie ein Fossil vor Augen gekommen, das etwas mit der Brunst zu tun gehabt hätte.«[20] Natürlich nicht.

Generationen männlicher Experten haben, wie Johanson, die Augen vor den Fakten und den wichtigen Konsequenzen der weiblichen Entwicklungsgeschichte verschlossen. Sie haben darauf bestanden, aus den Frauen der Vorgeschichte sexuelle Vehikel für den Mann zu machen. »Die Squaws der Steinzeit wurden für die Ehe gemästet«, schrieb H. G. Wells. »Sie waren die behüteten Sklavinnen des rangältesten Mannes, des Herrn aller Frauen.« Frauen satt – das Wunschdenken des Herrn Wells.[21] Für Robert Ardrey wurde der weibliche Monatszyklus zur wahren Goldgrube für die Jungens. »Wenn ein Primatenweibchen heiß wurde«, sprudelt es aus Ardrey heraus, »sahnte es sexuell völlig ab. Es besorgte allen den Spaß und sich selbst ein Maximum an männlicher Aufmerksamkeit.«[22] Aber die Brunstzeit des weiblichen Säugetiers ist kurz und selten. Es mußte also mehr geben, um den Jäger an den heimischen Herd zu locken. Demzufolge lernte die erste Frau, von der Brunstzeit in den Monatszyklus überzuwechseln. So stand sie dem Mann das ganze Jahr hindurch sexuell zur Verfügung. Damit entlohnte sie den Anteil Wild, den er ihr von der Jagd mitbrachte. Das erste uns bekannte Beispiel in der Geschichte für das altehrwürdige Prinzip *Quidproquo*.

Daß die Frau von heute so gebaut ist, wie sie ist, läßt sich angeblich auf das Prinzip »Spaß für alle« zurückführen. Als der prähistorische Jäger sich aufrichtete, wollte er natürlich frontalen Sex. Diesem Bedürfnis kam die Frau nach, wie Desmond »Naked Ape« Morris so charmant erklärt, indem sie Brüste entwickelte: »Der Sex sollte sexier werden.« Sie hatte nämlich erkannt, daß ihr »hinteres Backenpaar« als Lockmittel bei den Männern nicht mehr ankam, also »mußte sie die Vorderfront etwas attraktiver gestalten«.[23] Es war wohl purer Zufall, daß Frauenbrüste und Geburtsgewicht der Säuglinge im Laufe der Evolutionsgeschichte gleichermaßen größer wurden ...

Eine solche androzentrische (männerfixierte) Sicht der weiblichen Entwicklungsgeschichte interpretiert jede Veränderung des Frauenkörpers als Pluspunkt für den Mann. Für ihn brachte sie den weiblichen Orgasmus hervor, als wohlverdienten Bonus für den erschöpften Versorger der Fleischtöpfe. »So setzte sich der weibliche Erfindungsreichtum fort«, jubelt Ardrey, »der Mann mochte noch so müde sein, die weibliche Lust brachte ihn wieder auf die Beine.«[24] Der prähistorische Jäger wird – seine letzte Vorstellung im Evolutionsdrama – auch noch zum sexuellen Rambo, den es in die Welt treibt, während die Frau, tagein, tagaus zum Sex bereit, auf seine Heimkehr wartet, um ihm ihre neuen Tricks und Späße mit den Brüsten und der Klitoris vorzuführen. Auch die Eiszeit kannte das Playgirl des Monats ...

Angesichts des überwältigenden wissenschaftlichen Nachweises der zentralen Rolle der Frau für die menschliche Entwicklungsgeschichte – wie erklären wir, daß der Mythos vom Jäger vorherrscht und weiterlebt? Darwins Theorie vom Ursprung der menschlichen Rasse sah ein solches Wesen nicht vor. Sein erster Mann war ein soziales Tier, das innerhalb eines »Gemeinschaftskörpers« arbeitete. Ohne den Stamm ging er ein. Aber spätere Darwinisten wie Thomas Huxley und Herbert Spencer (Carlyle zufolge der »größte Esel der Christenheit«) interpretierten den Überlebenskampf der Menschheit als einen Krieg zwischen *Individuen*, nicht zwischen *Genen*. Um 1925 hatte sich diese Idee als wissenschaftliche Tatsache durchgesetzt. An der Londoner Universität verbreitete Carveth Read aufgeregt, daß der erste Mensch aufgrund seiner wolfsartigen Wildheit umgetauft werden sollte: *Lycopithecus*. Eine These, die der südafrikanische Professor Raymond Dart begierig aufgriff. Ebenfalls ein Möchtegern-Abenteuerschriftsteller, meinte er ernsthaft:

»Die Vorläufer der Menschen unterscheiden sich wesentlich von den Affen. Denn sie waren Killer aus Überzeugung. Fleischfresser, die gewalttätig lebende Beute fingen, sie zu Tode knüppelten und in Stücke rissen.

Ihren heißen Durst löschten sie mit dem heißen Blut der Opfer, und sie verschlangen gierig deren zuckendes Fleisch.«[25]

Aus dem Jäger-Mythos lassen sich noch andere Aspekte ableiten, die den Gewalt- und Zerstörungsphantasien von Männern entgegenkommen: »Wir sind die kleinen Kinder Kains«, leiert Ardrey eintönig. »Der Mensch ist ein Raubtier. Das Töten mit der Waffe gehört zu seiner Natur.« Wie die Jungens auf diese Einsicht abfuhren! Von Konrad Lorenz bis Anthony Storr: »Es ist eine einfache Tatsache. Wir [*Wen meint er damit? Anm. der Autorin*] sind die grausamste, rücksichtsloseste Spezies, die je auf Erden lebte.«[26] Die natürliche Aggression des Mannes fand ein natürliches Ventil. Er unterwarf seine Nächsten: »Frauen, Knaben und Mädchen«, so schrieb H. G. Wells, »leben in ständiger Angst vor dem Alten.« Für Ardrey wurde »Dominanz – sogar im sorgenfreien Urwaldleben eine revolutionäre soziale Notwendigkeit – zum täglichen Überlebensmechanismus in der Jägergemeinschaft.«[27] Ein solches Erbe eignet sich natürlich als Rechtfertigung jeglicher männlicher Aggression, ob Männer nun in der Berufswelt andere schikanieren oder ihre Ehefrauen prügeln oder vergewaltigen. Das Recht, andere zu dominieren, das der Steinzeit-Boß für sich beanspruchte, erwies sich als viel zu nützlich, um später einmal von den Nachfahren aufgegeben zu werden.

Letztendlich gibt es kaum einen Aspekt der modernen Zivilisation, den man nicht auf den prähistorischen Jäger zurückführen kann. So erklärt sich der selbstherrliche Wahn, der mit der Vorstellung von der dominierenden, zerstörerischen »Natur« des Mannes einhergeht. Generationen von Wissenschaftlern haben dem prähistorischen Mann und seinen Kumpeln im Chor ein Triumphlied gesungen: »Intellekt, Interessen, Emotionen, ja die Grundlage unseres sozialen Lebens – all dies verdanken wir den Jägern der grauen Vorzeit.« So etwa jubilierten die US-amerikanischen Professoren Washburn und Lancaster. Selbstverständlich ließen sich nicht alle vom Jäger-Mythos einnebeln. Donald Johanson nannte die These Ardreys »ein Produkt seiner lebhaften Phantasie, eine wahre Peinlichkeit für die Anthropologen«. In akademischen Kreisen wurde die gesamte Theorie auf Halde gelegt, irgendwo zwischen Revision und Lächerlichkeit. Der Psychologe Dr. John Nicholson ist nicht der einzige Wissenschaftler, der zugibt, daß ». . . ich mich immer noch ärgere, auf so etwas einmal hereingefallen zu sein«[28].

Aber es ist schwer, den Jäger, der so lange durch die Gefilde des Allgemeinwissens galoppiert ist, nun endlich zu erlegen. Nur wenigen

Menschen fällt auf, daß dieser Jäger allein durch die Jahrtausende gestreift
ist, von Generation zu Generation. Denn in dieser Story taucht keine
Frau auf. Abgesehen von ihrem knospenden Geschlechtsapparat, scheint
die prähistorische Frau bei der Evolutionslotterie nur Nieten gezogen zu
haben.

»Der sich entwickelnde Mann wurde immer größer, stärker und schneller. Seine Intelligenz, Phantasie und sein Wissen nahmen zu«, erklärte ein
führender Experte in Frankreich, »aber an all dem hatte die Frau kaum
Anteil.«[29] Zahllose Historiker, Anthropologen, Archäologen und Biologen in aller Welt haben die gleichen Gedanken in verschiedenen Versionen verkündet. Allein auf weiter Flur hat der Mann, so scheint es, die
Sache mit der Evolution hingekriegt. Und inzwischen hängt die prähistorische Frau, faul und unselbständig, im heimischen Lager herum. Die
hohlköpfige Ur-Tussi.

Aber bei aller Würdigung der Leistung unserer Urahninnen, bei aller
Zurückweisung der Lobhudeleien auf den prähistorischen Jäger ist es
doch wichtig, die bisherige Ignorierung der Frau nicht durch eine Ignorierung des Mannes und seiner wirklichen Errungenschaften zu ersetzen.
Die Bedeutung des Mannes für den Überlebenskampf wird selbstver-
ständlicher und paradoxerweise bewundernswerter, wenn wir festhalten,
daß das Leben in der Urgesellschaft im wesentlichen auf Kooperation
beruhte.

Das Jagen war ein Gemeinschaftsunternehmen, kein Abenteuertrip für einsame Helden

Wie Myra Shackley erklärt, »hieß die erfolgreiche Jagd, vor allem auf
große Herdentiere wie Rentiere, Pferde, Mammuts, Bisons und Nashör-
ner, nichts anderes als das Zusammenarbeiten in der Gruppe«[30]. Bis zum
heutigen Tage vereinen sich alle Mitglieder von Jägergemeinschaften,
einschließlich der Frauen und Kinder, um zu jagen oder zu treiben. Und
es ist schon lange bekannt, daß Frauen kleineres, langsameres und unge-
fährlicheres Wild auch allein jagen. Im 18. Jahrhundert entdeckte ein
Händler der kanadischen Hudson-Bay-Company eine junge Frau, die
sich sieben eisige Wintermonate lang durch Jagen und Fallenstellen am
Leben erhalten hatte, ». . . obwohl es Tausende Meilen ringsherum nichts
als trostloseste Einsamkeit gab«[31].

Das Jagen war nicht gleichzusetzen mit dem Kämpfen

Im Gegenteil: Die Gruppenorganisation bezweckte nichts anderes als eben die *Vermeidung* eines Kampfes. Der Urmensch sollte nicht in gefährliche Nähe zu seinem Opfer geraten. Die ersten Menschen arbeiteten zusammen, so Shackley, um diese Gefahren zu umgehen: »Sie trieben Tiere über Klippen, wo sie sich zu Tode stürzten (was mit Sicherheit an der prähistorischen Stätte von Solutre geschah). Oder sie benutzten Feuer, um die in Panik geratenen Tiere auf sumpfiges Gelände zu hetzen (wie in Torralba und Ambrona).«[32] Cro-Magnon-Höhlenmalereien im Gebiet der Dordogne beschreiben lebhaft, wie ein Mamut aufgespießt in einer Grube liegt – eine weltweit verbreitete Methode. Man mußte das Tier noch nicht einmal schlachten, sondern wartete seinen Tod ab. Im großen und ganzen hatte das Jagen wenig mit direkter Aggression oder einem individuellen Kampf auf Leben und Tod zu tun. Vielmehr lauerte man langsamer Beute wie Schildkröten auf, oder man jagte verwundete, kranke oder hochträchtige Tiere. Oder man machte sich über Kadaver her, die andere, wildere Raubtiere verschmäht hatten.

Männer und Frauen bauten auf die Geschicklichkeit und Fähigkeit aller. Vor, während und nach der Jagd

Der Anthropologe Constable führt die Steinzeitkultur der sibirischen Yukaghir an, bei denen die Männer losmarschierten, um die Fallen auf mögliche Beute hin zu untersuchen, während die weibliche Nachhut den Kadaver zerteilte und ins Lager transportierte.[33] Da aus Kadavern Nahrung, Kleidung, Unterkunft, Werkzeug und Schmuck gemacht wurde – überwiegend Sache der Frauen –, hatten diese ein traditionelles Interesse an der Zerlegung. So erinnert Myra Shackley:

»Abgesehen von ihrem Nährwert wurden Tiere um ihrer Felle, Knochen und Sehnen willen gejagt. Man machte Kleidung, Zelte, Fallen und den alltäglichen Kleinkram daraus. Brauchbare Häute wurden getrocknet, gegerbt und mit tierischen Fetten weichgemacht. Indem man die Felle mit Steinwerkzeug zurechtschnitt, mit spitzen Knochen durchbohrte und mit Sehnen zusammennähte, konnte man Kleidung anfertigen. Es gibt keinen Beleg dafür, daß die Kleidung des Neandertalers so primitiv aussah, wie viele Illustratoren es darstellen. In Wüstengegenden wurden Überreste von Straußeneiern gefunden, die vermutlich von Neandertalern als Wasserbehälter benutzt wurden. So wie es heute noch die Buschmänner machen . . . Was aber geschah mit den exotischen Federn? Es gibt zwar keine archäologischen Funde von persönlichem Schmuck, aber dies beweist keineswegs, daß die prähistorischen Menschen sich um so etwas nicht kümmerten.«[34]

Der Jäger war also keineswegs ein furchtloser, aggressiver Einzelgänger, der aus unzähligen Gefahren als Held hervorging. Die einzige regelmäßige, unvermeidliche Aggression, die er an den Tag legen mußte, war die des Beschützers. *Kinderfürsorge und Schutz der Gruppe – das ist die einzige geschlechtsspezifische Arbeitsteilung, die sich unweigerlich in vormenschlichen, primitiven Gruppen behauptete.* Als die ersten Männer kämpften oder töteten, geschah dies also *nicht* aus Ehrgeiz oder Spaß. Sie hatten eine Todesangst. Ihr Leben war in Gefahr. Sie mußten ums Überleben kämpfen.

Da der Schutz der Gruppe ein so wesentlicher Bestandteil von Männerarbeit war, müssen wir die sich hartnäckig haltende Idee einer geschlechtsspezifischen Aufteilung der Gefühlsarbeit an dieser Stelle fundamental hinterfragen. Frauen sind angeblich von Natur aus zart, sozial und fürsorglich, während Männer nichts anderes können als kämpfen und ficken. Ungeschlachte, haarige Rohlinge sind sie, die sich weitab vom gemütlichen Lagerfeuer austoben. In Wirklichkeit wurden die ersten Männer, ebenso wie die ersten Frauen, in dem Augenblick zu Menschen, als sie lernten, für andere zu sorgen. Dem Anthropologen John Stewart zufolge können wir an einem Skelett, das in den Höhlen von Shanidar im heutigen Irak gefunden wurde, folgende interessante Geschichte ablesen:

»Der Mann war behindert, er hatte einen nutzlosen Armstumpen. Sein rechter Arm war wohl zu Lebzeiten oberhalb des Ellenbogens amputiert worden. Er war für einen Neandertaler alt, etwa vierzig Jahre, was heute einem Alter von achtzig Jahren entspräche. Er litt an Arthritis. Sein linkes Auge war blind, wie man an dem linken Gesichtsknochen ablesen konnte. Offensichtlich mußte ein solcher Krüppel extensiv von den Seinen unterstützt worden sein . . . Die Tatsache, daß die Familie willens und fähig war, ein im technischen Sinne nutzloses Mitglied zu unterstützen, besagt sehr viel über den hohen Stand ihres Gemeinschaftssinnes.«[35]

Wo ist der Jäger abgeblieben, der »brutal die Zukunft erobert«[36]? Hört sich dieses Wesen nicht allmählich wie ein richtiger Mensch an?

Das soll nicht heißen, daß prähistorische Frauen nie gewaltsam unterdrückt oder gar getötet worden wären. Beispiel Ehringdorf in Deutschland: Hier wurde das weibliche Opfer eines kannibalistischen Mordes entdeckt, der vor 150 000 bis 200 000 Jahren stattgefunden hatte. Sie war eine frühe Neandertalerin, die mit einer Steinaxt erschlagen worden war. Man hatte der Toten den Kopf abgetrennt und die Hirnschale geöffnet. In ihrer Nähe lagen die Überreste eines zehnjährigen Kindes, das zur gleichen Zeit gestorben war.[37]

Die Urgeschichte kannte auch bereits sexuell motivierte Gewalt. Isturitz in den Pyrenäen: Hier wurde eine ungewöhnliche Knochenschnitzerei in Form eines Messers gefunden. Ein aufgespießter Bison erbricht sich blutig im Todeskampf. Auf der anderen Seite der Klinge kriecht eine ähnlich aufgespießte Frau auf Händen und Knien vorwärts, während eine männliche Figur lüstern hinter ihr lauert. Er ist eindeutig darauf aus, sie von hinten zu penetrieren, obwohl ihre schweren Brüste und ihr geschwollener Bauch darauf hinweisen, daß sie schwanger ist. Der französische Anthropologe G. H. Luquet interpretiert das Szenario als steinzeitliches Vorspiel und nennt, bizarr genug, den grausigen Fund einen »Liebestalisman«[38]!

Interessanterweise sind die Frauen in primitiven Gesellschaften häufig viel weniger unterdrückt, als ein moderner, vor allem westlicher Beobachter es vermuten möchte. Weit davon entfernt, die zurechtgestutzten Sklavinnen männlicher Bedürfnisse und Triebe zu sein, hatten die Frauen der Urgeschichte oft *mehr* Freiheit, Würde und Bedeutung als viele ihrer weiblichen Nachkommen in den sogenannten fortgeschrittenen Kulturen. Die Rolle der Frau hängt von den Lebensbedingungen des Stammes ab. Wenn die bloße Subsistenz ein Kampf ist, wenn es nur um das Überleben geht, dann ist die Gleichheit der Frauen sehr ausgeprägt. In solchen Kulturen spielen Frauen eine viel zu wichtige Rolle, um unterdrückt oder abgeschottet zu werden. Ihr Wissen, ihre Erfahrungen stellen den Reichtum des Stammes dar. Sie werden geschätzt. Als Hauptversorger der Ihren besitzen sie Freiheit, Macht und Status, und sie wissen es. Sie hüten das Geheimnis des Überlebens.

In Jäger- und Sammlergesellschaften wird die Arbeit der Frauen keineswegs von den Männern kontrolliert oder ausgebeutet. Sie reißen nicht die Produkte der Frauen an sich, sie behindern ihre Gefährtinnen nicht. Sie haben überhaupt keine oder nur wenig Kontrolle über den weiblichen Körper oder den der Kinder. Sie fetischisieren weder Jungfräulichkeit noch Keuschheit. Sie fordern ihren Frauen keine sexuelle Treue ab. Wissen und Erfahrungsschatz des Stammes wird nicht nur Männern vorbehalten. Und weibliche Kreativität wird weder unterdrückt noch ignoriert. Die »zivilisierten« modernen Schwestern dieser »primitiven« Frauen könnten zu Recht mit einigem Neid auf die substantiellen Frauenrechte der Vorgeschichte blicken.

Und es kam mehr: Den heute noch existierenden Steinzeitkulturen können wir entnehmen, daß Frauen als Ratgeberinnen, Führerinnen, Geschichtenerzählerinnen, Ärztinnen, Zauberinnen und Gesetzgeberinnen auftreten.[39] Zudem verfügen sie über eine einzigartige, magische Macht: über Fruchtbarkeit und Gebärfähigkeit. Das heißt, sie haben *mana* – Autorität und Kraft. Alle vorgeschichtlichen Funde beweisen, daß Frauen *aufgrund ihres Geschlechts* etwas Besonderes innerhalb der Stammesgemeinschaft darstellen. Zahlreiche Werke zeigen Frauen bei der Ausübung religiöser Rituale. So auch eine Felsenmalerei bei Tanuoumaitak (Tassili N'Ajjer): Da führen zwei Frauen einen zeremoniellen Tanz inmitten einer Ziegenherde auf. Sie sind reich geschmückt mit Halsketten, Armbändern und einem Kopfzier aus Perlen.

In einem anderen weltberühmten Gemälde der Urgeschichte, das man in einer Höhle der Drakensberge in Südafrika entdeckte, führt die sogenannte »White Lady« die Männer und Frauen des Stammes bei einem rituellen Tanz an.[40]

Von Anfang an war der Beitrag der Frauen zur Evolution unermeßlich wichtig, auch wenn man bis heute ihre Rolle eher herunterspielt. Die erste Frau (und ihre Mutter, Großmutter, Schwester und Tante) bewerkstelligte fast alles, was *Homo* im Laufe der Geschichte brauchte, um sich als *sapiens* zu definieren. Manchmal bekam die Ur-Eva sogar ein bißchen Unterstützung von ihrem jagenden Gefährten. Und es gibt genügend Anzeichen dafür, daß der Mann die Leistung der Frau damals erkannte. Von der ersten Stunde des menschlichen Bewußtseins im europäischen Sinne bis zu den »Traumzeit«-Mythen der australischen Aboriginals existieren weltweit Bilder und kulturelle Konzepte, in denen die Frau heilige Rituale beherrscht und Teil der wichtigsten Mysterien des Stammeslebens ist.

Denn die Frau – mit ihren unerklärlichen Mondrhythmen und ihrer Macht, neues Leben zu schaffen – *war* das allerheiligste Mysterium des Stammes. Wunderbar, mächtig war sie. Mehr als ein Mann. Mehr als ein Mensch. Als die ersten Menschen anfingen, in Symbolen zu denken, fanden sie nur eine einzige Erklärung: Die Frau war das erste Symbol, das größte Wesen – eine Göttin. Nichts Geringeres.

Kapitel 2
Die Große Göttin

»Die Große Göttin ist die Inkarnation des Femininen an sich, das sich sowohl in der Geschichte der Menschen als auch in der Geschichte jeglicher individuellen Frau entfaltet.«
Erich Neumann ·Die Große Mutter

»Die Mutter aller Lieder, die Mutter allen Samens – sie gebar uns am Anfang der Dinge. Sie ist die Mutter aller Menschenrassen, aller Stämme. Sie ist die Mutter des Donners, der Flüsse, der Bäume und des Getreides. Sie ist unsere einzige Mutter. Und sie allein ist die Mutter aller Dinge. Sie allein.«
Lied der Kayaba-Indianer von Kolumbien

Um 2300 Jahre v. Chr. komponierte der Oberpriester von Sumeria eine Hymne, um Gott zu preisen. »Die Erhöhung von Inanna«, eine Zelebrierung der allmächtigen Gottheit, ist ein Lied von außergewöhnlicher Kraft und Leidenschaft. Es ist in die Geschichte eingegangen als das erste bekannte Gedicht. Aber nicht nur deswegen verdient es die Aufmerksamkeit der Welt: Sowohl der erste Gott als auch der erste bekannte Priesterdichter waren weiblichen Geschlechts.

Denn am Anfang, als die Menschheit aus der Dunkelheit der Vorgeschichte aufbrach, war Gott eine Frau.[1] Und was für eine! Die Sumerer im Gebiet des heutigen Irak huldigten ihr mit unverblümt erotischen Hymnen. Sie sagten Dank für ihre zerzausten Locken, ihren »Honigschoß«, ihre üppige Vulva, die »wie ein Himmelsboot war« – sowie für die natürlichen Gaben, die sie so großzügig »aus ihrem Schoß gießt«, daß jeder Salatkopf als »die Schamhaare der Herrin« geehrt werden mußte. Aber das Oberste Wesen war mehr als eine Quelle fleischlicher Genüsse. Gleichermaßen verehrt wurde ihre kriegerische Wut: Ihre erste Priesterindichterin Enheduanna nannte sie »einen Drachen, der mit Feuer und Flut zerstört« und »die Flüsse mit Blut füllt«. Enheduanna hatte als Tochter des Herrschers Sargon des Ersten auch weltliche Macht. Aber ihre wahre Autorität leitete sich aus der Rolle der Obersten »Mondministerin der

Allerhöchsten« ab. Als Dichterin, Priesterin und Prophetin von Inanna war Enheduanna die Stimme einer Gottheit, deren Macht auf der ganzen Welt gefürchtet und angebetet wurde. Sie war so alt wie die Zeit selbst, die erste Gottheit, die Große Mutter.[2]

Macht und Bedeutung der ersten weiblichen Gottheit sind eins der bestgehüteten Geheimnisse der Menschheitsgeschichte. Heutzutage denken wir bestenfalls an ein paar Göttinnen, die verschiedene Namen haben: Isis, Juno, Demeter. Wir haben vergessen, was vor 5000 Jahren jedes Schulmädchen wußte. Es gab nur einen Gott, und sein Name war Frau. Egal, unter welchem Namen, unter welcher Verkleidung sie auftrat. Der römische Anwalt Lucius Apuleius legte geschickt alle Klischees seiner Zeit auf, als er die Göttin porträtierte, wie sie zu ihm in einer Vision sprach:

»Ich bin die Natur, die Ur-Mutter, die Herrin aller Elemente, das erste Kind der Zeit, die spirituelle Herrscherin, die Königin der Toten . . . Auf vielfältige Art huldigt man mir, und ich habe unzählige Namen. Auf unterschiedliche Art suchen sie mich in Riten zu versöhnen. Aber das ganze Erdenrund betet mich an.«[3]

In späteren Zeiten wurden die Zeugnisse dieser Anbetung als »Mythen« oder »Kulte« abgetan, aber seitdem Sir Arthur Evans, der am Anfang dieses Jahrhunderts die vergessene minoische Zivilisation wiederentdeckt hatte, feststellte, daß all die von ihm gefundenen unzähligen Göttinnenfiguren »dieselbe Große Mutter« repräsentierten, »die unter verschiedenen Namen und Titeln in großen Teilen Kleinasiens und darüber hinaus verehrt wurde«, ist die Existenz der »Großen Göttin« in der modernen Wissenschaft eine »weltweite Tatsache«. Daß es eine unverheiratete »Ur-Mutter« gab, die alle Mythologien beherrschte, ist längst akzeptiert.[4]

Der Glaube an die Große Mutter war kein isoliertes oder zeitlich begrenztes Phänomen. Experten heben die Bedeutung der großen Mutter-Gottheit als wesentliches Element der frühen Menschheitsgeschichte hervor. Die Steppen des südlichen Rußlands waren die Wiege dieses Glaubens, dann breitete er sich geographisch durch den Mittelmeerraum, das Tal des Indus bis nach China aus. Auch in Afrika und Australien betete man die Mutter-Gottheit an. Noch erstaunlicher ist der historische Blick auf die Verbreitung dieses Glaubens:

– 25000–15000 v. Chr.: die sogenannten »Venus-Statuetten« aus Stein und Elfenbein in Europa und aus Nilschlamm in Ägypten. »Die Große

Mutter ... bricht in die Männerwelt hinein mit überwältigender Ganzheit und Perfektion.«[5]

- 12000–9000 v. Chr.: in Dolni Věstonice, Tschechoslowakei, und in Shanida, Irak, feierliche Begräbnisse, bei denen die Körper mit rotem Ocker bedeckt werden. Diese Farbe assoziiert man im allgemeinen mit der Verehrung der Göttin.

- 7000 v. Chr.: in Jericho, die ersten Schreine, die der Mutter-Gottheit gewidmet sind.

- 6000 v. Chr.: das Dorf Çatal Hüyük in der Türkei. Auf nur 32 Morgen Land stehen nicht weniger als 40 Schreine, die der Göttin gewidmet sind. Sie existiert in drei Inkarnationen: als Jungfrau, Mutter und altes Weib.

- 5000 v. Chr.: Eine Statuette aus Hacilar in der Türkei zeigt die Göttin beim Liebesakt.

- 4000 v. Chr.: die ersten Inschriften im Tempel der Großen Göttin in Erech (heute Uruk) in Sumeria. Die Göttin tritt hier unter dem Titel »Himmelskönigin« auf.

- 3000 v. Chr.: In der gesamten bekannten Welt tauchen Zeugnisse der Großen Göttin auf, Statuen, Schreine und Schriften.

- 200 v. Chr.: Keltenstämme schicken Priester der Großen Göttin zum heiligen Fest der Cybele in Anatolien.

- 200 n. Chr.: In einem Tempel der Großen Göttin in West-Anatolien (Tralles) widmet eine Aurelia Aemiliana der Herrin eine Schnitzerei. Die Inschrift besagt, daß sie ihren sexuellen Dienst (den heiligen Geschlechtsverkehr zu Ehren der Göttin) pflichtgemäß absolviert hat. In der gleichen Tradition wie ihre Mutter und ihre gesamten weiblichen Vorfahren.

- 500 n. Chr.: Christliche Kaiser unterdrücken mit Gewalt den Kult der Göttin und schließen ihre Tempel.

Wir sehen, daß der heilige Status der Weiblichkeit mindestens 25 000 Jahre lang währte. Einige Experten halten sogar einen Zeitraum von 40 000 oder 50 000 Jahren für möglich. Letztendlich gab es in diesem Abschnitt der Menschheitsgeschichte keine Phase, da die Frau *nicht* etwas Besonderes und Magisches darstellte.[6]

Als der Kampf ums Überleben dem viel härteren Kampf um Sinnstiftung wich, wurde die Frau gleichzeitig Mittelpunkt und Instrument des ersten symbolischen Denkens. Dem französischen Archäologen Leroi-Gourhan gelang es, ein Rätsel der frühen Höhlenmalerei zu lösen, worüber sich Anthropologen aus eher puritanischen Kulturen den Kopf vergeblich zerbrochen hatten. Er legte dar, daß das weitverbreitete und rätselhafte Zeichen des Doppelauges ein Symbol der Vulva war. Ähnliches gilt für einen sorgfältig herausgearbeiteten Fries von Tier- und Menschenfiguren beim französischen Ort Angles-sur-L'Anglin: Die weibliche Form wird durch abstrakte Dreiecke dargestellt, wobei das sexuelle Dreieck besonders hervorgehoben wird.[7]

Wie kam es zu diesem besonderen Status von Frauen? Eine Erklärung war zweifellos ihr geheimnisvoller Zyklus: In Verbindung mit den Mondphasen blutete sie – eine nicht tödliche, aber unheilbare Wunde. Eine andere Ursache war ihre enge und einzigartige Beziehung zur Natur. Denn als das Sammeln von Nahrung immer mehr in den Hintergrund rückte und die Menschen den Ackerbau lernten, wurden die Frauen noch wichtiger als Hauptnahrungsproduzenten.

Aber der wahre Schlüssel liegt im Wunder der Geburt, dort, wo die übertriebenen Brüste und Bäuche der ersten Frauendarstellungen unseren Blick hinlenken. Bevor man den Prozeß der Reproduktion verstand, kamen Kinder einfach durch die Frau zur Welt. Niemand stellte irgendeine Beziehung zum Geschlechtsverkehr her. Bis zum heutigen Tag glauben die australischen Aboriginals, daß Geisterkinder in Teichen und auf Bäumen leben und beliebig in irgendeine Frau hineinschlüpfen, wenn sie geboren werden wollen. Männer, so schien es, hatten also keinerlei Anteil am Generationenplan. Nur Frauen konnten neues Leben produzieren, und dementsprechend wurden sie verehrt: Die Macht der Natur und die Macht über die Natur gehörte ihnen.[8]

So entwickelte sich der Glaube von der Göttlichkeit der Frau, der die heiligste und bedeutendste Macht auf der Welt eigen war. Und so wurde die Verehrung der Großen Mutter geboren. Man setzte den Leib der Frau mit dem Leib der Erde in eine enge Beziehung: Beide brachten neue

Frucht, neues Leben hervor. Und von Anfang an waren die Frau und die Erde mit einem Konzept weiblicher Göttlichkeit verwoben, das viel komplexer und mächtiger war, als man bisher vermutete. Die älteste aller Inkarnationen der Göttin war die der Mutter. Aber die unzähligen lokalen und nationalen Variationen dieses scheinbar simplen Archetyps sind schon an sich ein Zeugnis der ungestümen Energie der »Gott-Mutter des Landes«, wie die Tibetaner sie nannten. Sie ließ sich nicht zum Gegenstand von Verkitschung oder Stereotypisierung machen. In Indien ist Mata-Devi die traditionelle Mutter. Sie wird als eine Frauengestalt dargestellt, die aus üppigen Brüsten Milch für die Menschheit preßt. In so weit voneinander entfernten Ländern wie Assyrien und Polynesien gibt es dagegen Schöpfungsmythen, denen zufolge die Große Mutter nicht die Menschenrasse schuf, sondern das mächtige, endgültige »Welt-Ei«. Und in Griechenland »gebar« die Göttin (oder ihre weltliche Vertreterin) auf dem allerheiligsten Höhepunkt der Eleusinischen Mysterien eine Kornähre. Eine explizite Verknüpfung der Fruchtbarkeit von Frau und Natur – die archetypische »Mutter Natur«.

Der Kult der Großen Mutter kannte jedoch auch Variationen: Manchmal wollte das Glaubensvolk besonders betonen, daß – egal wie alt die Göttin war – das Prinzip Weiblichkeit noch länger existiert hatte. Gäa, die »Mutter Erde« der Römer, geht aus einer Urvagina hervor, dem Abgrund des Allfühlens und Allwissens. Während die babylonische Ishtar schlechthin der kosmische Uterus *ist*, und die Sterne des Tierkreises sind ihr Gewand. Die historische Aufweichung oder Verharmlosung der Mutterrolle der Göttin haben deren offen funktionales Wesen verschleiert: Ymir, der Windgott der Nordländer (d.h. der Lebensodem), geht »aus der Möse der Allmutter Ginnungagab hervor«. Paradoxerweise bedeutet die Verneinung des unverblümt Körperlichen auch die Verneinung des Metaphysischen, das doch die Göttlichkeit der Großen Mutter wesentlich ausmacht. »Ich ging schwanger mit der Allmacht«, prahlt die indische Göttin Vac in einem religiösen Lied der Veden. »Mein Wohnsitz sind die Gewässer der See, von dort aus breite ich mich durch alle Kreatur aus, und meine Krone berührt den Himmel. Wie der Wind tobe ich durch die gesamte Schöpfung.« Die Tempelinschriften der »Heiligen«, der ägyptischen Göttin Nut, künden von einem noch größeren Anspruch: *»Ich bin das, was ist, was sein wird und was gewesen ist. Kein Mann hat meine Nacktheit je entblößt, und die Frucht meiner Geburt war die Sonne.«*[9]

Die Überbetonung der »guten« Mutter, ihrer Schöpfungskraft und

Fürsorge stellt ihre »böse« Seite in Abrede, ihre gefährliche, dunkle und zerstörerische Hälfte. Die frühen Zivilisationen wußten jedoch genau um die starke Assoziation der göttlichen Frau mit dem Tod. Sie hoben hervor, daß die Göttin, die neues Leben schenkt, auch gütig (oder weniger gütig) Leben nimmt. Um 1000 v. Chr. suchte eine düstere Triade von Göttinnen, die Morrigan, die Schlachtfelder der Menschen heim. Sie sammelten abgeschlagene Köpfe und zeigten sich den Todgeweihten. In anderen Kulturen treibt die Göttin die Toten wie eine Art Hirtenhund zusammen und bringt sie in die Unterwelt. Die Griechen nannten die Toten schlicht »das Volk Demeters«.

In ihrer düstersten Erscheinungsform wartete die böse Mutter nicht auf den Tod der Menschen, sondern verlangte ihn geradezu. Die Anbeter der persischen Göttin Ampusa glaubten, daß ihre Herrin in einer blutigen Blase die Welt durchstreife und etwas zu töten suche. Ihr Blutdurst konnte durch ein Opfer versöhnt werden. Um 1500 v. Chr. fingen in der Tempelanlage Hal Tarxien auf der Insel Malta die Priester das Blut von zu Ehren der Göttin geschlachteten Opfern in einem tiefen Gefäß auf, das die göttliche Vagina symbolisierte. Die Göttin selbst wurde durch eine über zwei Meter hohe Statue dargestellt, ihr Bauch hoch geschwollen über zwei birnenförmigen Beinen aus massivem Stein. Die Mutter und ihr blutdurstiger Zorn erwiesen sich als dauerhaft, wie wir aus folgendem lebhaften Augenzeugenbericht ablesen können. Da heißt es von Kali-Ma, der »Schwarzen Mutter« der Hindus:

»Und Kalee-Ma'ee, die Dunkle Mutter, ist anwesend. Sie ist leuchtend schwarz. Ihre vier Gliedmaßen sind ausgestreckt. In den Händen trägt sie zweischneidige Schwerter, Werkzeuge zum Ausweiden, und Menschenköpfe. Ihre Hände sind blutrot. Ihre wilden Augen glühen rot. Sie streckt die blutrote Zunge hervor, die über die riesigen, spitzen Brüste hinabreicht bis zu einem runden kleinen Bauch. Ihre *yoni* [Vagina, Anm. d. Ü.] ist groß und schwellend. Geronnenes Blut befleckt ihr verfilztes Haar, und ihre raubtierähnlichen Zähne funkeln. Am Hals trägt sie eine Kette aus Menschenschädeln. Ihre Ohrringe stellen Tote dar, und ihr Gürtel ist aus giftigen Schlangen.«[10]

Da wir alle mit diesem Klischee der stets liebenden und vergebenden Mutterfigur verheiratet sind, fällt es zunächst schwer, das Schreckensbild der bösen Mutter mit ihrem guten Image in Einklang zu bringen. Aber die lebenspendende und todbringende Seite der Göttin fließen mühelos zusammen in ihrem wichtigsten Wesenszug. Und der ist *nicht* die reine und einfache Mütterlichkeit – sondern die *Sexualität*. Am Anfang brachte ihr sexuelles Handeln das Leben hervor. Aber beim sexuellen Akt verlangte sie die Essenz des Mannes, sein Selbst, ja seinen Tod. Auch hier erkennen wir abermals, wie die wahre Natur der Göttin und ihrer Handlungen engstirniger Prüderie späterer Epochen zum Opfer gefallen ist. Wenn die Wissenschaft überhaupt darauf eingeht, so ist schüchtern von »Fruchtbarkeits«-Ritualen, -Kulten oder -Totems die Rede. Als hätte die Große Göttin völlig selbstlos ihre sexuellen Pflichten ausgeübt, um die nächste Ernte zu garantieren. Es wird Zeit, die Geschichte neu zu schreiben. *Daß Erde und Tiere fruchtbar waren und reichlich trugen, war immer nur ein Nebenprodukt der persönlichen Lust der Göttin.* Sexualität und Genuß gehörten ihr allein. Und wie alle diese frühen Berichte hervorheben, ging es beim Sex um sie selbst. So wie bei jeder vernünftigen Frau.

Aber der Sex war keine einsame Angelegenheit. In jedem Kulturkreis hatte die Göttin viele Liebhaber. Was dazu führte, daß spätere Generationen sich sehr schwer damit taten, ihre Rolle als Große Mutter richtig zu begreifen. Für Kinder des patriarchalischen Zeitalters beinhaltet »Mutter« stets auch »Ehefrau«. Mutter ist die Frau vom Vater. Das verengt den Begriff der *guten* Mutter. Die gute Mutter fickt nicht herum. Sie wählt noch nicht einmal den einen Gefährten – sondern wird vom Vater erkoren. Für die späteren Tugendwächter war der Widerspruch unauflöslich: Die Göttin war *immer* unverheiratet und *nie* keusch. Die Eskimos nannten sie »Sie, die keinen Gatten haben will«. Aber ihre sexuelle Freiheit ging darüber hinaus. Sie war Lebensquelle und Lebenskraft – und somit zeitlos und endlos. Im Gegensatz dazu kamen und gingen die Männer. Ihre einzige Funktion war der Dienst an der göttlichen »Gebärmutter« oder »Vulva«, wie die Göttin in den meisten Kulturen heißt.[11]

Das soll freilich nicht heißen, daß der Liebhaber der Göttin sich nur als ein krudes Instrument zu begreifen hatte. In einigen Darstellungen ihrer Sexualität wird zwar betont, wie machtvoll und beängstigend diese war. Auf babylonischen Siegeln ist beispielsweise eingraviert, wie die Göttin Skorpione in die Flucht jagt, indem sie ihre ehrfurchtgebietende Scham rituell vorführt. Um 2000 v. Chr. beschrieben die Sumerer im Gilgamesch-Epos, wie die in ihrer hemmungslosen Sinnlichkeit frustrierte Göttin Ishtar damit droht, Stadttore und Häuser niederzureißen und »die Toten auf die Lebenden zu hetzen«[12]. Verbreiteter sind jedoch die zärtlichen, fast mädchenhaft-poetischen Tribute an die Liebeskünste und körperlichen Vorzüge des Gefährten. Wie in diesem Lied der Inanna, über 4000 Jahre

alt und doch so frisch wie der Liebesakt, der gerade am Morgen passiert
ist:

>»Mein Bruder brachte mich zu seinem Haus,
er legte mich auf ein wohlriechendes Honiglager,
mein kostbarer Schatz lag an meinem Herzen,
mein Bruder tat es fünfzigmal,
eins nach dem anderen – mit seiner Zunge.«[13]

Weiter nördlich, in der legendären Stadt Ninive, läßt ein unbekannter
Dichter die Göttin Ishtar mütterlich-sentimental singen, als sie den
assyrischen König Ashurbanipal zu Bett bringt:

>»Mein Antlitz bedeckt dein Antlitz.
Wie eine Mutter ihre Leibesfrucht
so werde ich Dich, mein geschliffenes Juwel,
zwischen meinen Brüsten betten.
Bei Nacht werde ich Dich bedecken,
bei Tag werde ich Dich bekleiden.
Fürchte Dich nicht, mein Kleiner, den ich großgezogen habe.«[14]

Bruder? Kleiner? Wer waren die Liebhaber der Göttin, und warum
werden sie mit solchen Begriffen beschrieben? Die Antwort liefert uns
einen deutlichen Beweis für die unhinterfragte Macht der Göttin.

Am Anfang hatte die Große Mutter die endgültige Macht: Sie war die
absolute Herrscherin, sie bestimmte über Leben und Tod. Wo die Frau
die göttliche Königin war, mußte der König sterben. Mythologisch und
auch historisch vereinigten sich die zügellose Sinnlichkeit der Großen
Göttin und ihr Blutdurst in der archaischen, aber unbestrittenen Praxis
des Königsmordes. »König« – das war der Ehrentitel für den Mann, der
als Beischläfer der königlichen Göttin auserwählt worden war. Dies
geschah in einer schlichten Neuauflage jenes Dramas, das spätere Historiker und Anthropologen als »Heilige Hochzeit« beschreiben würden. Den
Mann ließen die Wissenschaftler gar als »göttlichen Gefährten« der
Göttin auftreten. Ein schwacher anachronistischer Versuch, den Part des
Mannes aufzuwerten. Nichts konnte dieser Fehlinterpretation mehr widersprechen als die wilde, unerbittliche Logik des Rituals selbst. Denn
wenn *alles* Leben von der Frau ausging und zu ihr wiederkehrte, war es die

schönste Hoffnung des Mannes, dem öden Schicksal der anderen zur Verfügung stehenden Drohnen zu entgehen und mit der Göttin zu verkehren. Selbst um den Preis, wieder zu Staub zu werden.

Mythologisch ist der rituelle Opfertod des jungen »Königs« in tausend verschiedenen Versionen belegt: Die unsterbliche Mutter nimmt immer einen sterblichen Geliebten. Nicht, um schwanger zu werden (obwohl Kinder häufig die Folge sind), sondern vor allem, um ihre Weiblichkeit auszuüben und zu feiern. Das zugrundeliegende Muster ist eindeutig: Die ältere Frau macht Gebrauch von einem schönen Jüngling – Ishtar und Tammuz, Venus und Adonis, Cybele und Attis, Isis und Osiris. In der Geschichte von Demeter ist das funktionale Motiv noch klarer: Der kühne Iasion »liegt« mit der Göttin des Kornes in einer Ackerfurche und wird direkt nach dem Akt von einem Donnerschlag hingestreckt.

Der Liebhaber ist stets der Göttin unterlegen. Er ist sterblich, sie unsterblich. Er ist jung, sie alterslos und ewig. Er ist machtlos, sie allmächtig. Manchmal ist er sogar kleiner als sie. Diese Elemente fließen zusammen in der weitverbreiteten Darstellung des Geliebten als jüngerer Bruder oder Sohn der Göttin. Und immer, immer muß er sterben. Das Los der Liebhaber der Großen Göttin war wohlbekannt, als Gilgamesch dem Befehl der »prächtigen Ishtar« mit dem Vorwurf widerstand: »Welchen deiner Liebhaber hast du auf Ewigkeit geliebt? Welcher deiner Hirten gefiel dir auf Dauer? ... Und wenn du und ich uns paarten – würde mir nicht so widerfahren wie all den anderen, die du einst liebtest?«[15]

Das rituelle Töten des Königs ist in vielen Versionen in den Annalen der Geschichte festgehalten. Die Göttin Anaitis von Ninive forderte jedes Jahr den schönsten Knaben als Liebhaber und Opfer. Er wurde schön angemalt, mit Goldschmuck und roten Gewändern behangen und mit der Doppelaxt der Göttin bewaffnet. Dann verbrachte er seine letzten 24 Stunden in einer wahren Orgie mit ihren Priesterinnen, unter einem Purpurbaldachin und für alle sichtbar. Dann wurde er auf ein Lager aus Gewürzen, Weihrauch und Edelhölzern gelegt, mit einem Goldtuch bedeckt und angezündet. »Die Mutter hat ihn zu sich genommen«[16], sangen ihre Anbeter. In Irland tötete die Oberpriesterin der Großen Mondgöttin das männliche Opfer eigenhändig. Sie enthauptete ihn und fing sein Blut in einer silbernen »Schüssel der Wiedergeburt« auf. Der im Kopenhagener Museum ausgestellte »Jutland-Kessel« zeigt anschaulich, wie die Göttin beim Höhepunkt des Opferrituals agiert.[17]

Das Ritual des Königsmords setzte sich bis in die Neuzeit hinein fort. So kannten die afrikanischen Bantu-Reiche bis zum 19. Jahrhundert lediglich eine Königin – ohne Prinzgemahl oder Gefährten. Die Herrscherinnen nahmen Sklaven oder Männer aus dem Volk als Liebhaber, dann folterten und töteten sie diese nach Gebrauch. Die letzte Königin der Ashanti ließ regelmäßig etliche Dutzend »Gatten« liquidieren, da sie ihren Harem am liebsten ganz auslöschte, um wieder neu beginnen zu können. Dies geht aus empörten Berichten der britischen Kolonialverwaltung der Goldküste hervor. Sogar dort, wo ein König institutionalisiert war, hatte die afrikanische Königin die Macht, ihn zum Tode zu verurteilen und den Zeitpunkt der Hinrichtung festzulegen. Andere Gesellschaften entwickelten jedoch im Laufe der Zeit Ersatzopferhandlungen: Bei einem in Kleinasien weitverbreiteten Kastrationsritual wurde dem Jüngling die Männlichkeit anstelle des Lebens genommen. (Man beachte, daß die Azteken Mittelamerikas daraus nie ein Entweder-Oder machten. Bis zum Ende ihrer Zivilisation bestanden sie auf Kastration *und* Tötung.) Später opferte man anstelle des Mannes Kinder, Tiere oder sogar Puppen – wie die »Mannikin«-Figuren, die jedes Frühjahr von den Vestalinnen im Tiber ertränkt wurden.[18]

Alles in allem hatte der Durchschnittsmann jedoch nicht allzuviel von der Göttin oder ihrem Kult zu befürchten. In einer Kultur, deren höchste Gottheit weiblich ist, steht die Frau im Mittelpunkt. Die Gesellschaft bezieht ihre Strukturen, ihren Rhythmus, selbst ihre Farben von den Frauen. So wird die besondere Zauberkraft der weiblichen Sexualität, die die geheimnisvolle Menstruation und die Gebärfähigkeit möglich macht, in der weitverbreiteten Praxis zum Ausdruck gebracht, bestimmte heilige Gräber mit rotem Ocker anzumalen. Im Englischen ist das Fremdwort für den roten Ocker »Haematite«, was direkt auf die Verbindung zum Blut hinweist. Mit rotem Ocker beschworen die Anbeter der Göttin die Wiedergeburt der Toten. Die Farbe symbolisiert die Potenz von Menstruation und Geburt. Der tatsächliche wie auch symbolische Wert des Menstruationsbluts, des »Mondgeschenks der Göttin an die Frauen«, wird in einer Tradition der alten Griechen zum Ausdruck gebracht: Bei der jährlichen Aussaat ergab Menstruationsblut mit Saatgut gemischt das »bestmögliche Düngemittel«[19]. Diese offene Verehrung der natürlichen Rhythmen und Monatsblutungen der Frauen steht im merkwürdigen Widerspruch zum Verhalten späterer Generationen, als diese Dinge nur noch voller Scham als »Fluch« empfunden wurden. Als Gott noch eine

Frau war, genossen Frauen und alles Weibliche einen hohen Status. Höher jedenfalls, als die meisten späteren Kulturen ihnen einräumen wollten. Wo die Göttin herrschte, galten auch die Frauen viel. Bedeutete dies, daß es eine Zeit gab, als Frauen über Männer herrschten? Als die natürliche, selbstverständliche Regierungsform matriarchalisch war? »Das Zeitalter der Königin« – welche historische Wahrheit steckt hinter den hartnäckigen Mythen von Frauen, die mehr Macht als Männer hatten? Annäherungen an diese Frage sind durch die Suche der Historiker nach Gesellschaften vereitelt worden, in denen Frauen die totale Kontrolle hatten und in denen Männer infolgedessen erniedrigt und unterdrückt wurden. Mit anderen Worten: Spiegelbilder des Patriarchats. Ein weiteres akademisches Irrlicht war die im 19. Jahrhundert weitverbreitete Überzeugung, daß das Matriarchat einst ein *universell* existierender Zeitabschnitt der Menschheitsgeschichte war. Man argumentierte, daß beim Übergang von der tierischen Promiskuität zur entwickelten menschlichen Gesellschaft die Frauen das Matriarchat durchsetzten, indem sie ihre lüsternen Männer unterwarfen. In der so geschaffenen Gesellschaftsordnung standen die Frauen überall an erster Stelle – sowohl im Irdischen wie auch im Überirdischen. Die ausgeschlossenen Männer, unzivilisiert und gewalttätig, lauerten am Rand der »Gynokratie« – voller Rachegelüste. Denn das Matriarchat war nur eine einzelne *Stufe* beim Aufstieg zur Zivilisation. Zu guter Letzt (und im Sinne des männlichen Historikers auch folgerichtig) brachten die Männer es fertig, das Matriarchat zu stürzen. Sie richteten das Patriarchat ein – als höchste Stufe der Zivilisation, als ihre schönste Blüte.[20]

Man konnte wohl kaum von feministischen Historikerinnen erwarten, daß sie solche krausen Gedankengänge in der Missionarsstellung hinnehmen. Simone de Beauvoir schlug schon 1949 kräftig zu:

»Das Goldene Zeitalter der Frauen ist nur ein Mythos . . . Erde, Mutter, Göttin – sie war in den Augen des Mannes kein ebenbürtiges Lebewesen. Jenseits des Menschlichen wurde ihre Macht bestätigt, darum war auch sie nicht von dieser Welt. Die Gesellschaft ist immer männlich gewesen, politische Macht lag immer in den Händen der Männer.«[21]

Orthodoxe Thesen unserer Zeit verneinen jede Vorstellung von einer ursprünglichen Frauenherrschaft. Sie unterstreichen, daß der Mythos vom Matriarchat nur als Rechtfertigung der realen Herrschaft der Männer dient.

Aber es liegt in der Natur der Sache, daß das Matriarchat kein System politischer Herrschaft sein konnte, wie das später von Männern entwikkelte. Das Patriarchat entfaltete sich aus bis dahin unbekannten ideologischen Wurzeln. Wir können nicht sinnvoll nach einem universellen Herrschaftssystem in einer Welt suchen, deren Gesellschaften sich so ungleichzeitig entwickelten. Steinzeit-, Eisenzeit-, Töpfer- und Siedlungskulturen konnten sich mit Verzögerungen von bis zu 30 000 Jahren entfalten. Kehren wir zu unseren unumstößlichen Zeugnissen von der Göttin und den Gesellschaften, deren Stütze und Mittelpunkt sie war, zurück. Das Matriarchat wäre demnach zu begreifen als *Form gesellschaftlicher Organisation, die frauenzentriert und dem Wesen nach egalitär ist und die es nicht als unnatürlich oder anormal betrachtet, daß Frauen Machtpositionen haben und neben den Männern auf jeder gesellschaftlichen Ebene aktiv sind.* Auf der Grundlage dieser Definition wimmelte es geradezu von Matriarchaten in den ungefähr vier Jahrtausenden zwischen dem Beginn der ersten Zivilisationen und dem Auftauchen des Einen Gottes (Buddha, Jehova/Christus und Allah). In dieser Zeit wiesen sogar von Männern beherrschte Kulturen starke matriarchalische Züge in Form von unerhörten Freiheiten auf, die die Frauen auf der gegenwärtigen Stufe des »Fortschritts« noch nicht zurückerobern konnten.

Was beinhalteten diese Freiheiten? Das Gebot, das in den Sockel der gigantischen Statue des ägyptischen Königs Ramses des Zweiten um 1400 v. Chr. eingemeißelt wurde, sagt es kompromißlos: »Fragt nach dem Willen der göttlichen Gattin, der königlichen Mutter, der Herrin der Welt.«[22]

Die Frauen besaßen die Macht, der sich die Männer fügten

Als Frauen »waren« sie die Göttin auf Erden. Sie waren ihre Stellvertreterinnen, ihre Nachkommen. Zwischen ihrer heiligen und weltlichen Macht wurde kaum unterschieden. In seiner Beschreibung der Herrschaft der sehr nüchternen Königin Sammuramat (Semiramis), die 42 Jahre lang Assyrien beherrschte, ganz Babylon bewässerte und Kriegszüge bis nach Indien führte, nennt der griechische Historiker Herodot die Königin abwechselnd »die Tochter der Königin« und »die Göttin selbst«. Das belegt, daß die Macht der Göttin *vererbt* wurde – direkt von der Mutter auf die Tochter. Ein Mann wurde nur König, wenn er die Quelle der Macht ehelichte, niemals aus eigenem Recht. In der 18. Dynastie der ägyptischen Monarchie mußte Pharao Thutmosis der Erste nach dem Tod seiner Frau den Thron seiner halbwüchsigen Tochter Hatshepsut überlassen, obwohl er zwei Söhne hatte.

Der Brauch, daß die weibliche Erbfolge über königliches Geblüt und rechtmäßige Herrschaft entscheidet, kommt in zahlreichen Kulturen vor. So bei den Natchez-Indianern am Golf von Mexiko: Der Oberhäuptling der Großen Sonne erhielt seinen Rang nur, weil er der Sohn der führenden Stammesältesten, der Weißen Frau, war. Wenn sie starb, wurde ihre Tochter die Weiße Frau, und *ihr* Sohn wiederum erbte als nächster. So blieben Königstitel und Abstammung in weiblicher Erbfolge. Ähnlich dachte man wohl auch zur Zeit der Wei-Dynastie in Japan (200–264 n. Chr.), als der Tod der Priester-Königin Himeko zu einem blutigen Bürgerkrieg führte, der erst nach der Krönung ihrer ältesten Tochter beendet wurde.

Die Macht der Königin erreichte ihren außerordentlichen Höhepunkt im alten Ägypten. Dort war sie jahrtausendelang Herrscherin, Göttin, Gattin des Gottes, Hohe Priesterin und Verehrungswürdiges Symbol zugleich. Hatshepsut, die wie Sammuramàt an der Spitze ihrer Truppen kämpfte, beanspruchte auch männliche Macht und Vorrechte. Dementsprechend ehrte man sie noch 800 Jahre nach ihrem Tod: »König des Nordens und Südens, Sohn der Sonne, goldene Horus, Spender der Jahre, Göttin des Sonnenaufgangs, Herrin der Welt, Dame der beiden Reiche, Antrieb aller Herzen, die mächtige Frau.«[23] Daß eine Königin Herrscherin und nicht bloß Gefährtin sein konnte, war nicht nur bei den ägyptischen Dynastien verbreitet. Das Königinnentum war den keltischen Briten so selbstverständlich, daß gefangengenommene Krieger, die um 50 n. Chr. dem Kaiser Claudius vorgeführt wurden, den römischen Herrscher völlig ignorierten und statt dessen seiner Kaiserin Agrippina huldigten. Das interessanteste Beispiel ist jedoch möglicherweise Deborah, Führerin der Israeliten um 1200 v. Chr. Im *Buch der Richter,* Kapitel 4 und 5, können wir nachlesen, wie diese Frau die männlichen Stammesführer offen und vollständig kontrolliert. Die Abhängigkeit von ihr ist so groß, daß der Heerführer Barak ohne sie nicht einmal aufs Schlachtfeld ziehen will. Die frühe Geschichte der Juden ist reich an so mächtigen, berühmten Frauen:

»Eine jüdische Prinzessin? Judith rettete das jüdische Volk. Sie flirtete mit dem Heerführer der Angreifer. Sie trank ihn unter den Tisch. Dann schlugen sie und ihre Magd (deren Name in der Geschichte nicht genannt wird) seinen Kopf ab, steckten ihn in einen Picknickkorb und entkamen ins eigene Lager. Sie steckten den Kopf auf einen Pfahl, hoch über das Tor. Und als seine Soldaten das Lager angriffen, prallten sie auf das blutige Haupt ihres Führers. Sie rannten so schnell davon, wie ihre kleinen Goyim-Füße sie tragen konnten. Dann ließ Judith ihre Magd frei, und alle Frauen tanzten ihr zu Ehren. *Das* ist eine jüdische Prinzessin.«[24]

Weibliche Macht und Vorrechte waren zu dieser Zeit nicht nur Sache von Prinzessinnen und Königinnen. Es gibt weltweit eine Fülle von Hinweisen, daß, »als der Acker die Jagd ersetzte ... und die Gesellschaft das Gewand des Matriarchats trug«, *alle* Frauen »soziale und ökonomische Bedeutung«[25] hatten und bestimmte Grundrechte genossen:

Frauen besaßen und kontrollierten Geld und Eigentum

In Sparta gehörten zwei Drittel des Landes der Frau. Arabische Frauen besaßen Viehherden, die ihre Männer lediglich für sie weideten. Und es ist dokumentiert, daß bei den Monomimi-Indianern einzelne Frauen 1200 oder sogar 1500 Kanus aus Birkenrinde ihr eigen nannten. Der erstaunlich egalitäre Code Hammurabis, der um 1700 v. Chr. in Babylon geltendes Recht wurde, besagte, daß die Mitgift einer Frau nicht ihrem Manne, sondern ihr selbst ausgehändigt wurde. Gemeinsam mit allem Land oder anderen Besitztümern, die sie in die Ehe einbrachte, blieb alles bei der Frau. Bei ihrem Tod erbten ihre Kinder das Ganze. In Ägypten war die Frau von ihrem Mann so unabhängig, daß sie sogar Zinsen von ihm verlangen durfte, wenn er sich Geld von ihr borgte![26]

Eheverträge respektierten die Rechte der Frauen als Individuen
und ehrten sie als gleichberechtigte Partnerinnen

Viele Gesetzestexte wie der von Hammurabi sprechen der Frau einen Status zu, den sie in späteren Epochen nicht mehr haben sollte. Sie war keineswegs »Hab und Gut« des Mannes. Wenn in Babylon ein Mann seine Frau »erniedrigte«, konnte sie ihn wegen Grausamkeit vor Gericht bringen und legal verlassen. Wenn die Scheidung erfolgt war, bekam die Frau die Kinder zugesprochen, und der Vater mußte für deren Unterhalt bezahlen. Der griechische Historiker Diodorus berichtet von einem ägyptischen Ehevertrag. Darin schwört der Mann seiner Braut:

»Ich verbeuge mich vor deinen Rechten als Ehefrau. Vom heutigen Tag an werde ich mit keinem einzigen Wort deinen Ansprüchen widersprechen. Vor allen Menschen erkenne ich dich als meine Frau an, obwohl ich nicht berechtigt bin zu sagen, daß du die Meine sein mußt. Und nur ich bin dein Ehemann und Gefährte. Nur du hast das Recht, mich zu verlassen ... ich kann mich deinem Wunsch zu gehen, wohin du willst, nicht widersetzen. Ich gebe dir ... [es folgt eine Auflistung der Besitztümer des Bräutigams]«[27].

Ein noch stärkerer Hinweis auf die warme Intimität und Geduld, die eine ägyptische Ehefrau von ihrem Mann erwarten durfte, ist in den »Maximen des Ptah Hotep« nachzulesen. Mit einem Alter von mehr als 5000 Jahren möglicherweise das älteste Buch der Welt:

»Wenn du weise bist, bleibe zu Hause, liebe deine Frau,
und streite dich nicht mit ihr.
Ernähre sie, schmücke sie, massiere sie.
Erfülle alle ihre Wünsche, und achte auf das, was sie bewegt.
Denn nur so kannst du sie bei dir behalten.
Wenn du dich ihr widersetzt, so wird das dein Untergang sein.«[28]

Frauen genossen körperliche Freiheiten

Der Respekt, der verheirateten Frauen zuteil wurde, spiegelte häufig die Autonomie der unverheirateten wider. In der frühen klassischen Periode führten griechische Mädchen ein unbeschwertes Leben im Freien. Sie wurden im Leistungssport und in Gymnastik unterrichtet, um ihre Kraft und Schönheit zu fördern. Auf Kreta wurden ausgewählte junge Frauen als *toreras* ausgebildet, um am rituellen Stiertanz teilzunehmen, während ionische Frauen auf Wildschweinjagd gingen mit Netz und Speer. Auf unzähligen attischen Vasen (»griechische Urnen«, wie der Dichter Keats sie nannte) sehen wir nackte Athletinnen beim Wettlaufen, Tanzen oder Schwimmen wie in der Zeitlupe – durch Jahrtausende des Schweigens. Die persönliche Freiheit junger, unverheirateter Spartanerinnen fiel derart auf, daß in den anderen griechischen Stadtstaaten Kritik laut wurde. Euripides war nicht der einzige schockierte Athener:

»Die Töchter Spartas sind niemals daheim!
Sie messen sich in Ringkämpfen mit den jungen Männern,
Ihre Kleider sind abgelegt,
Ihre Hüften nackt,
Es ist schändlich!«

Stärke und athletische Fähigkeiten wurden bei den jungen Frauen nicht nur aus Spaß gefördert, wie die Geschichte der römischen Heldin Cloelia zeigt. Im 6. Jahrhundert v. Chr. wurde sie vom etruskischen König Lars Porsenna bei einem Angriff auf Rom als Geisel genommen. Sie entkam, stahl ein Pferd, durchschwamm den Tiber und gelangte sicher nach Rom. Obwohl die Römer sie direkt wieder dem Feind aushändigten, trug die mutige Cloelia den Sieg davon. Denn Lars Persenna war so beeindruckt von ihrer Leistung, daß er sie und die anderen Geiseln befreite – als Ehrenbezeigung.

Frauenregimenter kämpften wie Männer

Junge Frauen härteten ihren Körper durch sportliche Ertüchtigung und Nacktheit ab. Dabei ging es aber um mehr als gelegentliche Akte persönlicher Kühnheit. Das Altertum kannte, zwar verstreut, aber in reichlicher Anzahl, bewaffnete Frauen. Sie kämpften als Soldatinnen an vorderster Front, dort, wo konventionelles Denken ein striktes Männerreservat ansiedeln will. Herrscherinnen führten ihre Truppen zum Schlachtfeld, nicht als zeremonielle Leitfiguren, sondern als anerkannte und kompetente Kriegsherrinnen. Tamyris, die Kriegerkönigin der Skythen und Herrscherin der Massageten im Gebiet des heutigen Iran, führte ihre Armee siegreich gegen die einfallenden Horden von Cyrus dem Großen. Sie ließ den großen König hinrichten, um ihren in der Schlacht gefallenen Sohn zu rächen. Herrscherinnen führten auch Kriege zu Wasser, wie zum Beispiel die ägyptische Königin Kleopatra in der Schlacht von Actium. Sie verlor, ganz untypisch, die Nerven, und das kostete sie den Sieg, ihr Reich, ihren Liebhaber Antonius und zu guter Letzt ihr Leben.

Kriegerköniginnen wurden vor allem bei den keltischen Briten gefeiert, wo die Große Göttin selbst stets kriegerisch auftrat. Die vorchristlichen Chroniken zählen viele Kriegsherrinnen auf. Da gab es zum Beispiel die Königin Maedb (Maeve), die ihre Armee persönlich befehligte. Beim Krieg gegen Königin Findmor nahm sie höchstpersönlich 50 Soldatinnen ihrer Feindin gefangen beim Sturm von Dun Sobhairche in der irischen Grafschaft Antrim.[30]

Die kämpfenden Frauen der Kelten waren geradezu legendär wegen ihrer Kraft und Wildheit. Ehrfürchtig beschreibt der römische Historiker Dio Cassius den Auftritt der Boudicca, Königin der Iceni, bei der Schlacht: »Sie trug einen Speer, war von riesiger Gestalt und flößte Entsetzen ein.«[31] Die gleiche Kampfeslust wurde den weiblichen Fußtruppen zugesprochen. Ein anderer römischer Chronist, der im Feld gewesen war, warnte seine Landsleute, daß eine ganze Einheit römischer Soldaten nicht einem einzelnen Gallier widerstehen könnte, wenn dieser seine Frau zu Hilfe riefe, denn »ihr Nacken schwillt an, sie knirscht mit den Zähnen, schwingt ihre blassen, riesigen Arme und teilt Schläge und Tritte aus wie Geschosse von einem Katapult«[32].

Die meisten Geschichten über Kriegerinnen sind aus dem Mittelmeerraum und dem Nahen Osten überliefert. Aus grauer Urzeit existierte schriftlich und mündlich die Kunde von einem Frauenstamm, der unter dem Namen Amazonen in die Geschichte einging. Das Fehlen »harter« historischer Fakten (beispielsweise archäologische Überreste einer Stadt oder Inschriften mit Details berühmter Schlachten) führte dazu, daß man diese Erzählungen als reine Mythen oder Legenden behandelte. Das »Oxford Classical Dictionary« erledigt die Sache wie folgt: »[Solche Berichte] sind nichts anderes als die üblichen Reisegeschichten über Fremde in weit entfernten Ländern, die alles andersherum machen.« Feministische Historikerinnen des 20. Jahrhunderts fühlten sich beim Thema Amazonen auch nicht allzu wohl, denn hier schien (allzu praktisch) die alte These von der Unvermeidlichkeit der Männerherrschaft unterstrichen zu werden. Die Amazonen wurden ja schließlich *immer* besiegt, vergewaltigt/geheiratet, beispielsweise von Helden wie Theseus. Ein weiteres Problem hängt mit der offensichtlich falschen und phantastischen Interpretation des Wortes Amazonen zusammen, das aus dem griechischen *a* (ohne) und *mazos* (Brust) abgeleitet wurde. Inzwischen ist bekannt, daß diese Deutung linguistisch falsch und anatomisch lächerlich ist. Denn wie viele Frauen haben eine so große rechte Brust, daß sie ihren Arm nicht frei schwingen können? Aber dieser Fehler führte dazu, daß jede Vorstellung von einem Frauenstamm, der sich die Brust amputierte, um kämpfen zu können, insgesamt diskreditiert wurde.

Die Existenz von Amazonen zu leugnen hieße jedoch, das Kind mit dem Bade auszuschütten. Die schriftlichen Berichte, die vom Klatsch der Märchenerzähler bis zur Arbeit von ansonsten zuverlässigen Historikern reichen, sind einfach zu zahlreich und kohärent, um schlicht ignoriert zu werden. Ein Thema, das glaubwürdig genug war, um die Aufmerksamkeit so ernsthafter und unterschiedlicher Schriftsteller wie Plinius, Strabo, Herodot, Aischylos, Diodorus und Plutarch zu fesseln – ein solches Thema hat einen Kern harter Information, den spätere Generationen zu leichtfertig abtaten. Mythos und Legenden werden außerdem historisch erhärtet durch die Existenz zahlreicher Rituale, Opfer, Scheinkämpfe und Zeremonien in späteren Epochen, die von den Ausübenden selbst auf die Amazonen zurückgeführt werden. In solchen Kulturen war man von der Existenz der Amazonen überzeugt, und man gedachte der Kriegerinnen, indem man Schlüsselepisoden der eigenen Vergangenheit bei Feierlichkeiten nachempfand und erinnerte.[33]

Kehren wir nun zu unserem größeren Thema Matriarchat zurück, mit dem die Idee von einem autonomen, mächtigen Frauenstamm so deutlich verknüpft ist. Des Rätsels Lösung liegt in der Synthese des Mythischen mit dem Faktischen. Wir müssen die Legenden mit den unumstößlichen Vorgängen der »wirklichen« Geschichte verbinden. Frauen kämpften, sie waren Kriegsherrinnen und Fußvolk. Sie kämpften in eigenen Truppen und unter den normalen Soldaten. Das wichtigste Symbol der Großen Göttin war, im Mittelmeerraum und Kleinasien weit verbreitet, die Doppelaxt oder *Labrys*. Darüber hinaus existieren zahllose beglaubigte Berichte über einzelne Kriegerinnen. So zum Beispiel über Telessilla, eine griechische Kriegerin und Dichterin; 500 Jahre v. Chr. versammelte sie die Frauen von Argos mit Kriegshymnen und Gesängen, als ihre Stadt belagert wurde. Die Amazonen von Argos bewaffneten sich, unternahmen einen erfolgreichen Ausbruch und vertrieben den Feind nach langen Kämpfen. Danach weihten sie Telessilla einen Tempel der Aphrodite, und die Heldin selbst komponierte eine Siegeshymne, um die Große Mutter der Götter zu ehren.[34] Dieses Beispiel macht wie so viele andere deutlich, daß es sich mit den Amazonen so verhält wie mit dem Matriarchat. Vielleicht gab es nicht den *einen* Amazonenstamm. Aber die historische Tatsache, daß Frauen kämpften, kann nicht länger angezweifelt werden.

Frauen nahmen unbeschränkte Freiheiten in Anspruch

Diese Frauen gaben durch Sport und militärische Aktivitäten ihrer körperlichen Autonomie selbstbewußt Ausdruck, was von einem viel tiefer – gehenden Freiheitsbegriff spricht, als ihn spätere Generationen tolerieren oder auch nur verstehen konnten. Die Traditionen variierten von Land zu Land und von Stamm zu Stamm. Aber offensichtlich genossen Frauen in der Frühphase der Zivilisation generell größere Freiheiten als jemals später. Vor allem, was Vorschriften über »Schamhaftigkeit« oder gar Keuschheit betraf. Weibliche Nacktheit war in vielen Kulturen nichts Schändliches. Und diese Selbstverständlichkeit ging über die Nacktheit der jungen Athletinnen oder Schülerinnen beim Sport hinaus. Erwachsene Frauen praktizierten regelmäßig einen Freikörperkult. Bei hohen Festen und wichtigen Ritualen streiften sie die Kleidung ab, ob der Anlaß nun ernsthaft oder freudig war. So sehen wir auf attischen Vasen aus dem 9. und 8. Jahrhundert v. Chr., daß bei Athener Begräbnisprozessionen die Klageweiber und selbst die Witwen unbekleidet auftraten.

Diese körperliche Freiheit ging einher mit grundsätzlichen sexuellen Freiheiten, wie wir sie in einer matriarchalischen Gesellschaft erwarten dürfen. Wo Frauen herrschen, da umwerben sie auch. Im Ägypten des 13. Jahrhunderts vor unserer Zeitrechnung sind 16 von 20 erotischen Liebesliedern von Frauen geschrieben. Eine berichtet schamlos: »Ich kletterte durchs Fenster und fand meinen Bruder in seinem Bett – mein Herz zersprang fast vor Glück.« Eine andere ist noch offener: »Oh, mein schöner Liebling! Ich sehne mich danach, dich zu heiraten und Herrin deines ganzen Besitzes zu werden!«[35] Andere Sitten waren weniger poetisch, eher praktisch. Als die Gattin des römischen Kaisers Severus, Julia Augusta, eine gefangene Schottin nach den sexuellen Freiheiten befragte, die die Frauen Britanniens angeblich genossen, wurde sie von ihrem Gegenüber getadelt: »Wir befriedigen die Forderungen der Natur viel besser als ihr Römerinnen. Denn wir pflegen offenen Umgang mit dem besten Mann, während ihr euch heimlich vom niedrigsten verderben laßt.«[36] Die Befriedigung natürlicher Bedürfnisse bezog sich nicht nur auf Menschen, wie Elise Boulding ausführt:

»Wie frei die keltischen Frauen mit Sexualität umgingen, kann man in dieser Geschichte über Königin Maedb nachlesen. Sie bot dem Besitzer eines Bullen ›Schenkel-Freundschaft‹ an, um das Tier auszuleihen. Es sollte ihre Kühe decken. Die Schenkel-Freundschaft bot sie auch als Gegenleistung für militärische Hilfe an. Offensichtlich betrachteten alle Beteiligten, einschließlich ihr Mann, solche Abkommen als vernünftig.«[37]

Ähnlich angemessen waren offenbar auch die Rechte und Pflichten, die die Frauen nicht für sich persönlich, sondern zu Ehren der Großen Göttin geltend machten. Diese waren extensiv, sie reichten von der rituellen Selbstenthüllung bis zu dunkelsten Mysterien, deren Offenbarung dem Verräter/der Verräterin den Tod bringen konnte. Bei einfachsten Gottesdiensten, so scheint es, waren die Gläubigen nackt oder nur halb bekleidet. Aus einer Höhlenmalerei aus Cogul bei der katalonischen Stadt Lerida sehen wir neun Frauen mit üppigen, entblößten Brüsten, die um eine kleine männliche Figur mit ungnädig hängendem Penis einen rituel-

56

len Fruchtbarkeitstanz aufführen. Und Plinius beschreibt, wie die Frauen des alten Britanniens sich rituell entblößten und dann braun einfärbten, um sich auf ihre Zeremonien vorzubereiten.[38] Heiliges, oft orgiastisches Tanzen war ein wichtiges Element der Verehrung, und der Gebrauch von euphorisierenden Rauschmitteln war weit verbreitet: Die Göttin verlangte vollkommene Hingabe. In einigen Kulturkreisen forderte die Göttin auch eine Form des sexuellen Dienstes, der von späteren Historikern zutiefst mißverstanden und irreführend etikettiert wurde. Um 500 v. Chr. beschrieb Herodot das Ritual wie folgt:

»Die schlimmste Sitte der Babylonier zwingt jede Frau dazu, einmal in ihrem Leben sich zum Tempel der Liebe zu begeben und sich einem Fremden sexuell hinzugeben. Die Männer kommen vorbei und wählen aus, und die Frauen dürfen sich niemals verweigern, denn das wäre eine Sünde. Nach diesem Akt ist sie in den Augen der Göttin geheiligt, und sie kehrt heim.«[39]

Wo auch immer diese Praxis im Nahen oder Mittleren Osten bestand – sie wird stets als »Tempel-Prostitution« beschrieben. Nichts könnte aber die wahre Funktion der *gadishtu*, der heiligen Frauen der Göttin, stärker degradieren als diese Interpretation. Denn beim Liebesakt wurden diese Frauen als Reinkarnation der Göttin verehrt. Ihre Sexualität war so mächtig, so heilig, so kostbar, daß sie wie ein Geschenk gefeiert wurde. Und man war der Herrin des Tempels auf ewig dankbar. Geschlechtsverkehr mit einem Fremden zu haben – darin drückte sich der göttliche Wille in der Reinform aus. Der Akt hatte keinerlei Stigma, im Gegenteil: Die Tempelfrauen wurden als »die Heiligen«, die »Unbefleckten« bezeichnet. Die Sumerer nannten sie *nu-gig*, »die Reinen oder Fleckenlosen«.[40]

Die unhistorische Projektion eigener anachronistischer Vorurteile (Sex ist Sünde, und voreheIicher Geschlechtsverkehr ist Prostitution) berücksichtigt nicht geschichtliche Zeugnisse vom hohen gesellschaftlichen Status dieser Frauen. Der Gesetzestext des Hammurabi unterscheidet sorgfältig zwischen den fünf Graden der Tempelfrauen und sichert ihr Recht, beim Dienst an der Göttin die Nachfolge ihrer Mutter anzutreten. Der Text unterscheidet auch sehr deutlich zwischen heiligen Frauen und weltlichen Prostituierten. Im heutigen Begriff Tempel-Prostitution fließt die interessante Vorstellung mit ein, daß diese Leute irgendwie nicht die echte Sache kannten.

Natürlich kannten sie sie. Und der immerwährende Geschäftssinn im »ältesten Gewerbe der Welt« wird deutlich in einer Anekdote über

Archidice, die berühmteste Kurtisane der alten Ägypter, überliefert. Archidices sexuelle Fähigkeiten wurden so groß gerühmt, daß sich mancher Mann für sie ruiniert hatte. Einmal wies sie einen Freier ab, weil er ihre Dienste nicht bezahlen konnte. Er ging nach Hause und träumte, sie körperlich genossen zu haben. Die erzürnte Archidice verklagte ihn, mit der Begründung, daß er sie bezahlen müsse, da er sie sexuell genossen habe. Das Gericht erkannte die Rechtmäßigkeit ihrer Forderungen an, urteilte aber nach langem Hin und Her, daß, da der Freier nur *geträumten* Sex gehabt habe, sie *träumen* sollte, ihren Lohn erhalten zu haben![41]

Sie waren Dichterinnen, Priesterinnen, Königinnen, Mütter, Liebhaberinnen, Athletinnen, Soldatinnen und streitsüchtige Kurtisanen. Als die ersten weiblichen Individuen ihren Platz in der Geschichte einnahmen, gaben sie ein beeindruckendes Bild ab. Niemand hatte ihnen eingeredet, daß Frauen körperlich schwach, emotional wankelmütig oder intellektuell unterentwickelt wären. Deswegen bevölkerten sie die Annalen der minoischen Kultur auf Kreta als Kaufleute, Händlerinnen, Matrosinnen, Bäuerinnen, Wagenlenkerinnen, Jägerinnen und Priesterinnen der Göttin. Offensichtlich wußten sie noch nichts von der weiblichen Unfähigkeit, solche Rollen zu übernehmen. Es bedurfte fortgeschrittener Gesellschaften, um diese Unfähigkeit zu entdecken. Auf jeder Ebene hinterließen Frauen ihre Spur – von der brillanten Aspasia, die Kurtisane-Gelehrte–Politikerin, die um 500 v. Chr. in Athen Perikles zur Seite stand, bis zu ihrer Zeitgenossin Artemesia, der ersten bekannten Schiffskapitänin der Welt. Bei der Schlacht von Marathon war Artemesias Kriegskunst für den Feind so verheerend, daß die Athener ein riesiges Kopfgeld auf sie aussetzten. Sie überlebte die Persischen Kriege, um dann leider aus Liebeskummer zu sterben. Denn als ein jüngerer Mann sie zurückwies, stürzte sie sich in einem Moment rasender Trauer von einem Felsen hinab.

Das waren echte Frauen, sogar im Augenblick ihres Todes lebten sie, und sie kannten ihre Stärken. Diese Stärken spiegelten sich im sozialen Geflecht von Traditionen und legalen Rechten wider. Frauen stand vieles selbstverständlich zu: körperliche und sexuelle Freiheit, Zugang zur Macht, Erziehung und Ausbildung, volle Bürgerrechte. Sie hatten das Recht, Geld und Gut zu besitzen, das Recht auf Scheidung, das Recht auf Vormundschaft über ihre Kinder und auf finanziellen Unterhalt.

Die hohe Wertschätzung der Frauen in den Gesetzestexten und Gebräuchen dieses Zeitalters leitete sich aus ihrem besonderen weiblichen

Status ab. Und dies war wiederum direkte Folge ihrer Nähe zur Großen Göttin, als deren Inkarnation sie galten. Jedes Land und jedes Dorf, jeder Stamm, jede Stadt hatten ihre eigene Variante »Unserer Lieben Frau«. Sie änderte sich von Ort zu Ort und blieb doch universell. Sie war für die, die an sie glaubten, ewig – nach so vielen Tausenden von Jahren.

»Ich bin Isis, Herrin jedes Landes. Ich legte für alle die Gesetze fest . . . Was ich verordnete, darf niemand ändern . . . ich bin die, die göttlich unter den Frauen ist . . . Ich teilte die Erde vom Himmel, legte die Wege der Sterne, befahl den Lauf von Sonne und Mond . . . Ich brachte Mann und Frau zusammen . . . *Was ich zum Gesetz gemacht habe, darf kein Mann auflösen.*«[42]

War das die Herausforderung, die der Mann annehmen mußte? Denn wo stand er bei diesem Urdrama der Großen Mutter? Er war der Gebrauchsgefährte, der zu opfernde König, die überflüssige Drohne. Frau war alles, er war nichts. Das war einfach zuviel. Im immer größer werdenden Universum des menschlichen Bewußtseins mußte der Mann doch irgend etwas bedeuten. Aber als der Kampf um das Verstehen in die nächste Runde ging, schien das einzig Sinnvolle darin zu bestehen, die gängige Glaubensformel vollständig umzukehren. Der männliche Stolz nahm die Herausforderung durch die weibliche Macht an. Er rief den Krieg der Geschlechter aus, der in den folgenden Jahrtausenden Sexualität und Gesellschaft entzweien würde. Der Mann versuchte, seine Männlichkeit zu behaupten, indem er alles tötete und zerstörte, was die Frau zur Großen Mutter, Göttin, Kriegerin, Liebhaberin und Königin gemacht hatte.

Kapitel 3
Der Aufstieg des Phallus

»Heiliger Shiva, göttlicher Linganaut,
Himmlische Wurzel, Himmelspenis,
Phallus – Herr,
Euer strahlender Lingam ist so groß, daß weder Brahma noch
Vishnu sein Ausmaß schätzen können.«

Hinduistisches Gebet

»Er schoß einen Pfeil ab und durchbohrte ihren Bauch.
Er spaltete ihr Inneres, ihr Herz,
er zerstörte ihr Leben.
Er streckte sie nieder und stand triumphierend auf ihrem Leib.«

König Marduk unterwirft ca. 2000 v. Chr.
die Große Mutter im babylonischen *Schöpfungsepos.*

»Männer versuchen jede Qualität bei einer Frau zu zerstören, die ihr
die Macht eines Mannes verleihen könnte. Denn in ihren Augen ist
die Frau von vornherein mit jener Macht bewaffnet, die sie, die
Männer, geschaffen hat.«

Norman Mailer

»Am Anfang«, so schreibt Marilyn French, »war die Mutter.« Die Erinnerungen an jene archaische Mutter, wie sie ihre »Kinder« sahen, lebt bis heute fort.

Riesenbrüste, gewölbter Bauch, weite Vulva und baumstammartige Schenkel – diese »Leibhaftigkeit« hat in den vertrauten Statuetten überlebt, die allein in Europa zu Zehntausenden gefunden wurden. Im Vergleich zu dieser massiven, elementaren Kraft gab der Mann in der Tat ein schwaches Bild ab. Jeder Mythos, jede Lobeshymne auf die Große Göttin betonte die Kleinheit des Mannes, oft mit beißenden Worten. In Ägypten zeigt der illustrierte Papyrus von Tameniu (aus der 21. Dynastie, 1102–952 v. Chr.), wie die Große Mutter nackt die ganze Welt überwölbt. Sie zeigt offen ihre sternenübersäten Brüste, den Bauch und Schoß. Unter ihr liegt der Knabengott Geb flach auf dem Boden. Mit seinem Phallus versucht er sie zu erreichen – vergeblich. Denn obwohl sein Geschlechtsteil übertrieben groß dargestellt wird, ist er offensichtlich nicht Manns genug für diese Gelegenheit. Das war nicht die einzige Erniedrigung, die die Große Mutter auf Lager hatte. Bei den kanadischen *Winnepagos* drohte einem Krieger, der auch nur ein einziges Mal von der Göttin träumte, ein schreckliches Los. Er wurde zum *cinaedi*, zum Homosexuellen, gemacht, der Frauenkleidung tragen mußte und den man zwang, alle sexuellen Wünsche der anderen Männer zu befriedigen. Zahllos sind die Beispiele aus den unterschiedlichen Kulturkreisen für die gefürchtete, unerbittliche Macht der Göttin. Wie Robert Graves erklärt: »Zur Zeit der Großen Mutter war die Frau das herrschende Geschlecht und der Mann ihr verängstigtes Opfer.«[1] Denn wenn Sinn, Zauber und Leben ganz und gar Sache der Frau waren, hatte der Mann keinerlei Funktion, keinerlei Bedeutung. »Das Kind, das Blut, das Schreien, das Tanzen – alles hat mit den Frauen zu tun«, erklärte ein australischer Aboriginal, »Männer müssen nur kopulieren.« Aber das Bewußtsein der Menschen erweiterte sich, und in das Vakuum der eigenen Nichtigkeit trat bei den Männern der Neid ein: »der Gebärneid als Protest gegen die Frau, da der Mann von der scheinbar ausschließlich weiblichen Schöpfungskraft überwältigt war.« Voller Groll gegen das Frauenmonopol auf die Abläufe der Natur fühlten sich die Männer getrieben, eigene Rhythmen zu erfinden. Am Anfang waren diese männerzentrierten Rituale freilich nichts anderes als Nachahmungsversuche, die die biologischen Funktionen des weiblichen Körpers widerspiegelten. Viele heute noch existierende Steinzeitkulturen erkennen diese alte Schuld an. *»Am Anfang hatten wir nichts . . . wir nahmen diese Dinge den Frauen ab.«*[2]

Eine typische Imitation war der haarsträubende Ritus der Azteken, einen Priester mit der Haut seines männlichen Opfers einzukleiden. Bei der Feier »platzte er dann aus der blutenden Menschenhaut wie ein Keimling aus dem Korn«. Er wurde neues Leben und Lebensspender zugleich aufgrund der Kraft seiner Zauberei.[3] Noch schlimmer war das Los der Knaben bei den Initiationsriten der australischen Arandas:

». . . der Mann, der die heilige Operation vornimmt, ergreift den Penis des Knaben, schiebt einen langen, dünnen Knochen in die Harnröhre und hackt immer wieder mit einem Steinskalpell auf den Penis ein. Er schneidet durch die Fleischschichten bis zum Knochen. Dabei platzt der Penis auf wie ein gekochtes Würstchen.«[4]

Diese schreckliche Zeremonie, »Sub-Inzision« (»Tiefbeschneidung«) genannt, quälte die zivilisierten Köpfe der weißen Siedler. Wozu konnte das gut sein? Hätten sie die Sprache der Ureinwohner verstanden, wäre alles klar gewesen. Das Aboriginal-Wort für »gespaltener Penis« ist eine Ableitung aus dem Begriff für die Vagina. Und der Ehrentitel »Besitzer einer Vulva« wird allen verliehen, die sich dieser Tortur unterziehen. Wenn der Knabe älter war, so konnte die Wunde auch rituell wieder geöffnet werden. Eine Demonstration seiner Fähigkeit zu »menstruieren«[5].

Margaret Mead sagte dazu, daß »Männer anscheinend nur zu Männern wurden, wenn sie die natürlichen Funktionen der Frauen übernahmen«[6]. Für Jung lag das Geheimnis aller männlichen Initiationsriten darin, daß die Betroffenen »noch einmal durch die Mutter gingen«. Das heißt, sie setzten sich Angst, Schmerzen und blutigen Wunden aus, um noch einmal geboren zu werden. Nicht als Kind, sondern als Mann und Held. »Durch die Mutter« bedeutete hier jedoch keinerlei positive Identifikation mit der Frau. Im Gegenteil. Es drehte sich darum, die Geburt als männliches Mysterium zu übernehmen, neu zu besetzen. Das war die erste »Waffe im Kampf der Männer, sich von der weiblichen Herrschaft, von den Folgen des Matriarchats, zu befreien«[7]. Und sie wollten nicht nur imitieren und übertreffen. Der Kampf der Männer, die Gebärfähigkeit der Frauen an sich zu reißen, fand auf jeder Ebene statt. Zeus gebärt Athene aus seiner Stirn: eine klassische Umkehrung der ursprünglichen Schöpfungsgeschichte, die in zahlreichen anderen Mythologien Parallelen aufweist. Es war nichts Geringeres als eine Revolution – die Schwachen gegen die Starken, die Unterdrückten gegen ihre Unterdrückung, die vollkommene Umwälzung der Werte und Denkmuster.

Und der menschliche Geist selbst entwickelte sich in einer Richtung, die den Sieg der Männerherrschaft erleichterte. Die Menschen überquerten die Schwelle vom symbolisch-magischen Interpretieren zum kausalen Erklären. Sie verstanden allmählich Ursache und Wirkung, und der Anteil der Männer bei der Fortpflanzung wurde klar. Nun galten die weiblichen Körperrhythmen als menschlich und nicht als göttlich. Und das Wissen um die Rolle des Mannes bei der Schwangerschaft vollendete die Revolution, die sein Groll und sein Widerstand in Gang gesetzt hatten. Jean Markdale faßt zusammen:

»Als der Mann allmählich begriff, daß er für die Befruchtung notwendig war, brachen die alten Denk- und Verhaltensmuster plötzlich zusammen. Es handelte sich um eine sehr wichtige Revolution in der Menschheitsgeschichte, und es ist erstaunlich, daß sie nicht gleich bewertet wird mit der Erfindung des Rades, dem Ackerbau und dem Gebrauch von Metallen ... Da der Mann jahrhundertelang betrogen worden war ... war die Gleichheit nicht genug. *Er verstand jetzt vollkommen, welche Folgen seine Macht zeitigte, und wollte beherrschen ...«*[8]

Und welche bessere Waffe gab es als den Phallus? Der Mann begann so etwas wie ein Selbst-Bewußtsein gegen die ewige, angeborene Potenz der Frau zu setzen. Wer diente der Sache besser als sein bester Freund, sein Penis? In seiner zerbrechlichen, menschlichen Normalform – mal unerwünscht erregt, mal stur verweigernd, mal unvorhersehbar zusammenschrumpelnd – konnte der Penis die nie versagende Gebärfähigkeit der Frau nicht wirklich in Frage stellen. Aber wenn man ihn zum Symbol erhöhte, ihn zum überrealen »Phallus« verwandelte und ihm Denkmäler aus Metall oder Stein setzte – dann konnte der Triumph wohl gelingen.

Mit einem Schlag stand die Macht dem Mann zu Gebot. Er war verwandelt: Nicht länger war er nur ein Beiprodukt der Natur, dessen Männlichkeit bestenfalls für ihn selbst etwas Magisches darstellte, sondern er hatte jetzt Geheimnis und Quelle der Lebenskraft der Großen Mutter besetzt. Ihm gehörte das heilige Organ der Fortpflanzung. Der Phallus, nicht die Gebärmutter war die Quelle allen Lebens. Alle Macht dem Phallus – der neue Imperativ. Zum, vom, durch, im Namen des Phallus. Eine neue Religion wurde geboren.

Das soll nicht heißen, daß man in jenen frühen Kulturen, die die Zusammenhänge der biologischen Elternschaft noch nicht kannten, nichts über den Penis und sein symbolisches Äquivalent Phallus wußte. An den Stätten frühester menschlicher Siedlungen tauchten phallische Symbole auf. Und vom Zeitalter der »Neolithischen Revolution« an (etwa 9000–8000 v. Chr. im Nahen Osten) finden wir sie in beeindruckender Größe und Anzahl. In Grimes Grave in der englischen Grafschaft Norfolk wurde in einer neolithischen Feuersteingrube ein Altar entdeckt; zu ihm gehörten ein Kelch, sieben Hirschgeweihe und ein mächtiger Phallus aus Kreide. Alle Gegenstände waren als Votivgaben vor der Figur der Großen Mutter plaziert. Denn wie auch immer die Proportionen dieser Sinnbilder ausfielen (und manche der liebevoll gemachten Modelle aus Lehm oder Stein lassen auf phantasievolles Wunschdenken schließen), sie waren nur Teil des Kultes der Großen Göttin. Sie waren nicht heilig an sich.

Paradoxerweise begründete die Große Göttin selbst den Phalluskult. Der Isiskult breitete sich vom Nahen Osten durch Asien und bis nach Europa aus. Im Mythos heißt es, daß die Göttin Isis selbst befahl, einen hölzernen *lingam* des Osiris in ihrem Tempel zu Theben zu errichten. Daraufhin wurde es Brauch, ihr phallische Symbole oder Gegenstände zu weihen. Die Ägypterinnen trugen Osiris-Abbilder bei ihren religiösen Prozessionen, jede Figur war mit einem beweglichen Phallus von »unproportionaler Größe« ausgerüstet, wie ein Beobachter mäkelte. In Griechenland kannte der Kult der Göttin ein ähnliches Modell. Hier konnte der Phallus von den Gläubigen durch Fäden bewegt werden. Ekstatisch und munter brachte man den Gott zum Tempel, wo die respektabelsten Ehefrauen der Stadt dann den Phallus mit Girlanden und Küssen krönten – zu Ehren der Großen Göttin. Die Feier bedeutete, daß sie die phallische Ehrerbietung als Tribut akzeptierte.[9]

Aber als der Penis im Drama der Menschheitsgeschichte den Aufstieg von der Nebenrolle zum Star geschafft hatte, erwies er sich als ruhmsüchtig. Er brauchte das große Theater, den Applaus. In Griechenland tauchten die Phallen wie Drachensaat auf: Phallische Pfosten (Herms) führten als stumme Wächter an jeder Straßenecke das Prinzip Potenz vor. Und um 300 v. Chr. rühmte sich die Stadt Delos einer Allee, die mit Riesenpenissen gesäumt war. Gestützt wurden sie durch pralle Hoden, und sie ragten in den Himmel wie schwere Kanonen. Auf der anderen Seite der Adria, in Italien, gehörte der Gott Phallus zu jedem Haushalt. Jede Familie ehrte ihn als Hausgott. Ganze Städte wie Pompeji standen im Zeichen des Phallusgottes, des Priapus. Spätere Gelehrte, die diesen Kult mißbilligten, brachten ihn prompt mit dem zerstörerischen Ausbruch des Vesuvs um 79 n. Chr. in Verbindung. Auf einem Hügel im englischen Dorset verewigten die alten Briten ihren Schöpferstolz durch eine riesige Figur, den Cerne Abbas Giant. Dreizehn Meter hoch ist er, und er starrt triumphierend auf die Jahrhunderte herab. Seine Erektion reicht bis zur Brust, und er schwingt eine massive phallische Keule. Ein für allemal wird dem Betrachter die Botschaft seines mächtigen Gliedes eingerammt.

In keinem Land der Welt wurde die Anbetung des Phallus so begeistert betrieben wie in Indien. Dort war der »größte Penis der Welt« zu finden, wie die Mythenmacher erzählten, »die himmlische Rute« des Gottes Shiva. Sie wuchs und wuchs und durchstieß alle unteren Welten, reckte sich dann empor und überschattete den Himmel mit ihrer Größe. Das überwältigte die beiden anderen Hauptgötter des Hinduismus, Brahma und Vishnu, derart, daß sie niederfielen und das Wunderorgan anbeteten. Und sie befahlen allen Männern und Frauen, dasselbe zu tun. Wie gut dieses Gebot jahrtausendelang befolgt wurde, läßt sich aus Berichten erstaunter Weißer abschätzen, die Zeugen eines uralten Brauchs wurden. Händler, Missionare und koloniale Eroberer erzählten, wie an jedem Tag ein Priester nackt aus dem Tempel des Shiva trat und durch die Straßen ging. Er läutete eine Glocke, woraufhin alle Frauen aus den Häusern kamen und die heiligen Genitalien des Vertreters Shivas küßten.[10] Auf den durchschnittlichen viktorianischen Engländer muß das Ereignis wie »Phallus in Wunderland« gewirkt haben.

Mit der Heiligsprechung wuchsen auch Bedeutung und Größe des Phallus. Von dieser Epoche an wird die Überlegenheit des Mannes durch dieses eine Organ begründet und ausgedrückt. Es ist das stets präsente Mahnmal männlicher Macht. Ins Gesellschaftliche hinein verlängert (und die Verlängerung kannte ja keine Grenzen . . .), wird der Phallus nicht nur zur Quelle der Macht, sondern auch Ursprung aller kulturellen Ordnung und Sinngebung. Männer unterstrichen alle Begrüßungsformeln und Versprechungen, indem sie sich an den Penis griffen und ihn beschworen. Bei den Römern unterschrieben die *testes* jedes *Testament*. Bei den Arabern gab es folgende Floskel: »Vater der Männlichen Organe, sei Zeuge meines Eides.« Und als Zeichen des Respekts duldete ein arabischer Mann, daß Ranghöhere wie etwa Scheichs bei einer Begegnung seine Genitalien prüften.[11]

Die Frauen bekamen die Macht des heiligen Phallus auf vielfache Art zu spüren. In den Tempeln des Gottes Shiva wurde eine Sklavin aufgrund ihrer besonderen »Lotus-Schönheit« dem »göttlichen Penis« geweiht. Man tätowierte ihre Brüste und ihren kahlrasierten Schoß mit dem Zeichen des Gottes. Auf der ganzen Welt zeugen historische Berichte und archäologische Funde davon, wie Frauen heilige Phallen aus Holz oder Stein je und je verwünschten, berührten, küßten oder sogar bestiegen – als Heilmittel gegen Unfruchtbarkeit. Dieser »Herr Phallus« mochte auch derjenige sein, der ihnen zuvor die Jungfräulichkeit genommen hatte. In abgelegenen Tälern Südfrankreichs wurde – zur größten Verlegenheit der katholischen Kirche – bis ins 17. Jahrhundert hinein der provenzalische »Heilige« Foutin angebetet. In seiner ganzen beeindruckenden Männlichkeit. Sein Organ war zwar von der Erosion bedroht, weil die Frauen gerne kleine Holzstücke davon abschabten, um sie zu einem Fruchtbarkeitstrank aufzukochen. Aber die Priester erneuerten das, was fehlte, und sie hielten so den Ruf des Heiligen aufrecht, einen unermüdlichen Penis zu haben.[12]

Einer der dunkelsten Bräuche fand bei den Kelten in Wales statt. Noch unter der Herrschaft von Hywel Dda (Howel der Gute, 909–950 n. Chr.) mußte eine Frau, die einen Mann der Vergewaltigung anklagte, sozusagen einen zweihändigen Eid schwören. Mit der einen Hand berührte sie die Reliquie eines Heiligen, mit der anderen »das sündige Organ« des Missetäters.[13] Vielleicht um sein Gewissen zu wecken? Daß das männliche Organ sowohl Waffe des Krieges wie auch Instrument der Liebe sein kann, wird nirgendwo deutlicher illustriert als am Beispiel des monumentalen Phallus in Karnak. Um 1300 v. Chr. ließ ihn der ägyptische König Meneptha errichten. Die Inschriften berichten, daß der König nach einer Schlacht alle besiegten Feinde entmannte. Er brachte eine Summe von 13240 abgeschnittenen Gliedern im Triumph nach Hause.

Das Datum dieses Beispiels zeigt uns, daß der Aufstieg des Phallus nicht den sofortigen Sturz der Großen Göttin nach sich zog. Es ist im Gegenteil ganz faszinierend zu beobachten, wie die Mythen, Erzählungen und Rituale ihres Kultes sich über lange Perioden hinweg dem zur Welteroberung antretenden »Prinzip Männlichkeit« anpaßten. Die Machtübertragung von der Göttin zum Gott, von der Königin zum König, von der Mutter zum Vater verlief in deutlichen Phasen. In der Mythologie können wir diese Phasen so klar ablesen, wie wir die verschiedenen Gesteinsschichten in einem Felsen sehen. In der ersten Phase ist die Große Mutter allein und erschafft die Welt. Gelegentlich hat sie Liebhaber und viele Kinder, aber sie ist der Ursprung und das Höchste. In der zweiten Phase hat sie den Beschreibungen nach bereits einen Gefährten. Das kann ihr Sohn, kleiner Bruder oder Lustknabe sein. Am Anfang ist er ihr noch sehr unterlegen, dann nimmt seine Macht zu, und er wird ihr Gatte. In der dritten Phase schließlich herrscht der Gott-König-Gatte gleichberechtigt mit der Göttin. Und die Bühne ist reif für ihren Sturz vom Thron. Schließlich ist der Mann-Gott allein König, und die Göttin-Mutter-Frau ist besiegt und enteignet. Sie ist in einer Abwärtsspirale gefangen, und erst in unserer jüngsten Geschichte konnte diese negative Entwicklung aufgehalten werden. Von einer wirklichen Umkehr wollen wir noch nicht reden.[14]

Mythologien sind niemals statisch. Und sogar diese einfache Phasenaufteilung unterstellt der menschlichen Entwicklung eine Organisationslogik, die historische Prozesse selten aufweisen. Unterschiedliche Entwicklungen traten zu unterschiedlichen Zeiten an unterschiedlichen Orten auf. Und sogar als der Mann sich endgültig zum König ernannt hatte und die gesamte Götterwelt beherrschte, fand er es immer noch ratsam, die alten Bräuche zu achten und der Großen Mutter die gebührende Ehre zu erweisen. »Die Göttin Ishtar liebte mich – so wurde ich König«[15], sagte Sargon von Assyrien im 8. Jahrhundert v. Chr.

Andere Berichte über religiöse und politische Rituale in diesen ersten Königreichen zeugen reichlich davon, daß die Macht des Königs zwar sehr groß, aber nicht absolut war. Bei den keltischen Iren mußte sich ein König *banfheis rigi* unterziehen, der »Ehe-Paarung« mit der »Großen Königin«, dem Lebensgeist Irlands. Erst dann konnte das Volk ihn als König akzeptieren. Für die babylonischen Könige war diese Pflicht zur Paarung wörtlich zu nehmen, nicht symbolisch. Ihre Macht mußte jedes Jahr aufs neue bekräftigt werden. Sie war erst dann bestätigt, wenn die königliche Verkörperung des heiligen Phallus die »himmlische Ehe« mit der Hohepriesterin der Großen Mutter vollzog. Bei einer öffentlichen Zeremonie und im Angesicht des ganzen Volkes.[16]

Also hatte die Große Göttin noch Macht. Und augenscheinlich begaben sich herrschende Männer in Gefahr, wenn sie ihre Pflichten der Herrin gegenüber vernachlässigten. In der Ferne zeichneten sich jedoch tiefgehende und verwickelte gesellschaftliche Veränderungen ab, die alle gemeinsam diese ersten Zivilisationen durch und durch erschütterten. Die Wucht der sozialen und politischen Ereignisse verschwor sich mit der neuen, aggressiven Phallokratie. Ein Sturm auf die letzten Bastionen der Göttin setzte ein, ihre Macht und das »Mutterrecht« wurden von der Bühne der Geschichte getilgt. Generell waren diese Veränderungen auf das Bevölkerungswachstum zurückzuführen, Folge der ersten erfolgreichen Sozialorganisation. Die Veränderungen leiteten sich aus einem Grundbedürfnis des Menschen ab, dem Bedürfnis nach Nahrung. Nigel Calder erklärt, warum der Status der Frau so drastisch verschoben wurde – vom Mittelpunkt des Lebens zur Randfigur:

»Aus dem südlichen Ägypten stammen die frühesten Nachweise von Getreideanbau. Vor 18000 Jahren wuchsen Gerste und Weizen in Ufergärten . . . Weibliches Gelächter scheuchte zweifellos die Wasservögel auf, als die Frauen mit Saatgut kamen, um die Ernte zu erfinden. Vielleicht war es eine Verschwendung guter Nahrung, und es lohnte kaum, den Männern davon zu erzählen. Aber es kostete ja nur wenige Minuten, die Samen in die vorbereiteten Schlammfurchen zu setzen . . . Die Frauen wußten wenig von Pflanzengenetik. Aber das Getreide wuchs und reifte, bevor die Sonne den Boden vollkommen austrocknete. Und als sie mit Steinsicheln zurückkehrten, mußten sich die Frauen wie Göttinnen gefühlt haben.«[17]

Diese »göttliche« Kontrolle der Natur durch die Frau dauerte Calders Schätzungen zufolge 10000 bis 15000 Jahre. Aber vor etwa 8000 Jahren machte eine Bevölkerungsexplosion eine Veränderung der Lebensmittelproduktion erforderlich. Allmählich ersetzte die *Ackerkultur,* die wesentlich intensiver und ausbeuterischer war, die *Gartenkultur* der Frauen. Zuvor hatten die Frauen mit der Natur sympathisch-magisch zusammengearbeitet, sie betrachteten sie als selbstverständliche Verbündete. Jetzt mußten die Männer die Natur zähmen und dominieren, damit sie ihnen das Gewünschte lieferte. Die neuen Methoden beim Ackerbau spiegelten sich, ähnlich negativ, in den Rollen und Beziehungen der Geschlechter wider, wie aus einem Hindutext aus dem Jahre 100 hervorgeht. In den *Institutionen von Mana* heißt es: »Vor dem Gesetz ist die Frau wie das Feld und der Mann wie das Korn.« Zuvor war die Göttin die einzige Quelle allen Lebens gewesen, jetzt hatte die Frau weder Samen noch Ei vorzuweisen, sie war das passive Feld. Nur fruchtbar, wenn gepflügt. Dagegen war der Mann Pflug, Samen, Sprößling und Befruchter in einer Person. Er berauschte sich an der Kraft seines neu entdeckten Phallozentrismus.

Als die geplante Landwirtschaft den eher beiläufig betriebenen Anbau ersetzte, rückte der Mann noch stärker in den Mittelpunkt. Paradoxerweise galt dies auch für die Männer solcher Gruppen, die nicht genug anbauten, um davon leben zu können. Jede Knappheit, jede Mißernte zwang arme Stämme weiterzuwandern. Das bedeutete auch Krieg, da andere Stämme, die bereits auf fruchtbarem Territorium siedelten, den hungrigen Eindringlingen Widerstand leisteten.[18] Nomadentum und Kampf – beides war für Männer vorteilhaft. Sie waren kräftiger und beweglicher im Vergleich zu den Frauen. Nahrung anzubauen wurde nutzlos, da der Stamm ja von Ort zu Ort zog. Die Männer, von der dunklen Seite ihrer Genitalfixiertheit getrieben, ergriffen die Vorherrschaft durch pure Aggression und militärische Organisation. Die Machtkämpfe produzierten zwangsläufig Herrschende und Beherrschte, Gewinner und Verlierer. Rangverhalten, Sklaverei, Unterwerfung, hierarchische Strukturen: Frauen konnten diesem Rahmen nicht entkommen. Sie standen zwischen der Gewalt des Pfluges *und* des Schwertes. Sie mußten verlieren.

Nur ein Ergebnis war möglich. Wie auch immer, wo auch immer und wann auch immer es in den Jahrtausenden vor Christi Geburt geschah: alle Mythen sprechen vom Sturz der Großen Muttergottheit. In der einfachsten Version, wie z. B. bei den semitischen Babyloniern, führt der Gottkönig Marduk Krieg gegen Ti'amat, die Allmutter, und er hackt sie in Stücke. Nur nach ihrem Tod kann er die Welt formen. Aus ihren Körperteilen, wie es sich gehört. Dieses Motiv ist erstaunlich konsistent bei den unterschiedlichsten Kulturkreisen. So lesen wir im Schöpfungsmythos der zentralafrikanischen Tiwi:

»Zuerst schuf Puvi das Land. Das Meer war voller Süßwasser. Sie machte das Land, die See, die Inseln . . . Puriti sagte: ›Töte unsere Mutter nicht.‹ Aber Iriti brachte sie um. Er schlug ihr auf den Kopf. Ihr Urin machte die See salzig, und ihr Geist ging ein in den Himmel . . .«[19]

In anderen Versionen wird die Große Göttin besiegt, aber sie überlebt. Keltische Volkssagen erzählen, wie die drei Weisen Emu, Banbha und Fodla (die Göttin in ihrer Dreifaltigkeit) gegen die Söhne des Kriegsgottes Mil in die Schlacht ziehen. Nach vielen gewalttätigen Kämpfen werden sie bezwungen und vom Eindringling erniedrigt. *Die fundamentale Machtverschiebung vom Weiblichen zum Männlichen spiegelt sich in allen Mythologien wider, egal welche Form diese Wende annimmt.* Bei den Griechen übernahm Apollon zu Delphi das heiligste Orakel der Göttin. Die afrikanischen Kikuju erzählen noch heute, wie sich die Männer verbündeten, um die Frauen zu unterwerfen: Sie vergewaltigten ihre Frauen am selben Tag, so daß sie neun Monate später ungestraft die hochschwangeren Frauen bezwingen konnten. Bei den Azteken gebar Xochiquetzel, die Erdmutter, einen Sohn, Huitzilopochtli. Er tötete ihre Tochter, die Mondgöttin, und nahm ihren Platz als Himmelsherrscher ein. In seiner Unterwerfungswut tötete und vertrieb er alle anderen Kinder seiner Mutter.

Das Muster von Niederlage und Überleben wird durch ein Motiv versinnbildlicht, das wir noch oft antreffen werden: der Sieg des Sonnengottes über die (stets weibliche) Mondgottheit. In Japan wird die Göttin Ama-terasu, die Herrscherin der Shinto-Götterwelt, vom Gott Susa-nu-wo angegriffen. Er zerstört ihre Reisfelder und beschmutzt ihre Heiligtümer mit Fäkalien und Aas. Obwohl sie gegen ihn kämpft, »stiehlt er ihr Licht«. Sie kann nur die Hälfte ihrer ursprünglichen Macht zurückerobern, und so scheint sie nur noch in der Nacht.[20] Wie bei der historischen Wende von der Gartenkultur zur systematischen Landwirtschaft, so steckten hinter dieser scheinbar natürlichen Entwicklung grundsätzliche und unumstößliche Veränderungen in den Beziehungen der Geschlechter. Sogar das Denken war anders:

»Die Göttlichkeit der Sonne, des Herrschers von Zeit und Raum, war dem Wesen nach männlich – phallische Sonnenstrahlen stießen auf Mutter Erde. Eine Männlichkeit, deren Strahlen die Erde schwängert und die Saat keimen läßt. Von Spanien bis China stand die prähistorische Sonne für Männlichkeit, individuelles Selbstbewußtsein, Intellekt. Das blendende Licht der Erkenntnis, das Gegenteil der Mondherrin. Sie regelt die Gezeiten, die Gebärmutter, das Wasser des Ozeans, die Dunkelheit, die Traumwelt des Unterbewußtseins . . . *Solarisation,* der Sieg der männlichen Sonnengottheit über die weibliche Mondgottheit . . . bedeutet den Zusammenbruch der weiblich geprägten, zyklischen Fruchtbarkeitskulte und den Triumph des männlichen Konzeptes vom linearen Charakter der Geschichte, die aus unwiederholbaren Einzelereignissen besteht . . .«[21]

Die Unterwerfung des Weiblichen war nicht nur Gegenstand von Mythen. Wirkliche Machthaberinnen wurden von wirklichen Männern angegriffen, die ihnen auf verschiedene Art die Autorität abzujagen trachteten. Wo die Königswürde durch die Frau weitervererbt wurde, konnte ein kühner Abenteurer sie an sich reißen – durch eine erzwungene Ehe oder durch Vergewaltigung. Tamyris, die Herrscherin der Skythen, wehrte im 6. Jahrhundert v. Chr. erfolgreich einen solchen Antrag von Cyrus dem Großen aus Persien ab. Andere hatten nicht soviel Glück. Als um 80 v. Chr. Königin Berenice die Zweite von Ägypten sich weigerte, ihren jungen Neffen Ptolemaios Alexander zu ehelichen, ließ er sie ermorden. Ein Attentat, das als besonders gewalttätig empfunden wurde: Das treue Volk von Alexandrien erhob sich und tötete den Thronräuber.[22] Aber im allgemeinen gelang es den Königen, die usurpierte Macht zu behalten. In dieser Periode aggressiver Übergriffe auf die alten Vorrechte der Frauen wurde der königliche Inzest institutionalisiert. Ein König, der beim Tod seiner Frau den Thron nicht räumen wollte, heiratete eben die rechtmäßige Erbin – ihre Tochter. Oder er verheiratete einen seiner Söhne mit der neuen Königin. Das hatte zwei Vorteile: Die Monarchie blieb unter männlicher Kontrolle, und die eigenen Söhne wurden so lange in die Erbfolge eingebunden, bis ihr Erbrecht viel mehr galt als das jeder Tochter.

Unter diesen Umständen wurden regierende Frauen schnell zu bloßen Figuren im männlichen Machtspiel. Dabei galt: Je mehr Mühe sich Männer machten, sie zu besitzen oder zu kontrollieren, um so wichtiger waren die Frauen wohl. Galla Placida, Tochter des römischen Kaisers Theodosius des Großen, wurde von Alarich, dem Führer der Westgoten, bei der Plünderung Roms gefangengenommen. Nach seinem Tod wurde sie seinem Bruder gegeben. Als dieser ermordet wurde, händigte man sie wieder den Römern aus. Dort wurde sie gezwungen, den siegreichen General Konstantius zu heiraten, der ihr den Namen Augusta gab und als »Augustus« mit ihr den Kaiserthron teilte. Als Konstantius starb, schickte ihr Bruder sie nach Konstantinopel in die Verbannung und riß die Herrschaft an sich. Erst als ihr Sohn im Jahre 425 Kaiser wurde, lebte sie friedlicher und gefestigter.

Zahllos sind die historischen Beispiele von Frauen, die Anspruch auf einen Thron hatten, als Schachfiguren ausgenutzt und schließlich beseitigt wurden. Geradezu klassisch ist die Geschichte Almasunthas, Königin der Ostgoten. Als ihr Vater, König Theoderich, um 526 starb, wurde sie im Namen ihres Sohnes als Regentin eingesetzt. Sie mußte aber den Neffen des toten Königs heiraten, als ihr Sohn starb. Und als der Thronräuber seine Macht gefestigt hatte, wurde sie zum Tode verurteilt.

Nicht nur Frauen aus Königshäusern wurden Opfer von männlicher Herrsch-, Unterwerfungs- und Zerstörungswut. Mit den ersten Schriften kam die erste geplante Angriffswelle auf die Frau: auf ihre Natur an sich, auf ihr Sorgerecht für die eigenen Kinder, auf ihr Recht, ein vollwertiger Mensch zu sein. Der Dualismus von Sonne und Mond wurde nun zu einem kosmischen System polarer Gegensätzlichkeit aufgebläht: Was der Mann ist, kann die Frau nicht sein. Die Geschlechter lagen im Widerstreit miteinander, und dieses Prinzip wurde begleitet vom Glauben an die männliche Überlegenheit. Der Mann besitzt alle menschlichen Fähigkeiten, die Frau ist nur etwas Halbes, sein formloses Gegenteil. Im 4. Jahrhundert v. Chr. resümiert Aristoteles den Unterschied zwischen den Geschlechtern (kein Mann und keine Frau hätten seinem Befund widersprochen):

»Der Mann ist aktiv, voller Bewegung. Kreativ in der Politik, beim Geschäft, in der Kultur. Der Mann formt die Gesellschaft und die Welt. Im Gegensatz dazu ist die Frau passiv. Sie bleibt zu Hause, wie es ihrer Natur entspricht. Sie ist Materie, die darauf wartet, vom aktiven männlichen Prinzip geformt zu werden. Natürlich stehen aktive Elemente stets höher auf jeglicher Werteskala. Sie sind den Göttern näher. Folglich spielt der Mann die wichtigere Rolle bei der Fortpflanzung, die Frau ist der passive Brutapparat für seinen Samen . . . der männliche Samen backt und formt das Menstruationsblut zu einem neuen menschlichen Wesen . . .«[23]

Einmal ausgesprochen, sprudelt es ungehindert frauenfeindlich aus Kriegsherren, Politikern und Historikern heraus. Xenophon, Cato und Plutarch zerbrechen sich den Kopf über »das Frauenproblem«:

»Die Götter schufen die Frau fürs Haus, den Mann für alles andere. Die Götter sperrten die Frau ein, weil sie Kälte, Hitze und Krieg schlechter verträgen kann. Für die Frau ist es ehrenhaft, im Hause zu bleiben, und unehrenhaft, sich herumzutreiben. Für den Mann ist es schädlich, sich zu Hause einzuschließen und sich nicht mit öffentlichen Angelegenheiten zu befassen.«[24]

»Man muß sie an der kurzen Leine halten . . . Frauen wollen die totale Freiheit oder genauer, die totale Zügellosigkeit. Wenn man ihnen erlaubte, den Männern vollkommen gleichgestellt zu sein – wäre das Zusammenleben mit ihnen leichter? Keineswegs. Wenn sie erst einmal die Gleichheit erreicht haben, werden sie unsere Herrinnen sein . . .«[25]

»Ich würde das Gefühl, das ich für Frauen und Mädchen hege, auf keinen Fall ›Liebe‹ nennen. Genausowenig würden wir behaupten, daß Fliegen die Milch lieben, Bienen den Honig oder Viehzüchter ihre Kälber und ihr Geflügel lieben, die sie im Dunkeln mästen . . .«[26]

Das Zitat von Plutarch erinnert uns daran, daß für die alten Griechen »nur eine wahre Liebe, die Knabenliebe«, existierte. Die Homosexualität der Griechen institutionalisierte die Überlegenheit des Phallus und sprach den Frauen jegliche soziale oder emotionale Rolle ab. Bis auf das Kinderkriegen.

Unvermeidlich, daß der Neue Mann, der mit seinem Phallus dachte und sich eines neuen Bewußtseins erfreute, dieser weiblichen Kreatur einen möglichst geringen Part bei der Kindererzeugung zusprach. Im berühmten »Urteil des Apollon«, dem Höhepunkt der *Euminiden* von Aischylos, verkündete der Gott hilfsbereit:

»Die Mutter hat kein Elternrecht an dem, was ihr Kind genannt wird. Sie ist nur die Amme, der Acker, in dem der frisch eingesetzte Samen wächst. *Elternrecht hat der, der besteigt.*«

Ein simples, brutales Diktat. Hier drehte phallisches Denken jahrtausendealte Vorstellungen von Schöpfung völlig um. Die Frau war nicht mehr das Gefäß der Natur, das den Menschen schuf. Jetzt schuf der Mann die Frau als Gefäß für sich selbst. Wie die Sonne den Mond und der König die Königin, so verdrängte der Phallus die Gebärmutter als Quelle und Symbol des Lebens und der Macht.

Unter dieser neuen göttlichen Fügung gingen die Rechte der Frauen den gleichen Weg wie ihre Riten. Von Peking bis Peru schrumpfte der Status der Frauen zusammen, sie waren nicht viel mehr als Mägde. Sie wurden Eigentum und spürten am eigenen Leib, daß Eigentum tatsächlich Raub ist. Die neuen gesellschaftlichen und geistigen Strukturen stahlen den Frauen ihre Autonomie, Freiheit und Verfügungsgewalt und sogar ihr Grundrecht auf Kontrolle über den eigenen Körper. Von nun an gehörten sie den Männern, vielmehr einem einzigen Mann. In irgendeinem unbekannten, aber entscheidenden Augenblick der Geschichte wurden Frauen zum Gegenstand eines sexuellen Monopols. Denn als man erkannte, daß ein Mann reichte, um eine Frau zu schwängern, war der Schritt zum Prinzip des »einen einzigen Mannes« recht kurz.

Dennoch wurden das exklusive Eigentumsrecht auf die Frau und ihre sexuellen Dienste flott beiseite gewischt, wenn es der höheren Sache nützte. Bei den Eskimos ist das Verleihen der Ehefrau geradezu endemisch. Für den Eskimomann ist dieser Brauch eine »weise Investition für die Zukunft. Denn wer verleiht, kann irgendwann auch ausborgen.« Vielleicht braucht er eines Tages eine Frau, die »das Iglu wohnlich macht und ihm trockene Strümpfe hinlegt . . . und bereit ist, das Wild zuzubereiten, das er heimbringt.« Das ist nicht alles. Das Ausmaß der Pflichten einer Leihehefrau läßt sich an einem Begriff ablesen, den Eskimokinder auf jeden Mann anwenden, der Geschäfte mit ihrem Vater macht: »Er, der meine Mutter fickt«[27].

Sie waren Eigentum, diese Frauen aus der Vergangenheit, und als solche standen sie dem Mann zur Verfügung. Und als die Frauen nicht mehr die wichtigste gesellschaftliche Kraft beim Überlebenskampf, nicht mehr die heilige Lebensquelle und Zukunftshoffnung waren, hinderte nichts die Männer daran, ihre Kontrolle über die Frauen gewaltsam durchzusetzen. So schrieb der Grieche Posidippus im 2. Jahrhundert n. Chr. über die alten Chinesen: »Sogar ein armer Mann wird einen Sohn großziehen. Aber auch ein Reicher wird eine Tochter aussetzen.«[28] Am anderen Ende der Welt hörte Darwin auf seiner Forschungsreise mit der

Beagle von einem Häuptling in Südamerika, daß die Eingeborenen von Feuerland »bei einer Hungersnot ihre alten Frauen töteten und aufaßen, aber niemals ihre Hunde«[29]. Schriftliche Berichte, Sagen, Chroniken, anthropologische und archäologische Zeugnisse – von überall her kommen unzählige Beweise praktizierter Frauenfeindlichkeit. Im Extremfall werden Frauen gehandelt, versklavt, geschändet, als Huren verkauft oder beim Tod ihres Herrn oder Ehemanns hingeschlachtet. Und in jeder Hinsicht nach Belieben mißbraucht. Folgende eindringliche Geschichte, die sich während der angelsächsischen Besiedlung des heidnischen England ereignete, verleiht unserer starken Verallgemeinerung mehr Gewicht: Zwei weibliche Skelette aus der vorchristlichen Zeit wurden in einem gemeinsamen Grab entdeckt. Die ältere Frau, Ende Zwanzig, war bei lebendigem Leib nackt beerdigt worden. Der Lage der Knochen war zu entnehmen, daß sie noch versucht hatte, sich zu erheben, als Erde auf sie geschaufelt wurde. Die Jüngere, etwa 16 Jahre alt, hatte zuvor Verletzungen erlitten, »die typischen Folgen einer brutalen Vergewaltigung, gegen die sich das Opfer heftig gewehrt hatte«. So wies das linke Knie Spuren von Dolchstößen auf. Offensichtlich sollte die Frau für ihren Vergewaltiger die Beine breit machen. Etwa sechs Monate hatte sie diesen Überfall überlebt, dann wurde sie nackt und an Händen und Füßen gefesselt begraben. Möglicherweise bei lebendigem Leib, wie ihre Leidensschwester. Vielleicht mußte sie sterben, weil ihre Unkeuschheit bekanntgeworden war, vermutlich war sie schwanger geworden. Das Fazit der Archäologen:

»Wir können nur raten, in welches Verbrechen und welche Bestrafung sich die Ältere verstrickt hatte ... Aber für das junge Mädchen – nackt, gefesselt, zerfleischt und vielleicht noch lebendig – waren Schlamm und Schleim dieser Kalkgrube das Tor zu einem gnädigen Vergessen.«[30]

Die Frauen, ihrer Heiligkeit beraubt, wurden also zum Gebrauchsgegenstand. Bei den Azteken war eine bestimmte Todeszeremonie nichts weniger als eine direkte Verspottung der früheren Macht der Frauen: In jedem Dezember wurde eine Frau enthauptet, die als die alte Erd- und Getreidegöttin Ilamtecuhtli verkleidet worden war. Ein Priester, der Kleider und Maske der Toten trug, nahm den Kopf entgegen. Dann führte er einen feierlichen Tanz an, gefolgt von anderen, ähnlich gekleideten Priestern. Bei den Azteken war dies nur eins von vielen solcher

Rituale. Im Juni wurde jedes Jahr eine Frau, die die Maisgöttin Xiulonen darstellte, auf ähnliche Art geopfert. Im August mußte das Opfer Tetoinnan, die Göttermutter, symbolisieren. Sie wurde enthauptet und enthäutet. Bei der anschließenden Feier trug ein Priester ihre abgezogene Haut und stellte so die Göttin dar. Das Motiv des Muttermordes ist deutlich an einem Detail der grausigen Prozedur abzulesen: Ein Schenkel des weiblichen Opfers wurde gesondert enthäutet. Aus dieser Haut entstand eine Maske, die der Priester trug. Er verkörperte den *Sohn* der toten »Mutter«.[31] Weltweit bestanden ähnliche Bräuche. Im präfeudalen China wurde jedes Jahr die »Braut des Gelben Grafen« erwählt. Ein Jahr lang wurde die junge Frau gemästet und verschönert, dann ertränkte man sie im Jangtsekiang.[32] Vom Ritualopfer zum erzwungenen Feuertod unerwünschter Bräute im Kindesalter: Die Vernichtung von Frauen verbreitete sich wie eine Seuche durch Indien, China, Europa und den Mittleren Osten bis zu den entferntesten Siedlungen der Menschen. Überall, wo der Phallus regierte.

Als sich die Gesellschaften weiterentwickelten, wurde das Prinzip der Kontrolle durch nackte Gewalt ergänzt: Die Männer bedienten sich der Gesetzbücher. In Rom hatte der Paterfamilias die absolute Macht über Leben und Tod aller Familienmitglieder. In den Augen des Gesetzes war er die einzige Rechtsperson. In Griechenland wurde Solon von Athen um 594 v. Chr. Gesetzgeber. Eine seiner ersten Maßnahmen war die Verfügung, daß Frauen ihre Häuser während der Nacht nicht verlassen durften. Bald wurden sie auch tagsüber mehr und mehr ans Haus gefesselt. Im alten Ägypten waren die Frauen vor dem Gesetz nicht nur einfach Eigentum, sondern Teil ihres Vaters oder Ehemanns. Und waren verdammt, alles zu erleiden, was ihnen die männliche Verwandtschaft einbrockte. Wie der griechische Historiker Diodorus entsetzt in seiner *Geschichte der Welt* (60–30 v. Chr.) festhielt, füllten unschuldige Frauen sogar die Reihen der erbarmungswürdigen Sklaven auf, deren Zwangsarbeit wir die Pyramiden verdanken:

»... gefesselt arbeiteten sie Tag und Nacht ohne Ruhepause. Keine Lumpen bedeckten ihre Blöße, und weder Altersschwäche noch weibliche Gebrechen sind hinreichende Entschuldigungen. Sondern sie werden mit Schlägen angetrieben, bis sie tot umfallen.«[33]

Aber nicht alle Frauen lebten als Opfer und starben als Sklavinnen. Es wäre historisch ungerechtfertigt und ungenau, wenn wir das gesamte weibliche Geschlecht als passiv, als besiegt darstellen würden. Selbst als ein Aristoteles mit seinen Schülern ernsthaft über die angeborene Unterlegenheit der Frauen diskutierte, gelang es einer Agnodice im 4. Jahrhundert v. Chr., die Männerwelt des Geistes erfolgreich zu erobern. Nachdem sie Medizin studiert hatte, praktizierte sie, als Mann verkleidet, die Frauenheilkunst. Und zwar so erfolgreich, daß eifersüchtige Kollegen sie bezichtigten, ihre Patientinnen zu verführen ... Vor Gericht mußte Agnodice ihr wahres Geschlecht offenbaren, um ihr Leben zu retten. Daraufhin erfolgte eine neue Anklage, weil sie widerrechtlich einen Männerberuf ausgeübt hatte. Schließlich wurde sie auch in dieser Sache freigesprochen und wurde die erste uns bekannte Gynäkologin.[34]

Das Beispiel zeigt: Frauen waren auch unter den widrigsten Umständen nie völlig unterwürfig. Sie mußten wegen ihres Geschlechts eine Menge Tritte hinnehmen. Aber je mehr Mühe sich die Phallokraten dabei gaben, um so phantasievoller und fester wurde der Widerstand, der ihnen entgegenschlug. Es bedurfte nicht allzuviel weiblichen Scharfsinns, um die von Männern gesetzten Strukturen zu unterlaufen. Nehmen wir das weltweite Tabu der Menstruation: Blutende Frauen wurden ausgeschlossen, damit sie Männer nicht ansteckten, Essen nicht vergifteten oder Spiegel nicht mit ihrem Atem blind machten, wie etwa Aristoteles glaubte. Eine ausreichende und perfekte Gelegenheit, alternative Machtstrukturen zu schaffen. Und sie waren um so effektiver, weil sie unsichtbar blieben. Was auch immer in den Menstruationshütten oder Frauenräumen geschah, wenn sich die Bewohnerinnen trafen, um einer menstruierenden Schwester Essen, Neuigkeiten oder Botschaften zu bringen – es war dem Gesichtskreis der Männer entzogen. Aber sie würden die Folgen zu spüren bekommen ...

Es kam auch vor, daß sich der Frauenwiderstand offen, sogar gewalttätig ausdrückte. Das mußten die Senatoren Roms um 215 v. Chr. zu ihrem Leidwesen erfahren. Um die Inflation zu bremsen, hatten sie ein Gesetz verabschiedet, das den Frauen verbot, mehr als eine halbe Unze Gold zu besitzen, bunte Kleider zu tragen oder einen Zweispänner zu benutzen. Als dies bekannt wurde, kam es auf dem Capitol zu Krawallen. Massen von Frauen tobten durch alle Straßen und Gassen der Stadt. Weder die Mahnungen der Stadträte noch die Drohungen der Ehemänner vermochten die aufgebrachten Frauen friedlich zu stimmen. Das Gesetz wurde schließlich zurückgenommen, obwohl der bekannte Frauenfeind Cato heftig Einspruch erhob. Ein früher Sieg der Frauensolidarität.

Im Wettstreit um Beherrschung und Unterwerfung waren Frauen nicht immer die Verliererinnen. Die Annalen mancher Forscher aus dem 19. Jahrhundert waren voller Berichte über primitive afrikanische Stämme, bei denen die Frauen die phallokratische Herausforderung siegreich überstanden hatten und das Männervolk weiterhin beherrschten. Inzwischen sind die meisten dieser Stämme verschwunden, wie z. B. die Balonda. Bei ihnen machte der Mann nichts ohne die Zustimmung seiner Frau, wie David Livingstone festhielt, so sehr war er ihr Untertan. Sogar in unserer Zeit existieren Zeugnisse über Stämme, wie die am Fluß Yuat lebenden kannibalistischen Munduguma, deren Frauen so wild wie ihre kopfjagenden Männer sind. Insbesondere verabscheuen die Frauen das Kinderkriegen. Dieses uralte Nein zur Frauenrolle spiegelt sich in einem Spruch aus dieser Gegend wider: »Geschlechtsverkehr ist so widerwärtig, daß nur ein solcher Ehemann erträglich ist, dessen Annäherungen so gut wie nicht zu merken sind.«[35]

Die Frauen paßten sich nicht leicht der Dienerinnenrolle an, für die sie angeblich »natürlich« bestimmt waren, wie alle Phallokraten behaupteten. Unzählige Mittel und Wege wurden aufgespürt, die Macht der Männer zu unterlaufen und umzulenken. Und die Frauen befestigten dabei die eigene Autonomie und Verfügungsgewalt. Die neuen politischen Systeme der Männerherrschaft waren keineswegs monolithisch-einheitlich. Risse und Nischen gab es da, in denen sich kühne, unternehmungslustige Frauen wohl behaupten konnten. Mochte sich überdies König Phallus zur ewigen Nummer eins hochstilisieren: Wohl oder übel heirateten im wirklichen Leben Männer Frauen und wurden Väter von Mädchen. Da taten sich eine Menge Chancen auf, die die Frauen für sich ausnutzen konnten.

Frauen konnten Mitglieder der herrschenden Elite werden

Dieser klassische Zugang zur Macht war verknüpft mit der Nähe zu herrschenden Männern. Eine direkte Umkehrung der alten, matriarchalischen Gesetze und Gepflogenheiten. Wie weit so etwas gehen konnte, lesen wir an einem eindrucksvollen Beispiel aus der Römerzeit ab, an der Karriere der »Julias«. Im 3. Jahrhundert n. Chr. regierten zwei Schwestern und zwei Töchter Rom. Eine mächtige Frauendynastie. Die ältere Schwester, Julia Domna, mischte sich als erste in den politischen Machtkampf ein, als sie Kaiser Severus heiratete. Um 217 starb sie, und ihre jüngere

Schwester Julia Maesa übernahm das Ruder. Sie verheiratete ihre beiden Töchter, die ebenfalls Julia hießen, mit so viel Sinn für politische Strategie, daß sie die Mütter der beiden nächsten Kaiser wurden. Alle drei Julias hatten bis 235 n. Chr. mit großem Erfolg die eigentliche Herrschaft im Lande inne. Eine andere Meisterin des Machtspiels war die byzantinische Kaiserin Pulcheria (399–453 n. Chr.). Mit fünfzehn wurde sie als Regentin für ihren schwachsinnigen Bruder eingesetzt. Die Ehefrau ihres Bruders versuchte ihr den Rang streitig zu machen, aber Pulcheria schlug die unliebsame Konkurrenz nieder. Nach dem Tod des Bruders konnte sie endlich aus eigenem Recht regieren. Ihr Ehemann, der rauhe General Marcian, unterstützte sie dabei. Er war nur nominell mit ihr verheiratet, und sie gestattete ihm niemals, ihr Keuschheitsgelübde zu gefährden. Deswegen konnte sie nach ihrem Tode heiliggesprochen werden.

Frauen konnten Überragendes in der Politik leisten

Früh lernten die Frauen, wie Pulcherias Geschichte zeigt, mit der Maschinerie der Macht umzugehen. Sie bewegten sich erfolgreich innerhalb von Strukturen, die möglicherweise ihr Handeln behinderten, sie aber niemals vom eigentlichen Ziel abhielten. So machte es auch die großartige Theodora, eine ehemalige Bärenhüterin, Zirkusartistin und Kurtisane. Als sie um 525 Prinz Justinian, den Erben des byzantinischen Reichs, heiratete, wurde das Märchen vom Aschenputtel wahr. Theodora pflegte dem Stadtrat Vorschläge zu machen und vergaß dabei nie, »sich für die Kühnheit, frei zu reden, zu entschuldigen, da sie ja nur eine Frau sei«[36]. Aber hinter dieser Fassade setzte Theodora ein frauenfreundliches Eigentums-, Erb- und Scheidungsrecht durch. Aus eigener Schatulle kaufte sie Prostituierte frei, und sie verbannte Zuhälter und Bordellbesitzer.

Im Gegensatz zu Theodora, die die ihr verliehene Macht zu altruistischen Zwecken einsetzte, entwickelten andere Frauen einen gewaltigen Appetit auf grausamste Realpolitik. Die römischen Kaiserinnen Drusilla Livia (zirka 55 v. Chr.–29 n. Chr.) und Valeria Messalina (22–48 n. Chr.) waren nur zwei von vielen gewalttätigen Intrigantinnen und Giftmischerinnen, die alles beiseite räumten, was ihnen im Weg stand. Gift war auch eine der Waffen der sagenumwobenen Schönheit Zenobia. Diese skythische Kriegerkönigin schlug die römische Armee vernichtend und machte sich dann zur Eroberung Kleinasiens und Ägyptens auf. Als sie schließlich von den Römern besiegt wurde, entkam sie der Hinrichtung, indem sie einem römischen Senator den Kopf verdrehte. Später heiratete sie ihn und starb friedlich um 274, nach einem geruhsamen Lebensabend.

Der Titel eines weiblichen Blaubarts gebührt freilich Friedegunde, der Frankenkönigin, die 597 starb. Als Dienerin am königlichen Hof begann sie das große Thronfolgespiel. Sie wurde die Geliebte des Königs und veranlaßte ihn, eine Ehefrau zu verstoßen und eine zweite umzubringen. Deren Schwester Brunhilde schwor daraufhin Friedegunde Feindschaft bis in den Tod. Friedegunde reagierte hart: Sie führte den Tod von Brunhildes Ehemann herbei und stürzte beide Königreiche in einen Krieg, der 40 Jahre dauern sollte. Zu ihren späteren Opfern zählten ihre gesamten Stiefkinder, ihr eigener Mann, der König und zu guter Letzt Königin Brunhilde. Sie ließ ihre alte Feindin drei Tage lang öffentlich demütigen und von ihren Soldaten grausam foltern. Brunhildes Tod machte diesem Sport ein Ende. Danach starb auch Friedegunde – ganz friedlich im eigenen Bett.

Individueller Erfolg war immer möglich

In der Geschichte tauchen viele Frauennamen auf, ihre Werke sind uns bekannt. Eine heilsame Erinnerung daran, daß Frauen – immerhin die Mehrheit der menschlichen Rasse – auch stets über die Hälfte der menschlichen Ressourcen wie Intelligenz und Kreativität verfügten. Die Bandbreite ist aufsehenerregend: von der Dichterin Sappho, die als erste im 6. Jahrhundert v. Chr. subjektive Lyrik schrieb und dabei den Reichtum weiblicher Erfahrungen auslotete, bis zum chinesischen Multitalent Pan Chao (Ban Zhao), die um 100 n. Chr. als Historikerin, Dichterin, Astronomin, Mathematikerin und Erzieherin glänzte. Auf jeder Ebene waren unzählige Frauen an der Weiterentwicklung des menschlichen Geistes beteiligt, und sie trugen zur Wohlfahrt ihres Landes bei: Die Römerin Fabiola gründete ein Spital, wo sie als Krankenschwester und Ärztin wirkte. Sie wurde als die wohl erste Chirurgin der Welt bekannt und starb im Jahr 399.[37]

In vielen Bereichen tauchten Frauen nicht nur als respektierte Autoritäten auf, sondern sie waren häufig sogar die Gründermütter späterer Traditionen und Denkschulen: Kleopatra, »die Alchimistin Alexandriens«, eine Chemikerin und Gelehrte, schrieb einen klassischen Text über das »Goldmachen«, *Chrysopeia*. Noch im Europa des Mittelalters wurde ihr Werk benutzt. Und die chinesische Künstlerin Wei Fu-Jen, eine Zeitgenossin Kleopatras aus dem 3. Jahrhundert n. Chr., wird noch heute als größte Kalligraphin Chinas und als Gründerin der gesamten Schreibkunst gefeiert. Es war nicht allen Frauen bestimmt, Spuren in der Geschichte zu hinterlassen. Aber sie gingen dennoch nicht im großen Schweigen der Vergangenheit einfach verloren. In den Volksmärchen und -sagen aller Kulturkreise sind Berichte von Heldinnen des Alltags überliefert, die brutale oder dumme Ehemänner zähmten, habgierige Herren austricksten, Ränke schmiedeten für ihre Kinder und alt genug wurden, um sich an den Enkelkindern zu erfreuen. Manchmal haben diese Erzählungen einen merkwürdig persönlichen Beigeschmack. Wie z.B. dieses chinesische Märchen aus der frühen T'ang-Dynastie (618–907): Heldin ist ein Mädchen, das sich verzweifelt nach Bildung sehnt. Sie verkleidet sich als Junge, und nach ihrem ersten Schultag, so heißt es, ist sie »so glücklich wie ein Vogel, der aus seinem Käfig befreit wurde«. Noch eindringlicher ist eine ältere Geschichte mit dem Titel »Sie suchte ihren Mann an der Großen Mauer« (zirka 200 v. Chr.). Sie handelt von einer Frau, die eine lange und schreckliche Reise unternimmt, um ihren Mann zu finden. Sie meistert alle Gefahren und Unglücksfälle. Vergeblich, denn der geliebte Mann war schon die ganze Zeit tot.[38]

Es gab sie doch, die Liebe zwischen den Geschlechtern. Die neuen Herren der Schöpfung mochten darauf drängen, daß »ein Mann nur eine Art Herz-Lungen-Maschine für seinen Penis ist«[39]. Aber in den Augen seiner Frau ist kein Mann nur ein Phallus mit etwas drum herum. In der geheimnisvollen Intimsphäre des Ehebetts wurden Bande für alle Ewigkeit geknüpft. So lesen wir auf einem Grabstein vom Kummer eines römischen Ehemannes, der seine Frau verlor. Seine Worte, fast 2000 Jahre alt, sind wie ein persönlicher Brief an die Tote:

»Es war unser Los, 41 Jahre lang eine harmonische Ehe zu führen . . . Wozu Deine fraulichen Qualitäten, Deine Güte und Freundlichkeit, Deinen Gehorsam anführen . . . Wozu von Deiner Zuneigung und Fürsorglichkeit Deinen Nächsten gegenüber erzählen? Du warst doch so rücksichtsvoll zu meiner Mutter wie zu Deiner eigenen Familie . . . Als ich fliehen mußte, hast Du mich mit Deinen Juwelen gerettet . . . geschickt hast Du später unsere Feinde getäuscht und mich weiterhin versorgt . . . als Milo eine Bande von Männern versammelte . . . die unser Haus zu überfallen und plündern versuchte, schlugst Du sie erfolgreich in die Flucht und verteidigtest unser Heim.«[40]

Wenn wir diese Huldigung mit der Frauenfeindlichkeit der meisten römischen Schriftsteller und Kommentatoren vergleichen, fällt es schwer zu glauben, daß von ein und demselben Thema die Rede ist – der Frau. Immer deutlicher stellt es sich heraus, daß der reale Frauenalltag im Widerspruch zu den ideologischen Verlautbarungen der Männer stand.

Aber wir können nicht abstreiten, daß Frauen weltweit etwa ab 1500 v. Chr. durch den Siegeszug der Phallokratie mehr und mehr bedroht wurden. Der Groll der Männer gegen die Frauen hatte sich mächtig aufgestaut, sie kämpften um ihr Selbstwertgefühl, sie wurden sich ihrer Bedeutung bei der Fortpflanzung bewußt – diese Faktoren vereinigten sich zu einer Kraft, die die uralten Vorrechte der Frauen erschüttern mußte. Die Muttergottheit verlor ihren heiligen Status und die damit verbundene Macht. Dieser gewaltsame Sturz riß alle Frauen mit sich: Königinnen, Priesterinnen und gewöhnliche Frauen – von der Wiege bis zum Grab. Sie alle verloren das »Mutterrecht«. Der Phallus sagte sich los vom Mutterkult und wurde selbst heiliger Gegenstand der Anbetung. Dann machte er sich zum Zentrum jeglicher Schöpfungskraft und verdrängte die Gebärmutter. Und schließlich wurde er zum Symbol und zum wirklichen Instrument der Männerherrschaft. Über Frauen, Kinder, Mutter Erde und andere Männer. Als die Frau die Quelle des Lebens darstellte, war die Schöpfung eine Einheit gewesen. Als man aber anfing, die Welt ein- und aufzuteilen, wurde das Männliche zum Prinzip der Veränderung und des Geistes und das Weibliche zur tumben Materie. Die Männer Mesopotamiens bewaffneten sich mit der Ideologie von der Göttlichkeit ihres Geschlechts und bekämpften so ihre Ängste vor der Göttlichkeit der Frauen. Sie wollten nicht Sklaven der Göttin sein, also zerstörten sie deren Göttlichkeit und machten die Frauen zu Sklavinnen.

Was dies für Frauen hieß, können wir an der Geschichte Hypatias ablesen, der griechischen Mathematikerin und Philosophin. Sie wurde etwa 370 n. Chr. geboren und lernte von Kindesbeinen an, vernünftig zu denken, zu hinterfragen und zu argumentieren. Sie wurde die führende Intellektuelle Alexandriens, wo sie an der Universität Philosophie, Geometrie, Astronomie und Algebra lehrte. Man weiß, daß sie Grundlagenforschung in Astronomie und Algebra betrieb und daß sie die Entdeckerin vieler wichtiger Instrumente und Meßtechniken war. Das Astrolabium, die Planisphäre, ein Destillierapparat, ein Hydroskop bzw. Aerometer, der das spezifische Gewicht von Flüssigkeiten messen konnte – das alles geht auf diese Erfinderin zurück. Ihre Schüler beteten sie an, und sie wurde von vielen als Orakel geschätzt. Man nannte sie einfach »die Philosophin« oder »die Pflegerin«.

Aber ihre Philosophie des wissenschaftlichen Rationalismus stand im scharfen Widerspruch zum christlichen Dogma, das sich mehr und mehr durchsetzte. Ihr Geschlecht und ihre Autorität waren weitere Affronts. So kam es zu einem terroristischen Überfall, wie er noch allzu vielen Frauen widerfahren würde: Cyril, im Jahre 415 der oberste Kirchenfürst Alexandriens, hetzte einen Haufen religiöser Eiferer gegen Hypatia auf. Von Cyrils Mönchen angeführt, zerrte der Mob die Wissenschaftlerin von ihrem Streitwagen, riß ihr die Kleider vom Leib und folterte sie zu Tode. Man kratzte ihr das Fleisch mit Muscheln und spitzen Steinen von den Knochen.[41]

Der gemeine Mord an Hypatia bedeutete mehr als nur den Tod einer unschuldigen Wissenschaftlerin mittleren Alters. Am Beispiel Cyrils und seiner Heuchlerbande konnte sich jede denkende Frau ausmalen, wie es um die Männer zukünftig bestellt sein würde. Der aggressive Aufstieg der Phallokratie hatte das Denken und Verhalten revolutioniert. Aber das war nicht genug. Die Unterwerfung war nicht absolut, die Systeme hatten noch Lücken, es gab noch Freiräume. Die Männerherrschaft konnte nicht ein Organ zur Grundlage haben, das nicht beherrschbar war. Es mußte mehr geben – die Vorstellung einer immanenten, ewigen Männlichkeit, die nicht körperlich, sichtbar und fehlbar war. Etwas, was größer war als alle Frauen, da es größer als die Menschen war. Dessen Macht unendlich und unbestritten war. Der Eine Gott. Gottvater, den der Mann nach seinem eigenen Bild erfand.

»Alle Männer erlauben Frauen, Gründerinnen von Religionen gewesen zu sein.«
Strabo (64 v. Chr.–21. n. Chr.)

»Hinter dem Beharren auf Überlegenheit steckt der uralte Neid der Männer auf das andere Geschlecht.«
Erik Erikson

II
Der Sturz der Frauen

»Geschah es vielleicht aus Rache, daß die Männer so viele Jahrhunderte lang die Frauen zu ihren Sklavinnen machten?«
Edward Carpenter

Kapitel 4
Gott der Vater

»Nichts Neues ist daran, daß ein Mann geboren wird, der sich für Gott hält.«

Türkisches Sprichwort

»So wie der Mann, so ist auch sein Gott. Darum ist Gott so häufig absurd.«

Giles und Melville Harcourt
Kurze Gebete für den langen Tag

»Gesegnet seist Du, Herr, unser Gott, König des Universums, daß Du mich nicht als Frau geschaffen hast.«
Tägliches Gebet hebräischer Männer

»Am Anfang war das Wort«, erklärte der heilige Johannes, »und das Wort war bei Gott, und Gott war das Wort.« Tatsache ist, daß das Wort eine Lüge war. Am Anfang war Gott keineswegs da. Aber im Laufe der Menschheitsgeschichte wurde es nötig, ihn zu erfinden. Denn Göttlichkeit und Macht, die sich bloß aus dem Körperlichen ableiten, stoßen bald auf gewisse Grenzen. Der menschliche Penis erreicht den Status der Göttlichkeit nie, selbst wenn man ihn magisch-religiös aufbläht. Bis zu einem gewissen Punkt hatte der Siegeszug der Phallokratie alles mit sich fortgerissen. Die traditionelle Macht der Frauen, die auf Schöpfung und Natur beruhte, war systematisch geschmälert worden. Der Heilige König hatte von der Großen Königin das Selektionsverfahren in Sachen Liebesmanagement gestohlen, die Devise hieß »ex und hopp«. Er wandte es im großen Stil auf das gesamte weibliche Geschlecht an. Aber brutale Gewalt konnte nur bis zu einem bestimmten Punkt gehen. Solange die Frauen ihre atavistische Gebärfähigkeit behielten, konnte man ihnen nicht einfach jegliche Nähe zum Göttlichen absprechen.

Darüber hinaus wurde mit der Entdeckung der Landwirtschaft und der Formation von Städten die menschliche Gesellschaft immer komplizierter. Feste Strukturen, politische Systeme und Verwaltung waren nötig.

Als das Überleben der Menschheit endlich gesichert war, wurde der erwirtschaftete Überfluß zum *Privateigentum.* Der Mensch wurde sich der Möglichkeit zu herrschen bewußt, und er sonnte sich in diesem Gefühl. Um Eigentum und Erbrechte zu schützen, brauchte eine komplexer werdende Gesellschaft mehr als blindes Männlichkeitsgebaren, etwas Subtileres als dieses stumpfe Instrument mußte her. Und mit den organisatorischen Strukturen nahmen auch die Möglichkeiten von Subversion und Widerstand zu. In jedem Stamm, jeder Stadt, jedem Thronsaal oder Tempel gab es Frauen voller Scharfsinn und Findigkeit, die nur darauf brannten, der Welt zu zeigen, daß sie den männlichen Machtanspruch keineswegs automatisch akzeptierten. Nicht alle diese Frauen konnten vernichtet werden, wie etwa Berenice oder Boudicca, die man den Hunden und Raben zum Fraß vorgeworfen oder in namenlosen Gräbern verscharrt hatte. Der Mann hatte die *Macht* und suchte jetzt nach dem Schlüssel zur *Kontrolle.* Und als er über seine Penisspitze hinausblickte, fand er einen größeren Herrn und Meister – Gott.

Männliche Gottheiten waren natürlich nichts Neues. Zu Isis gehörte Osiris, und Demeter war gezwungen worden, sich vor dem rächenden Herrn der Unterwelt zu verbeugen. Als die Phallomanie die Welt eroberte, wurde die geraubte Jungfernschaft zum Maßstab für die männliche Göttlichkeit. Zeus, König der Unsterblichen, demonstrierte seine Überlegenheit durch die Anzahl junger Frauen, die er vergewaltigte. Ähnlich waren die neuen Götter von Aggression und Habgier beseelt. Der Unterschied bestand freilich darin, daß jeder einzelne darauf bestand, der *einzige* Gott zu sein. Er war der *Eine* Gott, es gab *niemanden* neben ihm. Niemand sonst durfte mitspielen.

Ein knappes Jahrtausend liegt zwischen der Gründungszeit des Judentums und des Islam. In dieser Zeitspanne machten die großen Weltreligionen ihr Debüt, eine nach der anderen. Jede warf sich sofort auf die zweifache Aufgabe, die eigene Glaubensgemeinschaft zu formieren und alle Gegner zu vernichten. Die männlichen Konkurrenzgötter waren bei diesem Gerangel Ziel schlichter Ausrottung. Aber welchen Preis zahlte die weibliche Gottheit? Beim Spaziergang im Garten, einst Eden genannt, traf Mutter Natur auf Gottvater – und auf ihren eigenen Untergang. Beim Zweikampf um die Seele der Menschheit verlor sie ihre eigene, als Gottvater »die weltweite historische Niederlage des weiblichen Geschlechts« herbeiführte, um es mit Engels zu sagen.

Nicht alle Religionen waren auf den Einen Gott hin entworfen. Das

Judentum bot ein paternalistisches Modell an, als es ihm endlich gelang, den kleinen Stammesgott Jahwe zu einem höheren Wesen hochzustilisieren. Dies geschah um 600 v. Chr., nach dem traumatischen Exil des Volkes Israel. Um 600 n. Chr. patentierte der Islam den Slogan »Es gibt keinen Gott außer Gott«, dank seines Propheten Mohammed. Sozusagen zwischen diesen Stühlen saß dann die reformierte Variante des jüdischen Glaubens, das Christentum. Es wurde formuliert, als der alte Gott der Juden einen Sohn gebar, an dem er natürlich Wohlgefallen hatte, weil jener eine jüngere Ausgabe seiner selbst war.[1]

Aber ähnlich wichtig waren in Indien bzw. China der Buddhismus und Konfuzianismus. Von zwei einfachen Menschen gegründet, weiteten sich diese Philosophien rasch aus und ließen ihre bescheidenen Anfänge bald hinter sich. Weder Buddha noch Konfuzius behaupteten jemals, göttlich zu sein. Ihre Lehren müssen wir als Wertesystem verstehen, nicht als Religionen im engeren Sinn. Aber die Grundlage ihres Glaubens war entschieden patriarchalisch. Die Gründer selbst wurden später von ihren Anhängern als Götter verehrt. Und die Ideologie dieser beiden Glaubenssysteme übte einen auffallend ähnlichen Einfluß auf das Leben der Frauen aus wie jene monotheistischen Lehren vom Gottvater. Für Frauen waren die Folgen dieser Glaubenssysteme ziemlich die gleichen, egal in welcher Mogelpackung die »Frohe Botschaft« von der männlichen Überlegenheit daherkam. Alle diese Glaubensrichtungen – ob Judentum, Konfuzianismus, Buddhismus, Christentum oder Islam – wurden den Frauen als heilig präsentiert. Als Ergebnis göttlicher Inspiration, von Männern für Männer. Und so wurde die Männlichkeit selbst zum Heiligtum, zur ewigen Kraft und Herrlichkeit.

Historiker, gleich welchen Geschlechts, sind manchmal der Versuchung erlegen, den Aufstieg des Monotheismus als Verschwörung gegen die Frauen zu interpretieren, da die Folgen so einheitlich verheerend für das weibliche Geschlecht waren. Aber obwohl die Idee einer weltweiten Verschwörung gut zur anerzogenen Schwäche und Hilflosigkeit der Frauen paßt, ignoriert sie doch die Tatsache, daß viele Aspekte dieser frühen Religionen beide Geschlechter ansprachen, die Frauen oft in besonderem Maße. Die organisierte Religion mag eine der Hauptursachen der historischen Niederlage des weiblichen Geschlechts gewesen sein – denn Eva fiel nicht, sie wurde umgestoßen –, aber am Anfang stand nicht die gezielte Frauenunterdrückung. Wenn wir uns diese fünf patriarchalischen Religionssysteme im größeren Kontext ansehen, nämlich als

Ausdruck des Versuchs von Menschen unterschiedlicher Rassen, ihrem Leben einen tieferen Sinn abzuringen, so können wir leicht entdecken, warum diese Glaubensrichtungen am Anfang so attraktiv waren.

Zunächst boten sie Klarheit, Gewißheit und eine künstlich geordnete Weltsicht an. Eine neue, tiefempfundene Überzeugung nach allem pluralistischen Mischmasch und den verwischten Grenzen der alten Götterwelt, der Kult der Göttin einbegriffen. Ein Beispiel aus Athen, 5. Jahrhundert v. Chr.: Eine Schwangere, die für eine glückliche Niederkunft beten wollte, mußte zwischen der Großen Mutter Cybele, Pallas Athene oder sogar der jungfräulichen Jägerin Artemis (der römischen Diana) wählen. Alle drei waren die Schutzherrinnen von gebärenden Frauen. Der werdende Vater, der für einen Stammhalter opferte, konnte versuchen, Ares um einen kleinen Krieger oder Apollo um einen Dichter und Musiker zu bitten. Riskant war es aber, Götterkönig Zeus außer acht zu lassen. Als diese rivalisierenden Gottheiten endlich entweder in den Einen allmächtigen Vater aufgingen, dessen Blick auf jeden Sperling und erst recht auf jedes menschliche Geschöpf gerichtet war, oder durch die festen Strukturen der »Erleuchtung« und des »Einen Pfads« ersetzt wurden, gab es für die Menschen eine Sicherheit, die sie zuvor vergeblich gesucht hatten.

Denn die Neulinge auf dem Terrain des Glaubens waren herrlich zuversichtlich. »Ich bin der Herr, Euer Gott«, verkündete Jehova den Juden, »und Ihr sollt keine anderen Götter neben mir haben.« Dieselbe »Frohe Botschaft« lieferten die Gottheiten des Christentums und des Islam. Hinter dieser scheinbaren Einfachheit steckte eine gedankliche Komplexität, die das Weltgeschehen erfolgreich in Einklang brachte, die dem Glaubenden einen metaphysischen Rahmen bot, innerhalb dessen jedem noch so geringen Individuum eine eigene, wohlige Nische zustand. Diese vormals unbekannte Gewißheit konnte Frauen ungeheuer stark machen. Die christliche Sklavin Felicitas, die mit ihrer Herrin im Jahr 203 den Märtyrertod starb, gebar im Kerker in der Nacht vor der schweren Prüfung ein Kind. Als sie in den Wehen lag und vor Schmerzen schrie, verspotteten sie die römischen Wachen: »Schon jetzt leidest du so sehr – was wirst du erst tun, wenn du den Bestien zum Fraß vorgeworfen wirst?« Aber als Felicitas am nächsten Morgen im Amphitheater den Löwen entgegentrat, war sie ganz ruhig, sogar fröhlich. Und sie starb ohne einen Laut.[2]

Diese frühen Glaubensgemeinschaften konnten also durch Schmerz und Leid eine Antwort auf die Qual des Menschseins selbst finden, der scheinbaren Sinnlosigkeit der Existenz einen Sinn verleihen. Mit dem Glauben kam ein erhöhtes Selbst-Bewußtsein. Der Gläubige befreite sich aus der Rolle eines hilflosen Sklaven der Götterwelt, sei es nun die Muttergottheit oder einer ihrer zänkischen phallischen Verdränger. Jetzt zählte der einzelne Mann, die einzelne Frau. »Ich bin Dein Gott«, erklärte Jehova, »Du sollst vor mir wandeln und vollkommen sein.« Und für die Gläubigen – aber nur für die Gläubigen – war die Belohnung nichts weniger als das Paradies. In einem Schauspiel der Sächsin Hrotsvitha, der ersten Dramatikerin Europas, rühmt sich stolz die jungfräuliche Märtyrerin Hirena (und die Autorin scheint sich mit ihrer zähen, spöttischen Heldin stark zu identifizieren):

»Unglückseliger Mann! Erröte, erröte Sisinnius; stöhne auf, weil dich ein zartes, kleines Mädchen besiegt hat ... Du wirst in der Unterwelt verdammt sein. Aber ich, die bald die Palme des Märtyrertods und die Krone der Jungfräulichkeit empfangen wird, ich werde in das himmlische Schlafzimmer des Königs der Ewigkeit eintreten.«[3]

Diese Kombination von Rachephantasie und befriedigender, sublimierter Sinnlichkeit muß erniedrigte Frauen stark getröstet haben. In einem System von Belohnung und Strafe fiel die Abrechnung am Ende um so positiver aus, je mehr die Frauen zuvor gelitten und sich unterworfen hatten.

Interessanterweise begriffen die etwas geistreicheren Frauen, daß ihr Gott ihnen letztendlich einen Wechsel auf die Zukunft ausstellte. Niemand war je zurückgekehrt, um kundzutun, ob er überhaupt eingelöst wurde; Beschwerdemöglichkeiten waren nicht vorgesehen. Ganz konsequent führten die Frauen ein gar nicht so frommes Leben, und nur gegen Ende achteten sie darauf, im großen Stil gottesfürchtig zu werden. Um sich den Weg in die Ewigkeit zu sichern. Meisterin dieser Taktik war die russische Königin Olga. Nach der Ermordung ihres Gatten Igor des Ersten wurde sie Regentin. Um seinen Tod zu rächen, übte sie eine wahre Schreckensherrschaft aus. Sie ließ die Rebellenführer zu Tode kochen und Hunderte andere hinrichten. Nach zwanzig Jahren kaltherziger Grausamkeit widmete sie sich ganz dem christlichen Glauben. Und zwar so erfolgreich, daß sie die erste Heilige der russisch-orthodoxen Kirche wurde.

Mit großem Selbstvertrauen nahmen die Frauen der ersten Gemeinden die Vorschriften der neuen Glaubenspatriarchate an, ja, sie manipulierten sogar daran. Das weist auf eine weitere Ursache des Erfolges der Weltreligionen hin. Am Anfang stand auch der Monotheismus noch im Schatten der Mutterkulte, die er verdrängt hatte. Es existieren Beweise in Hülle und Fülle, daß Frauen zwar die Vorschriften des neuen Gottvaters achteten, daneben aber noch jahrhundertelang die alten Mutterkulte pflegten. Zu den Propheten, die wesentlich dafür sorgten, daß aus dem verstreuten Jahwekult eine monotheistische Religion wurde, zählte der alttestamentarische Hesekiel. Zu seinem großen Entsetzen mußte er beobachten, wie jüdische Frauen im 5. Jahrhundert v. Chr. »um Tammuz weinten«. Das heißt, sie trauerten um den Opfertod des Königs, der Tammuz, Thammus, Attis oder Adonis hieß und dessen jedes Jahr am Tag des Blutes, Ende März, gedacht wurde. Das Christentum eignete sich diesen Tag später an und nannte ihn Karfreitag. Nicht nur die Frauen verstießen gegen die Gebote. Der Prophet Jeremia nahm großen Anstoß daran, daß alle – Männer, Frauen und Kinder – sich des gleichen Vergehens schuldig machten:

»Denn siehst du nicht, was sie tun in den Städten Judas und auf den Gassen zu Jerusalem? Die Kinder lesen Holz, so zünden die Väter das Feuer an, und die Weiber kneten den Teig, daß sie der Himmelskönigin [der Großen Göttin] Kuchen backen . . . daß sie mir Verdruß tun.«[4]

Alle Glaubenspatriarchate konnten sich nur deswegen erfolgreich durchsetzen, weil sie die Formen, Sinnbilder und heiligen Objekte der Göttin kolonialisierten, wenn nicht sogar einverleibten. Obwohl sie vorgaben, diesen gefährlichen Kult auszurotten. In jüngster Zeit befaßten sich viele Theologen und Theologinnen mit Fragen, die ihnen in vergangenen Epochen jedes Schulmädchen hätte beantworten können: Daß hinter der Dreifaltigkeit der Christen nichts anderes steht als die Große Göttin in ihrer dreifachen Verkörperung (Jungfrau, Mutter und weise Frau); daß ihre Erscheinungsform der unreifen Mondjungfrau Vorbild für die Jungfrau Maria ist usw.

Bis heute erinnern Feiertage wie der 1. Mai oder Mariä Verkündigung an die besonderen Feste der Großen Mutter. Denken wir z. B. an die Feier der Tagundnachtgleiche, wenn blumengeschmückte Mädchen, die die Fruchtbarkeit von Mutter Erde symbolisieren, um einen Maibaum tanzen. Der Maibaum ist eine phallische Beschwörung des Knabenkönigs, des Liebhabers aus der Wildnis (Tammuz, Attis, Adonis, Virbius), der niedergestreckt und geopfert worden ist. Diese Kontinuität können wir sogar in jenen ethischen Systemen beobachten, die keine deutliche Gottvater-Figur brauchen. Das chinesische Schriftzeichen für »Ahne«

hatte früher die Bedeutung »Phallus« und noch früher »Erde«, wie man beim Entziffern uralter Zeichen auf heiligen Bronzegeräten und Orakelknochen herausfand. Der chinesische Ahnenkult, die Verkörperung patriarchalischer Vorherrschaft schlechthin (nur ein Sohn kann die Ritualopfer bringen, die der Seele des Vaters erlauben, sich mit den Ahnen zu verbinden), wächst also aus dem Kult der Großen Göttin/Mutter Erde, der vor Urzeiten Fruchtbarkeit und Fortpflanzung garantierte und so den ersten männlichen »Ahnen« die Erben schenkte.[5]

Von allen Religionen räuberte der Islam freilich am offensten. Vom Halbmond auf seinen Fahnen bis zum Geheimnis des größten Heiligtums: überall ist die Göttin präsent. Sir Richard Burton schilderte folgende Reiseeindrücke:

»Al-Uzza, eine Erscheinungsform der dreifaltigen Großen Göttin Arabiens, hatte einen Schrein zu Mekka, die Ka'aba. Dort dienten ihr uralte Priesterinnen. Sie war die besondere Göttin und Schutzherrin der Frauen. Die Ka'aba existiert auch heute noch und ist der heiligste Ort des Islam.«[6]

Selbst als die Priesterinnen durch Priester ersetzt wurden, klang die Macht der Großen Göttin nach: Ihre männlichen Knechte wurden *Beni Shaybah* genannt, »Söhne der Alten Frau«, einer der eher vertraulichen Spitznamen der Muttergottheit. Die Männer bewachten einen uralten schwarzen Stein, Allah geweiht. Er war mit einem schwarzen Tuch bedeckt, der »das Hemd der Ka'aba« genannt wurde. Aber unter dem »Hemd« weist der schwarze Stein auf seiner Oberfläche ein Zeichen auf, »Aphrodites Abdruck«. Eine ovale Kerbe stellt die weiblichen Genitalien dar. Für einen Augenzeugen ist die Kerbe »das Zeichen der freien Sexualität der Göttin und ein deutlicher Hinweis darauf, daß der schwarze Stein Mekkas ursprünglich der Großen Mutter gehörte«[7].

Da ihre Anbeterinnen wußten, daß »die Herrin« noch immer in ihrem Stein wohnte, war es anfangs unwichtig, daß sie einen weiteren Namen bekommen hatte. Sie, die auf zehntausendfache Art von den Menschen angerufen wurde. Auch waren die neuen Akolythen, die ihr dienten, unwichtig. Beim Annehmen der neuen Vatergötter mußten die Frauen nicht zwangsläufig ihre erste Mutter aufgeben. Und dies trug zweifellos zur Konsolidierung der jungen patriarchalischen Religionen bei.

Noch ein Faktor erklärt, warum die aufstrebenden männerzentrierten Denksysteme anfänglich so erfolgreich bei den Frauen waren. Jede Ideologie muß zunächst um Anerkennung und Überleben kämpfen, und darum bedient sie sich der erstbesten Rekruten. Es ist kein Zufall, daß die ersten Anhänger Buddhas und Mohammeds die eigenen Ehefrauen waren. Bei den Gründungen standen Frauen also im Vordergrund des Geschehens, und das verlieh ihnen eine zentrale Stellung. Offensichtlich war Khadijah aus Mekka, eine brillante Geschäftsfrau und prominente Angehörige des wichtigen Stammes der Quraish, die eigentliche Entdeckerin Mohammeds. Sie war 40 Jahre alt, als sie dem 15 Jahre jüngeren, ungebildeten, epileptischen Hirten Mohammed eine regelmäßige Beschäftigung gab, ihn zum Ehemann nahm und ihm bei seinen Offenbarungen Mut machte.

Die frühen jüdischen Annalen sind mit ähnlich starken Frauenfiguren bereichert, die auch extremen Schrecken, Schmerzen und Verlusten trotzten. Bekannt wurde die Mutter der Makkabäer, die bei ihren sieben Söhnen stand, als sie bei einem Holocaust um 170 v. Chr. der Reihe nach gefoltert und verbrannt wurden. Sie beschwor ihre Söhne, standhaft zu bleiben. Ohne ihre mutige Haltung, so heißt es übereinstimmend, wäre der Gott der Juden möglicherweise ausgelöscht worden. »Das Märtyrerblut der Makkabäer rettete das Judentum«[8].

Auch im frühen Christentum fanden die Frauen nicht nur eine angemessene Rolle, sondern eine Chance, sich gegen ihre Unterdrückung zu wehren. Indem sie eine Braut Christi wurden, drehten sie geringeren Bewerbern eine lange Nase ... Tausende junger Frauen halfen mit ihrem Körper, Blut und ihren Knochen, das Haus Gottes zu errichten. Denn ihre vor Wut rasenden Väter, Ehemänner oder Verlobten sahen sie lieber umkommen, als daß sie ihnen zugestanden hätten, der wahren Bestimmung einer Frau zu entkommen.

So wichtig wie das unerschrockene Glaubensbekenntnis der jungfräulichen Märtyrerinnen war der Beitrag jener Frauen, die großzügig ihre Zeit, ihr Vermögen, ihre Begeisterung, ihr Heim und ihren Nachwuchs den sich abmühenden Gründervätern zur Verfügung stellten. Sogar der heilige Paulus, der sich später als unverbesserlicher Verkünder weiblicher Minderwertigkeit profilierte, mußte zu Philippi einer Verkäuferin von Purpurfarben, Lydia, Dank und Anerkennung für ihre Hilfe zollen. Die allerersten christlichen Kirchen in Rom waren Stiftungen reicher Witwen. Und alle Christengemeinden trafen sich unter einem Dach, das einer Frau gehörte: »die Kirche im Hause der Chloe, der Lydia, der Maria, Mutter des Markus, der Nympha, der Prisca ...« Einem führenden Theologen zufolge war es aber das wichtigste, daß Frauen in den Pioniertagen des Christentums alle gewöhnlichen Kirchenämter offenstanden. Lehre, Gebet, Prophezeiung, Danksagung beim Abendmahl, das Spenden von Sakramenten – *es gibt nichts, das Frauen vorenthalten worden wäre*[9].

Das frühe Christentum nahm für sich in Anspruch, die Frauen von ihrer traditionellen Unterwürfigkeit zu befreien und ihnen die vollständige sexuelle Gleichheit mit den Männern zu geben. »Vor Christus«, schrieb der heilige Paulus, »gibt es weder Sklaverei noch Freiheit, weder Mann noch Frau . . .« Auch der Buddhismus hielt zu Anfang für seine Anhängerinnen ein trügerisches Versprechen von Gleichheit bereit. Die dreifache Realität (»alles ist Leiden, alles ist unbeständig, es gibt keine Seele«) galt für Männer und für Frauen gleichermaßen. Darüber hinaus lehrte Buddha, daß das Leben oder die (Wirklichkeits-)Form nur eine von 22 Möglichkeiten eines Menschen ausmache. Das Geschlecht war also von minimaler Bedeutung. Und wie das Christentum, so kannte auch der Buddhismus frühe Heldinnen von vorbildlicher Leidenschaft, Reinheit und Glaubensfestigkeit:

»Subha setzt den Gedanken [Buddhas] in Handlungen um, [als] ein Missetäter sie in den Wald lockt und zu verführen sucht. Subha reagiert, indem sie ihm die Lehre predigt. Aber der Missetäter sieht nur die Schönheit ihrer Augen und achtet nicht auf ihre erhabenen Worte. Um also zu zeigen, wie unwichtig ihre Schönheit und ihr Geschlecht für das Seelenleben sind, nimmt Subha eins ihrer schönen Augen heraus und bietet es dem Mann an. Er ist sofort bekehrt . . .«[10]

Möglicherweise erstaunt der Islam am meisten, was die Haltung zu Frauen betrifft. Die groben Mechanismen der Unterdrückung wie Schleierzwang, Einsperren und Verstümmelung der Genitalien (die sogenannte »weibliche Beschneidung«) wurden dem entschieden freieren und humaneren Anfang dieser Religion zum Trotz durchgesetzt. Aus der präislamischen Gesellschaft hatten die Frauen das Recht geerbt, ihre Ehemänner selbst auszusuchen. Vom Plural ist die Rede, denn das alte »Mutterrecht« blühte noch in den Stämmen und Städten der arabischen Staaten, wie die feministische Historikerin Nawal El Saadawi erklärt:

»Vor dem Islam konnte eine Frau die Vielmännerei praktizieren und mehr als einen Mann heiraten. Wenn sie schwanger wurde, ließ sie alle Ehemänner herbeirufen . . . Sie versammelte sie und nannte dann den Mann, den sie als Vater des Kindes auserwählt hatte, und der Mann durfte nicht ablehnen . . .«[11]

Wenn eine Beduinenfrau sich von einem überflüssigen Ehemann trennen wollte, drehte sie einfach ihr Zelt um. Das war das Zeichen, daß ihre Tür ihm nicht mehr offenstand. Spätere Generationen moslemischer Frauen müssen es für einen grausamen Witz oder reines Hirngespinst gehalten haben, wenn in Sagen und Überlieferungen von solchen Freiheiten die Rede war. Und doch ist der Beweis vorhanden – in der Geschichte von der Hochzeit Mohammeds, des Propheten und Gründers höchstpersönlich. Als die selbstsichere Khadijah ihn wollte, schickte sie eine Botin zu ihm mit der Aufforderung, ihr einen Eheantrag zu machen. Und das tat er.

Noch bemerkenswerter als diese sexuelle Freiheit war die Bereitwilligkeit, mit der sich die ersten Mohammedanerinnen bewaffneten und neben den Männern in offenen Feldschlachten kämpften. Eine hochgeschätzte Heldin und Kriegsführerin war Salaym Bint Malhan, die ein ganzes Waffenarsenal um ihren schwangeren Leib band und mit dem Propheten und seiner Gefolgschaft kämpfte. Einer anderen Heldin wird nachgesagt, sie habe eine bittere Schlacht gegen die Byzantiner persönlich entschieden: Die schwankenden Reihen des Islam wurden von einem hochgewachsenen, schwarzgehüllten Ritter, der mit wilder Kühnheit focht, wieder zusammengeschweißt und zum Sieg geführt. Später enthüllte sich der »Ritter« nach einigem Zögern als die arabische Prinzessin Khawlah Bint al-Azwar al-Kindiyyah.

Auch eine Niederlage konnte Khawlahs Kampfgeist nicht brechen. Einmal wurde sie in Sabhura in der Nähe von Damaskus während einer Schlacht gefangengenommen. Sie rief die anderen weiblichen Gefangenen zusammen und schleuderte ihnen leidenschaftlich entgegen: »Akzeptiert ihr diese Männer als eure Herren? Wollt ihr zulassen, daß eure Kinder ihre Sklaven werden? Wo sind euer berühmter Mut, eure Geschicklichkeit, wovon man sich in den Zelten und Städten des Landes erzählt?« Eine Frau namens Afra'Bint Ghifar al-Humayriah soll halb entschuldigend geantwortet haben: »Wir sind so mutig und geschickt, wie du uns beschreibst. Aber in solchen Fällen ist ein Schwert recht nützlich, und wir wurden überrascht wie die Schafe – ohne Waffen.« Khawlahs Reaktion: Sie befahl jeder Frau, sich mit einer Zeltstange zu bewaffnen und eine Phalanx zu bilden. Sie führte ihre Mitgefangenen in den Kampf, und es gelang den Frauen, sich zu befreien. »Und warum auch nicht«, so schließt der Geschichtenerzähler, »wenn eine Niederlage ihnen doch die Sklaverei beschert hätte?«[12]

Eine andere Kriegerin des Islam war die berühmte 'A'isha, so mächtig mit dem Wort wie mit dem Schwert. Sie war die jüngste der zwölf Ehefrauen des polygamen Propheten. Mit neun Jahren wurde sie mit dem betagten Mohammed verheiratet und war noch vor ihrem 18. Geburtstag Witwe. 'A'isha erlangte großen Ruhm wegen ihrer mutigen Intelligenz und ihres Widerstands gegen die Unterdrückung, die tugendhaften moslemischen Ehefrauen auferlegt wurde. Ohne Zögern widersprach oder verbesserte sie Mohammed selbst. Vor seinen wichtigsten männlichen Anhängern führte sie theologische Streitgespräche mit ihm. Und zwar mit einer derart vernichtenden Logik und intellektuellen Argumentationskraft, daß Mohammed selbst zu seinen Anhängern sprach: »Bezieht die Hälfte eures Glaubens von dieser Frau mit den roten Wangen.« Ihr Mut ging sehr weit: Sie widerstand dem Willen des Propheten sogar dann, wenn Allah höchstselbst sich ihm offenbart hatte. Der direkte Draht nach oben funktionierte wieder einmal sehr gut, als Mohammed eine weitere Ehefrau nehmen wollte. Er wurde abermals mit Koranversen gesegnet, denen zufolge Allah seinem Propheten erlaubte, beliebig viele Frauen zu heiraten. 'A'ishas hitziger Kommentar: »Allah geht immer direkt auf deine Bedürfnisse ein!«[13]

Was blieb einem Vatergott auch übrig? Und wie sollten Frauen darauf reagieren? 'A'isha, beim Tod Mohammeds gerade ein achtzehnjähriges Mädchen, wuchs aus dieser Trotz- und Rebellionsphase heraus. Sie wurde später zu einer führenden Figur des Islam, ihre unmittelbare politische Macht und ihr Einfluß auf Entwicklung und Tradition der Religion waren außerordentlich. Aber die ursprüngliche Kampfansage dieser Frau blieb unbeantwortet, und in den folgenden Jahren konnte sie nur noch dringender werden.

Denn welche Bedürfnisse auch immer die neuen Glaubenspatriarchate befriedigten, als sie wuchsen und gediehen – es handelte sich nicht um die tieferen Bedürfnisse des weiblichen Geschlechts. Natürlich gab es Anreize. Es mußte sie ja geben, damit Frauen den ideologischen Köder schluckten, ohne den Haken oder das gefährliche Blei zu bemerken. Keins dieser Glaubenssysteme hätte den Frauen gegen ihren Willen aufgezwungen werden können. Jeder Stamm, jede Stadt und jedes Volk, von den Eiferern der neuen Götter bekehrt, mußte eine gewisse Zustimmung der weiblichen Mitmenschen erreichen. Keine dieser Frauen konnte jedoch wissen, was sie sich selbst und ihren Enkelinnen für die nächsten 2000 Jahre einhandelte, als man ihr anfangs den neuen Glauben mitsamt seinen Freiheiten und Vorzügen so glänzend verkaufte. Wir finden in der

Trickkiste der Geschichte wohl kaum einen böseren Witz als folgendes Spektakel: Da heißen Frauen genau solche Religionen willkommen und fördern sie auch noch, die allzubald die weibliche Autonomie angreifen, ihre Individualität zerstören und sogar ihren Daseinsgrund aushöhlen werden.

Der Sturz der Frauen

Von jenem unbekannten Augenblick in der Geschichte an, als das Geheimnis der Fortpflanzung enthüllt wurde, waren die Frauen dazu verdammt, ihre göttinnengleiche Stellung zu verlieren. Aber die Selbsterhöhung des Mannes zum Gott beließ es nicht dabei, die Frauen auf die Größe eines normalen Menschen zurechtzustutzen. Sie wurden zu einer niedrigeren Lebensform degradiert. Die fünf großen Glaubenssysteme (Judentum, Buddhismus, Konfuzianismus, Christentum und Islam) beharrten, jedes auf seine Art, auf der natürlichen Minderwertigkeit der Frauen und verlangten ihre Unterwerfung unter ein Wertesystem, das die natürliche Überlegenheit des Mannes propagierte. Die Männerzentriertheit war Dreh- und Angelpunkt dieser Weltreligionen.

Wie konnte das geschehen? Buddha, Jesus, Mohammed und andere Propheten der großen Sache lehrten, die Frauen zu lieben. Insbesondere Mohammed war berühmt für seine begeisterte Interpretation der Offenbarung Allahs, daß Frauen das größte Himmelsgeschenk für Männer seien. Auch in der Theorie waren die Frauen nicht spezifisch von den geistigen Erträgen der neuen Religionen ausgeschlossen. Buddha lehrte kategorisch, daß Frauen wie Männer »die fünf Fesseln« menschlicher Sündhaftigkeit zerstören und die Erleuchtung erlangen können, während Christentum und Islam der individuellen Seele eines kleinen Kindes, erst recht der seiner Mutter, großen Wert beimaßen. Mohammed gebot seinen Anhängern, würdige Frauen zu verehren. Und sogar nach seinem Tod erfreuten sich Frauen weiterhin deutlicher Achtung: Zubaidah, die glanzvolle Königin aus Tausendundeiner Nacht, rettete im wirklichen Leben ihr Land vor einem Bürgerkrieg, indem sie sich weigerte, Rache für ihren ermordeten Sohn zu nehmen. Zudem war sie eine Pionierin der Technik: Sie sorgte für einen kontinuierlichen Wasservorrat auf der 1600 Kilometer langen Pilgerroute vom Irak nach Mekka. So wurde sie zur Nationalheldin.

Die einzelnen Patriarche und Religionsstifter können sich in der Tat vom Vorwurf des kruden Frauenhasses reinwaschen. Daß Frauen in ihrem Namen geplagt und unterdrückt wurden, liegt im Wesen des Systems selbst. Denn der Monotheismus ist nicht nur eine Religion neben anderen – sondern ein Machtverhältnis. Jeder Vorstellung von Einem Gott liegen hierarchisches Denken, Kategorien wie Vorrang und Überlegenheit zugrunde. Der Eine Gott ist »mehr« und »höher« als alle anderen Götter. Und seine Anhänger sind allen Ungläubigen überlegen. Im Gegensatz dazu herrscht im heidnischen Pantheon schieres Konkurrenzgerangel, alle wollen Nummer eins sein. Sogar der König der Unsterblichen, Zeus persönlich, konnte von seiner wütenden Frau Hera oder seinen eifersüchtigen Söhnen herausgefordert oder ausgetrickst werden. Die alte Welt erfreute sich einer Fülle solcher Mythen und Märchen. Diese Götter, Göttinnen und Halbgottheiten wurden in ganz Mesopotamien, Indien, Ägypten, Rom und Griechenland von den Herrschenden toleriert. Alexander der Große bewies, wie weise man zu seiner Zeit war. Er schrieb fest, daß kein einzelnes Glaubenssystem, kein Einzelgott das Monopol auf die Wahrheit hatte.

Das Patriarchat änderte alles. Mit dem wahren Glauben an den Einen Gott ging die unentrinnbare Pflicht einher, ihn anderen Menschen aufzuzwingen. Mit dem Alleinvertretungsanspruch auf Wahrheit kamen zum ersten Mal Orthodoxie, Blindgläubigkeit und Verfolgungspraktiken auf. Alle Widersacher der wiedergeborenen Eiferer mußten gnadenlos vernichtet werden. Wie es im Bund der Juden mit Jahwe heißt: »Wer nicht den Herrn und Gott Israels sucht, der soll durchs Schwert umkommen, ob klein oder groß, ob Mann oder Frau.« Die Juden verfolgten andere Stämme und deren verhaßte Götterbilder, weil diese den Einen Gott herausforderten. Ähnliches widerfuhr ihnen später jahrhundertelang von den Christen. Der Islam bekriegte Juden und Christen gleichermaßen. Mohammed hetzte blutrünstige Horden zum Massenmord auf. Sie töteten oder wurden getötet in der Vorfreude auf das Paradies, das der Prophet ihnen versprochen hatte. Daraufhin kamen die »Sarazenen« auf die schwarze Liste des Christentums und wurden, wie die Israeliten, »im Namen Unseres Gottes« massakriert. Amen. Ach, Mann.

Als Machtverhältnis schafft der Monotheismus also eine Hierarchie – des Einen Gottes über alle anderen, des Stärkeren über den Schwächeren, des Gläubigen über den Ungläubigen. Darüber hinaus führte das neue Konzept von der persönlichen Beziehung zwischen dem Menschen/Mann und seinem Gott (der ihn ja nach seinem Bild geformt hatte ...)

zur Vorstellung, daß Gottvater in jedem menschlichen Patriarchen steckte. Männer litten also zweifach: als Feinde und als Untergebene. Bei Ekklesiastikus ist es vorgeschrieben: »dem Diener Brot, Zucht und Arbeit« und den Söhnen unaufhörliche Unterdrückung – »von ihrer Jugend an sollst du ihren Nacken beugen«.

Männer wurden jedoch aus äußerlichen Gründen verfolgt, nicht aufgrund ihres Geschlechts. Und es lag in der Natur des Systems, daß sie Gelegenheit zur Besserung ihrer Lage bekamen. Sie konnten sogar einen niedrigen Status innerhalb der patriarchalischen Hackordnung ändern. Feinde des Glaubens mochten konvertieren, und das taten sie denn auch, in großer Anzahl. Daher der Welterfolg der Gottvater-Religionen. Noch leichter war es, daß junge Männer zu alten Paschas und Diener zu Oberdienern wurden. Sogar Sklaven konnten ihre Freilassung erringen. Diese Optionen standen dem weiblichen Teil der Menschheit nicht offen. Unter dem patriarchalischen Monotheismus hieß Frausein nichts anderes als eine Existenz zweiter Klasse – lebenslänglich.

Denn Frauen konnten sich von einer fundamentalen Behinderung niemals frei machen – sie waren keine Männer. Der daraus folgende Syllogismus stellte einen Triumph männlicher Logik dar. Wenn Gott männlichen Geschlechts war und die Frau nicht, dann war, was auch immer Gott war, die Frau etwas anderes. Der heilige Augustinus sprach es deutlich aus: »Denn die Frau ist nicht das Abbild Gottes, während allein der Mann Abbild Gottes ist.« Der Mann kommt hierarchisch nach Gott, und die Frau steht noch unter ihm, da sie weiter entfernt vom Allerhöchsten ist. In der Praxis heißt das: Jeder Mann wird über jede Frau gesetzt, der Vater über die Mutter, der Ehemann über seine Frau, der Bruder über die Schwester, der Enkel über die Großmutter. Bei jedem dieser neuen Glaubenspatriarchate befreite Gott der Herr den Mann von der Sklaverei und ging eine ewige Partnerschaft mit ihm ein, während die Frau noch nicht einmal eine Lehrstelle in der himmlischen Aktiengesellschaft bekam. Die Männer konnten aufsteigen und zum selbständigen Paterfamilias/Patron werden, die Frauen blieben in ihrer ewigen Unterlegenheit verstrickt. Mohammed erklärte es mit der ihm eigenen Deutlichkeit und listete zugleich die traditionellen Strafen des Patriarchats für unzufriedene Untergebene auf:

»Männer sind für Frauen verantwortlich, weil Allah die einen geschaffen hat, daß sie die anderen übertreffen. So sind gute Frauen gehorsam, und sie hüten das Geheimnis, das Allah gehütet hat. Jene aber, deren

Widerstand du fürchtest, sollst du ermahnen, sie von deinem Bett bannen und geißeln.«[14]

Gottvater erlaubt nur seinem Ebenbild, die volle Freiheit und Verfügungsgewalt des Erwachsenen zu erlangen. Diametral dazu ist die Frau zur zweifachen Unterwerfung verurteilt. Sie steht unter Gott und unter dem Mann. Wie der heilige Paulus an die Korinther schrieb: »... der Mann ... ist Gottes Bild und Abglanz, die Frau aber ist des Mannes Abglanz ... Und der Mann ist nicht geschaffen um des Weibes willen, sondern das Weib um des Mannes willen.«

Fazit: Weibliche Unterlegenheit ist nicht etwa bloßer Begleitumstand von männlicher Überlegenheit. Sondern deren zwingendes Gebot. Wie aber wurde dieses Gebot jeder einzelnen Frau nahegebracht? Der erste Schritt mußte die Auslöschung aller Spuren der früheren Vormacht der Frauen sein. Das hieß: Generalangriff auf den Kult der Großen Muttergöttin, auf ihre Anhänger und folgerichtig auf das Recht der Frauen zu regieren oder zu befehlen. Ein lakonischer Bericht im Zweiten Buch der Chronik zeigt, wie diese Bilderstürmerei funktionierte:

»Auch setzte Asa, der König, ab Maacha, seine Mutter, daß sie nicht mehr Herrin war, weil sie der Aschera ein Greuelbild gestiftet hatte. Und Asa rottete ihr Greuelbild aus und zerstieß es und verbrannte es am Bach Kidron ... doch war das Herz Asas rechtschaffen sein Leben lang.«[15]

Das war nur ein Angriff von vielen, den die Göttin, ihre Tempel, Schriften, Rituale und Anhänger erleiden mußten. Im Alten und im Neuen Testament können wir die Details nachlesen. Christentum und Judentum verkündeten von Anfang an, daß die Große Göttin, »welcher doch die ganze Landschaft Asien und der Weltkreis Anbetung erzeigt«, zu verfolgen und »ihre göttliche Majestät« zu zerstören sei. (Apostelgeschichte 19,27)

Die Frauen widerstanden natürlich. Fast 1000 Jahre später mußte Mohammed beinahe mit seinem Leben für seinen »Einen Gott« zahlen. Er propagierte beharrlich, daß Allah die »Herrin«, die »Königin des Himmels«, die »Mutter über Leben und Tod«, aus dem Weg räumen müsse. Kein Wunder, daß eines Tages wütende Gefolgsleute der Großen Göttin sein Haus umstellten, in das er sich verschanzt hatte, und ihn bedrohten. Aber er wurde im letzten Moment mit einer Erleuchtung beglückt: Die drei alten Göttinnen Al-Uzza, Al-Manat und Al-Uzzat (die Große Göttin in ihrer dreifaltigen Inkarnation) durften weiterhin neben dem Newcomer, seinem Allah, existieren. Das taten sie denn auch. Bis

Mohammed seine Kräfte neu ordnete, die Erleuchtung widerrief und den Angriff aufs neue startete.

Unzählige Frauen erhoben die Waffen gegen diese Tyrannei. An vorderster Front stand die arabische Führerin Hind al Hunnud. Sie wurde die Unvergleichliche genannt, die »Größte aller Hinds«. Unter ihr lehnte sich der reiche und mächtige Stamm der Quraish gegen die gewaltsame Bekehrung zum Islam auf. Der Höhepunkt ihres Feldzugs war die schreckliche Schlacht von Badr um 624 n. Chr., wo sie gegen Mohammed selbst kämpfte. Ihr Vater, Onkel und Bruder wurden getötet. Eine Zeitlang führte sie noch Vergeltungsschläge aus dem Untergrund aus. Aber am Ende mußte sie sich ergeben und zum Islam übertreten. In ihrer militärischen Glanzzeit war Hind nicht nur eine formidable Kriegsführerin, sondern auch Priesterin der »Herrin des Sieges«. Sie führte die Frauen bei den heiligen Beschwörungen von Tapferkeit und Triumph an. Aber nachdem sich Hind dem Willen Allahs gebeugt hatte, hörte man nichts mehr von dieser brillanten und ungewöhnlichen Frau.

Was die Muttergottheit und ihre Gefolgschaft betraf, so war Mohammed mit nichts weniger als der »historischen Liquidierung des weiblichen Elements« zufrieden, wie die Historikerin Fatnah A. Sabbah es formuliert. Aber sogar das reichte nicht, um den Triumph des Vatergottes auf ewig abzusichern. Frauen und auch Männer mußten dazu gebracht werden, an die natürliche Unterlegenheit der Frau wirklich zu glauben. Sie mußten es für völlig richtig erachten, daß die Stellung der Frau in jeder Hinsicht unter der des Mannes war. Folgerichtig starteten die Patriarchen des Einen Gottes eine emsige, hysterische Propagandakampagne, um die Unterwerfung der Frauen zu rechtfertigen und allgemein durchzusetzen. Der heilige Ambrosius faßt es anschaulich zusammen: »Adam wurde durch Eva zur Sünde verführt, und nicht Eva durch Adam. Also ist es gerecht und richtig, daß die Frau jenen als Herrn und Meister anerkennt, den sie zur Sünde verführt hat.«[16]

Die Frauen mußten für Evas Fehltritt bezahlen – und zwar auf ewig. Im Islam wurde diese historische Verpflichtung geradezu heiliggehalten und kunstvoll herausgearbeitet. Der moslemische Weise Ghazali erklärte: »Als Eva die Frucht aß, die Er ihr verboten hatte, bestrafte sie der Herr – gepriesen sei Er – *achtzehnfach*.« Dazu zählten Menstruation, Geburt, Trennung von der eigenen Familie, Ehe mit einem Unbekannten, Eingesperrtsein im eigenen Haus. Und von den 1000 Tugendkomponenten, die den Wert eines Menschen ausmachten, besaßen Frauen nur eine,

99

während Männer die restlichen 999 ihr eigen nannten. Unbeschadet ihrer wirklichen Sünden und Vergehen.

Im uralten Krieg der Geschlechter ist der Mythos von Adam und Eva möglicherweise das wirksamste Stück frauenfeindlicher Propaganda. Und er hatte wichtige Implikationen. Er vollbrachte das Kunststück, den Mann überall an erster Stelle zu setzen. Alle Gottvater-Religionen (Judentum, Christentum und Islam) lassen zuerst den Mann entstehen. Die Frau wird nach ihm geschaffen, aus einem Klumpen unbedeutenden und überflüssigen Knorpels. Sie wird aus seinem Körper herausgenommen – wie ein Kind aus der Mutter. Letztendlich ist diese Schöpfungsgeschichte nur auf den Gebärneid der Männer zurückzuführen, ein weiterer Versuch von vielen, die weibliche Macht der Fortpflanzung an sich zu reißen. Mit einem schnellen Taschenspielertrick kehrt Gott der Pascha die Biologie um und stellt die Natur auf den Kopf, als er sein männliches Menschenkind zur Welt kommen läßt. Der Evolution zum Trotz, da sich Männer und Frauen gemeinsam entwickelten, und dem Leben selbst zum Trotz, da die Frau den Mann gebärt. Gott maßte sich an, Herr allen neuen Lebens zu sein. Alle Monotheismen lehrten, daß allein Gott jedem Fötus das Leben einblies. Dabei benutzte er die Frau als »Schutzumschlag« für das werdende Leben, wie es der Islam formuliert.

Aber das reichte nicht. Die Gründerväter der Weltreligionen waren noch nicht fertig mit der Erniedrigung der Frauen. Nicht nur der Status der Frau war gering, so war man überzeugt, sondern auch ihr Wesen. Ein unentrinnbares Los. Bei den Juden fühlte sich ein Ehemann der angeborenen Gemeinheit seiner Frau derart ausgeliefert, daß er sich vom Gesetz ermächtigen ließ, jederzeit gegen sie vorgehen zu dürfen, wenn ihn »der Geist der Eifersucht« erfaßte, unabhängig von ihrem tatsächlichen Verhalten. Er schleppte sie zum Tempel und überreichte sie dem Priester, der ihr als Zeichen ihrer Erniedrigung das Haupt entblößte. Dann wurde sie gezwungen, »bitteres Wasser« zu trinken, eine Mischung aus Schmutz und Galle. Der Priester verfluchte sie: »Ihr Bauch soll schwellen und ihre Schenkel verfaulen.« Der Ehemann erhielt eine eindeutige Rechtfertigung von Gottvater persönlich: »Dann soll der Mann freigesprochen werden seiner Schlechtigkeit, und diese Frau muß ihre Schlechtigkeit ertragen.«[17] Auch Allahs Bote bekam in einer Erleuchtung persönlich bestätigt, wie es um die Schändlichkeit der Frauen bestellt war: »Ich stand an der Pforte der Hölle«, berichtete er. »Die meisten, die dort eintraten, waren Frauen.«[18]

Unter der Herrschaft des Vatergottes wurde der Mann zum höchsten Vorbild, Schiedsrichter und Normalfall der menschlichen Rasse. Die Frau war lediglich ein mangelhaftes Instrument, ein Vehikel, mit dem Gott die Chose fortsetzte. Aber trotz des ungeheuren Propagandadrucks: Einzelnen Männern fiel es sicherlich schwer, die von ihnen geliebten Frauen als bloße »Kessel« für ihre »Hölle der Lust« zu betrachten, wie es der heilige Augustinus ausdrückte. Und wie »bereitwillig« jüdische Frauen der Vorschrift gehorchten, ihre Gatten wie Sklavinnen nur als *ba'al* (Herr) oder *'adon* (Gebieter) anzureden, läßt sich an den zeitgenössischen Schriften ablesen.

Wenn von Frauentugenden die Rede ist, so betonen sie auffallend stark Schweigsamkeit, Gehorsamkeit und vollkommene passive Unterwerfung. Im Hinduismus heißt es in dieser eher verzweifelten Verfügung des *Kama Kalpa:*

»Es gibt auf Erden für die Frau keinen anderen Gott als ihren Ehemann. Das Bestmögliche, das sie leisten kann, ist, ihn mit vollkommenem Gehorsam zu erfreuen . . . Mag der Ehemann verkrüppelt, betagt, widerlich, cholerisch, ausschweifend, blind, taub oder stumm sein . . . eine Frau ist dazu bestimmt, ihm zeitlebens zu gehorchen.«[19]

Unterwerfung war nicht nur spirituell gemeint. Um uns eine groteske Übung in Sachen Gehorsam vor Augen zu führen, schlagen wir ein erotisches Buch aus Japan auf, geschrieben im 8. Jahrhundert n. Chr. Dort heißt es unter »Ratschlag für eine Ehefrau«:

»Das wichtigste ist der Respekt, den die Ehefrau ihrem Gatten bezeugt . . . Sie wird ihre Phantasie bemühen, um seine Lust zu erhöhen, und wird ihm nichts verweigern. Wenn er Knaben mag, so soll die Ehefrau sie nachahmen, indem sie sich hinkniet, damit er sie von hinten nehmen kann. Sie soll nicht vergessen, daß ein Mann nicht weiß, wie empfindlich ein weiblicher Anus ist, und darum ungestüm wie üblich eintreten will. Darum soll die Ehefrau sich langsam darauf vorbereiten und *Sizishumi*-Salbe anwenden . . .«[20]

Aber auch nach dem Akt gehen die Pflichten weiter, egal wie sich die japanische Ehefrau fühlt:

»Du wirst immer sagen, daß sein männliches Glied riesig, wunderbar und größer als alle anderen ist. Größer als deines Vaters Glied, wenn er nackt sein Bad zu nehmen pflegte. Und du wirst hinzufügen: ›Komm und fülle mich, o mein Wunder!‹ und andere derartige Komplimente machen.«[21]

Blinder Gehorsam, dumpfe Unterwerfung. Nur so konnte, den Patriarchen zufolge, die Frau für ihre Existenz büßen. Der Koran sagt deutlich: Die einzige tugendhafte Frau ist die Mutter. »Wenn eine Frau von ihrem Mann empfängt, wird sie im Paradies Märtyrerin genannt. Ihre Schmerzen bei der Geburt und ihre Fürsorge den Kindern gegenüber beschützen sie vor dem Feuer der Hölle.«[22]

Die Frau galt einst als heilig wegen ihrer geheimnisvollen Fortpflanzungskraft. Jetzt ist sie nichts weiter als eine gefällige Gebärmutter. Früher war sie die Allmutter, jetzt nur noch ein Behältnis. »Sie mit den 1000 Liebhabern« muß jetzt jedem gewissenlosen Schwanz lächelnd ihr Loch anbieten.

Aber da ist noch ein bizarres Paradoxon: Bei aller Verpflichtung zur Fortpflanzung wird der Frau doch keine eigene Sexualität zugestanden. Weil sie bei der Schaffung neuen Lebens nur eine Nebenrolle spielt, darf sie folgerichtig beim Sexualakt nicht die eigene Teilnahme genießen. Ja, je weniger sie über Sex weiß, um so besser, befinden ihre Väter und Hüter. Und so kam es zu einer weiteren Umkehrung der alten Werte, reife Weiblichkeit und Fruchtbarkeit galten weniger als jungfräuliche Ignoranz. Nun wurde die kindliche Braut, die Unberührte, die Noch-nicht-Frau zur Krone der Weiblichkeit. Die Jungfernhaut, eine kleine, atavistische Membrane, die die Evolution so nebenbei bei jeder Frau hinterlassen hatte, wurde plötzlich als ihr wichtigstes Gut entdeckt. Mit Macht wurde Jungfräulichkeit zum Thema Nummer eins, als jeder keimende Patriarch plötzlich sein gottgewolltes Recht auf eine vakuumverpackte, fabrikneue Vagina mit eingebautem Geschenkschleifchen und Reinheitsgarantie entdeckte.

Ein mächtiger Fetisch war diese Jungfräulichkeit, und so breitete sich ein neues Ideal aus: ihre Konservierung auf ewig. Mit großem Eifer überzeugte der heilige Hieronymus christliche Väter davon, ihre Töchter schon nach der *Geburt* in ein Kloster zu geben. Ein anderer Kirchenvater, der heilige Martin von Tours, verglich immerzu die »reine, unberührte Weide der Jungfräulichkeit« mit dem »Feld der Ehe, das die Schweine und Viehherden der Unzucht aufgewühlt haben«. Dies belegt, wie schwer sich die christliche Kirche von Anfang an mit der weiblichen Sexualität tat. »Eine Frau zu umarmen«, so wußte im 12. Jahrhundert Odo von Cluny, »ist wie einen Sack Dünger zu umarmen.« Die frühen Christen hatten geradezu eine Obsession für diese Metapher: »Wenn man den Leib einer Frau aufschneiden würde«, verkündete der Mönch Roger de Caen, »so sähe man, welcher Schmutz von ihrer weißen Haut bedeckt wird. Wenn ein feines, karmesinrotes Tuch einen Haufen stinkenden Dung zudecken würde, könnte jemand so dumm sein, diesen Dung seiner Hülle wegen zu lieben?«[23]

Und doch wurde Christus von einer Frau geboren, wie peinlich. Das Dilemma wurde nur nach sich lange hinziehenden Konzilen über die reine Lehre gelöst. Schauerliche Debatten fanden dabei statt: Wie konnte der göttliche Samen den Hymen der Heiligen Jungfrau penetrieren? Wie konnte Christus aus ihrer Gebärmutter gelangen, ohne besagten Hymen mit seinen heiligen Babyfüßchen zu zerreißen? Niemand schien die Komik zu bemerken. Aber etwas war klar: Unser Herr, der Sohn Gottes, der Erlöser der Menschheit, konnte nicht von einem Mistsack geboren worden sein.

Um seine Reinheit zu schützen, mußten die christlichen Väter Marias Reinheit ebenfalls beschützen. Die gesegnete Jungfrau Maria, so lautete der Ratschluß, war nicht nur vor der Geburt des Heilands unberührt, sondern auch noch *danach*! Der blutige Schlamassel und Schmerz einer Geburt ließen sie völlig unversehrt, und Er war hermetisch von jeglichem Kontakt zu ihren unsauberen, ekelhaften Innereien abgeriegelt. Diese Gedankenakrobatik entsprang nicht nur den perversen Hirnen von Christen. Der zwanghafte Drang des Patriarchen, nicht nur eine reine, unbefleckte Vagina zu besetzen und zu besitzen, sondern auch selbst daraus hervorzugehen, läßt sich leicht an anderen Beispielen illustrieren: Buddha, Plato, Quetzalcoatl, Montezuma und Dschingis-Khan – sie alle behaupteten, von einer Jungfrau geboren zu sein.

Die Weiblichkeit ist also auf ihre unreifste Erscheinungsform reduziert; jetzt kann sich der Mann dem Problem des Regulierens und Kontrollierens widmen. Es kommt immer auf das gleiche hinaus: Der erwachsenen Frau werden die früheren Freiheiten entzogen, vom Mann ist sie dann auf Dauer wie ein Kind abhängig, und schließlich erfüllt sie alle Vorschriften und Vorurteile des Patriarchen.

Der Konfuzianismus ist ein relevantes Beispiel für unsere Argumentation. Nach dem Tode K'ung Fu-Tses, des »Meisters«, im Jahre 478 v. Chr.

verbreitete sich seine Lehre rasch durch China und den Fernen Osten. In der Zeit des Feudalismus feierten die Chinesen alljährlich ein Frühlingsfest, bei dem junge Männer und Frauen aus den Dörfern sich auf Waldlichtungen trafen, wo Weingefäße und Erfrischungen standen. Sie spielten jenes altehrwürdige Spiel, das viele Jahrhunderte später in Shakespeares England »making green backs« (»grüne Rücken machen«) heißen würde.

Die unkomplizierten sexuellen Liaisons mündeten zur Herbstzeit nur dann in eine richtige Ehe, wenn die junge Frau schwanger wurde und einen Mann wollte. Ihr Recht auf Selbstbestimmung wird durch das Lied eines Mädchens aus dem Feudalstaat Cheng illustriert, das fast 2800 Jahre alt ist:

»Auf der Heide kriecht das Gras,
von schwerem Tau getränkt.
Da war ein schöner Mann
mit klarem Blick und feiner Stirn.
Wir trafen uns zufällig,
und meine Lust ward gestillt.
Wir trafen uns zufällig,
und gemeinsam waren wir glücklich.«[24]

Die Geschichte Chinas kennt auch unzählige Herrscherinnen, wie z.B. die Kaiserin Wu aus der T'ang-Dynastie (7. Jahrhundert n.Chr.). Mit dreizehn war Wu Chao kaiserliche Konkubine. Sie regierte das Reich für mehr als ein halbes Jahrhundert. Im Jahre 699 n.Chr. ernannte sie sich zur »höchsten Gottheit«. Viele einfache Chinesinnen arbeiteten in dieser Epoche als Kaufleute, Händlerinnen, Bäuerinnen und Handwerkerinnen. Wie Frauen es überall von alters her machten. Doch als der »große Weise« Konfuzius seine Lehre von den »fünf fundamentalen Beziehungen« entwickelte, die zusammen »die Ordnung der natürlichen Harmonie« bilden (die Beziehung zwischen Mann und Frau, Vater und Sohn, älterem und jüngerem Bruder, Freund und Freund, Souverän und Minister), da waren die Frauen ausgeschlossen. Bis auf Kombination Nummer eins.

Der Erfolg des Patriarchats ist die Schaffung eines Systems, in dem Frauen durch göttliche Vollmacht auf ewig von allem Wesentlichen ausgeschlossen sind. Alle Monotheismen fußen auf der Vorstellung, daß Frauen und Männer zwei sich ergänzende *Gegensätze* sind, zwei Seiten einer Münze. Darin liegt die Wurzel der Ungleichheit. Denn wenn Männer bestimmte Merkmale verkörpern, und wenn sie sich mit der ihnen eigenen Bescheidenheit alle Stärken und Tugenden anmaßen, dann sind Frauen notwendig das Gegenteil, das Geringere. Sie sind schwach und Männer stark. Sie sind ängstlich und Männer mutig. Sie sind dumm und Männer intelligent. Dieser Dualismus wird in der Lehre Zarathustras ordentlich zusammengefaßt:

»Die zwei ursprünglichen Geister, die sich in der Vision als Zwillinge offenbaren, sind das Bessere und das Böse – im Gedanken, Wort und Tun. Und zwischen diesen beiden wußten die Weisen richtig auszuwählen. Die Dummen aber nicht.«[25]

Auf der Ebene des Menschlichen übertragen, heißt das für Frauen, wie ein lakonisches Sprichwort der Araber es ausdrückt: »Der Mann ist der Himmel, die Frau die Hölle.« So wurde die ganze weibliche Rasse als Randgruppe, als Außenseiter auf ewig festgelegt. Die größte und älteste Randgruppe in der Geschichte der Menschheit.

Falsche Götter posierten albern als liebevolle Väter, und in ihrem Namen wurden Frauen zu Krüppeln gemacht. Wie sehr, wie schwerwiegend – das kann folgende Auflistung der Behinderungen nur dürftig wiedergeben:

Frauen wurden der freien Partnerwahl beraubt

Zuvor hatte die Große Mutter ihre vielen Liebhaber frei ausgesucht. Jetzt wurde die Frau in ganz Indien und China sowie in den jüdischen, christlichen und islamischen Staaten zu einer passiven Teilnehmerin am Hochzeitsakt. Sie wurde von ihrem Mann ausgesucht, von ihrem männlichen Vormund weggegeben.

Frauen wurde innerhalb der Ehe die Sicherheit verweigert

Wie die Partnerwahl, so wurde auch die Scheidung zu einem ausschließlich männlichen Vorrecht, das nach Belieben wahrgenommen wurde, wie es die verächtliche Scheidungsformel des Islam illustriert. Eine weitere Erfindung, die viel Unsicherheit stiftete und den Frauen jede Chance auf eine ebenbürtige Partnerschaft nahm, war die Polygamie.

Frauen wurden gezwungen, nur innerhalb der Ehe zu leben

Der Zugang zur Welt außerhalb des Heims war versperrt. Ein permanenter Hausarrest fesselte die Frauen. In den östlichen Religionen geschah diese Abschottung noch ausdrücklicher durch den Schleierzwang, durch den abgeschlossenen Frauenbereich, *purdah* und *zenana*. Die Frau lebte nicht viel anders als ein Huhn auf einer Geflügelfarm. Im Westen drückte man die Frauen kalt aus dem öffentlichen Leben hinaus. Im 7. Jahrhundert kamen in Irland Gesetze auf, die den Einsatz von Frauen bei militärischen Operationen untersagten. Sie warfen eine mindestens 2000 Jahre alte keltische Tradition einfach über den Haufen.[26]

Frauen waren Opfer der patriarchalischen Gesetzgebung

Alle sogenannten »göttlichen Gesetze« drücken in Wirklichkeit den Willen des Mannes aus. In einer weltweiten Blitzaktion führten die Männer neue Gesetze ein, die sie zu den Eigentümern von allem machten, einschließlich Frauen und Kindern. Frauen verloren das Recht auf Besitz und Erbschaft, sogar das Recht auf den eigenen Körper oder Nachwuchs. Ein Präzedenzfall aus China: Im 9. Jahrhundert hatte eine Frau sieben Zehntel des Vermögens ihres Vaters geerbt unter der Bedingung, daß sie seinen Sohn großzöge, der nur den Rest erbte. Der Staat intervenierte, um das Testament zu ändern. Die Tochter erhielt nur drei Zehntel des Besitzes. Und ihr wurde auferlegt, den Knaben großzuziehen, der sie – Ordnung muß sein – juristisch ausgestochen hatte.

Frauen wurden nicht einfach die Menschenrechte,
sondern die Menschlichkeit überhaupt abgesprochen

Auf Untermenschentum reduziert, systematisch als minderwertig definiert, zu ewigen Verliererinnen verurteilt – das war das Los der Frauen. Dagegen war der Mann ja die Norm, das Ganze, das Ideal. Er war das vollkommene Abbild des unvergleichlichen männlichen Prinzips, seines Gottes. Im Islam gelten die Frauen als »verstümmelte Wesen«, wie Fatna A. Sabbah es formuliert. Und sie fügt hinzu: »Mir wird übel, wenn ich einmal wieder die langweilige Einleitungsphrase hören muß: ›Seit dem 7. Jahrhundert hat die Frau eine bevorzugte Stellung dank des Islam‹ . . . Man muß schon ein Mann sein, um die Botschaft des Korans als etwas

Positives für Frauen zu interpretieren.«[27] Und während die japanische Ehefrau mit begeistertem Stöhnen sich von ihrem Mann anal vergewaltigen ließ, mußte ihre neugeborene Tochter, demselben erotischen Buch zufolge, drei Tage und drei Nächte ausgesetzt werden. ». . . denn die Frau ist die Erde und der Mann der Himmel: Dies ist das Gesetz, das dem Mann und nicht der Frau das letzte Wort läßt und ihm alle Entscheidungen überträgt ... In den Händen des Mannes ist die Frau nur ein Instrument. Ihre Unterwerfung ist total und wird bis zu ihrer letzten Stunde währen.«[28]

Wie konnte die einzelne Frau der gewalttätigen, ununterbrochenen Besitzgier und Zerstörungslust des Mannes entkommen? Die neuen Vatergottheiten, die in jenem wichtigen Jahrtausend vor und nach Christi Geburt im Osten auftauchten, waren ganz anders als ihre phallischen Vorgänger, obwohl sie nicht weniger dumpfe Aggressivität und manischen Eroberungsdrang an den Tag legten. Jetzt existierte Gott nicht länger im Donnern oder in den weit entfernten Wolken, die die Gipfel eines Gebirges verschleierten. Jetzt war er in jeder männlichen Autoritätsperson, im Priester, Richter oder König. Jetzt war er im Vater, Bruder und Onkel jeder Frau. Jetzt war er in ihrem Mann, also auch in ihrer Behausung, in ihrem Bett. Und am wichtigsten: Er war in ihrem Kopf.

Vor dem Richtertisch der Geschichte müssen die Götter der Patriarchen für viele Verbrechen gegen die Frauen Rechenschaft ablegen. Sie hatten den Kult der Großen Göttin zerstört und lediglich solche Aspekte kolonialisiert, die ihren Zwecken dienten. Dabei stutzten sie die Göttin klein, sie wurde kindliche Braut und ausgebeutete Jungfrau. Die Sexualität der Frau? Verkehrt oder gänzlich geleugnet. Der Körper der Frau? Ein sexuelles Gefäß des göttlichen Willens. Ihr Körper gehörte nun ihrem Ehemann, der selbst Gott war und darum Gehorsam und Anbetung verlangte. Es handelte sich um den ersten und gewaltigsten Akt der Diskriminierung, der bewußten *Apartheit* in der Menschheitsgeschichte. Frauen wurden zu *Untermenschen* degradiert, zu einer besonderen, minderwertigen Spezies. Aber noch schlimmer: Man zwang sie, die eigene Degradierung zu bejahen.

Nicht jede Frau unterwarf sich der erbarmungslosen ideologischen Attacke der neuen Patriarchate. Nicht jedes System war so festgefügt und wasserdicht, wie seine Macher es gern geglaubt hätten. Die Götter der Patriarchen zogen die Schrauben nur langsam an. Und die Kluft zwischen autoritärer Vorschrift und menschlichem Handeln erlaubte geschickten und fähigen Frauen durchaus mehr Spielraum, als es die Annalen oft zugeben mögen. Aber der Widerstand der Frauen war von nun an lokal begrenzt, sporadisch und allzuoft kurzlebig. Im Kampf um die Vormachtstellung hatten die sprießenden Ideologen eine glückliche Inspiration: Sie wechselten das Schlachtfeld auf ein Terrain, auf dem Frauen sich bis zum heutigen Tag besonders bloßgestellt und verletzbar fühlen: der weibliche Körper. Brüste, Hüften, Schenkel und vor allem die »unersättliche Vagina« – der Angriff kam wegen dieser Körperteile und wurde durch sie ausgeführt. Allzu viele Frauen waren verloren, ohne Hoffnung auf Genesung.

»Der Himmel einer Frau liegt unter den Füßen ihres Mannes.«
Bengalisches Sprichwort

Kapitel 5
Die Sünden der Mütter

»Drei Dinge sind unersättlich – die Wüste, das Grab und die Scheide einer Frau.«

Arabisches Sprichwort

»Der Körper einer Frau ist schmutzig, er ist nicht ein Gefäß für das Gesetz.«

Buddha

»Es handelt sich hier um eine existentielle Furcht vor Frauen ... Männer haben tiefverwurzelte Kastrationsängste, die sich als Furcht vor der Gebärmutter ausdrücken ... Diese Ängste bilden die Grundlage des Mythos von der bösen Frau. Der seinerseits mehrere Jahrhunderte lang den Massenmord an Frauen rechtfertigte.«

Andrea Dworkin

Als der Mann sich zum Gott erhob, erklärte er die Frau zum Untermenschen. »Eine Frau ist niemals ihr eigener Herr [!]«, so argumentierte Luther. »Gott schuf ihren Körper, damit er einem Mann gehöre, Kinder gebäre und sie großziehe.« Im großen Plan des monotheistischen Mannes kamen Frauen nur als Maschinen zur Babyproduktion vor. Sie brauchten nichts anderes zu sein, sie hatten nicht das Recht, etwas anderes zu sein: »Sie sollen Kinder gebären, bis sie daran sterben«, so lautete der Ratschlag Luthers. »Dazu sind sie da.«[1]

Man setzte ein ganzes Geschlecht auf eine Grundfunktion herab, nämlich auf das Kinderkriegen. Und dennoch wurden die Frauen keineswegs akzeptabler für die patriarchalischen Meinungsmacher. Im Gegenteil. Weniger als ein Mensch war sie, »ein höchst arrogantes und widerspenstiges *Tier*«.[2] Dieses Monster, das geboren wurde, als die Vatergottheiten nicht ganz aufgepaßt hatten, machte sich jetzt daran, die Männer für die nächsten 1000 Jahre und mehr tagsüber zu bedrohen und nachts heimzusuchen. Die Haßkampagne gegen die animalische Körperlichkeit der Frau, die vom Beginn des Judentums bis zur Geburt der

109

Moderne konsequent betrieben wurde, hat sich inzwischen als einer der entscheidenden Faktoren in der Geschichte der Frauen herausgestellt, denn diese Geschichte ist keine lineare Abfolge externer Ereignisse. Kriege, Dynastien und Weltreiche kamen und gingen. Sie waren von geringerer Dauer und Wirkung, was den Alltag von Frauen betrifft, als beispielsweise das Menstruationstabu oder die systematische Tötung weiblicher Kleinkinder. Solche Praktiken formen die gelebte Erfahrung von Frauen erheblich stärker als historische Daten und Fakten. Und die Strukturen, die sie schaffen, setzen sich ehern über viele Generationen fort.

Der Angriff auf den weiblichen Körper, eins der markantesten Ergebnisse des patriarchalischen Monotheismus, hat keinen deutlichen Beginn oder Abschluß, was für die Diskussion sicher bequemer wäre. Aber er war lange Zeit der entscheidende Faktor für die Lebensgeschichte jeder einzelnen Frau. Er signalisierte und beschleunigte den Niedergang der Frauen, ihren Abstieg in die lange Nacht der feudalen Unterdrückung und grotesken Verfolgung. Immer schneller ging es in die Tiefe körperlichen Elends mit ihnen. Aber nur so kam der Impuls zustande, der ihnen den mühevollen Aufstieg zum vollwertigen Menschen erlaubte.

Warum wurde der weibliche Körper zu einem so entscheidenden Schlachtfeld im Krieg der Geschlechter? Kehren wir zum männlichen Kampf um Überlegenheit zurück: Indem die Männer Frauen als etwas Besonderes, Verschiedenes, Minderwertiges und darum zu Recht Untergeordnetes definieren, machen sie sie zur ersten und größten Außenseitergruppe der Menschheitsgeschichte. Aber es ist ja unmöglich, Frauen von allen Angelegenheiten der Männer fernzuhalten. Keine andere untergeordnete Klasse, Kaste oder Minderheit lebt so eng mit ihren Unterdrückern zusammen wie die Frauen. Die Männer der herrschenden Kultur müssen ihnen den Zutritt zu ihren Häusern, Küchen und Betten erlauben. Bei so viel Nähe läßt sich die Kontrolle nur aufrechterhalten, wenn Frauen in ihre eigene Erniedrigung einwilligen. Da sie aber de facto nicht minderwertig sind, müssen sie massiv mit Ideologie bombardiert werden: Religiöse, soziale, biologische und in jüngerer Zeit psychologische Bücher erklären und insistieren, daß Frauen den Männern untergeordnet sind. Und damit die Frauen ihren zweitklassigen Status auch wirklich schlucken – welches bessere Motiv gibt es für die religiösen Lehren, warnenden Volksmärchen, Witze und Bräuche als . . . den weiblichen Körper? Indem sie die Grundlage des menschlichen Selbstvertrauens und Selbstbewußtseins zerstörten, indem sie sexuelle Schuldgefühle und physischen Ekel darauf abluden, gelang es den Männern, Frauen auf Dauer unsicher und abhängig zu machen. Die wahre Natur und Absicht dieser weltweiten, systematisch betriebenen und immer stärker werdenden Angriffswelle auf die Frauen lassen keinerlei Fehldeutung zu. Jeder Patriarch, der gegen Frauen mit wüsten Beschimpfungen loswetterte, trug genauso brutal zur erbärmlichen Erniedrigung der Frau bei wie die Mundurucus in der Südsee. Die Männer dieses Stammes waren für Gruppenvergewaltigungen bekannt und rühmten sich mit einem Spruch: »Wir zähmen unsere Frauen mit der Banane.«[3]

Aber das Ausmaß frauenfeindlicher Vorschriften und Erfindungen illustriert sowohl die hohe Ebene männlicher Ängste als auch die Kraft weiblichen Widerstands. Die Frau war ja ein »störrisches Vieh«, und sie führte ihre tierische Unvernunft nirgendwo klarer vor als durch ihre Weigerung, die eigene Unterdrückung hinzunehmen. Die Wucht und Fortdauer männlicher Haß- und Denunziationskampagnen sind das Spiegelbild der Festigkeit und Beharrlichkeit, mit denen sich Frauen »falsch« verhielten. Das verbotene Treiben der Frauen machte weitere Reglementierung nötig usw., eine Spirale der Unterdrückung. Die schweren Geschütze der gesellschaftlichen und juristischen Kontrollmechanismen zeigen haargenau, worauf sich die Ängste der Männer bezogen. Und es gab keinen Teil des weiblichen Körpers, der nicht auf irgendeine Weise Panik, Furcht, Zorn oder tiefstes Entsetzen hervorrief.

Frauen waren von Kopf bis Fuß gefährlich. Üppiges Haar konnte Lustgefühle hervorrufen. Dem jüdischen Talmud zufolge (ab 600 v. Chr.) durfte sich ein Mann von seiner Frau scheiden lassen, wenn sie in der Öffentlichkeit mit unbedecktem Haar auftrat. Der heilige Paulus lehrte die Christen, daß eine Frau, die ohne Kopfbedeckung zur Kirche kam, sich scheren lassen mußte.[4] Das Gesicht einer Frau war eine weitere Venusfalle für hilflose Männer.

Tertullian, einer der frühen Kirchenväter, schrieb im 3. Jahrhundert n. Chr. in einer bizarren theologischen These, daß »der Schmelz der Jungfrauen« für den Fall der Engel verantwortlich sei. »Ein so gefährliches Antlitz sollte also abgeschirmt werden, da es Stolpersteine und Fallen bis zum Himmel hoch ausgestreut hat.«[5]

Im Gesicht verbarg die Frau eine ihrer mächtigsten und tückischsten Waffen – ihre Zunge. In fast allen Sprachen existiert ein Sprichwort, das mit auffallender Nervosität behauptet: »Nur eine schweigende Ehefrau ist eine gute Ehefrau.« Und jahrhundertelang hieß es bei den Griechen Kleinasiens, daß eine »Frau mit Zunge« kaum Chancen hatte, einen Ehemann zu bekommen. Über 1000 Jahre lang waren bei den Mongolen eine Reihe Wörter für Frauen vollkommen tabuisiert, nur Männer durften sie aussprechen.[6] Im Westen, in den islamischen Staaten, war das schlimmste Laster einer Frau *»shaddaka«* (»viel zu sprechen«).

Diese semitische Obsession, Frauen mundtot zu machen, war schon zur Zeit der mosaischen Gesetze aufgetaucht: »Frauen sollen schweigen.« Und wir finden dasselbe Diktum ohne Abstriche als Gebot für fromme Christen wieder. Der heilige Paulus verlangt von allen Frauen »Schweigsamkeit und völlige Unterwerfung«. Sprachlosigkeit als Voraussetzung der Unterwerfung – das war nicht nur auf den Nahen und Mittleren Osten beschränkt. In der Schöpfungsgeschichte der japanischen Shinto-Lehre sprach die Frau als erste und brachte darum ein Monster zur Welt. Der erste Mann, ihr Gefährte, erkannte, daß dies eine Botschaft der Götter war: Männer sollten stets das Reden übernehmen. Und fortan war es auch so.

Im mittelalterlichen Europa wurde die Verfolgung von Frauen, die gegen das Schweigegebot verstießen, mit wilder Brutalität betrieben. Man zähmte »zänkische Weiber« mit einer Art Zaumzeug, *scold's bridle* hieß die Erfindung. Vom 7. bis zum 17. Jahrhundert erlitt eine »scheltende und zänkische« Frau im Norden Englands folgende Tortur: Sie wurde an einem Seil durch die Straßen geführt und »trug eine Maschine, einer Eisenkrone ähnlich, die wie ein Maulkorb angelegt wurde. Kopf und Gesicht waren davon bedeckt. Ein großer Knebel aus Eisen, einer Zunge ähnlich, wurde in den Mund der Frau gezwängt, so daß das Blut herausgepreßt wurde.« Für »zänkische Weiber« gab es auch den *ducking* oder *cucking stool*, den Tauchstuhl. Die Betroffene wurde auf einen Holzstuhl gesetzt, der an einem langen Pfahl am Uferrand befestigt war. Man tauchte die Frau wiederholt ins Wasser, in den Schlamm oder Schleim, und nicht selten ertrank sie bei der Prozedur.[7]

Der Kopf war zumindest der Sitz des Verstands – wieviel auch immer die Frau davon haben mochte. Vom Hals abwärts war ihr Körper nichts anderes als »der Spielplatz des Teufels«. »Wann immer eine Frau das Bad betritt«, verkündete Mohammed, »ist der Teufel bei ihr.«[8] Deutliche Worte mit unvorhergesehenen, aber logischen Folgen: Die Männer hatten die Kontrolle über den weiblichen Körper an sich gerissen, und jetzt durften sie den Frauen keinerlei Selbstbeherrschung zutrauen. Diese leeren, sich beliebig herumtreibenden Gefäße hatten keine Selbstkontrolle, so dachte man. Sondern sie wurden nur durch jene Muskeln bewegt, die zwischen ihren Beinen pochten, wie es aus diesem brutalen Zitat aus dem arabischen Mittelalter höhnt: »Frauen sind Dämoninnen und als solche geboren. Niemand kann ihnen trauen, wie alle wissen ... Sie schrecken nicht davor zurück, in Abwesenheit des Herrn einen Sklaven zu benutzen, wenn ihre Lust erregt ist. Und sie sind trickreich, gewiß, wenn ihre Vulva in Brunft ist. Nur ein Gedanke beherrscht sie: irgendein Glied zur Erektion zu bringen.«[9]

Die arabische Literatur ist geradezu durchsetzt mit dieser paranoiden Angst vor der »unersättlichen Scheide«. Das arabische Wort für die weiblichen Genitalien ist *al-farj* (Schlitz, Spalte, Riß). Eine Öffnung, die vielleicht klein aussieht, aber einen Mann spurlos verschwinden lassen kann. »Ich sah ihre Vulva«, so klagt ein entsetzter Liebhaber in *»Der parfümierte Garten«,* einem erotischen Meisterwerk aus dem 15. Jahrhundert. »Sie öffnete sich wie die einer Stute bei der Annäherung des Hengstes.« Das war noch lange nicht das Schlimmste, wie der Autor seine Leser warnte: »Von wildem Begehren und Lust erfaßt, werfen sich bestimmte Scheiden auf das sich nähernde Glied.« Wild danach, Geschlechtsverkehr zu haben, »ähnelt sie dem Kopf eines Löwen. Oh, Vulva! Wie oft mußten Männer ihretwegen sterben?«[10]

Diese rasende Furcht vor der gefräßigen Vagina erreichte in den arabischen Nationen geradezu epidemische Ausmaße. Und die islamische Institution der Polygamie vermochte wohl kaum das Ganze zu entkrampfen. Denn es gibt einen inneren Widerspruch zwischen der Vorstellung von der »Unersättlichkeit der Frau« und der Forderung, daß sie sich mit einem Viertel Ehemann zufriedengeben müsse.

Auch andere Kulturkreise entwickelten eine eigene Version von der vampirischen Vagina (»das Tor des Teufels«). Das führte zu höchst erfinderischen Kastrationsphantasien. Der Dominikanermönch und Hexenjäger Jakob Spengler, der im 15. Jahrhundert in Deutschland lebte, träumte sich allerlei zusammen, was kleine Jungens so verlieren können. Als hätte Walt Disney bei den Bildern Regie geführt:

»Und was also soll man von jenen Hexen halten, die dergestalt männliche Glieder in großer Anzahl sammeln, soviel wie 20 oder 30, und sie in ein Vogelnest oder eine Schachtel legen, wo sie sich wie lebendig bewegen und Korn und Hafer fressen. So haben es schon viele gesehen, und so wird allgemein berichtet.«[11]

113

Interessanterweise finden wir das Motiv der bedrohlichen, »unersättlichen Scheide« nicht nur in den ausgeklügelten patriarchalischen Religionen des Ostens. Bei den Navajos in Neumexiko erklärt folgende Geschichte, warum Männer über Frauen herrschen müssen:

»Erster Mann warf seiner Frau vor, nur am Sex interessiert zu sein. Das führte zum Streit, und sie sagte, daß Frauen auch ohne Männer zurechtkämen. Um ihre Sache zu beweisen, zogen die Männer jenseits des Flusses und zerstörten die Flöße, die sie dorthin getragen hatten. Die Jahre vergingen, und die Frauen wurden schwächer. Sie brauchten die Stärke der Männer, um Nahrung zu produzieren. Und sie wurden wahnsinnig vor Begehren. Sie trieben Mißbrauch mit sich selbst und brachten daher Ungeheuer zur Welt. Auch die Männer gaben sich der Perversion hin, aber ohne böse Folgen. Nachdem viele Menschen gestorben waren und großes Leid entstanden war, gaben die Frauen nach und baten, zurückkehren zu dürfen. Die Männer willigten ein. Alle stimmten überein, daß von nun an der Mann führen sollte, da er dem stärkeren Geschlecht angehöre.«[12] Das stärkere Geschlecht? Das glatte Gegenteil ist der Fall, wie wir aus der Jahrhunderte währenden, mühseligen Fabrikation solcher angstbesetzten Mythen ablesen können. Es herrschte eine atavistische Furcht vor der Schwäche, die Frauen bei Männern verursachten – aber niemals mit ihnen teilen mußten. Die Macht dieser Propagandakampagne, die zu bestimmten Zeiten an bestimmten Orten in blanken Haß umschlug, beschwört das Bild einer Welt herauf, die anscheinend der Tyrannei weiblicher Lust unterworfen ist. Wo der Mann zart und zerbrechlich ist, während sich die Frau als unermüdlich erweist. Denn beim Sex blühen Frauen auf, während Männer verwelken. Der Mann penetriert die Vagina: hart, erigiert, auf der Höhe seiner Potenz. Und er verläßt sie wieder: leergepumpt, schlaff, verausgabt. Im Gegensatz dazu empfängt die Frau seine Potenz, seine Essenz, sein persönliches Bestes. Die Vagina ist also die Quelle und das Zentrum einer sich ständig erneuernden Energie, der Penis dagegen fehlbar, unzureichend, begrenzt. Der Mann gibt sein Bestes und wird von der Frau entmannt. Er kann nicht seine Männlichkeit willentlich wieder wachrufen. Kein Wunder also, daß er das Geschöpf haßte und fürchtete, das ihn einer Macht beraubte, die keiner seiner Götter wiederherstellen konnte.[13]

Das war nicht das einzige Risiko, das der Mann in der Nähe jenes habgierigen »Frauenschlitzes« einging. Den »Ort der Teufel« zu penetrieren, das »Tier zwischen den Beinen einer Frau zu füttern« hieß, nicht nur den eigenen Körper, sondern auch die Seele zu gefährden. Geradezu hysterisch beschäftigte man sich mit der Quelle von Vergiftung und Ansteckung, dem weiblichen Körper. Daß er Männer gefährdete, wurde zuerst zur populären Gewißheit, dann zur religiösen Lehre. Welche historischen Wurzeln lagen diesem tödlichen Dauerangriff auf den weiblichen Körper, der Zitadelle ihres Selbst, zugrunde? Die Antwort führt uns unumwunden ins Zentrum der Problematik: zum Thema Blut.

»Eine Frau, die ihre Tage hat . . .« Ihr Körper machte sie nicht einfach zum Untermenschen, sondern zu etwas Schlimmerem als ein Tier. Von allen menschlichen Substanzen ist das Blut am meisten von Macht und Gefahr besetzt. Wir müssen uns nur die Eßvorschriften bei den Juden, Sioux-Indianern und Hindus anschauen. Sie alle verbieten, Blut zu konsumieren. Die Menstruation ist geheimnisvolles Blut. Gefährlich, unsauber und bedrohlich:

»Eine menstruierende Frau ist das Geschöpf Uhremauns, des Teufels. Eine Frau, die ihre Tage hat, darf nicht das heilige Feuer anschauen, nicht im Wasser sitzen, nicht die Sonne wahrnehmen, nicht mit einem Mann ein Gespräch führen.«[14]

Was bedeuteten für die Frauen früherer Zeiten Menstruationstabus wie dieses von Zarathustra? Daß sie für ein Viertel ihres Erwachsenenlebens regelmäßig stigmatisiert, behindert und vom normalen gesellschaftlichen Leben ausgeschlossen wurden. Eine Art *Apartheid*. Wie sie nun genau funktionierte, illustriert aufs anschaulichste der Brauch der Kafe in Papua-Neuguinea: Wenn ein Mädchen zu menstruieren anfing, wurde es eine Woche lang ohne Nahrung in einer verdunkelten Hütte eingesperrt. Man belehrte die Betroffene, daß sie für sich selbst und andere eine Gefahr darstelle, wenn sie den rituellen Vorschriften nicht nachkäme. Ihr Körper und Blut würden bei einem Mann Brechreiz hervorrufen, sein Blut schwarz färben, seinen Verstand verwirren, sein Fleisch verfaulen und ihn dahinsiechen lassen. Solcher Glaube, solche Tabus sind in allen primitiven Gesellschaften zu finden. Und an ihrer Form können wir deutlich den zugrundeliegenden Kampf um Dominanz und Unterordnung ablesen: Die amerikanische Urbevölkerung im Dakotagebiet glaubte, daß die *wakan* (Heiligkeit oder Kraft) einer menstruierenden Frau die *wakan* aller männlichen Machtgegenstände, ob friedlichen oder kriegerischen Charakters, schwächen und beeinträchtigen konnte.[15]

Wie auch immer die Tabus aussahen: Ihre Stärke demonstriert das hohe Ausmaß an Angst und Gefahr, das man mit dem geheimnisvollen und unkontrollierbaren Blutgeschehen assoziierte. Jede Frau, die gegen die Tabus verstieß, riskierte, sofort und gewaltsam zu sterben. In Gesellschaften mit einem höheren patriarchalischen Organisationsgrad waren die Menstruationstabus weniger sichtbar, aber genauso streng. Die jüdischen, christlichen und islamischen Götter des Mittleren Ostens waren besonders hart. Im Judentum brandmarkten Rabbiner wie Leviticus nach sorgfältiger Ausarbeitung der biblischen Texte Frauen als *niddah* (unrein) für die zwölf Tage während, vor und nach ihrer Periode. Die grausamen Strafen für eine *niddah* wurden noch um 1565 zementiert. Das heilige Gesetzbuch Shulchan Aruch verbot einer *niddah*:

»im gleichen Bett wie ihr Mann zu schlafen,
zu den Mahlzeiten gemeinsam mit der Familie zu essen,
mit anderen sich im gleichen Raum aufzuhalten,
die Sabbathkerzen anzuzünden,
die Synagoge zu betreten,
ihren Mann zu berühren oder ihm gar etwas zu reichen.«

Das Tüpfelchen auf dem i: die *niddah* mußte besondere Kleidung tragen zum Zeichen ihrer verächtlichen Existenz. Ein grimmiger Vorbote dessen, was die Zukunft für das jüdische Volk bereithielt. Der Frau wurden regelmäßig sämtliche Grundrechte entzogen; so machte man sie wirksam zur Unperson. Wie Chaim Bermant erklärt: »Sie wurde als Gipfel der Verderbtheit betrachtet, ein sich bewegendes, übelriechendes, eiterndes Etwas ... Man konnte nicht anhalten und sich nach ihrem Befinden erkunden, denn auch ihr Atem war giftig, ihr Blick gefährlich, und sie beschmutzte die Luft ringsum mit ihrer Gegenwart.«[16]

Christentum und Islam machten bei ihren eigenen Gesetzen heftige Anleihen beim Judentum. So institutionalisierte man die primitiven Stammestabus Palästinas und erhob sie zum religiösen Diktum. Alle drei Glaubensrichtungen verboten den Männern, sich Frauen »während ihres Unwohlseins« zu nähern, und ganz früh schon verhärteten sich die Bräuche, dem Koran gemäß: »Sie werden dich auch befragen zu den Tagen der Frau. Und du mußt antworten: Sie sind eine Beschmutzung, darum trennt euch von den Frauen in dieser Zeit und nähert euch ihnen nicht, bevor sie sich gereinigt haben.«

Es lohnt sich, darauf hinzuweisen, daß Mohammed als Individuum diesen Angriff auf die körperliche Integrität der Frau durchaus abzuwenden suchte. Er sprach Quelle und Ort der Weiblichkeit immer wieder positiv an. Vor seinen Jüngern ehrte er bewußt seine Frau während ihrer Periode, indem er sogar den Gebetsteppich von ihr entgegennahm und aus demselben Becher trank. Dabei merkte er an: »Deine Menstruation ist nicht in deiner Hand und nicht in deinem Becher.« Daß aber Frauen an diesen Tagen nicht gefährlicher oder ansteckender waren als Männer – dieser ehrbare Versuch Mohammeds, seine Jünger etwas aufzuklären, war ein historischer Fehlschlag.

Das Thema Blut ist ein wichtiger Schlüssel zum Verständnis des patriarchalischen Kampfes um die Kontrolle über den weiblichen Körper. Von der Pubertät an hatten Frauen nicht nur mit ihrer monatlichen Blutung zu tun, sondern jede Etappe ihrer Reise durchs Leben, jeder Übergang von einer Phase des Frauseins zur nächsten (Menarche, Entjungferung, Kindsgeburt) war von dem Blut markiert, dem erschreckend zwiespältigen Zeichen von Leben und Tod. Je größer die Gefahr, desto stärker das Tabu. Alle diese Phasen eines weiblichen Lebenslaufs setzten ein verwickeltes, häufig brutales Geflecht von Mythen, Glauben und Bräuchen frei. Und die Eindämmung kulturell bedingter Ängste verdrängte jegliche persönliche Sorge um die Frau, die vorgeblich Ursache und Mittelpunkt der ganzen Angelegenheit war. Vom Beginn der monotheistischen Religionen bis zum 12. Jahrhundert unserer Zeitrechnung konzentrierte man sich bei der Initiation einer Jungfrau ins Geschlechtsleben ausschließlich auf die Vagina, den »Ort der Teufel«, niemals auf die Besitzerin derselben. Die Vagina war angeblich am gefährlichsten, wenn sie zum ersten Mal penetriert wurde. Also mußte der Mann irgendwie geschützt werden. Beim Durchstoßen des Hymens tauchte er ja sein verwundbarstes Körperteil in den »Springbrunnen des Blutes«, wie Leviticus es nannte. Jahrhundertelang glaubte man dieses Risiko vorsichtshalber auf einen Gegenstand abwälzen zu müssen:

»Es gab im alten Ägypten, wie es heute noch in Indien und Persien der Fall ist, . . . Kulte, in denen jede Jungfrau vor der Ehe gezwungen wurde, sich auf den goldenen Phallus des Sonnengottes zu setzen, so daß ihr Hymen blutig zerrissen wurde. Jungfernblut, das sonst als schmutzig galt, wurde durch diesen Akt geheiligt. Und kein anständiger Jüngling heiratete ein Mädchen, das nicht auf diese Art geweiht worden war.«[17]

Alternativ dazu kamen auch lebendige Menschen als Deflorationsinstrument zum Einsatz. »In vielen Regionen des Orients galt das Entjungfern als Aufgabe des Pförtners.« Besonders Männer aus höheren Kasten »zogen es vor, die Braut mit einem Eisenstab zu penetrieren oder von einem schwarzen Sklaven entjungfern zu lassen, als sich bei diesem Akt zu beflecken«[18]. In Nordeuropa nahm ein älterer Mann diese Gefahr für den Bräutigam auf sich. Denn seine größere Kraft und höhere Stellung sowie sein persönliches Desinteresse an der Jungfrau schützten ihn angeblich vor dem Bösen. Vater, Onkel, älterer Bruder oder Lehnsherr des Bräutigams kamen als Ersatzmann in Frage. Wenn der junge Mann dem Militär angehörte, ging das *droit de seigneur* (das Recht auf die erste Nacht) auf seinen Vorgesetzten über. Bei solchen Anlässen setzte sich kameradschaftliche Großherzigkeit über etwaige Rücksichtnahme des Ehemanns hinweg. Ein Beispiel aus der türkischen Armee: Bei einer Zeremonie, die hier »das Öffnen des Kabinetts« genannt wurde, mußte eine jungfräuliche Braut in einer Nacht Geschlechtsverkehr mit 100 Regimentskameraden des Bräutigams über sich ergehen lassen. Kaum verwunderlich, daß viele arabische Länder Kleinasiens eine Version des Begriffs *seyyib* kennen, welches eine Frau beschreibt, die aufgrund einer äußerst brutalen Defloration von ihrem Bräutigam im Schockzustand davongelaufen ist. Nachdem sie am eigenen Leib erfahren hatten, wie frei oder maßlos Männer mit dem *Jus primae noctis* umgehen, wurden die meisten *seyyib* nicht mehr lebend gesehen.[19]

Es liegt in der Natur der Sache, daß nur wenige, lückenhafte Darstellungen von Frauen selbst uns historisch überliefert wurden. Für die meisten von ihnen muß die Einführung ins Sexualleben traumatisch gewesen sein: Sie wußten nicht, was sie erwartete. Sie kannten den betreffenden Mann nicht. Sie hatten, wenn überhaupt, die Kindheit gerade hinter sich. Ein hautnahes Zeugnis hinterließ uns die japanische Aristokratin Nijo. Um 1271 übergab ihr Vater die Vierzehnjährige dem betagten Kaiser GoFukasaka. Das erste, was Nijo von dieser Transaktion erfuhr: Sie wachte auf und fand den alten GoFukasaka in ihrer Schlafkammer. Dort »behandelte er mich so gnadenlos, daß ich nichts mehr zu verlieren hatte, ich verachtete meine eigene Existenz«. So schrieb sie in ihr Tagebuch.[20]

Sexuelle Gewalt – nicht zuletzt im angeblich sicheren Hafen der Ehe – war seit jeher eine Alltagserfahrung für Frauen. Sie wurden der Mutterschaft wegen verherrlicht, aber des Akts wegen verachtet, der sie erst zu

Müttern machte. Ihr Geschlecht definierte und beschränkte sie, und mit ihrer Sexualität wurden sie bestraft. Die Männer setzten allerlei Techniken ein, um die vollkommene Verfügungsgewalt über den weiblichen Körper in ihren Händen zu behalten.

Zwangsehen

Weltweit sicherten Gesetzgebung und Überlieferung einem Vater das Recht, seine Tochter nach Belieben zu verheiraten. Und er hatte die Macht, alle Maßnahmen zu ergreifen, damit sein Wille geschah. Ein Beispiel: Als die junge Elizabeth Paston einen betagten, mißgestalteten, aber reichen Freier abwies, sperrte ihr Vater sie in einen dunklen Raum ein, ohne Nahrung, ohne menschlichen Kontakt. Damit sie ihre Meinung änderte, wurde sie ein oder zwei Mal die Woche geschlagen, »und manchmal zwei Mal an einem Tag, und ihr Kopf wurde an zwei oder drei Stellen verletzt«. Elizabeth hielt durch und erlebte später nicht nur eine, sondern zwei glückliche Ehen. Sie wurde dabei eine der reichsten Frauen des mittelalterlichen Englands. Andere hatten nicht soviel Glück. Zur gleichen Zeit im nahen Irland passierte es, daß drei Männer ein armes Mädchen zur Trauung regelrecht schleifen mußten. Isabella Heron hieß das Opfer. Ihr Vater schlug sie an der Tür der Kirche zusammen und zwang sie hinein. Die Väter waren nicht die einzigen Missetäter. Als Catherine McKesky in derselben Kirche verheiratet werden sollte, schlug sie ihre Mutter so heftig »mit einem Eichenbalken des Bettgestells«, daß das Holz zerbrach. Danach »prügelte noch der Vater auf das Mädchen ein, bis es auf dem Boden lag«[21].

Kindbräute

Ein indischer Vater mußte sich jedoch niemals von widerspenstigen Töchtern bedroht fühlen. Sein Familiensystem garantierte, daß jede Frau sicher unter die Haube kam, bevor sie überhaupt wußte, daß sie eine war . . . In ganz Europa galt ein Mädchen mit zwölf als geschlechtsreif; das ist in unseren Augen ein recht zartes Alter für Ehe, Geschlechtsverkehr und alle Folgen daraus. Aber einem indischen Mädchen stand die Last der Mutterschaft noch früher bevor: neun Monate nach Beginn der Pubertät. Ihre Eheschließung lag weit zurück, und der kluge Gatte hatte seine Kindbraut schon lange an regelmäßigen Geschlechtsverkehr gewöhnt.

Von der ersten Blutung an schlief er mit ihr, um »ihre ersten Früchte« kosten zu können. (Diese Praktiken waren noch während der britischen Kolonialzeit verbreitet.)

Aber unter diesen Umständen gelang es dem Ehemann nicht häufig, auch die Ernte einzufahren. Solche Kinderehen entlarvten sich allzuoft als raffinierter Massenmord an Mädchen. Millionen dieser jungen Ehefrauen starben jährlich an Unterleibsverletzungen oder bei der Niederkunft. Noch 1921 hielt eine offizielle Volkszählung der britischen Regierung statistisch fest, daß in den vorausgegangenen zwölf Monaten 3 200 000 Kindsbräute in Indien gestorben waren. Britische Armeeärzte berichteten über die Umstände:

»A. Neun Jahre alt. Tag nach der Hochzeit. Linker Oberschenkelknochen verrenkt, Becken völlig zerdrückt, Fleisch hing in Fetzen herab.
B. Zehn Jahre alt. Konnte nicht stehen. Starkes Bluten, tiefe Fleischwunden.
C. Neun Jahre alt. So stark zerfetzt, daß sie chirurgisch kaum noch zu heilen war. Ihr Mann hatte noch zwei andere Frauen und sprach ausgezeichnetes Englisch.
I. Sieben Jahre alt. Lebte beim Ehemann. Starb nach drei Tagen unter großen Qualen.
M. Etwa zehn Jahre alt. Kroch auf Händen und Knien zum Krankenhaus. Konnte seit ihrer Hochzeit nicht mehr aufrecht stehen.«

Um so wichtiger war es, sie jung einzufangen, bevor sie ihren weiblichen Schwächen unterlagen, beharrten die Weisen. »Früh heiraten und früh sterben – das ist das Motto der indischen Frau.« So hieß es im Volksmund. »Das Leben einer Frau währt zwei Monsune lang.«[22]

Brautkauf

Unter diesen Umständen konnte sich die kleine Ehefrau noch glücklich preisen, deren Erfahrungen mit der Ehe so widerlich brutal und kurzlebig ausfielen. Eine kuriose Fußnote zur Geschichte der Zwangsehen sind die »Brautkäufe« zu Beginn der europäischen Neuzeit. Reiche junge Erbinnen wurden an den Höchstbietenden verschachert, ein rein kaufmännischer Akt. Obwohl die Gesetzgebung dieser Periode meistens einer Frau erlaubte, Land zu besitzen, zu verkaufen oder wegzugeben, stand sie in der Praxis unter Vormundschaft eines Mannes. Und zwar nicht nur ihres Vaters oder Gatten, sondern auch des Lehnsherrn ihres Vaters oder Gatten. Eine Erbin war schlicht Teil des väterlichen Erbguts. Um 1185 ließ König Heinrich der Zweite von England alle seine Erbinnen wie Vieh inventarisieren, egal wie klein ihr Grundbesitz war:

»Eine Alice de Beaufow, Witwe des Thomas, ist Bestandteil des königlichen Guts. Sie ist 20 und hat einen zweijährigen Sohn zum Erben. Ihr Land ist fünf Pfund, sechs Shilling und acht Pence wert, bestückt mit zwei Pflügen, 100 Schafen, zwei Zugtieren, fünf Säuen, einem Eber und vier Kühen.«[23]

Alice selbst war natürlich »ein gepflügtes Feld«. Und mit einem lebenden Erben gewiß nicht Ziel Nummer eins für einen Mitgiftjäger. Eine vakuumverpackte, fabrikneue Jungfrau war teurer auf diesem Markt steigender Preise. Ein drei Monate altes Mädchen, das für 100 Pfund verkauft wurde, war später 333 Pfund wert, wenn es überlebte und zum Gegenstand eines Heiratsantrags heranreifte. Was das für Frauen hieß, zeigt folgendes Beispiel: Um 1225 belohnte König Johannes seinen wichtigsten Söldnerführer, Falkes de Breauté, mit der Witwe und Erbin des Grafen von Devon, der jungen Lady Margaret. Diese Verbindung einer englischen Edelfrau mit einem französischen Verbrecher schockierte den Chronisten Matthew de Paris sehr, und er beschrieb sie als »Adel gepaart mit Gemeinheit, Frömmigkeit mit Unfrömmigkeit, Schönheit mit Schande«. Margaret ertrug diese Ehe neun Jahre lang. Dann fiel ihr Mann beim König in Ungnade, und sie konnte eine Annulierung durchsetzen. Daraufhin reiste de Breauté sofort nach Rom, um seinen Anspruch auf das Erbe seiner Frau geltend zu machen. Aber er starb, bevor sich der Heilige Vater zu seinem Fall äußern konnte. Ein deutliches Himmelszeichen, so urteilten seine Zeitgenossen.

Kontrolle der Genitalien

Zu den Demütigungen, die Männer wie de Breauté ihren Frauen möglicherweise zumuteten, zählte jene barbarische Vorrichtung namens »Keuschheitsgürtel«. Vom 11. Jahrhundert an breiteten sich diese üblen Apparate in Europa aus, im Kielwasser der Kreuzfahrer, die sie aus dem semitischen Osten mitbrachten. Das Wort »Keuschheitsgürtel« ist die schönfärberische Umschreibung eines entsetzlichen und folgenreichen Gegenstands zur Kontrolle des weiblichen Unterleibs. Er bestand aus einem eisernen oder silbernen Korsett, das dicht an den Körper der Frau geschweißt und zwischen den Beinen mit einem Metallriegel verbunden wurde. Dieser Riegel, der ebenfalls eng anlag, wies zwei gezähnte Schlitze für die Ausscheidung auf.

Wenn eine Frau einen solchen Keuschheitsgürtel trug, konnte sie ihre Genitalien nicht waschen und war immerzu besudelt. Denn das Eisen zwischen ihren Beinen hinderte den freien Fluß von Urin, Menstruations- blut und Exkrementen. Da dieser Gürtel zudem die normale Bewegung außerordentlich erschwerte, war er nicht allgemein verbreitet. Aber wie sehr man an solcher Mechanik interessiert war, läßt sich am Beispiel des Bürgermeisters von Padua ablesen, der im Mittelalter mit einem Schlag berühmt wurde: Er erfand eine Version aus Eisen, die gleich den gesamten Unterleib einschloß. Noch im 16. Jahrhundert, so berich- tete der Abbé de Brantôme, verkauften die Eisenwarenhändler bei einem Jahrmarkt »ein Dutzend Vorrichtungen zum Zügeln eines Weiber- schoßes«. Und spätere Ausgrabungen, vor allem in Deutschland, bewie- sen, daß Frauen gelegentlich auch mit diesen Abscheulichkeiten begra- ben wurden.[24]

Im Westen kam eine derartige Kontrolle der Genitalien spät auf. Im Orient gehörte sie seit Menschengedenken zu den Tatsachen des Lebens. Die erste Handlung jedes Sklavenbesitzers war das Einsetzen eines oder mehrerer Ringe in die äußeren Schamlippen aller Sklavinnen. So sollten ungewollte Schwangerschaften oder sexuelle Übergriffe verhindert wer- den. Sklavinnen, ohnehin ihren Herren doppelt unterworfen, waren insbesondere der genitalen Kontrolle ausgeliefert. Das konnte bis zur Vergewaltigung und Folter gehen, wie dieser Bericht deutlich macht: »In den Harems des Sudans wurden die Frauen zunächst vom Herrn entjung- fert und anschließend vor lüsternen Eunuchen geschützt, indem man ihnen einen dicken, zwölf Zoll langen Bambusstab zu einem Drittel in die Vagina stieß und an Hüften und Schenkeln festband. Die Vulva wurde durch eine Hülle aus geflochtenem Stroh bedeckt.«[25]

Als die patriarchalischen Religionen sich etablierten, führten sie etwas Neues ein: Sie weiteten schärfste Kontrollmechanismen auf alle Frauen aus. Mit Hilfe einer Technik, die die bewußte Entschlossenheit verrät, das »Problem« der weiblichen Sexualität ein für allemal zu lösen. Durch ihre völlige Zerstörung.

Die Verstümmelung weiblicher Genitalien

Der landläufige Begriff »weibliche Beschneidung« verbirgt den wahren Charakter dieses Brauchs; er ist ähnlich harmlos wie der Begriff »Keuschheitsgürtel«. Die Verstümmelung der weiblichen Sexualorgane, deren äußere Teile völlig amputiert werden, hat de facto nichts mit dem (relativ harmlosen) Entfernen der männlichen Vorhaut gemein. Dieser zerstörerische Eingriff fand im Kielwasser des Islam in großen Teilen des Mittleren Ostens und in ganz Afrika Verbreitung. Er wird heute noch in einigen Regionen Afrikas praktiziert. Er ist derart abstoßend, daß sein Überleben nur durch allgemeine und völlige Unwissenheit erklärt werden kann.[26]

So sehen die Fakten aus: Frauen treffen sich zu einer privaten Zeremonie. Ihr Opfer ist ein Mädchen zwischen fünf und acht Jahren. Die traditionelle »Beschneiderin« singt »Allah ist groß und Mohammed sein Prophet. Möge Allah jedes Übel fernhalten.« Dann operiert sie mit einem spitzen Stein, einer Eisenklinge oder einem Stück Glas. Im ersten Schritt wird die gesamte Klitoris weggeschnitten. Dann werden die *labia minora* weggekratzt. Entfernt werden überdies die Innenseiten der äußeren Schamlippen. Die übrigbleibenden Hautfetzen werden mit Dornen zusammengezerrt. So ist die Öffnung der Vagina von nun an verschlossen, bis auf einen winzigen Spalt, der durch ein Stückchen Holz oder Schilf offengehalten wird und durch den Urin und Blut abfließen können. Die Mutter des Kindes und andere weibliche Gäste »verifizieren« die Operation, indem sie in die Wunde greifen. Um das Bluten zu stillen, streuen sie Asche oder Erde auf die Wunde. Am Ende werden dem Mädchen die Beine von den Hüften bis zu den Füßen zusammengebunden. 40 Tage lang dauert es, bis die genähte Wunde heilt und sich nicht mehr öffnet. Während der ganzen Prozedur wird das Kind, bei vollem Bewußtsein, von seinen weiblichen Verwandten festgehalten.

Meist führte eine betagte Frau mit schlechten Augen und unsicherer Hand diese Operation auf dem Boden eines dunklen Zelts oder einer Lehmhütte durch. Was das für Folgen hatte, können wir uns leicht ausmalen: Blutsturz, Entzündungen, Verletzungen von Harnleiter, Blase und After, Abszesse an der Vulva und unkontrollierbarer Harnfluß. Ärzte wurden nur dann eingeschaltet, wenn die Vulva so schlecht vernarbte, daß das Mädchen nicht mehr laufen konnte. Die Spätfolgen: Stau von Menstruationsblut (ein französischer Militärarzt mußte eine Sechzehnjährige aus Dschibuti operieren, dabei setzte er 3,4 Liter schwarzes, verfaultes Blut und Gewebe frei), Sterilität und größte Qualen bei Geschlechtsverkehr und Niederkunft. Ohnehin waren Sex und Geburt sehr schmerzhafte Angelegenheiten. Das Zunähen (leichthin als »Infibulation« von solchen Menschen etikettiert, die so etwas noch nie am eigenen Leib erfahren mußten) wird bewußt vorgenommen, um eine Frau am Geschlechtsverkehr zu hindern; sie kann einfach keinen Penis eindringen lassen. Und später sieht die Hochzeitsnacht möglicherweise so aus wie in diesem Beispiel aus Somalia: Nachdem der Mann seine Ehefrau mit einer Lederpeitsche gezüchtigt hat, »öffnet« er sie mit seinem Messer. »An den nächsten drei Tagen« hat er »wiederholt und besonders lang Geschlechtsverkehr mit ihr«:

»Diese ›Arbeit‹ soll ›eine Öffnung schaffen‹. Die Narbe wird daran gehindert, sich wieder zu schließen ... Am Morgen danach befestigt der Ehemann den blutigen Dolch an seiner Schulter und macht die Runde, um allgemein bewundert zu werden. Die Frau bleibt im Bett und bewegt sich so wenig wie möglich, damit die Wunde offenbleibt.«[27]

Falls sie schwanger wird, muß sie unter Umständen noch weitere Metzeleien über sich ergehen lassen, da die erste Wunde nur Platz für den Penis schafft. Im Idealfall bleibt sie bis zum Gebärvorgang verschlossen, selbst wenn ihr Schritt dabei zerfetzt wird. Falls sie doch geöffnet werden muß, wird sie unmittelbar nach der Niederkunft wieder zugenäht. Bei hohen Geburts- und Kindersterblichkeitsraten kann ihr so etwas zwölf Mal und mehr widerfahren.

Die Endlösung

Die genitale Amputation war und bleibt eine ernst zu nehmende Praxis. Aber sie ist geographisch begrenzt. Nicht beschränkt auf einen Ort oder Zeitraum ist dagegen der Einsatz der größtmöglichen sexuellen Gewalt gegen Frauen: Mord. Unter dem Patriarchat war Frausein eine lebenslange Strafe, aber viele Frauen lebten nicht lange genug, um sie abzusitzen. In dieser rohen Epoche kam das Frausein oft genug einem Todesurteil gleich. Der Massenmord an weiblichen Kindern war weltweit verbreitet. Von der Zeit der ersten Geschichtsschreibung bis zur Gegenwart war und ist es außerordentlich gefährlich, in Indien, China oder den arabischen Staaten, ja überall zwischen Marokko und Shanghai als Mädchen geboren zu werden. Jahrtausendelang stand im alten China eine Kiste voller Asche neben Geburtsstätten, damit weibliche Neugeborene sofort erstickt werden konnten. In Indien ersann man von Ort zu Ort neue, raffinierte Formen der Kindstötung. Die kleinen Mädchen wurden erwürgt, vergiftet, ins Meer geworfen, im Dschungel ausgesetzt und als rituelles Opfer den Haien zum Fraß vorgeworfen. Oder in Milch ertränkt mit dem frommen Gebet, daß sie als Söhne wiederkehren mögen. Noch im Jahre 1808 fand eine britische Kommission in ganz Cutch nur ein halbes Dutzend Häuser, wo die Väter nicht alle Töchter bei der Geburt hatten umbringen lassen.[28]

In jedem einzelnen Fall mußte das Opfer auf Befehl seines Vaters sterben, weil ein Mädchen außerhalb von Ehe und Mutterschaft keine Perspektive hatte. Wenn der Vater es schaffte, seine Tochter zu verheiraten, standen ihm ruinöse Geldausgaben bevor. Wenn nicht, öffentliche Schande. Aber die immensen Mitgiftkosten allein erklären nicht, warum das Abschlachten kleiner Mädchen so verbreitet war. Hier kamen die Sünden der Mutter über das Haupt der Tochter: Das Reproduzieren des eigenen Geschlechts war für Frauen im grausamsten Sinne vergebliche Liebesmüh. Die Töchter wurden in einer geplanten, anhaltenden Kampagne dahingemordet, damit die Anzahl der Frauen auf dieser Welt reduziert wurde. Aber sie mußten doch so viel Mitgift zahlen, so viel hungrigen Nachwuchs füttern, so klagten die Patriarchen. Freilich, der systematische Charakter dieses Massenmordes an Frauen entlarvt solche Argumente als fadenscheinig und vorgeschoben. Sogar die eigenen Zeitgenossen griffen diese Praxis an, wie der Koran beweist:

»Wenn die Sonne zusammengefaltet wird . . .
und wenn das lebendig begrabene Mädchen gefragt wird,
um welcher Sünde willen es getötet ward . . .
dann wird jede Seele wissen, was sie getan hat.«[29]

Die Patriarchen blockierten das Recht einer Frau, überhaupt zur Welt zu kommen. Und sie beanspruchten auch die Macht, sie vom Erdboden zu vertilgen. Da in fast jedem Land der Welt ein Mann der Herr, Vormund und einziger Hüter seiner Weiberschar war, gab es für die Frau kein Einspruchsrecht, kein Entkommen. Die Geschichte berichtet höchst selten von jenen Millionen namenloser Frauen, die unter den Fäusten, Stiefeln, Gürteln und Knuten ihrer Männer starben. Aber auch ein hoher gesellschaftlicher Rang schützte nicht unbedingt besser vor Übergriffen. Sogar ihr königliches Blut vermochte die russische Prinzessin Dolguruky nicht zu retten, als ihr Gatte, Iwan der Vierte (»der Schreckliche«), befahl, sie zu ertränken. Sie hatte ihn nicht zufriedengestellt.

Iwan hatte diese besondere Technik der Entsorgung von Ehefrauen bei einem Nachbarn gelernt, beim Sultan des Ottomanischen Reiches. Dort wurden unerwünschte Frauen traditionell in mit Steinen beschwerte Säcke eingenäht und in den Bosporus geworfen.[30] Und sogar der Westen, der sich doch seiner christlichen Moral und seiner Überlegenheit gegenüber dem »lüsternen Türken« gern rühmte, setzte den Wert einer Frau zu Beginn der Neuzeit sehr gering an. Wenn eine Frau überdies ihre einzige, wahre Bestimmung, die Mutterschaft, kompromittierte, war ihr Leben in der Tat wertlos. Dagegen war das Leben eines Mannes *von Natur aus* wertvoller, wie auch immer seine Vergehen aussahen. Die folgende Geschichte einer Französin aus dem Mittelalter und ihres Liebhabers, des Priesters von Le Mans, illustriert diese These mit brutaler Klarheit. Der Chronist Geoffrey de Tours berichtet:

»[Der Priester] hatte oft Frauen von freiem Status und guter Familie verführt. Er schnitt ihre Haare ab, verkleidete sie als Mann und brachte sie in eine andere Stadt. Er hoffte wohl, den Verdacht der Unzucht zu zerstreuen, indem er in die Fremde ging. Als später ihre Verwandten alles aufdeckten, beeilten sie sich, die geschändete Familienehre zu rächen ... die Frau verbrannten sie bei lebendigem Leib. Aber weil die Familie nach Gold gierte, beschloß sie, für den Priester Lösegeld zu verlangen ... Da hörte Bischof Aetharius von diesem Fall, und er hatte Mitleid mit dem Opfer. Er bezahlte 20 Goldsoldi für ihn und rettete ihn so vor dem sicheren Tod.«[31]

Vermutlich ließ sich ein Priester wiederaufarbeiten, aber ihre sexuelle Sünde löschte die Frau als menschliches Wesen aus. Es geht bei diesem Beispiel freilich nicht wirklich um Moral oder Sünde. Der Grund für die Zerstörung des Körpers der Frau ist ein anderer: Sie konnte nicht mehr ihre Bestimmung als Ehefrau und Mutter erfüllen, da sie von verbotenem Sex beschmutzt war. Und ohne Funktion war sie so disponierbar wie irgendeine Konkubine aus dem Serail des Sultans. Ganz gewiß durfte sie nicht frei herumlaufen als lebendiges Beispiel dafür, daß Frauen außerhalb der Gitterstäbe des Patriarchats durchaus zurechtkämen. Auch hier ist die Funktion der Schlüssel zum besseren Verstehen: Eine Frau, die nicht fest in jener Befehlsstruktur zwischen Gatten und Kindern eingegliedert ist, bedroht die Stabilität der Gesellschaft und sich selbst. Schlimmer noch, sie ist für niemanden mehr nützlich – wie jene Französin, deren Sündhaftigkeit die Grenzen des Erlaubten überschritt. So war es in jenen harten Zeiten nur ein kurzer Schritt zur Überzeugung, daß der Tod einfach besser für sie wäre.

Ein ähnlicher Gedanke scheint beim indischen Brauch der Witwenverbrennung, *sati* oder *suttee* genannt, mitzuschwingen. Schon sehr früh als Gesetz verankert, besagte die hinduistische Tradition, daß eine Frau nach dem Tod ihres Mannes nicht weiterzuleben brauchte. Im Gesetzbuch der Hindus steht es deutlich: »Die tugendhafte Ehefrau muß nach dem Tod ihres Herrn nur eine wichtige Pflicht kennen: sich in dasselbe Feuer zu stürzen.«[32] Der kleine Unterschied: der tote Gatte spürte die Flammen des Scheiterhaufens wohl kaum, während die lebende Witwe eingeschüchtert, mit Drogen betäubt und schließlich festgebunden werden mußte, um den schrecklichen Tod in den Flammen zu erleiden. Sie hatte eben ihren Daseinszweck überlebt, wie aus diesem Augenzeugenbericht aus dem 18. Jahrhundert hervorgeht:

»Der Verwandte, dessen Amt es war, den Scheiterhaufen anzuzünden, führte sie sechs Mal um ihn herum ... Sie legte sich neben den Leichnam, ein Arm unter dem Nacken des Toten, ein Arm darüber. Eine große Menge trockener Kakaoblätter und anderer Substanzen wurde über die beiden aufgetürmt, dann goß man *ghee* oder präservierte Butter darüber. Zwei Bambusstangen wurden über sie angebracht und festgebunden. Dann wurde der Scheiterhaufen angezündet, das Feuer brannte sofort lichterloh ... Daraufhin riefen und schrien alle Leute ... Es war unmöglich zu hören, ob die Frau stöhnte oder gar laut weinte, denn die Leute machten einen wahnsinnigen Lärm. Und es war für die Frau unmöglich, sich zu rühren oder zu sträuben, weil die Bambusstangen sie wie Hebel einer Presse festhielten. Wir brachten unsere großen Einwände gegen diese Bambusstangen vor und beharrten darauf, daß die Frau gewaltsam daran gehindert würde, den Flammen zu entkommen. Aber die Leute erklärten, die Stangen sollten nur den Scheiterhaufen zusammenhalten. Wir konnten die Situation nicht mehr ertragen und gingen fort. Laut empörten wir uns gegen den Mord, wir waren völlig entsetzt über das, was wir gesehen hatten.«[33]

Diese Entrüstung – offenkundig genuin und zweifellos der einzige Trost in einer Situation so überwältigender Machtlosigkeit – prägt immer wieder die Reaktion von Europäern auf orientalische/östliche Praktiken.

Bemerkenswerterweise beschreibt der Zeuge das Opfer als gelassen und fügsam angesichts seines nahen Todes. Dieses Einverständnis war äußerst wichtig, um den heiligen Charakter des Feuertodes zu unterstreichen, und es wurde durch eine ganze Reihe von Maßnahmen erreicht. Am Tag der Verbrennung wurde das Opfer brutal eingeschüchtert und zusätzlich mit Drogen betäubt. Hinzu kam die lebenslängliche ideologische Manipulation: Von Kindheit an wurde dem Opfer eingehämmert, daß eine *sati* (treue) Witwe sich selbst und ihrem Ehemann 35 Millionen Jahre himmlische Wonne erwerbe, daß aber Weigerung den Absturz auf die tiefste Ebene der Wiedergeburtsspirale bedeute. Das heißt, im nächsten Leben in einer widerlichen, verachtenswerten Form zur Welt zu kommen. Außerdem waren viele dieser Witwen gar nicht in der Lage, für sich selbst zu entscheiden, da sie ja traditionsgemäß als Kinder verheiratet worden waren. So liegen zahllose Berichte vor von Witwenverbrennungen, bei denen das Opfer zehn, neun, acht und noch jünger war.

Die moralische Entrüstung der Europäer paßt freilich nicht so recht zum Umgang mit den eigenen unerwünschten Frauen. Das Beispiel aus Bengalen stammt aus dem Jahr 1798. Nur ein oder zwei Dekaden zuvor waren noch in Europa »Hexen« lebendig verbrannt worden. Hexen waren unerwünschte, regelwidrige Existenzen, wie *sati* Frauen. Oft waren sie Witwen, oder sie bedrohten als Außenseiterinnen irgendwie die patriarchalische Ordnung. Denn die Geschichte belegt: *Frauen waren zu keiner Zeit und an keinem Ort geschützt vor der größten sexuellen Gewalt, der Behauptung nämlich, daß ihr Körper nur in der Relation zu einem Mann, zu seinem Genuß und zu seiner Nachkommenschaft, existierte.*

Standen sie außerhalb dieses Funktionszusammenhangs (egal aus welchem Grund), so galten sie bestenfalls als etwas Überflüssiges, schlimmstenfalls als Aussätzige, Unberührbare, Verbrecherinnen. Wie auch immer: Die Väter von Kirche und Gesellschaft wußten, wie man mit ihnen umzugehen hatte.

»Und prüft genau die Sünden der Töchter . . .« Vielleicht ist das beste Beispiel für eine überflüssige Frau jene Person, die im Wortsinn leichtes Spiel für Männer ist – die Prostituierte. Sie wurde um der männlichen Lust willen geschaffen und dann bestraft, weil sie kuppelte. Die Prostituierte verkörperte die ewige sexuelle Spannung zwischen Genuß und

Gefahr. Ihr Gewerbe war das Schlachtfeld, wo männliches Begehren und Frauenverachtung aufeinanderprallten. Mal gewann das eine, mal das andere – das Geflecht von Brauchen und Mißbrauchen war seit Menschengedenken unverändert. Aber auch der oberflächlichste Blick in die Geschichte zeigt, wie sich die Situation der Prostituierten in den 1000 Jahren zwischen dem Aufstieg der Gottvater-Religionen und der Geburt des modernen Staates verschlechterte. Als Gattinnen, Mütter und »tugendhafte« Frauen immer stärker eingeschränkt, kontrolliert und für irgendwelche Abweichungen bestraft wurden, widerfuhr paradoxerweise dasselbe ihren illegalen Schwestern, den Töchtern des Gewerbes.

Belegt wird dies durch die Zunahme strengerer Strafen für »Freudenmädchen und Huren« in einer Epoche, die sich in anderen gesellschaftlichen Bereichen von der Barbarei emanzipierte und die die einst brutalen Strafen für andere Verbrechen allmählich abmilderte. Um 450 n. Chr. legten die Westgoten in einem der frühesten uns bekannten Sittengesetze fest, daß Huren öffentlich gezüchtigt und daß ihre Nasen als Zeichen der Schande aufgeschlitzt werden müßten.[34] Im 12. Jahrhundert definierten die Statuten des englischen Königs Heinrich des Zweiten eine Hure als eine niedrige und unweibliche Kreatur. Sie mußte nicht nur die obengenannte Strafe über sich ergehen lassen, ihr wurde außerdem verboten, einen Liebhaber zu haben. Andernfalls hatte sie eine Geldbuße, drei Wochen Haft, den Tauchstuhl und Verbannung zu erwarten. Unter Eduard dem Dritten kam 200 Jahre später das Gesetz auf, daß die Prostituierte ein besonderes Abzeichen und eine Haube tragen mußte, wie die *niddah* bei den Juden: ». . . um die Verderbtheit auf häßliche Weise darzustellen, um sie noch verabscheuenswerter zu machen.« Als schließlich der Puritanismus Europa im Würgegriff hielt, erreichten die Strafen eine Ebene von Sadismus und beispielloser Grausamkeit. Dem öffentlichen Henker wurde sein ganzes Können abverlangt, wie diese Auflistung illustriert:

»Maria Kürssnerin, eine junge Prostituierte . . . Marias Ohren wurden abgeschnitten, dann wurde sie gehenkt.

Anna Peyelstainin aus Nürnberg, weil sie Geschlechtsverkehr mit einem Vater und seinem Sohn hatte . . . und mit 21 weiteren Männern und Jünglingen, von ihrem Ehemann stillschweigend geduldet. Sie wurde im Stehen geköpft.

Ursula Grimin, Wirtin . . . eine Prostituierte und Kupplerin . . . wurde an den Pranger gestellt, ausgepeitscht, auf beiden Wangen gebrandmarkt und später mit Peitschenhieben aus der Stadt verjagt.

Magdalen Fischerin ... eine unverheiratete Dienerin ... bekam ein Kind von Vater und Sohn ... wurde aus Gnade geköpft.«[35]

Die Gnade, von der der Nürnberger Henker Franz Schmidt (1573–1617) in seinem Tagebuch schreibt, war der relativ milde Tod durch Enthauptung anstelle der langsamen Quälerei, am Ende eines Seiles erwürgt zu werden. Zweifellos zahlte das Opfer (oder irgendein letzter Gönner) reichlich für diese »Gnade«. Aber am Ende war dies die einzige Barmherzigkeit, die die arme Frau erwarten konnte. Sie hatte ansonsten nur eine heulende Meute respektabler Bürger vor Augen, die sich aus ihrem Verhängnis einen Feiertag machten. Diese arme junge Frau, von der wir nur den Namen und das »Vergehen« wissen, vertritt alle Magdalenen dieser Welt, die vertilgt wurden, weil sie der ihnen vorgegebenen Rolle der Frau und Mutter nicht entsprachen. Oder wie die Pornographie es auf den klassischen Begriff bringt: Sie wollten Sex um jeden Preis.

Auch Männer litten unter diesen rauhen Gesetzen. Unvermeidlich wurde ihre eigene Sexualität durch die Nähe zum »tierischen« Weib befleckt. Wenn sie die eigenen Spielregeln befolgten, versagten sie sich jede Möglichkeit, Sex und Spaß zu erleben. Frauen requirierten als Göttinnen, Mütter, Töchter und Geliebte die Gefühle von Männern, die doch unter dem Dauerbefehl standen, diesen Feind zu hassen, zu fürchten und zu unterwerfen.

Andere Männer bezahlten auf andere Art für ihre Nonkonformität. Die Hexenjagd auf Homosexuelle ist an anderer Stelle dokumentiert worden. Aber die strenge Bestrafung von Männern, die gegen die gesellschaftlich verordnete Zwangsheterosexualität verstießen, verbindet sie mit jenen Frauen, die sich ähnlich den patriarchalischen Definitionen widersetzten. Als die Hexenverfolgung in Europa ihren traurigen Höhepunkt erreichte, wurden der Homosexualität angeklagte Männer mit Reisigbündeln und Gestrüpp zu Füßen der »Hexe« auf dem Scheiterhaufen gefesselt, »um eine Flamme zu entzünden, die widerlich genug ist, um eine Hexe darin zu verbrennen«.[36] Ein Mann mußte aber nicht zwangsläufig als Zündholz enden. Dagegen hatten Frauen kaum eine Chance, jenem allgemeinen Haß auf ihr Geschlecht und der unterschwelligen Lust an ihrer Erniedrigung und Vernichtung zu entgehen.

Denn der sexuelle und sadistische Charakter dieser Strafaktionen gegen die Frau ist unmißverständlich. Der berüchtigte Richter Jeffreys, ein staatstragender Bürger Englands im 17. Jahrhundert, brachte es auf den Punkt, als er eine Prostituierte zu Peitschenhieben verurteilte: »Henker, ich erlege dir auf, deine besondere Aufmerksamkeit auf diese Dame zu richten. Geißele sie ordentlich durch, Mann – geißele sie, bis das Blut herunterrinnt. Es ist Weihnachten, eine kalte Zeit, um sich auszuziehen. Siehe zu, daß du die Schultern der gnädigen Frau ordentlich wärmst.«[37]

Sex, Sünde, Leid. Ein Dreiklang in der Geschichte der Prostitution, der auch im Leben der ehrbaren Schwestern schallte. Denn Huren und Ehefrauen waren keineswegs Gegensätze, »Teufel und Engel«, wie die patriarchalische Propaganda befand. Sondern zwei Seiten ein und derselben Münze. Beide Gruppen waren einer sträflich engen Definition von Sexualität unterworfen und den gleichen Restriktionen, ihre Geschlechtlichkeit auszuleben. Sie mußten alle den Dauerbeschuß einer unbarmherzigen Ideologie und einer physischen Bedrohung aushalten. Einige Frauen wählten die Unterwerfung, um Respektabilität zu gewinnen. Andere gingen mit Entschiedenheit einen anderen Weg. Wie fanden Frauen die Kraft und das Wissen, der eigenen Erniedrigung entgegenzutreten? Wie entdeckten sie die Macht, ihre eigenen Begriffe und Definitionen zu finden und so die der Männer zu transzendieren?

Kapitel 6
Ein bißchen Bildung

»Bei Gott! Wenn Frauen schrieben die Historien
wie Schreiber einst in ihren Oratorien,
sie schrieben mehr von Männerschlechtigkeit,
als Adams Stamm zu bessern wär' bereit.«

Chaucer, *The Wife of Bath's Tale*

»Frauen sollten nicht das Lesen und Schreiben lernen, es sei denn,
sie werden Nonnen. Denn ein solches Wissen hat viel Schaden
angerichtet.«

Philippe von Navarre

»Sammel so viele Wissenstropfen, wie Du nur kannst, und betrachte
sie als einen kostbaren Schatz.«

Christine de Pisan

Zahllosen Generationen von Frauen erschien die Tyrannei der Vatergottheiten und Frauenhasser als absolut und unumstößlich. Doch als sich das erste Jahrtausend des Christentums dem Ende zuneigte, kam ein Impetus zur Veränderung auf. Und zwar dort, wo man ihn am wenigsten erwartet hatte – im eisernen Kern der Gesellschaftssysteme selbst. Sie waren zu streng und zu starr, und im Laufe der Zeit weigerten sich allmählich Männer und Frauen, nach den gesellschaftlichen Normen zu leben. So erwies sich beispielsweise die lange Verbotsliste in Sachen Sexualität als patriarchalisches Eigentor. Im Mittelalter war der Geschlechtsverkehr sonntags, mittwochs und freitags, während aller Fastenzeiten, während des Advents oder vor der Kommunion verboten. Verboten war der Sex ebenso während der Menstruation der Frau, während der Schwangerschaft und während des Stillens. Eine empfindliche Einschränkung, denn Verhütung war ja auch verboten, und so kam es oft zu Schwangerschaften. An den gelegentlichen »freien« Dienstagen mußte das Paar die Vorschriften für die gesellschaftlich gebilligten Stellungen beachten: Die »Missionarsstellung« war erlaubt, eindeutig tabu dagegen die »Art der

Hunde«. Es fällt freilich schwer zu glauben, daß es – bei beiden Geschlechtern – keine Rückfälligen gegeben hat, selbst auf dem Gipfel der hysterisch betriebenen Sexualfeindlichkeit der Kirche.

Denn solange Männer und Frauen sich begehrten und liebten, konnten die Angriffe auf die weibliche Sexualität nie ganz gelingen. Nicht alle Frauen ließen sich freiwillig zum Opfer ihrer eigenen Biologie machen; viele zeigten sich erstaunlich unfähig, ihren zweitrangigen Status zu akzeptieren. Folgende freche Kritik an den frühen Kirchenvätern stammte aus den Reihen der Kirche selbst, aus den Lehren der Führerin der Gegenreformation im 16. Jahrhundert, der heiligen Teresa von Ávila:

»Als Du auf Erden warst, Herr, verachtetest Du Frauen nicht. Bei ihnen fandest Du mehr Glaube und nicht weniger Liebe als bei Männern ... Es ist unrecht, einen Geist zu verwerfen, der tugendhaft und mutig ist, selbst wenn dies der Geist einer Frau ist.«[1]

Was folgte daraus? Die Frauen mußten der männlichen Autorität auf gleicher Ebene begegnen, um sich erfolgreich gegen die Verunglimpfung ihres Geschlechtes zu wehren, um den Wert ihres Geistes zu behaupten. Frauen mußten sich Zugang zum Prozeß des Definierens und der Sinngebung verschaffen. Auch sie mußten lesen, studieren und debattieren können. Die Unwissenheit machte sie zu Unterlegenen, die Bildung schenkte ihnen Waffen. Deshalb wurde die Bildung zum nächsten Schlachtfeld, und sie wurde, wie auch noch heute, zum Dreh- und Angelpunkt. Denn ohne Bildung haben Frauen keine Aussicht darauf, in den Männerbereich, in deren geistiges Terrain einzudringen.

Selbstverständlich hatten Frauen schon immer über einen »eigenen Bereich« verfügt, meistens ergab er sich aus der Welt, die Frauen sich durch Rituale und Traditionen abgesteckt hatten. Historische Überlieferungen aus der frühen Neuzeit belegen die Existenz geheimer Frauengesellschaften in weiten Teilen von Osteuropa und vor allem Afrika. Sie praktizierten Fruchtbarkeits- oder sexuelle Rituale. Oft arteten diese Praktiken in öffentliche Manifestationen aus. Im Mittelalter z. B. versammelten sich in der Ukraine bei Hochzeiten alle Dorfbewohnerinnen, um einmal alle Grundsätze weiblicher Sittsamkeit gründlich zu verwerfen: In einer Zeremonie des weiblichen Exhibitionismus, die man als »die Verbrennung der Brauthaare« bezeichnete, sprangen die Frauen mit hochgerafftem Rock über ein lichterloh brennendes Feuer. Männer, die diese

Aktivitäten störten, taten es auf eigene Gefahr. Riskant ging es in dieser Epoche auch in Schleswig zu: Einem Mann, der die Frauen seines Dorfes beim zeremoniellen Zug zur Feier eines Neugeborenen traf, konnte es passieren, daß sie ihm einen mit Pferdemist gefüllten Hut gewaltsam auf den Kopf setzten. Auf den Trobriander-Inseln durften Frauen einen Mann angreifen, der sich auf die Felder wagte, während sie dort arbeiteten.[2]

Solche weitverbreiteten Bräuche lassen eine universelle Aggression gegen Männer erkennen, oft begleitet von erotischen oder obszönen Aktionen. Doch sie wurden von den Ehemännern hingenommen und im großen und ganzen von der Gesellschaft gebilligt. Es gibt tatsächlich kaum Kulturen, in denen sich Frauen *als Gruppe* nicht einer Form von Freiheit oder Freiraum erfreuten, die ihnen freilich als Individuen vorenthalten wurde. Während ihrer ganzen Geschichte sind die australischen Aboriginals für die Mißhandlung ihrer Frauen berüchtigt gewesen. Zur Strafe wurden den Frauen beispielsweise die Oberarme mit einem Speer durchbohrt, das Gesäß zerschnitten oder der Schädel zertrümmert. Doch neben der grausamen Unterdrückung existierte etwas Einzigartiges – das *jimili* oder »Lager für alleinstehende Frauen«.

»Hier wohnen Witwen, die nicht wieder heiraten wollen, von ihren gewalttätigen Männern getrennt lebende Ehefrauen, kranke Frauen, auswärtige Besucherinnen und alle dazugehörigen Kinder. In der Tat dürfen alle Frauen im *jimili* Zuflucht suchen, die sich den Konflikten der heterosexuellen Gesellschaft entziehen wollen. Verheiratete Frauen, die mit ihren Ehemännern zusammenleben, treffen sich tagsüber im *jimili*, um zu plaudern und um Besuche, Familienangelegenheiten und Rituale zu planen. Das *jimili* ist für alle Männer tabu, und manchmal müssen sie große Umwege laufen, um nicht allzu nah zu geraten . . .«[3]

Es gab noch weitere Formen des Widerstands gegen männliche Kontrolle. So forderten Frauen ihre Ehemänner offen heraus, wie folgender Brauch der San-Buschleute aus Südafrika verdeutlicht:

»Nur die Frauen spielten Flöte. Wenn der Geist sie dazu bewegte, verließen sie das Lager und forderten eine andere Gruppe zum Flötenwettbewerb heraus . . . drei oder vier Tage lang ergingen sie sich in Flötenspielen, Tanzen, Geschlechtsverkehr mit ihren männlichen Gastgebern und in großen Festgelagen, bis alle Nahrung aufgegessen war. Danach gingen sie flötend zu ihrem Lager zurück . . . kein Mann wagte, ihnen zu folgen . . .«[4]

Europäische und asiatische Frauen des Mittelalters hegten ein reges Interesse an ihren afrikanischen Schwestern, die sie wegen ihrer »primitiven« und »barbarischen« Verhältnisse bemitleideten. Doch in vieler Hinsicht war es um die Afrikanerinnen besser bestellt als um ihre Schwestern in den sogenannten »fortgeschrittenen« Teilen der Welt. Im 14. Jahrhundert zeigte sich Ibn Batuta, ein prüder islamischer Kaufmann zu Besuch in Mali, über die entblößten Brüste der unverheirateten Frauen entsetzt, die sich am Marktplatz ungehindert trafen. Entsetzt war er auch über das freie Sozialleben der Ehefrauen.[5]

Das war das goldene Zeitalter von Mali, als ihr größter Kaiser, Mansa Musa, herrschte. Aber auch in anderen afrikanischen Ländern war in den uralten Stammesbräuchen ein enger Kontext zur Natur und zum eigenen Ursprung bewahrt worden, und darum wurden den Frauen Rechte und Freiheiten gewährt, die in der restlichen Welt ins Reich der Mythen und Märchen verschwunden waren. Südlich der Sahara wurden nirgendwo in Afrika Frauen verschleiert, physisch eingeschränkt oder isoliert. Sie waren eben durch den nur langsam fortschreitenden Entwicklungsprozeß und durch das Fortbestehen uralter Traditionen begünstigt. Ein Beispiel: Eine wichtige, ausschließlich weibliche Zeremonie, das »Fest des Salzes«, wurde schon im 5. Jahrhundert v. Chr. durch Herodot dokumentiert, und sie dauerte noch bis zur Zeit des Kolonialismus.

Durch ihre hochgeschätzte Arbeit als »Managerinnen« der lebenswichtigen Salzernte sowie durch ihre zentrale Rolle beim Anbau, Vertrieb und Handel erlangten afrikanische Frauen einen erhobenen Status. Uduk-Männer wollten z. B. mit Bräuchen wie Mitgift oder Brautkauf nichts zu tun haben: Sie würden ihre Schwester nicht für eine Ziege verkaufen, so hieß es, als sei sie selbst eine Ziege. Die Traditionen der Ashanti gewährten den Frauen geradezu eine Vorrangstellung gegenüber Männern, mit der Begründung, die Menschheit stehe zutiefst in der Schuld der Mutter, da sie jeden menschlichen Körper aus ihrem eigenen Körper und Blut formt. Angesichts der Freude der Afrikanerinnen über die Geburt eines Mädchens, angesichts ihrer uneingeschränkten Freiheit, am Marktplatz die Freundinnen zum Plaudern zu treffen (was Ibn Batuta so mißbilligt hatte), dürften sich wohl die viel stärker gegängelten Europäerinnen oder Asiatinnen gefragt haben, welche Gesellschaft tatsächlich die primitivste war.

Aristokratische Frauen, vor allem in Europa, genossen mehr Freiheit. Und manche nutzten sie voll aus. Während der Herrschaft Heinrichs des

Dritten von England (1207–1272) bäumte sich Isabella Gräfin von Arundel lautstark gegen die Autorität des Königs auf. Sie attackierte ihn, weil er eine seiner weiblichen Schützlinge als Braut verkaufen wollte. Anschließend rauschte sie wortlos, ohne um die übliche Erlaubnis zu bitten, aus dem Raum. Isabella von Angoulême, die Witwe von König John und Stiefmutter von Heinrich, schrieb aus Frankreich an ihren »teuersten Sohn«, den König, daß sie die Pläne zur dynastiegemäßen Verheiratung ihrer zehnjährigen Tochter »verbessert« hätte, indem sie den Kandidaten selbst geehelicht hatte. König Heinrich war starken Frauen nicht gewachsen, selbst denen nicht, die ihm eigentlich nach den Vorschriften bedingungslose Gehorsamkeit erweisen mußten. Seine Schwester Eleanor wurde mit neun Jahren mit dem königlichen Großzeremonienmeister verheiratet – eine wichtige Verbindung für die Dynastie. Nachdem sie mit sechzehn Witwe wurde, kompromittierte sie sich absichtsvoll mit dem Mann, den sie liebte, um eine weitere Zwangsehe zu verhindern. So erzwang sie die Zustimmung des Königs zu einer Vermählung mit ihrem Liebhaber. Trotz wüster Beschimpfungen gegen den »Schänder« mußte der König die königliche Ehre wieder retten, und so fungiert er höchstselbst als Brautvater bei der Hochzeit im Jahre 1238. Nicht alle Frauen verfügten freilich über eine durch hohen sozialen Rang bescherte Schlagkraft. Und als die Menschen aus dem finsteren Mittelalter erwachten, vollzog sich eine Wandlung in ihren Vorstellungen von Macht: Hauen und Stechen, Raffen und Rauben gehörten allmählich der Vergangenheit an. Im Wissen lag jetzt der Schlüssel zur Herrschaft. Und für Frauen hatte die Feder einen deutlichen Vorteil gegenüber dem Schwert: Sie paßte bequem in die Hand jeder Frau – ungeachtet ihrer Größe oder Nationalität, ihres Alters oder Glaubens.

Paradoxerweise konnten Frauen nach der Durchsetzung des Monotheismus eine Zuflucht zur freieren Welt der Bildung hauptsächlich hinter den verschlossenen Türen einer abgeschiedenen Gesellschaft finden. Die gründlich dokumentierten Frauenklöster Westeuropas sind uns gut bekannt. Es ist aber bemerkenswert, daß Buddhismus, Hinduismus und Islam in der frühen Neuzeit ebenfalls eigene religiöse Schwesternschaften aufweisen konnten. Da gab es zum Beispiel Rabi-'ah al'Adawiyyah (712–801), eine berühmte Sufi-Mystikerin und Religionslehrerin. Nachdem sie ihre Jugend als Sklavin verbracht hatte, floh sie in die Wüste. Dort lehnte sie alle Heiratsangebote ab und widmete sich dem Gebet und der Gelehrsamkeit. Obwohl Rabi-'ah die wohl herausragendste Sufi-Frau war, gab es durchaus auch andere. Denn der Sufismus räumte allen Frauen die Möglichkeit ein, eine heilige Würde zu erlangen – den Männern gleichwertig.[6]

Den Errungenschaften von Rabi-'ah lag eine Tradition zugunde, die bis zum Beginn des Denkens zurückreicht: die uralte Fähigkeit der Frauen, zu schreiben und zu lesen, gelehrt und geistig kreativ zu sein. In einer rituellen Formulierung der Urwahrheit, daß die ersten vom Menschen wahrgenommenen Wörter von der Mutter stammen, schreiben zahllose uralte Mythen die Geburt der Sprache Frauen oder Göttinnen zu. In der indischen Mythologie bedeutet der Name der vedischen Göttin Vac »Sprache«; sie personifiziert die Geburt der Sprache und wird als eine mütterliche Mundöffnung dargestellt, die das lebendige Wort zur Welt bringt. Das Hindu-Gebet an Devaki, Mutter von Krishna, fängt so an: »Göttin des Logos, Mutter der Götter, vereint mit der Kreation, Du bist die Intelligenz, die Mutter der Wissenschaft, die Mutter des Mutes . . .« In anderen Mythen erfinden Frauen nicht nur die Sprache, sondern auch die Form, in der sie geschrieben wird, wie Elise Boulding erklärt: »Carmenta schuf eine lateinische Sprache aus dem Griechischen, Medusa überreichte das Alphabet an Herkules, Königin Isis an die Ägypter, während die Priesterin-Göttin Kali das Sanskrit-Alphabet erfand.«[7]

Die Arbeit der ersten gebildeten Frauen wurde in vielen Kulturen bewundert. Ägypten kannte beispielsweise eine eigene Kaste von Schriftgelehrten-Priesterinnen. Sie dienten Seshat, der Göttin des Alphabets und »Herrin des Bücher-Hauses«. Und die indische Veda weist ein Gebet für eine gebildete Tochter auf. Uralte vedische Texte enthalten zahlreiche bewundernde Verweise auf jene weiblichen Gelehrten, Dichterinnen und Wahrsagerinnen, die gelegentlich ihre Kenntnisse und Abhandlungen öffentlich darlegen durften.[8] In Griechenland wurden einige herausragende Wissenschaftlerinnen und Philosophinnen von ihren Zeitgenossen offen gewürdigt, wenn auch die Geschichtsschreibung sie übergangen hat. So wurde Pythagoras, den jeder Schuljunge kennt, von einer Frau (Aristoclea) unterrichtet. Er heiratete Theano, eine führende Mathematikerin und Philosophin, und wurde überdies von einer dritten Frau, seiner Tochter Dano, beeinflußt, die sich u. a. mit der Frage der Erziehung und Bildung von Frauen beschäftigte. Diotima, eine weitere Frau aus diesem Kreis, unterrichtete auch Sokrates. Seine (und Platos) Hauptlehrerin war allerdings die unvergleichliche Aspatia von Milet, die man als »die Erste Frau von Athen« bezeichnete. Wie Dano förderte sie die Frauenbildung. Sie nutzte ihre Stellung als Nichtgriechin aus und übertrat furchtlos die athenischen Gesetze, die Frauen in ihrem Heim gefangenhielten. Sie machte einfach Hausbesuche bei anderen Frauen und unterrichtete sie selbst.

Dies verdeutlicht, daß selbst die strengsten Einschränkungen letztendlich das private Studium nicht verhindern konnten, sondern sogar fördern mochten. Die feine japanische Tradition der weiblichen Schreibkunst liefert ein klassisches Beispiel dafür, daß Frauen durch patriarchalische Regulierungen nicht nur benachteiligt, sondern auch begünstigt werden konnten. Am kaiserlichen Hof durften sich nur Männer der Hochsprache der Chinesen bedienen. Frauen dagegen mußten sich auf die japanische Landessprache beschränken, unter Androhung von Spott, Ungnade oder Strafe. Die »schöne Ironie« dieser Vorschrift ist späteren Kommentatoren nicht entgangen: »Dutzende von Frauen schrieben eine glänzende Literatur, die noch heute gelesen wird, während die Männer, deren ›überlegenes‹ Chinesisch eine gestelzte und unnatürliche Literatur hervorbrachte, lediglich als Informationsquelle gelesen werden.«[9] In der eigenen Muttersprache schrieb die Dame Murasaki den ersten (und immer noch großartigen) Roman der Welt, *Die Geschichte der Genji*, am Anfang des 11. Jahrhunderts. Das war im goldenen Zeitalter der weiblichen Kreativität in Japan, als Bildung für Frauen nicht verpönt war, sondern geradezu verlangt wurde.

Wie die Geschichte von Murasaki zeigt (sie wurde erst nach dem Tod ihres Mannes Schriftstellerin und dann von ihrem Vater zum Hof bestellt, um den Kaiser zu amüsieren), waren die Ansprüche der Männer an die Frauen recht widersprüchlich. Und das konnte zum Vorteil der Frauen ausgenutzt werden.

Die Nonnenklöster Europas galten lange als eindeutige Manifestation patriarchalischer Tyrannei. (Wir müssen da nur an die schauerlichen Parodien von gleichzeitigen Hochzeits- und Begräbnisritualen denken, wenn die Novizinnen bei ihrer Initiation sowohl Hochzeitskleider als »Bräute Christi« bekamen als auch die Sterbesakramente als »von dieser Welt Ausscheidende«.) Doch für manche Frauen bedeutete die Nonnengemeinschaft den einzigen erlaubten *Fluchtweg* aus der Tyrannei der Zwangsheirat und der unvermeidlichen Plage der Mutterschaft. Was das Sterben anbelangt, so hatte die jungfräuliche Einsiedlerin, die ihr Leben der Kontemplation und Gelehrsamkeit widmete, eine ein- bis viermal höhere Lebenserwartung als ihre verheiratete Schwester. Alte Archive belegen, daß Nonnen 80, 90, sogar 100 Jahre alt werden konnten. Dagegen weisen die Worte des Psalms 116 deutlich auf die Realität der Entbindung hin. Sie waren für die in den Wehen liegende Frau gedacht: »Stricke des Todes hatten mich umfangen, und Ängste der Hölle hatten mich getroffen . . . O Herr, ich bete Dich an, erlöse meine Seele.«

Innerhalb des Klosters konnte eine Frau sowohl ihre Seele als auch ihren Körper retten. Besonders hier wird die Fähigkeit der Frauen deutlich, aus der Not eine Tugend zu machen: Sie benutzten die klösterliche Zurückgezogenheit als Ausgangspunkt für den »Sprung in die Freiheit«, um mit Mary Ritter zu sprechen. Ursprung und Grundlage des klösterlichen Lebens mag wohl der tiefe Abscheu der Patriarchen vor dem Frauenkörper gewesen sein, demzufolge das sündige Fleisch am besten bedeckt, verleugnet und eingesperrt sein sollte. Somit gibt es Ähnlichkeiten mit den restriktiven Praktiken des Islam, wie zum Beispiel das Verschleiern und die Isolierung. Aber die logische Folge führte dazu, daß Frauen, die sich durch den metaphysischen Akt des »jungfräulichen Opfers« über ihre schmutzige »Leibhaftigkeit« erhoben, hohes Ansehen bei ihren männlichen Zeitgenossen gewannen. Denn die Männer nahmen selbstverständlich an, daß der Verzicht auf Heterosexualität das höchste Opfer der Welt bedeutete. Indem sie offenkundig den Sex von ihrer Tagesordnung strichen, entledigten sich diese Frauen des Odiums, das sexuell aktiven Frauen anhaftet. Ihre Unberührtheit schenkte ihnen eine beinahe mystisch anmutende Macht. Eine Trumpfkarte, die Jahrhunderte später Königin Elizabeth die Erste bewußt und erfolgreich einsetzen sollte.

Durch ihren Verzicht auf das Heiraten lehnten Nonnen auch die damit verbundene Rolle als Mutter und Haushälterin ab. Dieses »Opfer« müssen wir im Licht der Wirklichkeit eines Frauendaseins sehen. Da heißt es in einer Vignette aus dem 13. Jahrhundert von der Ehefrau: »als sie heimkehrt, hört sie, wie ihr Baby schreit; sie sieht, wie sich die Katz an den Speck und der Hund ans Fell macht. Der Kuchen brennt im steinernen Herd an, das Kalb saugt die ganze Milch auf, die Tontöpfe lösen sich im Feuer auf, und der Alte schimpft.«[10] Von solchen Sorgen befreit, konnten sich die Frauen ungestört auf sich selbst konzentrieren. Manchmal erst, nachdem sie sich, der Tradition gemäß, ein Leben lang auf andere konzentriert hatten. (Viele verheiratete Frauen zogen sich – nachdem sie die Familie großgezogen hatten – ins Kloster zurück. Zu Beginn der Neuzeit eine Art Scheidung im beiderseitigen Einvernehmen.) Diesseits des Grabes war das Klosterleben der einzige erlaubte Ausweg aus der Ehe. Wer diesen Schritt vollzog, erreichte eine gesellschaftlich genehmigte Unabhängigkeit, durch die jede Leistung möglich wurde. Nicht nur in der Einsamkeit des Arbeitszimmers, sondern auf der gesamten Welt.

Den Klischees von der Abgeschiedenheit des klösterlichen Lebens zum Trotz war jedes »Haus der Frauen« für die Gemeinde, für das öffentliche Leben sehr wichtig. Den Betreiberinnen eines Klosters wurde die Freiheit gewährt, sich in der Öffentlichkeit zu bewegen, die Zügel in die Hand zu nehmen, Veränderungen voranzutreiben. Von der Irin Brigid, die im 5. Jahrhundert die erste Frauengemeinschaft in ihrer Heimat gründete, bis zu ihren schwedischen Namensschwestern, die 1370 einen neuen Orden, die »Brigetines«, gründeten, besteht eine ununterbrochene Folge von hochmotivierten und organisatorisch begabten Frauen, die ihre privilegierte Position, der Kontrolle der Männer entzogen zu sein, voll ausnutzten.

Manche gewiefte Taktikerin trachtete unmittelbar nach der Machtbasis, die die Religion bieten konnte. Wie zum Beispiel Radegund, die Königin der Franken. Nachdem sie im 6. Jahrhundert die Abtei vom Heiligen Kreuz in Poitiers gegründet hatte, schikanierte sie den Erzbischof so lange, sie zur Diakonissin des Stifts zu ernennen, bis er endlich nachgab.

Führerin einer Frauengemeinschaft zu sein, gewährte den Zugang zu einem beträchtlichen Anteil politischer Macht. Die Äbtissin von Kildare in Irland, so wurde im Mittelalter dankbar notiert, »zwang die Kräfte des Krieges zum Rückzug« durch ihre geschickte Vermittlung zwischen den kriegführenden Königreichen;[11] Katharina von Siena war persönlich dafür verantwortlich, daß der Heilige Stuhl 1375 nach Rom zurückkehrte. Mary Ritter-Beard zufolge waren Nonnen mehr als nur politische Figuren:

»[Sie] waren bemerkenswerte Geschäftsfrauen. Sie waren hervorragende Ärztinnen und Chirurginnen. Sie waren große Lehrerinnen. Sie waren Feudalherrinnen, die autarke Landgute betrieben, und sie leiteten die vielfältigen Aktivitäten, die bei der Herstellung von Gütern anfallen. Sie schlichteten Streitigkeiten wie heute etwa Anwälte und Richter. Und sie regierten und beteiligten sich an allen Formen des sozialen Lebens.«[12]

Natürlich waren nicht alle Nonnenklöster und ihre Bewohnerinnen so fähig, fleißig und ehrenwert, wie diese erbauliche Lobeshymne auf weibliche Kompetenz vermuten läßt. Das Gesamtbild des Lebens in den europäischen Klöstern während seiner tausendjährigen Geschichte ist sehr komplex und nicht ohne Momente der Dunkelheit und Verzweiflung. Die schlüpfrigen, glühenden Anweisungen des heiligen Hieronymus an eine junge Novizin läßt die miefige, dem System immanente Atmosphäre von Sinnlichkeit erahnen, die nur unvollkommen sublimiert war: »Nie dem Bräutigam erlauben, mit Dir innerhalb Deines Zimmers zu spielen ... Wenn Dich der Schlaf überkommt, nähert er sich Dir von hinten und steckt seine Hand durch das Türloch ... und Du wirst Dich erheben und sagen: ›Ich bin der Liebe überdrüssig.‹«[13] Die Folgen solcher Hypererregung können wir einem der besser dokumentierten Sex-Skandale entnehmen, in die Frauengemeinschaften seit jeher geraten sind, nämlich der erschütternden Geschichte von Schwester Benditta Carlini. Diese Äbtissin lebte zur Zeit der Renaissance. Als sie 33 Jahre alt war, wurde sie überführt, eine der jüngeren Schwestern zu lesbischen Handlungen genötigt zu haben, und zwar durch die Verkörperung eines männlichen Engels namens »Splenditello«. Sie verbrachte die letzten 40 Jahre ihres Lebens in Einzelhaft in einer Zelle der Abtei. Ein »paarmal wöchentlich« erhielt sie lediglich Brot und Wasser, und sie durfte die Zelle nur verlassen, um die Messe zu hören oder gepeitscht zu werden.[14]

Die Geschichte von Carlini ist eine notwendige Erinnerung daran, daß die vielgepriesene Gelassenheit der »Braut Christi« nicht mühelos zu erringen war und daß innerhalb einer abgeschlossenen Lebensgemeinschaft sich Emotionen zu einem mörderischen Zorn hochschaukeln konnten. Nach dem Tod von Radegund geriet eine der Nonnen derart in Rage, weil sie nicht zur Äbtissin gewählt wurde, daß sie einen bewaffneten Überfall initiierte, bei dem die neue Äbtissin gefangengenommen und einige ihrer Anhänger getötet wurden. Die rechtmäßige Äbtissin wurde durch eine vom örtlichen Feudalherrn eingesetzte Truppe befreit. In der Folgezeit setzte die streitsüchtige Nonne ihre Angriffe gegen die Widersacherin fort, indem sie die Äbtissin des Ehebruchs, der Hexerei und des Mordes beschuldigte. Schließlich wurde sie in die Verbannung geschickt, bei Todesstrafe.[15]

Trotz solcher Vorkommnisse, die später durch protestantische Propagandisten sensationalisiert wurden, zeichneten sich die Frauengemeinschaften eher durch intellektuelle als durch sexuelle Aktivitäten aus. Nicht alle Gemeinschaften waren gleichermaßen berühmt. Doch keine einzige vernachlässigte die Grundlagen der privaten Gelehrsamkeit, und zusammen mit den männlichen Konventen waren sie die einzigen Lichtblicke in der Öde des finsteren Mittelalters, als überall in Europa die Lampen des Lernens verlöschten. Zum Wissen, das sie am Leben erhielten, gehörten Elemente der gesamten Kunst und der Naturwissenschaften. Oft erreichte das Sprachstudium ein sehr hohes Niveau. Ein Beispiel ist die tragische Liebesgeschichte von Héloise und Abälard. Als Héloise infolge der verhängnisvollen Liebe ins Heilig-Geist-Kloster eintritt, gratuliert Abälard wehmütig den Nonnen zu einer neuen Schwester, die »nicht nur mit dem Lateinischen, sondern auch mit griechischer und hebräischer Literatur vertraut war . . . die einzige lebende Frau, die der drei Sprachen mächtig war, welche der heilige Hieronymus als unvergleichliche Gnade gepriesen hatte«[16].

Obwohl »la Belle Héloise« außergewöhnlich war: Sie war nicht die einzige Frau, die auf einem Spezialgebiet glänzte. Herrade von Landsburg, eine andere Äbtissin des 12. Jahrhunderts, hinterließ 24 Pergamentblätter mit beispiellosen Miniaturen. Und 200 Jahre zuvor gab es die erstaunliche Hrotsvitha von Gandersheim, die ein ruhiges Leben voller fruchtbarer Arbeit führte, um dann in die Geschichte einzugehen als die erste Dichterin und Schriftstellerin Deutschlands und die erste bekannte Dramatikerin ganz Europas. Noch verblüffender waren die großartigen Leistungen von Hildegard von Bingen: Im Alter von sieben wurde sie 1105 in einer Klosterzelle eingekerkert und bekam das letzte Sakrament verabreicht. Sie überlebte und wurde Äbtissin und Gründerin einer Reihe anderer Konvente. Außerdem war sie politische Beraterin von Heinrich dem Zweiten, Friedrich Barbarossa und dem Papst. Sie war Mystikerin und Visionärin und zeichnete sich bei ihren privaten Studien auf den Gebieten der Medizin, Naturgeschichte, Mineralogie, Kosmologie und Theologie aus. Als begabte Musikerin schrieb sie Hymnen und die erste europäische Oper, allein ihr musikalisches Vermächtnis bestand aus 74 Stücken. Als Schriftstellerin schrieb sie Gedichte, Biographien und Theaterstücke, und sie stand noch mitten in einem harten Arbeitsleben, als sie im Alter von über achtzig Jahren starb.

Die Leistungen von Frauen wie Hildegard vermochten freilich kaum die intellektuellen Chancen für den Rest des weiblichen Geschlechts zu verbessern. Denn die lähmenden Vorurteile gegen die intellektuellen Fähigkeiten von Frauen, die selbst der dümmste Mann sich noch anmaßte, schienen von den Zeitläuften kaum berührt zu werden. Im Gegenteil. Als die weitverbreitete sexuelle Terrorisierung von Frauen nachzulassen begann, setzte ein anderer schädlicher Mythos ein: daß nämlich der weibliche Geist so schwach sei wie ihre Körper. Keine sonderlich neue Idee. Sie war nur die logische Ergänzung der allgemeinen Überzeugung, daß Frauen lediglich als physische Behälter geschaffen waren. Ein Brutkasten ist ja schließlich nicht mit Gehirnzellen ausgestattet.

Gallige Vorstellungen von der angeborenen geistigen Unterlegenheit der Frauen können wir schon ganz frühen Verkündungen der Patriarchen zu diesem Thema entnehmen, wie etwa den unzusammenhängenden Worten des sterbenden Buddhas an seine treuen Jünger:

»Wie sollen wir uns, Herr, den Frauen gegenüber verhalten?«

»Frauen sind voller Leidenschaft, Ananda; Frauen sind neidisch, Ananda; Frauen sind dumm, Ananda. Das ist der Grund, Ananda, die Ursache dafür, weshalb Frauen keinen Platz bei öffentlichen Versammlungen haben, keine Geschäfte tätigen und ihren Lebensunterhalt nicht durch einen Beruf bestreiten.«[17]

Ein so altehrwürdiges Vorurteil läßt sich nicht leicht verwerfen. Und zu Beginn der Neuzeit hatte es durch eine Fülle neuer Rationalisierungen und Beobachtungen gar erneut Antrieb bekommen: Frauen hätten »fast kein Gehirn«, ihr Hirn wäre wie »Haferschleim«, das der Männer dagegen wie »Fleisch«, Bildung trocknete ihre Eingeweide aus, und das Denken machte sie verrückt. Diese Vorurteile hatten historisch ihren Ursprung in der Wiederbelebung des allgemeinen Interesses an Medizin, Chemie und Chirurgie. Und so hieß es eben, daß Frauen wandernde Gebärmütter, kleinere Schädel und eine schwächere Zusammenstellung der »Elemente« hätten. (Teilweise nehmen diese Ideen auf unangenehme Art vorweg, was später die modernen Naturwissenschaften zu Frauen formulierten.) Daß Frauen nicht denken konnten, wurde zudem von den allgemeinen Alltagserfahrungen unterstützt. Was leisteten Frauen denn schon? Schwere oder triviale körperliche Arbeit (auf dem Land oder am Stickrahmen – je nach Kulturkreis oder gesellschaftlichem Status). Oder sie produzierten Klatschgeschichten oder Ammenmärchen. Frauenköpfe waren buchstäblich leer, es fehlte jegliche Nahrung für den Geist. Folglich sprach ein englischer Rechtsanwalt des 16. Jahrhunderts nicht mehr aus als die Wahrheit, als er schrieb, daß »jede *femme covert* [verheiratete Frau] eine Art Kind ist«[18]. Die Heirat war also im allgemeinen der Feind der intellektuellen Entwicklung der Frau. Es kommt nicht von ungefähr, daß die brillante Hildegard der eisernen Knechtschaft einer erzwungenen Ehe entkommen war. Die Klosterbewegung als Ganzes war – vor allem an ihren Anfängen – ein Lichtblick in der Geschichte der Frauenunterdrükkung. Sie war ein Refugium innerhalb von Gesellschaftssystemen, die den Frauen zuerst die Bildung verweigerten, um sie dann als unverbesserliche Ignorantinnen abzutun. Ihnen wurden Kenntnisse über alles vorenthalten, was die Macht von »Gott dem Vater« und vom »Mann dem Gatten« in Frage gestellt hätte. Die passenden männlichen Forderungen an die Frau gibt die Figur der Eva von John Miltons eloquent wieder, wenn sie sich wie folgt dem Adam unterwirft:

»Mein Schöpfer und Befehlshaber, Deiner Anordnung gehorche ich blind; So wie Gott verfügt; Gott ist Dein Gesetz; Du bist meins; nicht mehr zu wissen ist des Weibes glücklichste Erkenntnis, und seine Tugend.«[19]

Die Töchter Evas wurden zu Gefangenen dieser Struktur, und sie standen ganz unten. Als dies zementiert war, bekamen die meisten Frauen keinerlei Zugang zu irgendeiner Art von Bildung. Was den Männern offen war, blieb den Frauen verwehrt: etwa die klassische Karriere des Geistlichen, die in einer Priesterschule für Jungen aus armen Familien beginnen konnte. Oder das Entdeckt-Werden vom örtlichen Landbesitzer, der einen jungen Mann zum Sekretär oder »Faktor« ausbilden lassen konnte. Auch heute noch finden die Bildungsdefizite, die intellektuelle Benachteiligung und das Leiden der Frauen daran kaum Beachtung. Kein Wort zu Shakespeares Schwester oder zu Jade the Obscure. Allerdings kam den Frauen dieser Epoche ihre mangelnde Bildung teuer zu stehen. Ihre Ignoranz diente nicht nur ideologisch dazu, die weibliche Minderwertigkeit zu bestätigen, sondern brachte real unzählige Frauen in Gefahr, belästigt und gefoltert zu werden und eines grausamen Todes zu sterben. Ein fatales Zusammentreffen in der Geschichte: Die Angst vor dem schmutzigen, unergründlichen Körper der Frau, die Angst vor dem schwachen, beeinflußbaren Geist und die Angst vor der brutalen Bösartigkeit ihrer unheilbaren Einfältigkeit verbanden sich, um einen der schlimmsten Massenmorde an Frauen in der Geschichte auszulösen: die Hexenjagd in Europa und Amerika.

Seitdem sich die Idee von Hexengestalten zum allerersten Mal im schwarzen Sumpf unbewußter Männerängste gerührt hatte, herrschte Einstimmigkeit darüber, daß Hexen weiblich waren: Ein im 9. Jahrhundert verkündeter Erlaß der katholischen Kirche sprach von »gewissen bösartigen Frauen«, die »dem Satan anheimgefallen und durch Traumbilder und Phantasmen von Dämonen verführt sind, zu glauben und zu behaupten, daß sie – zusammen mit einer Unzahl anderer Frauen – nachts mit Diana auf gewissen Tieren reiten und dabei immense Strecken zurücklegen«[20]. Der Grund, weshalb Hexen weiblich waren und Frauen zu Hexen wurden, war jedem denkenden Mann ganz offensichtlich:

». . . dies liegt nicht an der Gebrechlichkeit ihres Geschlechtes, denn die meisten von ihnen sind widerspenstig und hartnäckig . . . Plato siedelte Frauen zwischen dem Mann und dem wilden Tier an. Denn es ist zu sehen, daß die Eingeweide von Frauen umfangreicher als die der Männer sind, und die Gier der Männer ist weniger heftig. Auf der anderen Seite haben Männer größere Köpfe und deshalb mehr Gehirn und Verstand als Frauen.«[21]

Darauf gab es keine Antwort. Andere *soi-disant*-Experten überschlugen sich in ihrem Eifer, diese Behauptung des französischen Juristen Jean Bodin, eines der führenden Intellektuellen und Großköpfe Europas, zu unterstützen. Frauen waren »monatlich mit überflüssigen Körpersäften gefüllt« und voll »melancholischen Blutes«[22]. (Man bemerke, wie das Thema »böse Strömungen« und »gefährliches Blut« hier in einem neuen, verhängnisvollen Zusammenhang wiederauftaucht.) Aber jetzt ging es im wesentlichen um das Gehirn, nicht um den Körper, wie die führenden Hexenjäger Europas, die deutschen Inquisitoren vom Dominikanerorden, in einem einflußreichen Katalog des Sadismus und der Perversion darlegten. So heißt es im Handbuch der Hexenjäger, *Malleus Maleficarum:* »Frauen sind leichtgläubiger . . . und von Natur aus leichter zu beeinflussen . . . durch diesen Urdefekt ihrer Intelligenz sind sie eher bereit, dem Glauben abzuschwören . . . denn Männer, von Natur aus den Frauen intellektuell überlegen, neigen eher dazu, solche Praktiken zu verabscheuen.«[23]

Wer das glaubte, würde alles schlucken. Von einem solchen Ausgangsgedanken die Endlösung des Hexenproblems angehen zu wollen hatte ohnehin etwas Ironisches an sich: Denn Hexen – was auch immer sie gewesen sein mögen – waren keineswegs einfältig oder dumm. Das alte Klischee von der Hexe als einer verrückten Schreckschraube oder bösartigen Alten ist durch neue Entdeckungen widerlegt worden; ihnen zufolge war die Hexe sehr oft selbstbewußt, zielstrebig und vor allem jung. Freilich gab es auch hysterische oder paranoide Gestalten. Doch die Frauen, die wegen »der Dunkelheit ihrer Unkenntnis« bestraft wurden, verfügten de facto über eine beträchtliche Fülle eigener Erkenntnisse, darunter Elemente der Religion, Chemie, Alchimie, Pflanzenkunde, Astrologie, Naturwissenschaften und Pharmakologie. Ihre Kenntnisse der Kräuter und Gifte z. B. übertrafen wohl selbst die eines hochqualifizierten männlichen Arztes.

Die Hexerei war eine Kunst, eine uralte Disziplin. Als solche mußte man sie studieren und in einer Zeit, da wenige schreiben oder lesen konnten und Schreibzeug kaum erhältlich war, dem Gedächtnis einprägen. Zweifellos entwickelten manche Frauen ein großes Talent für das Manipulieren von Menschen und das Zusammenbrauen von Tränken: hier eine gelungene Abtreibung, da eine gelungene Empfängnis. Je entwickelter ihre Fähigkeiten, desto größer die Zufriedenheit ihrer Kunden. Folglich hätten sie, wie alle erfolgreichen Regelverletzer, um so weniger Gefahr laufen dürfen, erwischt zu werden. Die traditionelle historische Formel sah hier genau umgekehrt aus: Nicht die Hexen waren unwissend, sondern unwissende Frauen liefen größere Gefahr, als Hexe bezeichnet zu werden. Ein Paradebeispiel für diese These ist jene armselige Landstreicherin, die eines Tages vor der Tür von Elizabeth Walker, Pfarrersfrau und bekannte Philanthropin, stand. Sie war »fast von Schorf und Ungeziefer zerfressen, ihre Blöße war von wenigen Lumpen bedeckt, und sie wußte so wenig von Gott und Christus, als wäre sie in Lappland oder Japan geboren und aufgewachsen«[24]. Für einen Hexenjäger lauter Beweise für Teuflisches. Elizabeth nahm sie auf, befreite sie von ihrem »Jucken«, brachte ihr das Lesen bei und besorgte ihr schließlich ein gutes Zuhause bei einem reichen Bauern.

Trotz ihrer Frömmigkeit war Elizabeth eine aufgeschlossene Frau, insbesondere glaubte sie, daß »Schwarzhäutige und Braunhäutige genau wie die Weißen Nachkommen Adams waren«. Leider gab es in dieser dunklen Zeit zu viele gefährdete Frauen, zu wenige Elizabeths. Die Anklageschrift gegen die einundzwanzigjährige Ellinor Shaw, die noch im Jahre 1705 in Northhampton wegen Hexerei gehängt wurde, stellt ausdrücklich fest, daß ihre Eltern »nicht bereit oder zumindest nicht in

der Lage waren, ihrer Tochter irgendeine Bildung zu geben«. Daher war
sie »von ihrem 14. Lebensjahr an sich selbst überlassen«[25].

Die Hexenjagd, die erste anhaltende Anwendung des Terrors als
politische Waffe, ist als letztes Aufbäumen des sterbenden Mittelalters
interpretiert worden, als letzter Racheakt eines düsteren, archaischen
Patriarchats an Ausnahmefrauen, an Unangepaßte. Mochten sie theore-
tisch noch so perfekt abgeleitet sein, die ersten ideologischen Fundamente für die Unterwerfung der Frauen vor Gott und Mann: in der
Ausführung waren sie alles andere als vollkommen. Der maßlose Wahn
der Hexenverbrennungen deutet stark auf den Todeskampf von Gesellschaften hin, die von einer unerklärlichen Furcht vor dem abweichenden
Weiblichen heimgesucht werden und die verzweifelt versuchen, die Rich-
tigkeit und Normalität der patriarchalischen Herrschaft erneut durchzusetzen.

Liegt es nur am historischen Zufall, daß diese gewaltige Mordkampa-
gne gegen Frauen zeitlich mit einer Epoche einherging, die weltweit eine
erstaunliche Zunahme der politischen Macht von Frauen erlebte?

962   Adelaide wird Königin von Italien und Kaiserin des Heiligen
        Römischen Reiches.

1010   Die sächsische Prinzessin Aelgifu wird geboren, die als Geliebte
        von Knut von Dänemark, Regentin von Norwegen und Mutter
        von König Harald »Hasenfuß« von England Herrscherin dreier
        Länder wird.

1028   Zoe wird aus eigenem Recht Kaiserin vom Byzantinischen
        Reich.
        Asma herrscht als Königin im Jemen. Nachfolgerin wird Köni-
        gin Arwa, ihre Schwiegertochter, und zwar mit der Zustim-
        mung des Sultans Al-Mukarram, der in der Thronfolge über-
        gangen wird.

1105   Melisande geboren.

1136   Agnes von Courtenay geboren.
        Von Melisandes Jugend bis zum Tod von Agnes (1185) herrsch-
        ten diese beiden als Kreuzzug-Königinnen über Jerusalem und
        bestimmten die Entwicklung der Stadt fast ein Jahrhundert
        lang.

1226	Blanche von Kastilien, Königin von Frankreich, wird Regentin für ihren Sohn, Ludwig den Heiligen, und beherrscht die europäische Politik für das nächste Vierteljahrhundert.
1454	Caterina Corner geboren, später wird sie Königin von Zypern.
1461	Anne von Beaujeu geboren, Prinzessin von Frankreich, später Königin der Bourbonen und *de facto* Herrscherin Frankreichs anstelle ihres schwachen Bruders, Karls des Achten.
1477	Anne von Bretagne geboren, vom elften Lebensjahr an Herrscherin über ihre eigenen Domänen und später Königin von Frankreich durch ihre Heirat mit zwei schwachen Königen.
1530	Die irische Prinzessin Grainne Mhaol (Grace O'Malley) wird geboren, Kriegs- und Flottenführerin im Kampf gegen die englische Invasion.
1560	Amina, nigerianische Königin und Kriegsführerin geboren; sie tritt das Erbe ihres Vaters an und wird Kriegerin, sie lehnt alle Eheangebote ab und erweitert durch Eroberungszüge ihr Herrschaftsgebiet beträchtlich.
1571	In Persien wird Nur-Jahan geboren, später Mogul-Kaiserin von Indien; sie herrscht stellvertretend für ihren opiumsüchtigen Ehemann.
1582	Nzinga geboren; als Königin von Angola, Endongo und Matamba herrscht sie mehr als ein halbes Jahrhundert und leistet erfolgreich Widerstand gegen die portugiesische Invasion.

Alle diese Frauen waren Herrscherinnen, nicht nur königliche Gemahlinnen. Und in der ersten Hälfte des 2. Jahrtausends unserer Zeitrechnung war keine dieser Monarchinnen etwa eine Ausnahme.

Denn die meisten kamen aus Ländern, wo die Tradition von weiblicher Herrschaft schon fest verankert war und sogar an politischer Bedeutung gewann. Aelgifu z. B. stand in der langen Tradition sächsischer Königinnen; vor ihr herrschten Frauen wie Bertha (gestorben 616), Eadburgh und Cynethryth (im 8. Jahrhundert) und die äußerst bedeutungsvolle Aethelflaed:

»Tochter von König Alfred . . . die ›Herrin von Mercia‹, wie Aethelflaed genannt wurde, baute die Befestigungsanlagen von Chester wieder auf, [gründete] neue befestigte Städte, von denen Warwick und Stafford die wichtigsten waren, kämpfte in Wales, führte ihre eigenen Truppen bei der Eroberung Derbys an und nahm Leicester friedlich ein. Vor ihrem Tod im Juni 918 hatte sogar die Bevölkerung von York versprochen, ihre Regierung anzuerkennen.«[26]

Aethelflaed vereinigte England und beherrschte das Land aus eigenem Recht. So wurde sie zu einer der wenigen englischen Frauen, die den Lauf der Geschichte dauerhaft verändert haben. Ähnliches gilt auch für die byzantinische Kaiserin Zoe. Sie stand ebenfalls in einer langen Tradition von Frauen, die sich nachweislich niemals als rechtmäßige Untergebene von Männern verstanden hatten. Zoes Vorgängerin Irene hatte 780 die Macht ergriffen und behielt den Thron auch, indem sie den eigenen Sohn blenden und einkerkern ließ. Die Hartnäckigkeit und Langlebigkeit dieser Frauen war schon außerordentlich. In Italien überlebte Königin Adelaide fünf Könige (mit zweien war sie verheiratet). An solchen Beispielen läßt sich unschwer ablesen, wie Kontinuität zum politischen Vorteil wird. Ja sogar eine notwendige Voraussetzung ist, um die ohnehin straffen Zügel noch stärker anzuziehen.

Diese Repräsentantinnen des »Zeitalters der Königinnen« errangen sicherlich einige Vorteile für das weibliche Geschlecht als Ganzes. Das Beharren auf die Minderwertigkeit der Frau und die ideologische Rechtfertigung ihrer Unterwerfung wurden unvermeidlich in ihrer Wirkung ausgehöhlt, wenn überall Frauen zu sehen waren, die Gott offensichtlich ins höchste irdische Amt berufen hatte. Wenn sie außerdem auch noch Erfolg bei ihrer Arbeit hatten, so wurde dies als weiteres Zeichen göttlicher Gunst interpretiert. Und schließlich verkörperten die königlichen Herrscherinnen für alle Welt den Beweis, daß kein patriarchalisches System monolithisch und absolut war. Sondern es gab augenscheinlich Lücken und Öffnungen, derer sich eine selbstbewußte Frau bedienen konnte, um der Geschichte ihres Landes einen persönlichen Stempel aufzudrücken.

Diese Frauen waren Einzelfälle. Jede für sich war ein Vorbild, aber für die weniger privilegierten Schwestern boten sie kaum einen realisierbaren Lebensentwurf. Dennoch waren generell Entwicklungen eingetreten, die allmählich dazu führten, daß eine Frau nicht unbedingt eine Königin sein mußte, um so etwas wie männliche Anerkennung zu genießen. Der Kult der höfischen Liebe hatte im Hochmittelalter Europas als Reaktion gegen die patriarchalische Entwertung der Frau begonnen. Es geschah der frauenfeindlichen Kirche zum Trotz: Die »Minne« erhöhte die Frauen, bekräftigte den Wert der romantischen (und nicht der religiösen) Leidenschaft und glorifizierte sexuelle Beziehungen, bei denen die Frauen (und nicht die Männer) das Sagen hatten:

»Ich hielte gern meinen Ritter
am Abend nackt in meinen Armen,
damit er in Verzückung gerate,
wenn ich seinen Kopf auf meiner Brust bette . . .

Schöner Freund, charmant und gut,
wann werde ich Dich in meiner Macht haben
und – eine Stunde lang – neben Dir liegen
und Dir leidenschaftliche Küsse schenken?

Du sollst wissen, daß ich fast alles dafür hingeben würde,
Dich anstelle meines Gatten zu besitzen;
Aber nur wenn Du schwörst
mir jedes Verlangen zu erfüllen.«[27]

Beatriz de Diaz, eine provenzalische Dame, schrieb dieses Liebes- und Lustlied an ihren geliebten Troubadour. Eine Frau wie sie lehnte es sicherlich ab, ihren Körper als etwas Abstoßendes etikettieren oder sich von irgend jemanden bevormunden zu lassen. Die Königinnen der höfischen Liebe fochten die Vorurteile von der wertlosen Körperlichkeit der Frau direkt an, und sie setzten, wie etwa Eleanor von Aquitanien, durch ihre Standhaftigkeit und Hingabe ein besseres Frauenbild durch. Daß das eine direkte Herausforderung der Männermacht und nicht nur ein höfischer Zeitvertreib war, geht aus der Vielzahl der Zwischenfälle hervor, bei denen ein wutentbrannter Ehemann (ohne Beweis für einen tatsächlichen Ehebruch oder Fehltritt) den Verehrer und Minnesänger der Gattin umbrachte.[28] Unter solchen Umständen waren »Minneköniginnen«, die sich in Sachen Musik und Poesie auf eine der vielen weiblichen *trobadoras* verließen, weniger gefährdet. Neben den Minnesängerinnen, die durch ganz Europa reisten und ihr Gewerbe vorführten, gab es auch Dichterinnen wie Marie de France, deren großartiges lyrisches und erzählerisches Können den Verlauf der europäischen Literatur nachhaltig beeinflußte.

Zu Beginn der Renaissance kam ein noch frauenfreundlicheres Klima auf. Verhalten und Denken änderten sich, deutlich von den grellen, hysterischen Beschimpfungen der Epochen zuvor abweichend. Zum ersten Mal in der Geschichte rüstete sich ein »Protofeminist«, Heinrich Cornelius Agrippa von Nettesheim, zum Schlag gegen die Doktrin von der männlichen Überlegenheit.

Sein 1505 erschienenes Buch mit dem provokativen Titel *Of the Nobility and Superiority of the Female Sex* (zu deutsch: »Von der Vornehmheit und Überlegenheit des weiblichen Geschlechts«) attackierte frontal die Bibellehren von der Minderwertigkeit der Frau:

»Adam bedeutet Erde; Eva steht für das Leben; demzufolge ist Adam das Produkt der Natur und Eva die Schöpfung Gottes. Adam durfte einzig und allein ins Paradies, damit Eva erschaffen werde . . .«[29]

Von Nettesheims Predigt stieß nicht auf taube Ohren. Auch andere einflußreiche Persönlichkeiten sprachen sich öffentlich zugunsten der Frauen aus und verteidigten ihr Recht, am neuen Schatz humanistischer Gelehrsamkeit und am neuen Denken teilzuhaben. Der italienische Adlige Castiglione, ein Diplomat und Weltbürger, war der Autor der Bibel seiner Zeit, *Der Höfling*. Er faßte den *Zeitgeist* in einem Satz zusammen: »Die Tugenden des Geistes sind für eine Frau so notwendig wie für einen Mann.«[30]

Die Fähigkeit, zu lesen und zu schreiben, breitete sich im Vergleich zu den vergangenen Jahrhunderten jetzt wie ein Buschfeuer aus. Zum ersten Mal in der Geschichte ergriffen viele Frauen die Feder und damit die Macht zu definieren.

Es verwundert kaum, daß dann viele alte Rechnungen beglichen wurden. Wie wir aus den folgenden Zitaten von führenden französischen Autorinnen des 16. Jahrhunderts ablesen können, gehörten insbesondere die Tradition der Zwangsehe, ja die Ehemänner selbst zu den Hauptärgernissen:

»Der alte Mann küßte sie, und es war so, als wäre eine Schnecke über ihr reizendes Antlitz gekrochen . . .«

». . . Er ähnelte weniger einem Mann als vielmehr einer Art Monster, denn er hatte einen riesigen, schweren Kopf [und] einen sehr kurzen, dicken Hals, die auf elendig gekrümmten Schultern thronten . . . aus seinem Wanst kam, durch seinen scheußlichen, schwarzen eingefallenen Mund, ein stinkender Atem hervor . . .«

»Kaum sind sie heimgekehrt, so verriegeln sie die Tür [und] essen höchst unreinlich . . . im Bett tragen sie zwei Finger dicke Schlafmützen, ein Nachthemd, das unterhalb des Nabels von rostigen Nadeln zusammengehalten wird und dicke Wollstrümpfe, die bis zum Oberschenkel reichen. Sie legen ihre Köpfe auf das vorgewärmte Kissen, das nach geschmolzenem Fett riecht, und ihr Schlaf wird begleitet von Hustenanfällen und von Ausscheidungen, die die Bettdecken beflecken . . .«[31]

Die dritte Vignette wurde – mag der Ton noch so lässig und umgangssprachlich sein – von einer Frau geschrieben, die vor allem für ihr lyrisches Talent berühmt war, von der brillanten Louise Labé. Sie war Dichterin, Linguistin, Musikerin, Pferdekennerin und stand an der Spitze der »Schule von Lyons«, einer Gruppe von Schriftstellern und Schriftstellerinnen. Dort herrschte sie als Frankreichs größte lebende lyrische Dichterin. Nachdem Frauen also einen Zugang zur Welt der Literatur erhalten hatten, führten sie bereits nach einer außergewöhnlich kurzen Zeitspanne eine erstaunliche Vielfältigkeit des Talents und große intellektuelle Kraft vor.

An der Spitze dieser feministischen Wegbereiterinnen des Intellekts stand Christine de Pisan, die italienische Historikerin, Philosophin, Biographin und Dichterin aus dem 15. Jahrhundert. Die Gelehrte wurde von Königen gefeiert und war zu ihrer Zeit außerordentlich erfolgreich, aber sie vergaß bei allem Ruhm niemals die Treue zum eigenen Geschlecht. Ihr war sehr daran gelegen, die historischen Errungenschaften von Frauen in der Geschichtsschreibung wiederaufleben zu lassen, und sie verteidigte unermüdlich die Frauen der Vergangenheit und Gegenwart gegen jene Frauenhasser, die sie als Individuum und das weibliche Geschlecht generell angriffen.

Christines größte Leidenschaft war ihr Glaube, daß auch Frauen ein Recht auf Bildung hätten. Und sie argumentierte und stritt für diese Überzeugung mit einer solchen Klarheit, daß sie noch Generationen später zitiert und übersetzt wurde:

»Wenn es Brauch wäre, kleine Mädchen zur Schule zu schicken und sie genau dasselbe zu lehren wie kleine Jungen, so würden sie genausogut lernen und würden alle Subtilitäten der Künste und der Wissenschaft begreifen. Ja, vielleicht verstünden sie sie sogar besser, denn so wie ein Frauenkörper weicher ist als der eines Mannes, so ist auch der weibliche Verstand viel schärfer . . . Nichts bringt einem vernünftigen Geschöpf soviel bei wie die Erfahrung vieler unterschiedlicher Dinge . . .«[32]

Christines kühler Scharfsinn stand in einem ausgeprägten Kontrast zur hitzigen Wut ihrer Feinde. Der Kampf, in den sie verwickelt wurde, war ein intensiver. Und das weist darauf hin, wie grundlegend wichtig das Thema Bildung für Frauen war. Hier ging es nicht um eine akademische Zänkerei, sondern die Truppen wurden neu aufgestellt. Wo zuvor das nackte Herrschaftsverhältnis die Trennlinie zwischen den Wissenden und den Unwissenden zog, war jetzt die Geschlechtszugehörigkeit die Schranke. Das Lernen wurde, mit dem Beginn der modernen Gesellschaft, zur Schnellstraße Richtung Freiheit und Zukunft. Ein Studium gewann also eine neue, nachmittelalterliche Signifikanz: nicht mehr ein passiver Akt der Betrachtung, sondern intellektuelles Rüstzeug, um den *Deus ex machina* auseinanderzunehmen und seine Wirkungsweise herauszufinden. Im Rausche der Selbst-Entdeckung verbrachten die neuen Humanisten viele glückliche Stunden mit der großen Frage: »Was für ein Mechanismus/Werk ist der Mensch?« Sie begrüßten jedoch den Anblick einer Frau, die sich ihnen mit einem Schraubenschlüssel in der Hand näherte, keineswegs mit derselben ungetrübten Leidenschaft.

Da den Frauen weiterhin der Zugang zur Öffentlichkeit verwehrt wurde, wären privates Lernen und Arbeiten wohl eine augenscheinliche Lösung des Problems gewesen. Und daß ein Geschlecht, das andauernd als dumm gescholten wurde, das Recht auf Bildung als Heilmittel begriff, war nur logisch. Aber das war eben weibliche Logik, und sie besaß nicht die Macht, den Sinn der Männer zu ändern. Statt dessen wurde der Verstand aufrichtig bemüht, die Frauen in ihrer unverdorbenen Ignoranz zu belassen. Dies hatte auch den nützlichen Nebeneffekt, die patriarchalische Ausgangsdiagnose noch einmal zu bestätigen. »Bücher zerstören das Hirn einer Frau, die ohnehin wenig davon besitzt.«[33]

Die Chinesen erfanden nicht nur das Schreiben, sondern auch die Kaste der Mandarine, um die neue Kunst zu pflegen. Das war ihnen lieber, als diese mächtige Waffe in ungeweihte Hände fallen zu lassen.

Und auch im Westen ertönte schwach das Echo solcher Ausgrenzungen: Vom Beginn des 2. Jahrtausends unserer Zeitrechnung an entwickelten die einzelnen Länder alle ihre eigenen Techniken, um zu verhindern, daß das »neue Lernen« nicht die große Unterklasse Weib erfaßte. Die Reformation reformierte nicht allzuviel für die Frauen, und die Renaissance bedeutete für die, die mit dem falschen Körper geboren worden waren, keine Wiedergeburt. Der Human(n)ismus, die neue Glaubensrichtung, kehrte den ursprünglichen Schöpfungsakt um. Gott hatte zuvor den Menschen geschaffen, jetzt war der Mann eifrig dabei, einen Gott aus sich zu machen. Zwangsläufig gehörte die Frau ein bißchen aufpoliert, damit aus ihr die passende Gefährtin eines solchen Meisterwerks werden konnte. Ihre Aufgabe bestand aber nicht darin, eigene intellektuelle Bedürfnisse zu befriedigen, sondern danach zu trachten, eine perfekte Partnerin und Gefährtin zu werden. »Leistungen« hatten demnach nichts mit persönlichen Errungenschaften zu tun. Sich für das Prokrustesbett der Ehe zurechtzustutzen – das war das höchste Gebot für eine Frau. Angesichts so bedrückender Rahmenbedingungen: Welchen Preis mußte eine Frau für das Lernen zahlen?

Weiterhin herrschte die Überzeugung vor, daß Frauen keinen Raum, keine Funktion, keine Zukunft und keine Hoffnung außerhalb der Ehe hatten. Das erklärt, warum das Recht der Frauen auf Bildung so entschieden bekämpft wurde – sogar nach der »glanzvollen Morgenröte« der Renaissance. Eine Frau, die von Gott und Natur auf eine spezifische Rolle festgelegt worden war, konnte mit Bildung nichts anfangen. Auch ökonomisch lohnte es sich nicht, Frauen auszubilden, da sie sich nie einen Lebensunterhalt durch ihren Verstand verdienen konnten. Es konnte sogar ganz einfach passieren, daß Bildung direkt zum ökonomischen *Nachteil* geriet, da eine gebildete Frau dem Ehemarkt nicht mehr zur Verfügung stand, weil ihr Preis zu hoch war ... Selbst wenn sie es schaffte, einen Mann zu bekommen, stand ihre Ehe vielleicht von Anfang an unter einem schlechten Stern. Der französische Historiker Agrippa d'Aubigné war im 16. Jahrhundert nicht der einzige Vater, der mit dem Wunsch der Töchter stark sympathisierte, so wie die Brüder studieren zu dürfen. Zugleich befürchtete er freilich die »schlimmen Folgen« solcher Bedürfnisse: Die Mädchen würden »die Haushaltsführung ... und einen Ehemann, der weniger klug als sie selbst ist, verachten«. Und das gäbe nur »Uneinigkeit«.[34]

Das Risiko des Lernens bestand darin, daß eine Frau aus ihrer gesell-

154

schaftlich verordneten minderwertigen Stellung aufstieg. Heftig waren die Reaktionen auf gebildete Frauen, und an den schärfsten Maßnahmen erkennen wir den Versuch, Frauen wieder auf »ihren Platz« zu verweisen. Die italienische Klassikerin Nogarola, mit 18 Jahren wegen ihres außerordentlichen Scharfsinns als »göttliche Isotta« gefeiert, konnte sich nur zwei Jahre lang ihrer Arbeit erfreuen, bevor sie brutal an ihr Geschlecht erinnert wurde; 1438 wurden sie und ihre Schwester Ginevra (ebenfalls eine bekannte Gelehrte) fälschlicherweise der Promiskuität und des Inzests angeklagt. Ihr Widerstand war gebrochen, und so gab sie ihre Studien auf, floh aus Verona, lebte fortan völlig abgeschieden im Haus ihrer Mutter und widmete sich heiligen Schriften. Frauen wie die indische Poetin Mira Bai (16. Jahrhundert) wurden verfolgt, weil sie durch ihre öffentlichen Auftritte die gesellschaftlichen und gesetzlichen Normen herausforderten. Manche wurde gezwungen, wieder ins Privatleben zurückzukehren, wie zum Beispiel Ninon de l'Enclos. Die Französin wurde im 17. Jahrhundert in ein Kloster eingesperrt, weil ihre Arbeiten zur Philosophie Epikurs einen »Mangel an Respekt vor der Religion« verrieten. Noch schlimmer erging es der englischen Nonne Mary Ward. Sie hatte versucht, ein Institut für Frauenerziehung zu gründen (einer der ersten Anläufe für eine Frauen-Akademie). Aber auf Druck der katholischen Kirche wurde sie in eine winzige fensterlose Zelle eingekerkert, aus der kurz zuvor der verwesende Leichnam einer toten Schwester entfernt worden war. Fast wäre Mary Ward an den Folgen gestorben.

Vor ihrer Haft war Ward wegen ihrer Mission viel gereist. Allein diese Kühnheit war schon problematisch zu einer Zeit, da unbegleitete Frauen mit derselben Abscheu betrachtet wurden wie herrenlose Männer. Wenn Frauen die Früchte ihrer privaten Studien der Öffentlichkeit vorstellen wollten (als Lehrerinnen oder Predigerinnen) und somit gegen biblische Gebote verstießen, konnte die Strafe grausam ausfallen:

»Cambridge, Dezember 1653. Dem damaligen Bürgermeister William Pickering wurde eine Beschwerde vorgelegt, der zufolge zwei Frauen Predigten hielten ... Er fragte sie nach ihren Namen und den Namen ihrer Ehemänner. Sie sagten, sie hätten keinen Ehemann außer Jesus Christus und daß er sie gesandt hätte. Daraufhin wurde der Bürgermeister sehr wütend, nannte sie Huren und befahl dem Polizeimeister, sie an der Marktkreuzung bis aufs Blut auszupeitschen ... Der Henker ... riß ihnen die Kleider bis zur Hüfte hinunter, machte sie an den Armen am

Strafgestell fest und führte den Befehl des Bürgermeisters aus ... so daß ihr Fleisch elendig zerschnitten und zerrissen wurde.«[35]

Einzelfälle, gewiß. Aber, daß Frauen nicht das Recht bekamen zu lernen, zu studieren, ihr Wissen zu teilen, ja noch nicht einmal zu denken – das alles zeitigte ernsthafte Auswirkungen. Der Niedergang der Klöster fiel zeitlich mit dem Aufschwung der Gymnasien und Universitäten zusammen. Beide Institutionen schlossen die Frauen aus, beide hüteten von Anfang an eifersüchtig ihr Wissensmonopol. So kam es beispielsweise 1322 dazu, daß die Heilkundige Jacoba Felicie von der Medizinischen Fakultät der Universität zu Paris vor Gericht gebracht wurde, weil sie »illegal praktizierte«. Sechs Menschen sagten aus, daß sie in Fällen erfolgreich geheilt hatte, bei denen die akademisch ausgebildeten Ärzte versagt hatten. Das reichte, um sie zu verurteilen.

Als die Menschheit auf der Schwelle zur schönen, neuen Welt stand, wurden alle Chancen für Frauen schon bei der Geburt abgewürgt. Da gleichzeitig die Klosterbewegung schwächer wurde, gab es keinen Ort für lernwillige junge Mädchen mehr, keine Gruppe von älteren Lehrerinnen und vor allem keine Rettung vor Männern, Kindern, Windeln und Haushaltsdienst. Das neue keimende Wissen war nicht Sache der Frauen. Ironischerweise brachte die weltweite Renaissance des Lernens und der Vernunft den Frauen zwar ein wenig Befreiung, da sie einige dunkle Vorurteile der Männer beseitigte, dafür wurden aber andere Männerängste nur noch bestärkt. Vielleicht wurde die Frau nicht mehr als eine herumirrende Vulva, als eine krittelige und kapriziöse Möse stigmatisiert. Aber sie trat nach wie vor mit der ganzen »Würde« eines Schaustücks aus einer mittelalterlichen *freak show* auf. Das gruselige Wesen ohne Kopf. Das Lieblingsmonster, das auf dem Jahrmarkt öffentlich verhöhnt werden durfte ... »Frauen werden durch Bildung nicht schlechter«, so plädierte Christine de Pisan. Aber bevor sich dieser Gedanke generell durchsetzte, konnten die Frauen nichts anderes tun, als ihre Ehemänner, Häuser und Kinder zu versorgen und im übrigen – abzuwarten.

»Wenn wir von einer Hexe lesen, die ertränkt wurde, oder von einer von Teufeln besessenen Frau oder von einer weisen Kräutersammlerin oder sogar von einem äußerst bemerkenswerten Mann, der eine Mutter hatte, so sind wir meiner Meinung nach einer verlorengegangenen Romanschriftstellerin, einer unterdrückten Poetin auf der Spur, einer stummen und unrühmlichen Jane Austen oder irgendeiner Emily Brontë, die sich im Moor den Kopf einschlug oder wie eine Verrückte über die Landstraßen tobte, weil ihr Talent sie quälte und in den Wahnsinn trieb. Ja, ich wage zu behaupten, daß Anonymus, der so viele Gedichte ohne eine Signatur schrieb, in Wirklichkeit eine Frau war.«

Virginia Woolf

III
Land und Herrschaft

»›Komm, sei meine Gefährtin!‹ sagte der Adler zum Huhn.
Ich liebe die Höhen, aber ich will,
daß meine Gefährtin im Nest bleibt – still!
Sagt das Huhn: ›Ich kann nicht fliegen
und will es auch nicht üben.
Aber wie gern ich schau'
den Gefährten hoch oben im Himmelsblau.‹

Sie hochzeiteten und riefen: ›Ah, wahre Liebe – ganz mein!‹ Und
dann hockte das Huhn, und der Adler schwebte – allein.«

Charlotte Perkins Gilman, »Eheglück«

Kapitel 7
Frauenarbeit

*»Wirkliche, ernsthafte Geschichte kann mich nicht interessieren ...
die Streitigkeiten der Päpste und Könige, Kriege oder Seuchen auf
jeder Seite; die Männer taugen alle zu nichts, und Frauen kommen
fast überhaupt nicht vor.«*

Jane Austen, *Northanger Abbey*

*»Frauen haben immer und überall gearbeitet – beständig und
ununterbrochen. In jeder Gesellschaftsform und an jedem Ort der
Welt, seit Beginn der Menschheit.«*

Heather Gordon Cremonesi

*»Eine afrikanische Frau wurde gefragt, warum sie die Lasten
trug, während ihr Mann unbeschwert daherging. ›Was würde ich
machen, wenn wir auf einen Löwen stießen und er die Last trüge?‹
antwortete sie. Wir fragten: Wie oft stößt er auf einen Löwen? Wie
oft trägt sie die Last? Und was macht sie, wenn sie einem Löwen
begegnet, während sie ihre Last trägt?«*

Aus dem Tagebuch eines englischen Missionars

1431 wurde Jeanne d'Arc, die Jungfrau von Orléans, verbrannt, weil sie
Männerkleidung getragen hatte. Eine Dekade später wurden die Chinesen aus jenem Gebiet hinausgejagt, das später zur Zeitbombe Vietnam
werden würde. In Afrika begannen einheimische Architekten und Steinmetze mit der Arbeit an den gewaltigen Steinmauern der Königsstadt
Zimbabwe. Mitte des Jahrhunderts waren die Engländer aus Frankreich
vertrieben. Johann Gutenberg führte Europa das erste gedruckte Buch
vor. Aus der ganzen Welt eilten Gelehrte und Studenten zur Universität
von Timbuktu, dem Stolz des Songhay-Reiches. Aber schon warfen die
Portugiesen gierige und neidische Blicke auf die glanzvollen afrikanischen Reiche, und auch anderswo standen imperialistische Eroberungszüge auf der Tagesordnung. In Südamerika schluckten die Inkas kleinere
Länder, um ihre hungrigen Gottheiten zu sättigen, während die ottoma-

nischen Türken beiläufig das Reich der Byzantiner beendeten, indem sie ein eigenes gründeten. Iwan der Dritte befreite das Land vom Joch der Mongolen und ernannte sich zum Zaren aller Russen.[1]

Das nächste Jahrhundert begann, und die Menschen nahmen die Entdeckung der Neuen Welt durch Kolumbus zur Kenntnis. Knapp 20 Jahre später befanden sich die ersten schwarzen Sklaven auf Schiffen nach Amerika. Wie in der Geographie (Vasco da Gama, Magellan), so wurden auch in der Kultur innere Entdeckungsreisen gemacht, Grenzen umgestoßen (die Renaissance, die Revolte des Protestantismus). Diese Strömungen führten zur ersten dauerhaften Kolonie in Jamestown, Virginia. Die Siedlung war ein einsamer Ort der Stabilität in einer Welt, die woanders auf den Kopf gestellt wurde. Die Portugiesen breiteten sich wie tödliches Buschfeuer in Afrika aus und zerstörten bei ihrem Vormarsch jede einheimische Zivilisation. England wurde von Puritanern, Levellers (»Gleichmacher«) und anderen religiösen Eiferern beherrscht und ließ seinen König hinrichten. In Indien brach ein anderes großes Reich, die moslemische Moghal-(Mogul-)Dynastie zusammen, als 1707 der letzte bedeutende Herrscher Aurangzeb starb. Weiter östlich gelang es den mächtigen Mandschu, die letzte große Dynastie in der chinesischen Geschichte zu gründen.

Während das alles geschah, versorgten die Frauen der Welt ihre Kinder, melkten das Vieh und bestellten das Feld. Sie wuschen, backten, säuberten und nähten. Sie heilten die Kranken, wachten bei den Sterbenden und bahrten die Toten auf. Wie es auch heute noch, in diesem Augenblick, irgendwo auf der Welt Frauen machen. Die außergewöhnliche Kontinuität der Frauenarbeit, die sich von Land zu Land und Zeitalter zu Zeitalter fortgesetzt hat, erklärt, warum weibliche Tätigkeiten unsichtbar bleiben. Der Anblick einer stillenden, kochenden oder putzenden Frau ist so selbstverständlich wie die Luft, die wir einatmen. Und wie die Luft, so ist auch die Frauenarbeit erst seit Beginn der Moderne überhaupt Gegenstand einer wissenschaftlichen Analyse. Wenn es Arbeit gab, so waren die Frauen zur Stelle. Während vorn auf der Bühne Päpste und Könige agierten, dramatische Kriege und Entdeckungen, Tyranneien und Niederlagen sich abspielten, webten arbeitende Frauen am Stoff, aus dem die wahre Geschichte ist. Und die noch nicht anerkannt worden ist.

Unbemerkt und selbstverständlich war die Arbeit von Frauen, genau wie ihr Leben. Und so fehlten ihre Taten folgerichtig in den Annalen der

Geschichte. Offizielle Dokumente mochten sorgfältig den Jahresertrag eines Bauern auflisten; die Menge Fleisch, Milch, Eier oder Getreide aufzählen, die er produzierte. Aber niemand fragte danach, wieviel auf das Konto der Bäuerin ging. Es war sogar unzulässig, solche Fragen zu stellen. Denn die Frau gehörte ihrem Mann – in voller Übereinstimmung mit dem Gesetz und ihrem eigenen Willen. Also gehörten ihre Arbeit und die Erträge daraus auch ihm. Folgerichtig wäre eine getrennte Rechnung einfach lächerlich gewesen. Dieser Definition zufolge gingen nur »untypische« Frauen in die Listen und Archive ein. Witwen zum Beispiel, die um eine offizielle Erlaubnis baten, das Gewerbe des verstorbenen Ehemanns ausüben zu dürfen. Verlassene oder entlaufene Ehefrauen, die nun sich selbst versorgen mußten. Wer eine Geschichte der Frauen schreibt, nimmt mit Begeisterung jene seltenen Eintragungen zur Kenntnis, in denen Frauen vorkommen: etwa die Auflistung des Besitzes eines Bischofs aus dem Jahre 1290, die eine erfolgreiche Bordellbetreiberin namens Parnell Portjoie nebst ihrem Zuhälter mit dem trefflichen Namen Nicholas Pluckrose (Rosenpflücker) nennt. Oder die ähnlich unternehmungslustige Eva Giffard aus Waterford in Irland, die im 14. Jahrhundert nachts in einen Schafstall einbrach und mit bloßen Händen die Wolle von 20 Tieren abriß, um sie zu verkaufen oder zu verspinnen. Aber solche Frauen waren die Ausnahme.[2]

Ausnahmen freilich nur im Hinblick auf die Spuren, die sie in offiziellen Listen hinterließen. Aber keineswegs außergewöhnlich im Hinblick auf ihre Energie oder gar ihre unkonventionellen Berufe. Sogar die oberflächlichste Untersuchung enthüllt, daß *die Reichweite, Quantität und Bedeutung der Frauenarbeit massiv unterschätzt worden ist – und nicht zuletzt von Frauen selber.* Zu jeder Zeit taten Frauen das, was getan werden mußte, egal wie ihre Arbeit aussah. Nicht nur die Reproduktion der Rasse wurde ihnen aufgehalst, sie mußten *überdies* auch noch auf den Feldern und in den Fabriken schuften. Und sie hinterfragten diese ungleiche Last noch nicht einmal. Daß die Rolle als Ehefrau, Mutter und Hausfrau einer Frau überproportional viel häusliche, soziale, medizinische, erzieherische, emotionale und sexuelle Arbeit aufbürdete, war kein Thema. Je schwieriger die Umstände, um so härter mußten gerade die Frauen für das Wohl ihrer Familien, für die bestmögliche Umwelt arbeiten. Die Pionierinnen der amerikanischen Kolonien mußten beispielsweise viel mehr Geschick und Flexibilität an den Tag legen als etwa ihre Männer. Gewiß, die Arbeit der Männer war rauh und langwierig. Sie mußten das Land roden, Bäume

162

fällen, steinharte Wurzeln aus der unwilligen Erde reißen. Aber die meisten Männer zahlten gerne mit der anschließenden Erschöpfung. Denn ihnen blieben das Waschen, Spinnen, Weben und Nähen erspart. Sie brauchten nicht auf Indianerart Maiskolben in der Glut eines erlöschenden Feuers zu rösten. Sie waren es nicht, die die Fische einsalzten und den Boden schrubbten. Sie mußten nicht die Pflanzen aus der guten alten englischen Heimat einbuddeln und ausprobieren, ob aus dem Kräutergarten etwas wird. Sie experimentierten nicht mit Zwiebeln und Schafgarbe, um den zähen Truthahn ein bißchen schmackhafter zu machen, den sie aus den Wäldern heimbrachten. Sie warnten nicht die Kinder vor den giftigen Pflanzen oder hörten den Katechismus der Mägde ab oder brachten dem Jungen das Lesen bei . . . Und sie schrieben nicht der Mutter in England, daß »es uns hier sehr gut geht« – wie es am Schluß vieler Briefe aus den Kolonien tapfer heißt.

Die rührenden Versuche der Pionierinnen, in der neuen Heimat englische Gärten mit den vertrauten Kräutern und Pflanzen anzulegen, beweisen sehr anschaulich, wie kontinuierlich die Frauenarbeit ist. Da existiert ein Band zwischen der endlosen Schufterei in der Neuen Welt und der der Alten. Ein Band, das in die Frühzeit der menschlichen Aktivität zurückreicht. In letzter Zeit haben Historiker und Anthropologen etwas entdeckt, was für die betroffenen Frauen wohl noch nie ein besonderes Geheimnis war:

»Die Arbeit der Frauen von damals war anspruchsvoll, langwierig, höchst unterschiedlich und mühselig. Wenn man primitiv organisierte Arbeitsformen auflistete, so würde sich herausstellen, daß Frauen fünf Dinge tun, wo Männer sich mit einer Tätigkeit bescheiden.«[3]

Mit der Aufsicht über Frauen?

In diesem Zusammenhang fällt es schwer nachzuvollziehen, wie sich der Mythos von der »arbeitenden Frau« als Besonderheit des 20. Jahrhunderts weiter behaupten konnte. Grabinschriften und andere sehr frühe Zeugnisse verkünden zum Beispiel von der Existenz von Wäscherinnen, Bibliothekarinnen, Ärztinnen, Hebammen, Schneiderinnen und Friseusen im gesamten Römischen Reich. Dagegen waren ihre griechischen Schwestern stärker eingeengt. Insbesondere verheiratete Frauen wurden de facto im *gynaeceum* (Frauenbereich) des Hauses ihres Ehemanns eingeschlossen. Die triste Hochzeitszeremonie unterstrich noch absichtsvoll den Ausschluß der Frauen: Die Achse des Wagens, der die neue Frau vom Haus des Vaters zum Haus des Gatten trug, wurde anschließend zerstört und verbrannt. Aber sogar im alten Griechenland arbeiteten Frauen als Krankenschwestern, Kräuterweiblein, Kranzmacherinnen usw. Der Schriftsteller Athenaeus hielt im 1. Jahrhundert unserer Zeitrechnung fest, daß 3000 Frauen als *hetairai* – Musikerinnen – arbeiteten. Im 4. Jahrhundert führte eine Knappheit an weiblichen Oboe-Spielern und Sängerinnen dazu, daß männliche Kunden auf offener Straße sich um die wertvollen Dienste dieser Frauen prügelten.[4]

Wie hart diese Arbeit auch immer war – sie war privilegiert. Das klassische Bild von Frauenarbeit sah ansonsten trüber aus. Weltweit wurden Frauen nämlich die niedrigsten und abstoßendsten Tätigkeiten zugemutet. Bei den Stämmen in der Arktis kauten die Frauen die rohen Häute toter Vögel, damit sie weicher wurden und auf nackter Haut getragen werden konnten. Sie gerbten größere Tierhäute, indem sie sie verfaulen ließen, bis sich das stinkende Fett und die Borsten leicht abkratzen ließen. Dann wurden die Häute in Urin getränkt, um sie zu säubern. Und schließlich wurden sie mit fettiger Hirnmasse weichgeknetet. Beobachter nannten diese Arbeit »die schmutzigste auf der Welt«, eine Tätigkeit, »die ausschließlich Frauen verrichteten«.[5]

Aber diese Arbeit war wichtig für das Überleben des Stammes. Ohne Felle und Häute gab es keine Stiefel, keine Parkas, keine Hosen, keine Behälter für Nahrung und Wasser, keine Boote oder Zelte. Diese spezifische Frauenarbeit erforderte Kreativität, Genauigkeit und viele verschiedene Fähigkeiten. Aber das alles brachte ihr nicht notwendigerweise Status und Respekt ein. Außerdem blieb den Frauen keineswegs die wirklich harte Arbeit erspart. Die postromantische Vorstellung vom »schwächeren Geschlecht« ist ein Mythos, der nur allzu leicht platzt. Wir müssen uns nur die Legionen von Frauen ansehen, die in Ägypten die Pyramiden bauten. Oder die Maurerinnen vom Tempel der Lydia, von denen uns Herodot erzählt. Oder die Arbeiterinnen, die in Burma Kanäle ausgruben und in China tonnenweise Erde schleppten. Im russischen Teil Europas und im ganzen Osten galt das Lastentragen als Frauenarbeit, auch wenn es sich um außergewöhnlich schwere Dinge handelte. Eine Eskimofrau wurde dabei beobachtet, wie sie einen 300 Pfund schweren Steinbrocken auf dem Rücken trug. Bei den Kurden fiel einem erstaunten Missionar auf, wie eine Frau, die mit ihrem hochbeladenen Esel in eine

Sackgasse geraten war, einfach die Last des Tieres selbst auf die Schultern nahm und den Esel weiterführte. Dabei trug sie bereits eine etwa 100 Pfund schwere Bürde. Und überdies spann sie beim Gehen mit der freien Hand.

»Oft sah ich, wie die Frauen den steilen Bergpfad herunterkamen. Sie sahen wie beladene Lasttiere aus. Eine nach der anderen kam herunter, dabei sangen und spannen sie ... Frauen, mit riesigen Tragekörben auf dem Rücken, darüber hinaus einem Kind im Korb oder auf dem Arm. Sie wandern vier Tage lang über den schrecklichen Ishtazin-Paß und tragen Trauben, die sie verkaufen wollen. Auf dem Rückweg schleppen sie Getreide.«[6]

Ein Zitat, das auf ein weiteres ewiges Merkmal der Frauenarbeit hinweist. So heißt es in einem alten englischen Zweizeiler:

»Beim Sonnenuntergang ruhn des Mannes Hände,
die Arbeit der Frau geht nie zu Ende.«

Auch wenn die Männer die Arbeit im Freien bereits bei Tagesanbruch begannen: sie war zwangsläufig zu Ende, wenn die Dämmerung einsetzte. Für Frauen bedeutete die Erfindung des ersten künstlichen Lichts in der ersten prähistorischen Höhle freilich nichts anderes als einen verlängerten Arbeitstag. So wurde die Freizeit, eine echte Pause am Ende der Arbeit, zu dem, was sie noch heute überwiegend ist: zu einem Privileg der Männer. Bevor die Feinspinnmaschine erfunden wurde, hörte vor allem das Spinnen nie auf. Es wurde zum Inbegriff für jene sich endlos wiederholende, undankbare Tätigkeit, die man generell als »Frauenarbeit« titulierte. Ein Mann hätte sich gewiß entsetzt von der Idee abgewandt, daß er irgend etwas mit dem Spinnen zu tun haben sollte. Das wäre damals einer aufgezwungenen Geschlechtsumwandlung gleichgekommen. Sogar der aufgeklärte Erasmus war überzeugt, daß »Spinnrokken und Spindel wahrlich die Werkzeuge der Frauen sind – geeignet, Krankheiten zu vermeiden«[7]. Manche Frauen waren jedoch nicht sonderlich dankbar für diese rücksichtsvollen Vorschläge zur Bewältigung der Mußestunden (pardon, des »Nichtstuns«). Als die an sich flexible Arbeitszeit im Hause auch noch durch die aufkeimende Industrialisierung genau eingeteilt wurde, konnte man sogar vernehmen, wie sich die

165

Elenden beschwerten. Zum Beispiel in diesem bitteren Liedchen der Seidenspinnerinnen im mittelalterlichen Frankreich:

»Immer spulen wir die Seide,
Obwohl wir niemals gut angezogen sein werden.
Wir werden immer arm und nackt sein,
Immer hungrig und durstig.
Sie geben uns nur wenig Brot,
Wenig am Morgen und noch weniger zur Nacht.«[8]

Vielleicht hatten Städterinnen ein bißchen mehr Bildung als die aber Millionen Frauen auf dem Land, die fast wie ihr eigenes Vieh nur zur Welt kamen, arbeiteten und starben. Vielleicht gab es auch nur niemanden, der ihre Gefühle dokumentierte. Beschreibungen des Schicksals armer Bäuerinnen wurden offensichtlich aus einer sicheren Distanz zu jener schrecklichen Kreatur geschrieben, die das Leben auf dem Land geschaffen hatte:

»Wir müssen einräumen, daß das weibliche Geschlecht in dieser wunderschönen Region barbarisch behandelt wird. Frauen müssen das Land bearbeiten und auf den Feldern schuften. Darunter leidet ihr Aussehen, die Mehrzahl ist unattraktiv. Sonnenbrand, Schweiß und harte Arbeit ruinieren ihren Körper und ihre Gesichtszüge. Bereits vor dem 18. Lebensjahr haben die Mädchen eine Lederhaut, Hängebrüste, schwielige Hände und einen krummen Rücken.«[9]

In jeder Gesellschaft war das Leben der besitzlosen Landbevölkerung grausam, und auch die Männer entkamen nicht dem harten Los, täglich wie Tiere geschunden zu werden. Als der Philosoph La Bruyère durch das vorrevolutionäre Frankreich reiste, sah er zu seinem Entsetzen »im ganzen Land ... wilde männliche und weibliche Tiere, schwarz, von der Sonne verbrannt und voller Groll ... sie kleben am Boden, wo sie Furchen ziehen und herumgraben.« Diese Kreaturen machten »Geräusche, die einer Sprache ähneln«, so fuhr der Philosoph ironisch fort. Aber in der Nacht zogen sie sich »in Tierlager zurück, wo sie von Schwarzbrot, Wasser und Wurzeln leben«[10].

Diese Beobachtungen von La Bruyère tragen auch ein weiteres gründliches Mißverständnis unseres Jahrhunderts zu Grabe: daß es nämlich schon immer »Frauenarbeit« und »Männerarbeit«, eine geschlechtsspezifische Arbeitstrennung im heutigen Sinne, gegeben hat. Obwohl es natürlich immer bestimmte Tätigkeiten (wie das Spinnen) gab, die ein Mann nie ausgeführt hätte, so konnte man keineswegs dasselbe von seiner Frau und Tochter behaupten. Wie in einer modernen Wirtschafts-analyse betont wird:

»Vor der landwirtschaftlichen und industriellen Revolution gab es kaum eine Arbeit, die nicht auch von Frauen verrichtet wurde. Keine Tätigkeit war zu hart, zu anstrengend, um Frauen etwa auszuschließen. Auf den Feldern, im Bergwerk, in Manufakturen und Geschäften, auf Märkten und Straßen, in Werkstätten und zu Hause waren die Frauen damit beschäftigt, ihren Männern zu helfen. Wenn die Männer abwesend waren oder starben, nahmen die Frauen ihre Stelle ein. Oder sie trugen durch ihre Mühen zum Familieneinkommen bei.«[11]

In der Praxis bedeutete das: Männer, Frauen und Kinder arbeiteten alle zusammen – eine unhinterfragte, eingefleischte Gewohnheit. Diese Formen der Kooperation gingen verloren oder verbargen sich, als die Menschen »fortschrittlicher« wurden. Ein früher Reisender hinterließ folgende dramatische Beschreibung einer solchen Zusammenarbeit in der Bretagne. Dort machten sich ganze Gemeinschaften ohne großes Aufheben an eine Arbeit, die alle verrichten mußten, wenn alle überleben wollten:

»Bei Stürmen, bei tiefster Finsternis, bei Flut ... sind alle Bewohner der Gegend – Männer und Frauen, Mädchen und Kinder – besonders beschäftigt ... nackt, ohne Schuhe stehen sie auf den spitzen, schlüpfrigen Felsen. Sie sind mit Pfählen und langen Harken bewaffnet und beugen sich weit über die Abgründe. Sie halten die Reichtümer fest, die ihnen das Meer schenkt und wieder fortreißen würde, wenn sie sie nicht an Land holen würden.«[12]

In dieser Hinsicht hätten solche Gemeinschaften den Menschen dieses Jahrhunderts etwas über eine wirklich egalitäre Arbeitspraxis beibringen können. Aber die Gleichheit, die diese Seetang-Schnitterinnen genießen durften, existierte nur bei den mitternächtlichen Arbeitsfesten auf den gefährlichen Felsen. Vielleicht hatten sie Spaß dabei, aber ein substantiellerer Lohn wie Geld wurde ihnen vorenthalten. Wenn wir die noch existierenden Lohnlisten aus vergangenen Zeiten lesen, so geht daraus hervor, daß Frauen entweder weniger als Männer verdienten oder überhaupt nichts. So tief war die Vorstellung vom Mann als Ernährer der Familie verwurzelt. Im England des 17. Jahrhunderts bekamen männliche Arbeiter acht Pennys Lohn »ohne Fleisch und Getränk«. Frauen bekamen ein Viertel weniger, nämlich sechs Pennys. Und männliche Schnitter konnten fünf Pennys »mit Fleisch und Getränk« verdienen, zwei Pennys mehr als die weiblichen. Das sind genau dieselben Verhältniszahlen, die wir noch heute auf der Welt kennen.[13]

Eine fundamentale Ungleichheit also, und wenn eine Familie angesichts solcher Hungerlöhne den Kampf um das Überleben verlor, blieben fast immer die Frauen mit den Kindern allein zurück. Sie mußten den verzweifelten Kampf ohne den männlichen Geldverdiener weiterführen, der doch am wahrscheinlichsten eine bezahlte Arbeit bekam. In ganz Europa sind vom Mittelalter an die Kirchenregister voller eindringlicher Bitten von »armen, untröstlichen weiblichen Geschöpfen«, »seit dem letzten Lichtmeß ohne Behausung«, von ihren »schwachen« Kindern begleitet. Häufig war die Unterkunft an die Arbeitsstelle des Mannes gebunden. Und wenn er verschwand, dann verschwand auch das Dach über den Köpfen seiner Familie. Die obdachlose Eleanor Williams aus dem englischen Worcester hatte das Glück, nur ein Kind zu besitzen. »Ihr Mann hatte die Gegend verlassen, wo sie in letzter Zeit gelebt hatten, und war zu einem ihr unbekannten Ort aufgebrochen.« Eleanor war ihren eigenen Worten zufolge willens und fähig, »das Kind durch harte Knochenarbeit zu unterstützen«, wenn sie nur »eine Unterkunft« erhalten könnte.[14] Eleanor – die Vorläuferin der typischen »Einelternfamilie«. Schon damals mußte diese Frau mit Wohnungsnot, Alleinverantwortung und vor allem unaufhörlicher ausbeuterischer, unterbezahlter Arbeit fertig werden. Auch heute noch das Los der meisten verlassenen Frauen.

Kein Wunder also, daß in Ländern, wo Unverheiratete außerhalb des Hauses einer Arbeit nachgehen durften, die Mädchen ihre Stellen benutzten, um die Sicherheit einer Ehe zu erlangen. Eine französische Zeitgenossin Eleanors hielt in einem notariell beglaubigten Verlobungsvertrag ihren Stolz auf die Früchte ihrer Arbeit fest. Da hatte sich Beträchtliches angesammelt, wenn wir bedenken, daß dieses Mädchen nur den mageren Lohn einer Magd verdiente: »Jeanne Valence, Tochter eines Landarbeiters, trägt zu ihrer eigenen Mitgift die Summe von 30 Pfund bei. Das Geld hat sie in der Stadt Brioude für ihre jahrelangen Dienste erworben. Dazu ein neues Wollkleid und eine einfache Wolltunika, eine Strohmatratze, eine weiße Wolldecke und eine abschließbare Truhe aus Kiefernholz.«[15] Hausangestellte zu sein – für ein Mädchen war das kein sanftes Ruhekissen, ja noch nicht einmal eine Strohmatratze, wie die beschämende Geschichte der Dienerinnen von Samuel Pepys beweist. Der Herr des Hauses hatte nicht nur einen verschmierten Mund und gierige Hände (wie im berühmten *Diary* selbstzufrieden und liebevoll verewigt), sondern auch einen Hang zum Brutalen, den er oft vorführte. Als er zum Beispiel bemerkte, daß die Magd Jane »einige Dinge nicht korrekt geordnet hinterlassen hatte«, griff der Retter der Marine »zu einem Besen und prügelte sie durch, bis sie laut schrie, was mich ärgerte«. Bei einer anderen Gelegenheit, als der Bruder Pepys' die Magd beim Waschen aufgehalten hatte, ließ der Hausherr die Unglückliche durch seine Frau so lange verprügeln, bis die ganze Nachbarschaft durch das Geschrei gestört wurde – »und dann schloß er sie im Keller ein, wo sie die ganze Nacht lag«[16].

Pepys charakterisierte sich selbst als einen harten, anmaßenden Hausherrn. Im *Diary* wird von seiner erbarmungslosen Nörgelei berichtet. Dauernd findet er etwas an der »schlampigen und schmutzigen« Haushaltsführung seiner Frau auszusetzen. Er ist wütend auf sie, weil sie ihre Hand verbrennt, als sie einen Truthahn anrichtet; weil sie einen Vogel kauft, der zu groß für den Ofen ist; weil sie den Sonntagsbraten halbroh auf den Eßtisch stellen läßt, wo die Gäste warten. Ein weiterer Streit entsteht, als die Soße für seinen Hammelbraten zu süß gerät. Pepys gibt offen zu, daß er »jede Gelegenheit« ergreift, um seine Frau anzubrüllen. Aber wie sollte die unglückselige Elizabeth richtige Haushaltsführung gelernt haben? Sie war ohne Mutter aufgewachsen und verbrachte die kurzen Jahre ihrer Kindheit in Frankreich, wo sie mit dem Vater von Ort zu Ort wanderte. Mit fünfzehn wurde sie verheiratet. Pepys hielt das Geld für den Haushalt knapp, aber für seine eigenen Vergnügungen gab er es freizügig aus. Beim Abendessen mußten Elizabeth und ihre Magd sich ein Glas Bier und eine Scheibe Sülze teilen, während Pepys und seine Kumpane in Mahlzeiten von acht Gängen schwelgten und sich fast bis zum Erbrechen vollstopften. Wenn Elizabeth sich über Langeweile beschwerte, da ihr Mann sie ins Haus sperrte und sie von seinen Spritztouren in die feine Welt Londons fernhielt, legte ihr Pepys absichtlich Arbeit auf: Er »hielt das Haus in einem schmutzigen Zustand und tat dies und das, damit sie nur beschäftigt bliebe«. Als er herausfand, daß Elizabeth mit seiner Art, ihre Probleme zu bewältigen, kreuzunglücklich war, wurde er wütend.

Die Länder des Westens wurden noch von der judäisch-christlichen Zwangsvorstellung, Frauen einzuschließen und ihre wenigen Auftritte in der Öffentlichkeit sorgfältig zu überwachen, belastet – ja erstickt. Und so erfanden sie viele häusliche Arbeiten, die die Frauen zu verrichten hatten. Weiter entfernt von den städtischen Zentren erfreuten sich Frauen freilich einer größeren Vielfalt von Aktivitäten. Manchmal – wenn sich die Freundinnen und Kinder daran beteiligten – wurde solche Arbeit zu einem regelrechten Fest. Auf den Inseln um Hawaii hatten Frauen beispielsweise die Aufgabe, Dämme in den Lagunen zu bauen, um den Fischen den Weg ins offene Meer abzuschneiden. So sicherten sie eine dauerhafte Versorgung mit Lebensmitteln. Diese Tradition stimmt vollkommen mit dem Gedanken von D. H. Lawrence überein, daß »Arbeit ohne Sinn ist, wenn sie dich nicht fesselt. Wie ein fesselndes Spiel.« Die folgende Beschreibung eines Reisenden unterstreicht diese Feststellung noch:

»[Die] Frauen fuhren vor Sonnenaufgang mit ihren Kanus durch die wilde Brandung. Sie schossen durch die schmalen Lücken zwischen den Felsen, zogen die Kanus auf den Sandstrand, legten ihre Babys auf den weichen Sand im Schatten der Palmen und machten sich an die Arbeit im ruhigen Wasser der kleinen Lagunen. Sie schnitten Korallengestein zurecht und blockierten damit die schmalen Eingänge zur Lagune. Dabei vermieden sie es möglichst, sich an den Korallen zu schneiden, denn manche Korallen sind giftig. Um sich abzukühlen, tauchten und schwammen sie. Fische und Kokosnüsse waren ihre Schlemmermahlzeiten . . .«[17]

Die polynesischen Frauen waren nicht die einzigen, die dank eines milden Klimas überwiegend im Freien lebten – was von vornherein eine größere Freiheit erlaubt, als viele westliche Frauen sie je erleben durften. In Australien verbrachten die Frauen und Mädchen der Aboriginals den Sommer überwiegend am Wasser. Den ganzen Tag lang fingen sie Fische und sammelten die Wurzeln von Wasserpflanzen, aber sie ruhten sich auch aus und spielten miteinander. Ähnlich sah es in Burma aus. Obwohl die Frauen auf den Reisfeldern mit oder ohne Männer hart arbeiten mußten (auf die Mitarbeit der Männer konnten sie sich nicht verlassen), gab es doch Freiräume. Sie konnten sich an der warmen, fruchtbaren

Welt, in der sie lebten, freuen. Sie konnten Zeit mit anderen Frauen verbringen. Sie spürten, daß ihre Arbeit wertvoll war. Sie sahen das Endprodukt, und sie konnten nach eigenem Belieben über die Ergebnisse ihrer Bemühungen verfügen.

Zweifellos waren Frauen und Männer aber davon überzeugt, daß Frauenarbeit sich vor allem um den Mann und die Familie dreht. Schon vor Jahrtausenden bedeutete dies, daß Frauen sehr viele unterschiedliche Fähigkeiten haben mußten, wie aus diesem Porträt einer anständigen jüdischen Ehefrau deutlich wird:

»Sie sucht Wolle und Flachs und arbeitet willig mit den Händen . . . Sie steht auf, wenn es noch Nacht ist, und bereitet das Fleisch für ihren Haushalt zu . . . Sie wählt ein Feld aus und kauft es: Mit den Früchten ihrer Hand legt sie einen Weinberg an . . . ihre Kerze geht nachts nimmer aus . . . Ihr Mann ist wohlbekannt an den Stadttoren, wo er bei den Ältesten sitzt. Sie macht feines Linnen und verkauft es und bringt Gürtel zum Händler . . . Sie schaut sorgfältig auf das Tun und Treiben in ihrem Haushalt und ißt nimmer das Brot der Faulheit.«[18]

Sie spinnt, webt, arbeitet auf dem Feld, macht kleine Nebengeschäfte, führt den Haushalt. Sie unterstützt ihren Mann, wenn er – zweifellos eine anspruchsvolle Tätigkeit – bei den Ältesten sitzt. Und erfolgreich geht sie Verlockungen wie Müßiggang oder zuviel Schlaf aus dem Wege. Diese kanaanitische Hausfrau steht in einer erstaunlichen Kontinuität mit einer englischen Leidensschwester, die 3000 Jahre später lebte. In einem Handbuch aus dem Jahr 1555, das den zuversichtlichen Titel *Ein Buch des guten Wirtschaftens* trägt, führte Sir Anthony Fitzherbert detailliert auf, »welche Arbeiten eine Frau verrichten sollte«:

»Du sollst zuerst alle Dinge im Hause wohl ordnen, die Kühe melken, die Kälber füttern, die Milch durchseihen . . . Korn und Malz für die Mühle fertigmachen, auf daß gebacken und gebraut werde . . . stelle Butter und Käse her, wann du magst, bediene die Schweine am Morgen und Abend . . . achte darauf, wie die Hühner, Enten und Gänse legen . . . und wenn ihre Küken schlüpfen, so schütze sie wohl vor Krähen und anderem Gezücht . . .«[19]

Das ist nur die erste Runde. Zusätzlich kommen jahreszeitlich bedingte Aufgaben: »Im Märzen legt die Ehefrau den Garten an … jetzt ist die Zeit, Flachs und Hanf zu säen«, später muß sie dann »Unkraut jäten, ernten, die Pflanzen säubern, trocknen, dreschen, spinnen, wickeln und weben«. Aus dem Tuch stellt sie dann »Laken, Tischtücher, Handtücher, Hemden, Kittel und andere notwendige Dinge her«. Hat ihr Mann Schafe, so wiederholt sie den gesamten Arbeitsgang mit der Schafswolle. Und auch dann ist noch kein Ende der Aufgaben abzusehen. Der Autor verrät die übliche Zwangsvorstellung der Patriarchen, daß Gefahr durch die »Faulheit« der Frauen drohe. Streng befiehlt er: »In der Zwischenzeit sollst du andere Arbeiten verrichten.« Und er fährt fort mit weiteren Pflichten der Ehefrau:

»Du sollst alles Getreide worfeln, Malz machen, waschen und wringen, Heu machen, Korn schneiden. Du sollst in Notzeiten deinem Mann helfen, den Düngerkarren zu füllen, den Pflug zu führen, Heu und Getreide zu laden. Auch sollst du zum Markt gehen und dort Butter, Käse, Milch, Eier, Küken, Kapaunen, Hühner, Gänse, Schweine und alles Getreide verkaufen. Und daselbst auch alle möglichen Haushaltsgegenstände kaufen und deinem Mann eine ordentliche Abrechnung über die Einnahmen und Ausgaben vorlegen.«

Eine Ehefrau, die das alles fertigbrachte, mußte nachts wohl viele Kerzen brennen lassen. In Wirklichkeit kamen auf jede Super-Frau der Tudorzeit wohl viele schwächere Exemplare des weiblichen Geschlechts, die schon bei der bloßen Stellenbeschreibung einer »guten Hausfrau« zurückschreckten.

Ganz zu schweigen von den schlaueren Schwestern, für die das Leben viel zu kurz war, um einen Düngerkarren vollzuladen. Sir Anthonys Ausbund an Frauentugend entstammt offensichtlich der gleichen Märchenwelt wie Ehefrauen von Junggesellen und Kinder von alten Jungfern. Genau wie diese tauchen solche Musterhausfrauen im wahren Leben nicht auf.

Aber so sahen die Normen aus – unabhängig davon, ob die individuelle Frau ihnen gerecht wurde. Und die Vorbereitung auf diese anspruchsvolle Rolle begann frühzeitig. Ein »wohlerzogenes Mädchen« konnte vor ihrem 15. Geburtstag bereits spinnen, weben, nähen und diverse Gewänder herstellen. Handbücher, die ansonsten gegen lesekundige Mädchen wetterten, sprachen sich oft dafür aus, daß die künftigen Ehefrauen die »vier Grundrechenarten« lernen sollten, damit sie die Geldgeschäfte des Mannes später ordentlich führten. Ein Beispiel aus der Renaissance: Da gab es in Italien einen Vater, der die üblichen Vorstellungen von der Erziehung seiner Tochter hatte. Wenn sie nicht gerade eine Nonne werden würde, war es pure Zeitverschwendung, ihr das Lesen beizubringen.

Aber er hinterließ seiner Tochter eine so lange Liste von Aufgaben, daß sie ohnehin nie eine Minute Zeit gehabt hätte, ein Buch in die Hände zu nehmen: »bring ihr alles bei, was zur Haushaltsführung gehört. Brot backen, Kapaunen ausnehmen, sieben, kochen, waschen, Betten machen, spinnen, französische Börsen weben, sticken, Woll- und Leinenkleidung zuschneiden, Socken stricken und so weiter. So daß sie nicht wie eine Närrin frisch aus der Wildnis erscheint, wenn du sie einst verheiratest.«[20]

Das »und so weiter« von Paolo de Certaldo erinnert unangenehm an die »anderen Arbeiten« von Sir Anthony. Ganz offenkundig nahm die Arbeit, eine Frau zu werden, kein Ende. Da in ganz Europa bis zum 19. Jahrhundert junge Mädchen legal mit zwölf Jahren verheiratet werden konnten, verbrachten kleine Mädchen früher eine recht arbeitsame Kindheit.

Aber sie brauchten auch soviel Training wie möglich, um mit den künftigen Aufgaben fertig zu werden. In den vorindustriellen Gesellschaften mußte jede Frau und Mutter eine ganze Reihe von Fähigkeiten aufweisen, die heutzutage zu Spezialistenberufen (und oft genug zu männlichen Mysterien) geworden sind:

Die Versorgung mit Essen und Trinken

Eine Hausfrau mußte in der Lage sein, das eigene Schwein zu schlachten und die Fleischteile ordentlich für das Einsalzen zurechtzuschneiden. Ihre Familie hatte nur dann Brot auf dem Tisch, wenn sie jede Phase der Herstellung beherrschte: säen, mähen, Ähren lesen, worfeln, mahlen, lagern und backen. In allen Ländern des Nordens verstanden sich die Frauen außerdem auf das Herstellen von Bier und Apfelwein. Im Süden wußten sie, wie man Wein macht. Und in Angola kletterten die Frauen des Quisamma-Stammes auf hohe Palmen, um das hochgeschätzte Palmenbier abzuzapfen.

Die Herstellung von Haushaltswaren

Es gab noch keine Läden, die Märkte waren oft weit entfernt und die Waren sehr teuer. Also mußten Frauen fähig sein, alle Gegenstände herzustellen, die sie selbst oder der Haushalt brauchten: Töpfe, Gardinen, Bettzeug, Hängematten, Teppiche, Kerzen, Behälter. Sie fertigten auch Kleidung an, vom Bauchwickel des Kleinkinds zum Wintermantel des Mannes. Letzteres hieß dann später »Schneiderkunst« und wurde eine Männerdomäne. Für eher unkünstlerische Fertigkeiten wie das Flicken, Wenden, Stopfen oder Sockenstricken legten die Männer keine besondere Begeisterung an den Tag.

Die Arbeit als Ärztin, Krankenschwester und Hebamme

Vormals war in der Familie fast immer jemand krank oder pflegebedürftig. Jung und alt lebten noch zusammen, die Frauen waren oft entweder schwanger, oder sie stillten gerade, oder sie erholten sich von einer Geburt bzw. Fehlgeburt. Und obwohl es für solche Fälle auch schon sehr früh in der Geschichte Spezialisten gab, waren solche Experten oft entweder zu teuer oder woanders beschäftigt, oder nicht rechtzeitig zur Stelle. Alle Frauen entwickelten notgedrungen einige medizinische Fertigkeiten. Das war lebensnotwendig.

Ein Beispiel aus Amerika im 17. Jahrhundert illustriert, inwiefern solche Aufgaben zum Frauenalltag gehörten. Die Geschichtsbücher kennen Anne Hutchinson als eine religiös motivierte Radikale aus Boston, die die Geistlichkeit ihrer Epoche herausforderte. Sie nahm ihr geistliches Amt nur auf, weil sie sich um die unzähligen Frauen grämte, deren Arbeit ihnen nicht erlaubte, sonntags den Gottesdienst zu besuchen. Indem Hutchinson die Predigten zusammenfaßte, »brachte sie die Stimme Gottes« in die Häuser der Kolonisten. Dort war sie den Frauen schon bekannt, da sie eine gute Krankenpflegerin und Hebamme war. Die Kolonie verfügte über eine offizielle Hebamme, sie war ein Prachtexemplar jener beherzten Arbeiterinnen, die im Konvoi von 1630 nach Amerika gekommen waren. Nie konnte sie im voraus wissen, auf welchem der acht Schiffe ihre Dienste benötigt wurden. Wenn auf der *Arbella* bei einer Schwangeren die Wehen einsetzten, gab man eine Salve von Kanonenschüssen ab und signalisierte so die Nachricht zur weit entfernten *Jewel*, auf der die Hebamme segelte. Und das bedeutete: die Segel hissen und warten. Wenn die *Arbella* das Schwesterschiff endlich eingeholt hatte, band die unerschrockene Hebamme ihre Röcke zwischen den Beinen fest, kletterte die Schiffswand herunter und überquerte unter haarsträubenden Umständen das offene Meer zum anderen Schiff. Dort kletterte sie wieder hoch und machte sich an die Entbindung. Ihre Geschicklichkeit stand offenbar ihrem Mut nicht nach, denn Mutter und Kind überlebten. Aber in einer Kolonie, die unverheiratete Frauen über achtzehn nicht kannte und wo »eine verheiratete Frau, die nicht ein Kind im Bauch und ein weiteres auf dem Schoß trägt, eine Seltenheit ist«, wie ein Beobachter vermerkte, da bedurfte es mehr als einer Hebamme, um mit der »Geburtenwelle« zurechtzukommen.

Anne Hutchinson war eine Frau von außergewöhnlichen spirituellen Gaben und gleichzeitig von großer praktischer Effizienz. Ihre Geschichte belegt die dauernde Vermischung von Ehrerbietung und Erniedrigung, von Höhen und Tiefen, die die Frauenarbeit von Anfang an charakterisiert. Viele Kulturen, wie etwa die indische, trugen Frauen die ehrenvolle Aufgabe auf, die heiligen Gottheiten der verschiedenen religiösen Bräuche zu pflegen und zu hüten. Beim jüdischen Sabbat wurde die Mutter geehrt, die das Fest nach allen religiösen Vorschriften andächtig vorbereitet hatte. Und keine Engländerin, mochte sie noch so einfach sein, war weniger als die »Königin des Festes«, wenn Erntedank gefeiert wurde. Aber dieselben Frauen hatten sich zuvor mit entschieden geringer geschätzten Dingen befassen müssen. Das Waschen war beispielsweise schon aufgrund der Menge der Wäschestücke eine wahre Schinderei. Männer, Frauen und Kinder trugen Hemden, Mützen und Halstücher. Es gab Haufen von Schärpen, Kragen, Leibchen, Wämsen, Brusttüchern, Chemisen, Unterröcken, Schürzen. Dazu gesellten sich Laken, Hand- und Tischtücher. Und das war keine Arbeit für Zartbeseelte. Die stinkenden Leinentücher und die schmutzige Unterwäsche, die mit den Siedlern in der Neuen Welt ankamen, mußten sofort von den Frauen ins Meer getaucht werden. Inzwischen schauten sich die Männer um, mit Gewehr im Anschlag. Ob sie sich gegen einen Überfall durch feindliche Indianer verteidigen wollten oder gegen irgend etwas Finsteres, das ihnen aus der total verschmutzten Wäsche entgegenkriechen mochte – das steht in keinem Bericht.

Die Frauen konnten es sich ohnehin nicht leisten, zimperlich zu sein. Sie waren ja die Verantwortlichen für Sauberkeit und Gesundheitspflege in ihrem Haushalt. Das hatte gewiß auch angenehme Seiten: Auf der ganzen Welt sind Frauen dafür bekannt, daß sie alle möglichen Arten von parfümierten Seifen und Säuberungsmitteln herstellen können. Amerikanische Frauen waren u. a. Pionierinnen der Zahnpflege. Sie erfanden eine Art Zahnbürste aus Eibischwurzeln, die mit einer »Paste« aus pulverisierten Iriswurzeln, Kreide und Bergamot- oder Lavendelöl benutzt wurde. Aber insgesamt überwog wohl das weniger Angenehme. Der mittelalterliche Brauch, die Fußböden mit wohlriechenden Binsen zu bestreuen, ist wohlbekannt. Was wir gerne vergessen, ist das Zeug, das unter den Binsenteppich gekehrt wurde. Erasmus beschrieb es als »eine uralte Ansammlung von Bierresten, Fett, Bruchstücken, Knochen, Speichel, Tierausscheidungen und allerlei Ekligem«[21].

Noch schlimmer war die unaufhörliche »Entsorgung« des körperlichen Mülls, der ja naturgemäß dauernd produziert wurde. Es mögen zwar Männer gewesen sein, die den Abfall der Nacht in Karren davonschleppten (in Indien verrichteten die sogenannten »Unberührbaren« diese Arbeit). Aber ob Hütte oder Palast: in jedem Heim war es die Frau, die den Nachttopf und -stuhl leerte, die Latrinen ausspülte und jene Örtchen der Erleichterung für den nächsten Benutzer wieder frisch machten. Natürlich kümmerten sich die Frauen auch um die Folgen ihrer eigenen Körperfunktionen.

Bis ins 20. Jahrhundert kochten die Frauen ihre Binden und Menstruationstücher aus. Eine sich wiederholende, unvermeidliche Last, zumal die meisten Frauen nicht älter als 40 Jahre wurden.

Alle diese Fähigkeiten waren so etwas wie eine wertvolle Lehre für ein Metier, das über die bloße Haushaltsführung hinausgeht und das den zutreffenderen Namen *Ehefrauenarbeit* verdient. Unter Ehefrauenarbeit verstehen wir alle körperlichen, sexuellen und oft ekelerregenden Aufgaben, die eine Frau für ihren Mann leisten mußte. Egal wie armselig das Leben eines Mannes sein mochte: Er mußte noch jemanden unter sich haben, wie aus der folgenden Beschreibung einer notleidenden Bauerngemeinschaft in der primitiven Auvergne deutlich wird:

»[Die Frauen] gehen später zu Bett als die Männer, und sie stehen früher auf. Wenn Schnee gefallen ist, so muß eine von ihnen einen Weg zur Wasserstelle frei machen. Der Schnee reicht ihr manchmal bis zur Hüfte, und so geht sie hin und her, bis sie einen Durchgang festgetrampelt hat. Ein Mann würde sich als entehrt erachten, wenn er selbst das Wasser holen würde, ihm wäre der Spott des Dorfes gewiß. Diese Bergbauern sind von einer tiefen Frauenverachtung geprägt. Sie weisen die despotische Geringschätzung auf, die für alle wilden, halbbarbarischen Stämme typisch ist: Frauen sind in ihren Augen Sklavinnen. Sie sind nur auf der Welt, um alle Aufgaben und Pflichten auf sich zu nehmen, die unter der Würde der Männer sind.«[22]

Diese Ehefrauenarbeit erfüllte die Bedürfnisse einer Gruppe. Die Frauen brachten für sich selbst und ihre Kinder Wasser, es ging nicht nur darum, die Nasen der verehrten Gatten sauberzuhalten. Aber es gab wahrlich niedrige Formen von Ehefrauenarbeit. Eine geradezu klassische Aufgabe von Ehefrauen (von Kanaan bis Abbeville, von Japan bis Peru) war das traditionelle Waschen der Füße des Hausherrn. Ein Ritual, das bezeichnenderweise Maria Magdalena an Jesus ausübte und das dann Jesus zum Zeichen seiner Erniedrigung ihr zuteil werden ließ. In einem »Benimmbuch« für französische Ritter aus dem Jahre 1371 wird darauf beharrt, daß das Fußwaschen die »Wertschätzung der Person des Gatten« symbolisiert. Auf der anderen Seite der Welt, in Japan, wird in der erotischen Literatur ebenfalls auf das Fußwaschen als korrekte Begrüßungsformel insistiert. Eine gute Ehefrau heißt so ihren heimkehrenden Gatten willkommen. Sie darf diese Aufgabe zwar an eine Dienerin delegieren. Aber wenn sie sich ihres Herrn sicher sein will, verrichtet sie das Ritual lieber selbst.

Von den Zehen bis zum Scheitel: Von einer pflichtbewußten Frau wurde erwartet, daß sie die Kopfhaut ihres Mannes massierte, kämmte und säuberte. Bei einer solchen Reinigungsexpedition stöberte Elizabeth Pepys 16 Läuse auf.

Ein Beweis dafür, daß sich unter Samuel Pepys' modischem Hut noch anderes befand als Gedanken an Krieg und Wollust. Das Rasieren, Waschen, Massieren und Masturbieren waren auch Teil des Ehevertrags. (Heutzutage heißt das Masturbieren »Entspannungsmassage« und liegt in den Händen von Ersatzehefrauen.) Vielleicht waren die Frauen im indischen Staat Mysore am wenigsten zu beneiden:

»Es war Sitte, daß die Frauen ihren Männern, Söhnen, männlichen Verwandten und Freunden bei den natürlichen Verrichtungen zur Seite standen und deren intime Körperteile im Anschluß reinigten. Der betroffene Mann sagte nur: ›*Meyn choonah hoon jow!*‹ [Ich werde pinkeln], und eine der Frauen im Haushalt mußte ihm beistehen.«[23]

Zum Glück hatten nicht alle Arbeiten einer Ehefrau diesen intimen Charakter. Für viele Frauen bedeutete das Verheiratetsein auch eine gewisse Freiheit. Die Ehe gab ihnen eine Lizenz, in der Öffentlichkeit Geschäfte zu machen. Da konnte es dann eine Frau geben, deren Hühner in einer Woche zu viele Eier gelegt hatten und die nun, da sie ja eine gute Hausfrau sein mußte, die Eier zum Markt brachte. Dort verkaufte sie sie an eine andere Frau, deren Eier von Krähen, Füchsen oder diebischen Passanten gestohlen worden waren. Einige Frauen wurden sogar zu berufsmäßigen Händlerinnen, sei es durch persönliche Vorliebe, sei es durch zwingende Umstände. Die uralte Gemeinschaft von kaufenden und verkaufenden Frauen ist auf der ganzen Welt eine so evidente Tatsache, daß sie ein anderes Märchen des 20. Jahrhunderts als großen Blödsinn enttarnt: daß nämlich die Frauen von heute die ersten sind, die in großen Zahlen außerhalb des Hauses arbeiten.

»Als [Frauen] die meisten Handelsgüter selbst herstellten, waren sie auch die Geeignetsten, um die Waren zu tauschen. In Ländern wie Nicaragua nahmen sie nicht nur am Handel teil, sondern sie kontrollierten ihn vollständig ... In Tibet wurde der Handel von einem Frauenrat reguliert ... Bis zum 19. Jahrhundert war der Pelzhandel in Nordamerika vollkommen in den Händen von Frauen ... In Melanesien, in Neubritannien und Neu-Hannover ... in Assam, in Manipur ... in British Malaya ... auf den Luchu-Inseln ... in Burma – überall betrieben überwiegend Frauen den Einzelhandel, und sie waren auch stark im Großhandel vertreten. Sogar in den 60er Jahren ...«[24]

Vor allem in Afrika regierte die Marktfrau souverän: »Im Kongo und in Kamerun kontrollierten Frauen die Handelsstationen und Märkte. Bei den Ibo in Nigeria wurden die Märkte von einem Frauenrat organisiert, dem eine ›Königin‹ vorstand.« Begriffe und Institutionen, die sich aus den Tagen der hiesigen Matriarchate herübergerettet hatten. Sie beweisen, wie wichtig Märkte als Stätten von Frauenkommunikation waren. Hier hatten Frauen einen Grund zusammenzukommen, Neuigkeiten und Klatsch auszutauschen, alte Kontakte zu erneuern. Botschaften wurden über Hunderte von Meilen weitervermittelt, kraft der feierlichen Zusicherung: »Ich werde es auf dem Markt aussprechen.«

In den Ländern des Westens war das Klima weniger einladend, die Arbeit fand darum oft in Räumen statt. Wenn die Frauen ihre Energien richtig einsetzen konnten, wurden sie oft zu Meisterinnen der diversen Handwerke. Wie z.B. die feine Handschuhmacherin oder die verliebte

Sporenmacherin »Kate«, die der französische Dichter François Villon im 16. Jahrhundert besang. Für Frauen ging der traditionelle Zugang zu diesen normalerweise beschränkten Berufen über die Verwandtschaft zu einem Mann, wie deutlich aus dieser Liste von deutschen Frauen aus dem 16. Jahrhundert hervorgeht, die die folgenden Gewerbe offiziell betreiben durften:

»Frau Nese Lantmennyn, Schmiedin; Katherine, Witwe von Andreas Kremer, Gärtnerin; Katherine Rebestoeckyn, Goldschmiedin; Agnes Broumattin, Witwe von Hans Hirtingheim, Fuhrfrau; Katherine, Witwe von Helle Hensel, Weizenhändlerin; Else von Ortemberg, Oberlin Rulins Tochter, Schneiderin; Katherine, Witwe von Heinrich Husenbolz, Küferin.«[25]

Solche Lizenzen waren freilich oft nicht das Pergament wert, auf das sie geschrieben wurden. Denn auch im besten Fall stellten sie nur eine widerwillig ausgesprochene Aufenthaltserlaubnis am Rande des mysteriösen Männerzirkels dar. Aber niemals bedeutete sie die äußerst wichtige volle Mitgliedschaft bei der Gilde.[26] Ohne volle Mitgliedschaft konnten Frauen kein Amt bei der Zunft annehmen noch bei den Entscheidungen über ihr Gewerbe mitbestimmen. Ersteres war vielleicht noch mit Gleichmut zu ertragen, denn vermutlich hatten arbeitsame Frauen weder Zeit für noch Lust auf Ehrenämter und dergleichen. Aber sie lehnten entschieden ab, daß man ihnen die Mitbestimmungsrechte verweigerte, wie aus der langen Geschichte von Prozessen und Petitionen hervorgeht, die Frauen initiierten. Händlerinnen litten auch unter anderen Formen der Diskriminierung. Damals wie heute wurden Frauen oft bezichtigt, Männer die wirklich benötigte Arbeit wegzunehmen. Was wohl noch mehr schmerzen mußte: Die Frauen wurden stets für dieselbe Arbeit schlechter entlohnt als ihre männlichen Kollegen. Weil sie angeblich als Frauen diese Stelle nicht so nötig hatten wie ein Mann, weil sie langsamer arbeiteten, weil sie weniger produzierten und weil sie weniger aßen (also auch weniger für ihren Lebensunterhalt brauchten).

Aber nichts konnte die Frauen davon abhalten, ihre natürliche Energie und ihre Fähigkeiten in die Bahnen nützlicher Arbeit zu lenken. Die riesige Anzahl arbeitender Frauen, die aus allen historischen Berichten hervorgeht, illustriert abermals den wichtigen Widerspruch zwischen dem, was eine Gesellschaft *formulierte*, und dem, was sie *praktizierte*. Eine

Kluft, der sich Frauen seit Menschengedenken bedient hatten. Die Stadt-
väter und Zunftobersten mühten sich ab, die Aktivitäten von »Ehefrauen,
Töchter[n], Witwen und Dienerinnen« einzudämmen, aber sie lehnten
sich letztendlich gegen eine Kraft auf, über die sie nichts wußten: gegen
die Frauenarbeit, die doch eine wichtige Säule der Wirtschaft war. Frauenarbeit wurde und wird immer als Randerscheinung behandelt, sowohl
im Leben der individuellen Frau als auch in der Gesellschaft. (Die Vorstellung, daß Frauen für ein »Nadelgeld« arbeiten, hat sich noch lange
hartnäckig gehalten.) Aber Frauenarbeit ist in Wirklichkeit eine unver-
zichtbare Grundlage des menschlichen Alltags. Sie ist wichtig für die
direkte Produktion (das Weben ist ein gutes Beispiel) als auch für die
indirekte. Als Haus- und Ehefrau machen Frauen die Männer frei und
bringen sie in Form für die produktive Arbeit. (Feministinnen nennen die
indirekte Produktion auch »weibliche Reproduktionsarbeit«. Anm. d. Ü.)

Oft genug waren Witwen, denen die Last der Ehefrauenarbeit genommen worden war, enorm erfolgreich in ihren Geschäften, da sie sich jetzt
frei und zu eigenem Nutzen bewegen konnten. Und es gab auch andere
gewitzte, energische Frauen, die wie ihre religiösen Schwestern aus früheren Jahrhunderten das weitverbreitete Märchen von der weiblichen Unterlegenheit nicht schlucken wollten. Oder sie söhnten sich mit diesem
Mythos erfolgreich aus, indem sie einfach entschieden besser waren als
die Männer ihrer Umgebung. Wie sie das schafften, blieb ihr Geheimnis.
Ein Beispiel ist Alice Chester, eine außergewöhnliche Unternehmerin,
die Ende des 15. Jahrhunderts in England lebte. Sie handelte mit Wolle,
Wein, Eisen und Öl und reiste dabei bis nach Flandern und Spanien. Sie
war niemandem untertan außer Gott, und als sie Ihm einen neuen
Hochaltar und eine Chorbühne in ihrer Lieblingskirche erbauen ließ, war
auch dies eine kluge Investition in die Zukunft. Nicht alle Händlerinnen
waren so erfolgreich wie Alice. Margery Russel aus Coventry im Herzen
Englands wurde von spanischen Männern in Santander ausgeraubt. Sie
verlor Waren im Werte von 800 Pfund – das war der Ruin. Noch
schlimmer war das Los von Agnes de Hagemon, einer Bräuerin in
Shrewsbury. Als sie Alkohol in einen Bottich voll heißer Maische goß,
rutschte sie aus und fiel hinein. Sie erlag ihren schweren Verbrühungen.
Ihr Schicksal wurde im November 1296 im Verzeichnis des Leichenbe-
statters festgehalten. Gruselige Fußnote: Obwohl das Bier sicherlich
Haut, Fleischfetzen und Haare von Agnes enthielt, wurde es verkauft,
und die Krone verdiente zweieinhalb Pennys daran.[27]

Beide Fälle schildern das Element von Gefahr, das wohl eine Menge Frauen von einem Ausflug aus ihrer sicheren häuslichen Enklave abgeschreckt hat. Doch viele wagten den Schritt in die Öffentlichkeit, und sie waren nicht nur an Handel und Kommerz interessiert. In diesen Jahrhunderten tauchten auch die ersten Freiberuflerinnen auf. Die Ärztin und Gynäkologin Trotula, eine Pionierin aus dem 11. Jahrhundert, setzte eine Welle des Interesses an Medizin in Gang. Gemeinsam mit ihren Kolleginnen, den »Damen von Salerno«, hatte Trotula im Mittelalter das erste Zentrum wissenschaftlichen Lernens gegründet, das nicht unter der Kontrolle der Kirche stand. Auch ihre theoretische Arbeit war radikal. Eine ihrer Thesen besagte, daß Unfruchtbarkeit genauso vom Manne wie von der Frau abhängen könne. Ihr Hauptwerk, *»Die Frauenkrankheiten«*, war erst viele Generationen später überholt. Aber man schrieb ihre Arbeit ihrem Mann oder einem anderen männlichen Kollegen zu. In der Medizin mußten sich Frauen dauernd mit solchen Schwierigkeiten und Hindernissen auseinandersetzen. Um 1220 führte die Universität von Paris, eine der führenden Medizinschulen auf der Welt, Statuten ein, um Frauen vom Studium auszuschließen und um ausschließlich männlichen Absolventen die Praxis zu ermöglichen. Karl der Achte von Frankreich widerrief in einem Erlaß das Recht der Frauen, als Chirurgen zu arbeiten. Beide Maßnahmen sind ein Indiz dafür, wie groß die Anzahl von Frauen war, die den Arztberuf ausübten oder lernen wollten. So groß nämlich, daß die Gesetzgebung dieses »Problem« lösen mußte. Aber man konnte die Klippen umschiffen. Frauen konnten sich um individuelle Lizenzen bemühen. Oder sie brachten sich gegenseitig ihre Kenntnisse bei, wie Trotulas »Damen von Salerno«. Oder sie lernten von den Barbier-Chirurgen, die ohne Universitätsdiplom operierten. Oder sie zogen in frauenfreundlichere Orte. Durch eine raffinierte Mischung solcher Taktiken, gewürzt von weiblichem Grips und Mumm, schafften es einige Frauen sogar in den finstersten Zeiten des Patriarchats, daß die Medizin nie ausschließlich Männersache war. Allein in Frankfurt gab es zwischen 1389 und 1497 offiziell 15 praktizierende Ärztinnen, darunter drei jüdische Frauen, die in arabischer Ophthalmologie (Augenheilkunst) spezialisiert waren. Im 15. Jahrhundert legten an den Universitäten Deutschlands Frauen Doktorarbeiten in der Medizin ab. Und im 16. Jahrhundert vervollkommnete eine Hebammen-Chirurgin aus Bern in der Schweiz neue Techniken des Kaiserschnitts. Seit den Tagen des Namensstifters Julius hatte diese Kunst in den Händen der Männer keinerlei Fortschritte erlebt.

Diese Frau, Marie Colinet, war auch die erste, die einen Magneten einsetzte, um einen Metallsplitter aus dem Auge eines Patienten herauszuholen. Diese Technik war ein Durchbruch, und sie hat bis heute ihre Gültigkeit. (Diese erfolgreiche Innovation wurde später ihrem Mann zugeschrieben, obwohl der einzige Augenzeugenbericht über die Operation von ihm geschrieben wurde.) In Italien waren zwar einige Universitäten dem französischen Beispiel gefolgt und hatten Frauen vom Studium ausgeschlossen. Aber in Bologna wurde im 14. Jahrhundert Dorotea Bocchi zur Professorin für Medizin und Moralphilosophie ernannt; sie war Nachfolgerin ihres Vaters. Einen weiteren berühmten Schlag für die Frauensache tat die Universität von Bologna, als sie die fünfundzwanzigjährige Maria di Novella zur gleichen Zeit zur Professorin und Leiterin der Fakultät für Mathematik bestellte. In Bologna hatten Frauen in der Medizin Tradition, wie aus dem Beispiel der ersten Pathologin der Geschichte hervorgeht. Sie starb dort im Jahre 1526. Diese Pionierin hatte unermüdlich wissenschaftlich experimentiert und dabei eine revolutionäre Technik herausgefunden, Blut dem Körper zu entziehen und es mit gefärbter Flüssigkeit zu ersetzen. So konnte der menschliche Blutkreislauf detailliert beobachtet werden. »Von ihrer Arbeit verzehrt«, wie ihr bekümmerter Verlobter aufschrieb, starb sie mit nur 19 Jahren.[28]

Der weibliche Beitrag zur Medizin blieb jedoch nur ein flackerndes, unstetes Licht – ständig Feindseligkeiten ausgesetzt. Als die moderne Welt sich allmählich formierte, waren die einzigen Berufe, die Frauen ganz und gar für sich beanspruchen konnten, Tätigkeiten, die einfach nicht Männersache waren. Tätigkeiten, zu denen Brüste, eine Vagina und ein Frauenkörper gehörten, um die Bedingungen des Arbeitsvertrages zu erfüllen. Das heißt: Schauspielerei und Hurerei. Es ist kein Zufall, daß im Laufe der Geschichte beide Berufe so oft miteinander verwechselt wurden. Die Schauspielerei stellte am Anfang keinen geringen Triumph für die Frauen dar. Denn es wurde ein Schlußstrich unter der strengen Tradition gezogen, daß Frauenrollen stets von Männern übernommen wurden. Eine Tradition, die bis zu den allerersten heiligen Aufführungen bei den alten Griechen zurückreichte. Es war keine schmerzfreie Operation, die Bühne für Frauen zu erobern. Als französische Schauspielerinnen auf Tournee als erste Frauen in einem Londoner Theater auftraten, brachte die Truppe die Stadt zum Stillstand. Es war ein nationaler Skandal. Mit Schaum vor dem Mund berichtete William Prynne, ein führender Puritaner, vom unerhörten Ereignis:

»Am Michaelistag im Jahre 1629 versuchten einige Französinnen, *oder besser gesagt Ungeheuer,* ein französisches Stück im Theater von Blackfriars aufzuführen. Ein unverschämter, schändlicher, unweiblicher, gottloser, wenn nicht gar hurenhafter Versuch, der großen Zustrom erfuhr.«[29]

Mit dieser Sicht stand Prynne nicht allein. Die französischen Schauspielerinnen konnten nicht den Beifall der Rezensenten aus dem Londoner Mob erringen, und sie wurden »ausgezischt, ausgebuht, mit Obstkernen beworfen und von der Bühne gejagt«.

Schädlicher als ein paar fliegende Äpfel war jedoch die direkte, dauerhafte Assoziation dieses neuen Frauenberufs mit jenem Gewerbe, das traditionell als das »älteste« tituliert wird: mit der Prostitution.[30] Unabhängige Frauen, die ihr eigenes Geld verdienten und ausgaben, die nur heirateten, wenn es ihnen paßte, die ihren Körper jedem gewöhnlichen Kerl vorführten, der zwei Pennys für sie springen ließ – was anderes konnten sie sein als Huren? Als eine dieser Schauspielerinnen sich auch noch erdreistete, leidenschaftlich, eigenwillig und despotisch aufzutreten, sich einen Namen als Geliebte des Grafen von Rochester zu machen und gleichzeitig offenkundig unabhängig zu bleiben – da war ihr das Attribut »Hure« gewiß. Die Tatsache, daß die Geliebte des Grafen, die gefeierte Elizabeth Barry, mehr als 100 Hauptrollen während ihrer Bühnenkarriere gestaltete, vermochte die Aufmerksamkeit der Öffentlichkeit nicht lange von ihrem stürmischen, abwechslungsreichen Liebesleben abzulenken. Einst war die Barry bei einer Aufführung von *»Die rivalisierenden Königinnen«* so stark von den eigenen Emotionen überwältigt, daß sie einer Frau in den Rücken stach, die auch in ihrem wirklichen Leben eine Konkurrentin war. Dabei wurde das Korsett der Rivalin heftig verletzt ... Das Publikum sah darin freilich nur zwei Huren, die sich um einen Freier schlugen – ein Bordellgezänk.

Elizabeth Barry und die anderen Schauspielerinnen der ersten Stunde waren ebensolche Pionierinnen wie ein paar Jahrhunderte später ihre amerikanischen Schwestern, die den Mut hatten, in den »Wilden Westen« zu gehen. Wie Barry, ihre Rivalinnen und Kolleginnen machten sich auch andere Frauen während der Restaurationsperiode in England (ab 1660) daran, die Grenzen der Kunst für Frauen zu überwinden. Sie brachten es als erste fertig, für etwas entlohnt zu werden, was Frauen zuvor ohne Zahlung verrichtet hatten: intellektuelle Arbeit. Unter den Millionen Frauen, die je geschrieben hatten oder schreiben wollten, ragt der Name von Aphra Behn besonders heraus. Sie war nicht die erste Schriftstellerin der Neuzeit. Die unvergleichliche amerikanische Dichterin Anne Bradstreet, die als achtfache Mutter unter den entschieden schwierigeren Bedingungen der Kolonisationsperiode geschrieben hatte, ging wie auch weitere Autorinnen der Behn voraus. Aber Aphra Behn wurde als erste Frau bekannt, die als professionelle Schriftstellerin ihren Lebensunterhalt bestritt. Sie verkaufte ihre Publikationen und konnte davon leben. Zwanzig Jahre lang währte ihre künstlerische Karriere. Diese kühne und brillante Ex-Gouvernantin, Ex-Spionin und Weltreisende eroberte die Welt des Theaters, vormals eine wahre Männerdomäne. Zehn Schauspiele schrieb sie allein in den 1680er Jahren. Dazu kamen etliche Erzählungen in Gedichtform, fünf Übersetzungen aus dem Französischen und fünf Romane. Letztere stellten eine weitere »Premiere« dar: Behn war die erste Romanschriftstellerin in englischer Sprache. Natürlich behaupteten die Leute, die Behn sei eine Hure ...

Da das Wort Hure so unbekümmert gegen Frauen eingesetzt wurde, die keineswegs ihren Körper für Geld verkauften, vermochte es kaum die wirklichen »leichten Mädchen« zu beleidigen. Eines Tages wurde Nell Gwynn, eine der Geliebten von Karl dem Zweiten, von der Herzogin von Portsmouth, einer weiteren Mätresse, als Hure verhöhnt. Nell Gwynn antwortete mit Bestimmtheit: »Was mich betrifft, ist das meine Profession, und ich gebe nicht vor, etwas Besseres zu sein.«[31]

Viele Frauen auf der Welt schlossen sich Nells Meinung an, mochten die Moralisten noch so sehr aufschreien. Im Laufe der Geschichte waren Millionen von Frauen aktiv in den Reihen der Prostitution. Nicht nur als »arme Frontschweine«, sondern auch als Befehlshaberinnen. Im Jahre 1505 verurteilte ein Kirchengericht zehn Bordellbesitzer aus dem Uferviertel der Stadt London, vier davon waren Frauen. Sie führten Etablissements mit Namen wie »le Hert«, »le Hertyshorne« (Hirschhorn war ein bekanntes Aphrodisiakum), »le Crosse Keyes« und »le flower delyce«.[32] Davon konnten sie gut leben, und die Vorteile wogen auf Dauer schwerer als die staatlich verordneten Abschreckungsstrafen. Einer der Vorteile war zweifellos die Freiheit von allen Einschränkungen, unter denen eine verheiratete Frau litt. Ehefrauen sahen das freilich ganz anders. Letztendlich verachtete und bemitleidete jede Seite die andere, weil sie angeblich elend, geschunden und von Männern ausgebeutet dahinvegetierte.

Wir leben in einer Zeit, die sich mit den Folgen unserer Forderungen nach sexueller und ökonomischer Gleichheit abmüht. Aus heutiger Sicht ist es daher leicht, die Frauenarbeit in der vorindustriellen Zeit falsch einzuschätzen. Sie war zwar langwierig, hart und anspruchsvoll, aber nicht zwangsläufig bedrückend. Die vielen Aktivitäten, die Kraft, die Kompetenz und der Unternehmungsgeist der Frauen in der Vergangenheit illustrieren diesen Sachverhalt deutlich. Arbeit konnte Frauen, die gewöhnlich ohne Rechte, ja ohne eine eigenständige Identität lebten, so etwas wie ein beständiges Ventil für ihre Fähigkeiten schenken, dazu ein gutes Maß an Mobilität, Autonomie, Gleichheit und ökonomischer Unabhängigkeit. Gewiß, Männer kontrollierten das Land, aber diese Kontrolle hinderte die Frauen nicht daran, beim Bestellen, Pflanzen und Züchten ein Wörtchen mitzureden. Und die Frauen kontrollierten ihrerseits die Ernteprodukte. Sowohl auf der Mikroebene des privaten Haushalts wie auf der Makroebene des Verkaufs von Überschüssen. Auch wenn die hohlen Buchstaben des Gesetzes es nicht sahen: Ein Mann und eine Frau, die einen kleinen Hof bewirtschafteten, waren de facto wirkliche Partner. Haushalt, Familie und Arbeit – das war zu dieser Zeit noch eine heilige Dreieinigkeit, und die Frau stand im Mittelpunkt. Sie konnte stolz, selbstgenügsam, stark und frei sein. Das klingt zu gut, um wahr zu sein. Und darum durfte es nicht sein. Mit dem Beginn des Maschinenzeitalters wurde die Stellung der Frau so umgekrempelt, als hätte es nie zuvor etwas anderes gegeben.

Kapitel 8
Revolution – die große Maschine

»Jede Revolution enthält etwas Böses.«

Edmund Burke

». . . an jedem Haus Frauen und Kinder. Sie machen Patronen, Gewehrkugeln und Pulvertaschen, sie stellen Zwieback her, sie weinen und klagen. Und gleichzeitig ermuntern sie ihre Männer und Söhne, für die Freiheit zu kämpfen, obwohl sie nicht wissen, ob sie sie je wiedersehen werden . . .«

Augenzeugenbericht über die erste Kampfhandlung während der amerikanischen Revolution in der Ortschaft Lexington im Jahre 1774

»Von uns ist es bekannt, daß bei Hitze und Arbeit
nicht nur der Schweiß, sondern auch das Blut
an unseren Handgelenken und Fingern herunterrinnt:
Und dennoch erfordert die Arbeit,
daß unsere fleißigen Hände nimmer ruhen.«

Mary Collier, *Die Arbeit der Frau* (1739)

»Revolutionen kann man nicht ausweichen.«

Benjamin Disraeli

Ehemann, Heim, Familie – für Jahrhunderte, ja, Jahrtausende kreiste das Leben der Frauen um diese heilige Dreieinigkeit. Ein unmittelbarer, ewig gültiger, alles beanspruchender Rahmen, er gab den Frauen die Sicherheit und Kontinuität einer gleichbleibenden Häuslichkeit. Einige Frauen wurden jedoch in Zeiten einer Umwälzung hineingeboren. Das waren schwere Prüfungen, als die gesellschaftlichen Grundfesten sich nicht nur änderten, sondern mit katastrophenartiger Gewalt zusammenbrachen. Als Systeme, die man für ewig gehalten hatte, sich plötzlich in Luft auflösten. Als feierliche Tempel und prächtige Paläste spurlos verschwanden. In solchen Zeiten mußten sich die Frauen mit einer zweifachen Last plagen. Sie mußten dem Schock des Neuen standhalten und gleichzeitig die Fetzen und Scherben des Alten zusammenhalten. Während die Frau mit einem erhobenen Arm den neuen Morgen begrüßte, hielt ihr anderer ein Baby fest oder hackte ein Feld. Sogar mitten in einer Revolution brauchten die Menschen soviel Nahrung, Liebe, Wärme, Schutz, Licht und Leben, wie die Kämpferin an der Front daheim zustande bringen konnte.

Häusliche Pflichten erwiesen sich jedoch generell nicht als Hindernis für den revolutionären Einsatz, wenn sich die Frauen mit Kopf und Herz der großen Sache verschrieben hatten. Wie bei der Alltagsarbeit, so vermochten Frauen auch im Krieg sehr viel zu leisten, und es ist bemerkenswert, wie wenig sie sich dabei von der Ansicht bremsen ließen, das angeblich körperlich schwächere oder geistig unfähige Geschlecht zu sein. Als in Amerika erste revolutionäre Gefühle aufkamen, waren die Frauen zur Hand. Sie waren aktiv engagiert, und sie trugen mutig zum Klima eines unabhängigen Denkens bei, das die Revolution nährte. Als Bacon im Jahre 1676 rebellierte, war es ein weiblicher Leutnant, die als seine persönliche Botin kreuz und quer durchs Hinterland ritt und seine Gefolgsleute zusammentrommelte. Eine andere Rebellin, Sarah Grendon, wurde namentlich von der späteren Amnestie ausgeschlossen, weil sie »eine große Ermunterin und Stütze während der vergangenen greulichen Rebellion« gewesen war. Eine andere Sarah, Frau Drummond aus Jamestown in Virginia, zeigte dem Gouverneur der Krone offen, welcher Geist alle diese Frauen beseelte. Als er ihr die Todesstrafe androhte, weil sie am Aufstand teilgenommen hatte, brach sie einen Holzstab unter seiner Nase entzwei und sagte verächtlich: »Ich fürchte die Macht Englands nicht mehr als einen zerbrochenen Strohhalm!«[1] Nachdem die Revolte niedergeschlagen worden war, sorgte Sarahs Kampfgeist dafür, daß ihre Familie überlebte. Durch wilde, beharrliche Petitionen bekam sie schließlich die Grundstücke der Drummonds zurückerstattet, die die Krone beschlagnahmt hatte. Sie war ihrer Zeit voraus: 100 Jahre später, als die Briten ins Meer gejagt wurden, wäre Sarah Drummond Zeugin einer historischen Wende geworden.

Als der amerikanische Unabhängigkeitskrieg ausbrach, wurde viel Aufhebens um die Streitlust der Frauen gemacht. Jede heiratsfähige Siedlerin brannte angeblich darauf, den bewaffneten Mannsleuten zuzujubeln und den Drückebergern ihren Spott zu zeigen. Die *New-York-Gazette* vom 2. Oktober 1775 berichtete, wie eine Gruppe junger Mädchen einen jungen »Tory«, einen Englandtreuen, bis zur Hüfte auszog und ihn zum Spaß teerte und federte, mit Melasse und Unkraut. Andere Quellen munkelten dunkel von Frauen, die milizartige Gruppen bildeten, sich Uniformen überzogen oder angesichts von Krisen geradezu »männliche Tapferkeit« an den Tag legten. Auch die Frauen selbst beteiligten sich am nötigen Hurra-Geschrei: Eliza Wilkinson sprach manch einer tapferen Witwe aus dem Herzen, als sie mit großem Nachdruck schrieb, daß alle Frauen ihre Ehemänner zum freiwilligen Waffendienst drängen sollten. Denn »wenn ich einen hätte, der sich weigern würde, für die Sache seines Landes zu kämpfen, müßte ich ihn wohl zutiefst verachten«[2].

Trotz des offensichtlichen Propagandawertes solcher Breitseiten waren nicht alle davon zu überzeugen. Sarah Hodkins war eine fünfundzwanzigjährige Mutter zweier Kinder. Das zweite war gerade zur Welt gekommen, als ihr Mann der Miliz beitrat, die 1775 die Stadt Boston belagerte. Sie konnte sich nicht mit seiner Abwesenheit abfinden und schrieb: »Fast täglich halte ich nach Dir Ausschau, aber ich erlaube mir nicht, mich von irgend etwas abhängig zu machen, denn ich finde nichts vor ... außer Sorgen und Enttäuschungen«. Sie schickte sarkastische Grüße an seinen militärischen Vorgesetzten – »richte ihm aus, daß ich oft während dieser kalten Nächte Verlangen nach seinem Bettgenossen hatte« – und sie machte ihrem Mann Vorwürfe, weil er Weib und Kinder verlassen hatte. »Ich habe ein süßes Baby von fast sechs Monaten, aber keinen Vater dafür.«[3] Darüber hinaus machte Sarah soviel Druck wie möglich, um ihren Mann davon abzuhalten, seinen Militärdienst um weitere drei Jahre zu verlängern. Die Gründe waren klar, wie wir aus diesem Zitat aus der *Connecticut Courant* vom 8. September 1777 ablesen können:

»Wie kommt es, daß die armen Soldatenfrauen in vielen unserer Städte von Tür zu Tür gehen und um das Nötigste betteln ... und sie werden abgewiesen, obgleich sich die Städte zu ihrer Versorgung verpflichtet haben?«

Einem treuen Soldaten wurde es am Ende zuviel. Der Feldwebel Samuel Glover, ein Veteran der Kämpfe um Brandywine, Germantown und Stony Point, hatte seit 15 Monaten keinen Sold mehr empfangen. 1779 führte er eine Meuterei »seiner Soldatenbrüder« an. Er wurde erschossen. Seine Witwe reichte beim Kongreß eine Bittschrift ein. Sie verlangte: »... fragen Sie sich selbst, wie der Mann sich wohl fühlt ... wenn ihm

Armut und Elend ins Gesicht starren und die Ungerechtigkeit ihn und seine Familie bedrückt?«[4]

Eine Ehefrau wie sie wußte genau, daß sie beim Tod ihres Mannes nicht nur den Partner, Geliebten und Freund verlor, sondern ihre Hauptstütze. Einige hatten freilich die Chance, sich wieder zu verheiraten. Und Witwer in den Kolonien legten eine atemlose Geschwindigkeit an den Tag, wenn es darum ging, die teure Verblichene mit einer Nachfolgerin zu ersetzen. Das Ehebett hatte kaum eine Chance, kalt zu werden. Einer Mutter von Söhnen im wehrfähigen Alter konnte man jedoch nicht den lieben Jungen ersetzen. An diesem Punkt entstanden schwere Konflikte, wie z. B. in der berühmten Livingston-Familie. Eine der Tanten meinte: »Es ist kein Wunder, daß Mr. Washington so schwach ist, da die hohen Herren die eigenen Söhne nicht zur Armee schicken.« Und sie empfahl ihrem Neffen in der Gegenwart seiner Mutter, daß er sich freiwillig melden sollte, »egal, ob die Eltern zustimmen«. »Es kam unter den Damen ein etwas scharfer Ton auf«, wie ein Zeuge mit meisterhaftem Understatement schreibt. Was Mistress Livingston befürchtete, geht nur allzu deutlich aus folgendem Bericht eines Armeegeistlichen hervor. Es sind die letzten Worte »eines jungen Mannes, der an seinen Verwundungen stirbt«, nach der Schlacht vom 13. September 1776:

»Wollt Ihr nicht nach meiner Mutter senden? Wenn sie nur hier wäre, um mich zu pflegen, dann könnte ich wohl genesen. Oh, meine Mutter, wie gern würde ich sie sehen. Sie war dagegen, daß ich mich meldete. Es tut mir jetzt so leid. Bitte, laßt sie wissen, wie leid es mir tut.«[5]

Wir wollen nicht das aufrichtige Engagement amerikanischer Frauen für die »große Sache«, die auf vielfache Art von ihrer Unterstützung abhing, an dieser Stelle unterschätzen. Daß die Frauen 1769 dem Boykott aller englischen Luxusgüter wie Tee, Seide, Satin und feinem Wollstoff beipflichteten, war für die Anfangsphase des Widerstands äußerst wichtig. Zu einer bestimmten Zeit *war* dieses Ja zum Boykott der Widerstand. Und allein die Bemühungen der Frauen glichen die bald einsetzenden Versorgungsengpässe aus. Im Jahre 1769 webten die Bewohnerinnen von Middletown in Massachusetts 20522 Yards Tuch, und die Frauen von Lancaster in Pennsylvania übertrafen sie sogar: Sie schafften zur gleichen Zeit 35000 Yards. Die amerikanischen Männer waren sich der Kraft der »weiblichen Artillerie« sehr wohl bewußt. Als etwas später die »guten

Frauen« von Edenton in North Carolina ebenfalls einen Boykott durchführten und »die erste bekannte politische Aktion von amerikanischen
Siedlerinnen« organisierten, indem sie eine Resolution vorlegten, um den
Kongreßbeschluß in die Tat umzusetzen, wurde ihr Engagement überall
gelobt und breit veröffentlicht.[6]

Die Rebellinnen beschränkten sich nicht nur auf das »Reich der Frau«,
auf nachmittägliches Teetrinken im Damenkränzchen. Als die Feindseligkeiten ausbrachen, kamen auf beiden Seiten auch die Heldinnen zum
Vorschein. Bei den Briten gewann im Sommer 1777 Lady Harriet Acland,
die Gattin des Befehlshabers der Grenadiere bei der Offensive von
Burgoyne, unsterblichen Ruhm, als ihr Mann beim Kampf verwundet
und gefangengenommen wurde. Sie beschlagnahmte ein kleines Boot,
fuhr nachts den Hudson herunter unter Beschuß der Heckenschützen,
überwand die Verteidigungslinien der Feinde und wagte sich bei Tagesanbruch bis an das Mündungsfeuer der Kanonen heran, um ihren Mann
zurückzufordern. John Dyke Acland war durch den Bauch und beide
Beine geschossen worden. Trotz dieser schrecklichen Verletzungen – und
das ist eine noch erstaunlichere Leistung – gelang es Harriet, ihren Mann
heil durch die Gefahren der Rückreise zu bringen und ihn wieder völlig
gesund zu pflegen. Nicht weniger entschlossen war Baroness Riedesel,
die Frau eines anderen britischen Kommandeurs. Sie kam in Amerika mit
drei Töchtern an, die unter fünf waren. Trotz aller Widrigkeiten stand sie
ihrem Mann unbeirrt zur Seite. Einmal gerieten sie und ihre Töchter
unter direkten Beschuß, und sie rettete den Kleinen das Leben, indem sie
sie mit ihrem eigenen Körper bedeckte. Bei einer anderen Gelegenheit
steckte sie mit ihren Kindern und einigen anderen Briten ohne Nahrung
in einem Keller voller Exkremente. Sie hielt alle am Leben, bis nach sechs
langen Tagen endlich Hilfe kam. Frauen waren auch am direkten Kampf
beteiligt, wie zum Beispiel die republikanische Heldin Mary Ludwig
Hays. Sie bekam den Spitznamen »Pitcher Molly« (Wasserkrug-Molly),
weil sie auf dem Höhepunkt der Schlacht mutig den Kanonieren Wasser
brachte. Als ihr Ehemann, ein ehemaliger Barbier-Chirurg und damals
Feldwebel der Artillerie, beim Kampf fiel, nahm Molly seinen Platz an der
Kanone ein. Ihre Gelassenheit wurde zur Legende: Als eine Kanonenku-
gel direkt zwischen ihre Beine flog und dabei ihren Unterrock zerfetzte,
schaute sie nur herab und »bemerkte unbekümmert, daß die Kugel
glücklicherweise nicht höher geflogen war, denn sonst wäre wohl etwas
anderes abgerissen worden. Und dann machte Mary weiter.«[7]

Aktiv arbeiteten die Frauen beider Seiten im Kriegsgeschehen mit, und zwar auf jeder Ebene. Das steht in einem interessanten Kontrast zur Rolle, die ihre Vorfahrinnen im Jahrhundert zuvor während des englischen Bürgerkriegs spielten. Welchen Vergleich man auch immer anstellt: Die größeren Freiheiten in der Neuen Welt, der Zusammenbruch bestimmter Strukturen und Hierarchien und die notwendige Solidarität der Siedlergemeinschaft schafften gemeinsam einen Rahmen, der Frauen förderte. Als Individuen und als ganzes Geschlecht hatten sie eine viel größere Chance, sich zu entfalten, einen Beitrag zur Gesellschaft zu leisten. Während des leidvollen, rauhen Konflikts in England sah es freilich anders aus; eine Nation bekämpfte sich selbst. Eine verwickelte, tiefempfundene und oft widersprüchliche Loyalität bestimmte, ob man »für den König« oder »für das Parlament« war. Und als die Fronten klar waren, wurden allzuoft Eltern von ihren Kindern, Freunde von besten Freunden grausam getrennt.

Eine weibliche Interessengemeinschaft hatte angesichts solcher Umstände wenig Chancen. Und als es doch ein einziges Mal zu einer gemeinsamen Aktion von Frauen kam (eine wirkliche Ausnahme), da ging die Sache so schlecht aus, daß sie eher zur Abschreckung als zur Ermutigung diente. Es ging um die Verhaftung von vier Aufrührern im Jahre 1649. Die Männer »wagten nicht mehr, eine Petition einzureichen«, und so »nahmen sich die Frauen der Sache an«. Das war ein gefährliches Wagnis. Drei Tage hintereinander baten Hunderte von Frauen das Parlament, die vier Männer freizulassen. Aber sie wurden nur immer wieder von bewaffneten Soldaten zurückgedrängt, die die Frauenmenge mit entsicherten Pistolen bedrohten. Zuletzt schickte die Mutter aller Parlamente die Bürgerinnen voller Verachtung nach Hause – mit folgendem Tadel:

»Die Sache, um die sie eine Petition einreichten, war ein größeres Anliegen, als sie überhaupt verstanden. Also antwortete das Parlament ihren Ehemännern [d. h. das Parlament war nur Männern gegenüber verantwortlich] und verlangte, daß die Frauen nach Hause gingen, sich um die eigenen Angelegenheiten und um den Haushalt kümmerten.«[8]

Zu Recht mochten die Frauen »in der Gewißheit, daß wir nach dem Bild Gottes geschaffen worden sind und so christlich sind wie die Männer ... erstaunt und bekümmert sein, daß wir in euren Augen so verachtenswert zu sein scheinen«, wie sie später schrieben. Aber im neuen Zeitalter der

Revolutionen war dieser Vorfall nur eine Mahnung von vielen: Frauen
sollten nicht vergessen, daß, obwohl alle Menschen in den neuen, revolutionären Gemeinschaften gleich sein sollten, einige mit jenem kleinen
Unterschied zur Welt gekommen waren, der sie gleicher als andere
machte . . .

Vielleicht wurden gemeinschaftliche Aktionen von Frauen unterdrückt.
Aber als Individuen waren sie unentbehrlich. Vor allem für verbannte
Royalisten. »In der Tat waren Frauen noch nie so nützlich wie jetzt«, so
heißt es im Brief eines bedrängten Exilanten an Sir Ralph Verney.[9] Im
Namen ihrer Herren wurden Aristokratinnen zu »tapferen Soldatinnen«,
die für die Interessen und das Eigentum der Männer kämpften. Die
Geschichte kennt viele beeindruckende Beispiele. Eine der größten Hel-
dinnen war Lady Mary Banks, die 1643 Corfe Castle gegen die Truppen
des Parlaments hielt. Persönlich verteidigte sie den oberen Bereich des
Schlosses mit ihren Töchtern, ihren Kammerfrauen und fünf Männern.
Mit Erfolg: Nachdem sie Steine, heißes Wasser und glühende Kohlen auf
die Belagerer geschleudert hatten, »rannten jene mit Geschrei weg«[10].
Solches Heldinnentum war natürlich nicht das Monopol der oberen
Klassen, obwohl die Namen von aristokratischen Heldinnen viel eher in
die Geschichtsbücher gerieten. Im Bürgerkrieg dienten auch viele unbe-
sungene »Soldatinnen«, vor allem bei der Belagerung von Lyme, einer
kleinen Hafenstadt in Dorset, der Heimat von Lady Banks. Dort standen
weibliche Verteidiger den männlichen Kämpfern tagsüber, während die
Schlacht tobte, tapfer zur Seite, indem sie Patronengürtel auffüllten oder
Steine und dergleichen auf die Feinde schleuderten. Nachts wachten sie,
damit die Männer etwas Schlaf bekamen und frisch für den nächsten
Sturm waren.

Die Anstrengungen der Frauen wurden liebevoll von einem örtlichen
Dichter besungen. Aus seinem Gedicht geht anschaulich hervor, daß »in
diesem späten Sturm« mehr als nur das Haus Stuart umgestürzt wurde:

> »Die meisten haben es vernommen,
> die Gefäße der Schwäche sind stark geworden . . .
> Ach! Wer hält nun Lyme? Armes weibliches Vieh,
> sie wachen nächtens und mühen sich des Tages in der Schlacht ab,
> und durch rechtzeitiges Geschrei entdecken sie
> unsere Feinde, wenn sie die Erdwälle erklimmen.«[11]

Das gleiche Recht auf Kämpfen bedeutete für die Frauen auch das gleiche Recht auf Leiden. So erging es vielen Frauen während dieses neun Jahre währenden, äußerst bitteren Kriegs. Nicht alle Frauen waren so beherzt dabei wie jenes Mädchen von Lyme, das bei der Verteidigung der Stadt von einer Granate verstümmelt worden war. Obwohl sie arbeitsunfähig geworden war, wehrte sie alle Mitleidsbekundungen mit Bestimmtheit ab: »Wahrlich, ich bin von ganzem Herzen froh, daß ich eine Hand hatte, die ich für Jesus Christus verlieren konnte. Denn für Seine Sache bin ich nicht nur bereit, die andere Hand zu verlieren, sondern auch mein ganzes Leben.«[12] Die Engländerinnen des 17. Jahrhunderts hatten freilich keinerlei Einfluß auf den Lauf der Geschichte, der ihnen diese Gleichheit des Leidens bescherte. Ob von hohem oder niedrigem Stand: Sie hatten kein Stimmrecht in den Räten, weder im Königspalast noch in der Kirchengemeinde. Frauen waren von der Politik ausgeschlossen und zu reaktiven Rollen und Taktiken verdammt, egal wie eifrig und fähig sie waren. Die Frauen des englischen Bürgerkrieges, die unzählige Männer, Söhne, Freunde und Häuser verloren, scheinen nur allzuoft die Opfer des revolutionären Eifers anderer gewesen zu sein und nicht siegreiche Verfechterinnen einer eigenen Sache. 1649 wurde in England Karl der Erste hingerichtet, 1793 starb Ludwig der Sechzehnte von Frankreich unter der Guillotine. Eineinhalb Jahrhunderte sollte es dauern, einer weiteren umstürzlerischen Attacke auf das göttliche Recht der Könige bedurfte es, bevor Frauen auch nur als Juniorpartnerinnen beim blutigen Geschäft der Revolution zugelassen wurden. Die Ereignisse in Frankreich, von den ersten Unruhen in der 1780er Jahren bis zum entsetzlichen *dégringolade* (rapider Abstieg, Verfall; Anm. d. Ü.), geben der simplen, ironischen Anmerkung von Edward Bulwer Lytton erschreckende Konturen: »Revolutionen« werden nicht mit Rosenwasser gemacht«[13]. Die Frauen der Französischen Revolution waren in der Tat meilenweit von rosenwassergetränkten Vorstellungen zarter Weiblichkeit entfernt. Und alle Wohlgerüche Arabiens hätten nicht jene Hände gereinigt, die bis zum Ellbogen in *ci-devant*-Blut (Blut des früheren Regimes; Anm. d. Ü.) getaucht waren. Denn zum ersten Mal in der Geschichte wurden in Frankreich Frauen zu einer revolutionären Kraft – dies war nicht der geringste Schock in einer Zeit und in einem Land, die von unaufhörlichen Schocks zerrissen und gefoltert wurden.

Daß Frauen eine so herausragende Rolle während der Französischen Revolution spielten, verdankten sie u. a. den erfolgreichen Amerikanern in der Neuen Welt. Aber lange bevor das französische Volk genauer hinschaute, wie es sich mit den Klassen, mit dem *aristo* und dem *sansculotte,* verhielt, hatten die schlimmen Lebensbedingungen während des *ancien régime* schon viele Unterschiede zwischen den Geschlechtern weggewischt. Denn keine Demokratie kommt der des Verhungerns gleich. Hunger, Frustration und Verzweiflung trieben die Frauen von Paris genauso in den Wahnsinn wie ihre Männer, und sie wurden ein wichtiger Teil jener Kraft, die die »große Maschine der Revolution« in Gang setzte.

Frauen waren auch dabei, als die Revolution dann später unaufhaltsam, unbarmherzig durch Meere voller Blut weiterstapfte. Als engelsgleiche Zeitzeuginnen, als rächende Göttinnen oder rasende Fanatikerinnen – je nach Standpunkt des Betrachters. Das war schon am ersten Kampftag so: Eine wie eine Amazone verkleidete Frau führte den Sturm auf die Bastille an. Vielleicht war dies ein falscher Sieg, denn die Festung war leer, nur noch ein Symbol und eine hohle Stütze des bankrotten Regimes. Aber die Aktion am »Tag der Marktfrauen« war ein wirklicher Sieg. Es fing damit an, daß zornige Frauen vergeblich die Märkte der Stadt nach Brot durchkämmten. Aus dem Krawall wurde ein Protestmarsch, als die Frauen ihre Unzufriedenheit gegen den Mann richteten, der seine Hauptstadt während dieser Krise verlassen hatte – den König. So ging am 5. Oktober 1789 der Marsch auf Versailles los, und die Folgen besiegelten das Schicksal von Ludwig dem Sechzehnten, Marie Antoinette, dem Dauphin und dem ganzen Rest der verfluchten Dynastie der Capets.

8000 Frauen nahmen an diesem berühmten Marsch teil. Aber nicht alle waren skrupellose Revolutionärinnen, die sich der »großen Sache« wegen in die Gefahr stürzten. Später bekannte die Krankenschwester Jeanne Martin, daß eine Bande von 40 Frauen sie zum Mitlaufen gezwungen hatte. Man drückte ihr einen Knüppel in die Hand und drohte, sie damit zu verprügeln, wenn sie sich weigern würde. Alle Protestversuche, alle Ausreden (sie hatte noch nicht gefrühstückt, sie hatte kein Geld, noch nicht einmal einen *sou*), wurden niedergebrüllt: »Los! Mitmarschieren! Du wirst nichts brauchen!«[14] Ein *Ad-hoc*-Bataillon von Amazonen bildete sich auf den Straßen von Paris, aber nicht alle waren Frauen. Eine unbekannte Zahl von Männern, die sich als Frauen verkleidet hatten, schloß sich den Reihen an. Und einige angesehene Männer waren sogar von Frauen zum Mitmarschieren gepreßt worden – sie sollten Führungsaufgaben übernehmen. Im Frauenkorps befanden sich bemerkenswerte Abteilungen: *poissardes* oder Fischverkäuferinnen, Händlerinnen, Prostituierte (die Händlerinnen von menschlichem Fleisch, dem wohl niedrigsten Gut) machten gemeinsame Sache mit Scharen von gutgekleideten, sich gewählt ausdrückenden *bourgeoises*. Und die feinen Bürgerinnen erwiesen sich als genauso schlagfertig und gewalttätig wie ihre Schwestern vom Marktplatz.

Denn einmal entfesselt, flößte die Rage des weiblichen Mobs Angst und Schrecken ein. Sie stürzten nach Versailles und hielten auf dem Weg dorthin nur an, um Läden und Tavernen zu plündern. Dann stürmten sie die Nationalversammlung. Angesichts dieser Attacke waren die Abgeordneten und sogar der gefürchtete Comte de Mirabeau vollkommen hilflos. Man stellte eine Abordnung zum König zusammen, um die tobenden Anführerinnen zu beruhigen. Aber die Delegation scheiterte, weil ihre Sprecherin, eine Blumenverkäuferin vom Palais Royal, gerade noch »Sire, wir wollen Brot« stottern konnte, bevor sie ohnmächtig wurde. Mit knapper Not konnten ihre Kameradinnen davon abgehalten werden, sie am Palastgeländer aufzuhängen. Es wurde Nacht, und es regnete unaufhörlich. Das schien die Rachegelüste der Furien ein bißchen zu dämpfen. Leerer Wahn: Noch vor Sonnenuntergang hatten sie den Palast gestürmt, die Wachen in Stücke gerissen und die königlichen Gemächer bei ihrer Suche nach der verhaßten Königin vollkommen zerstört. Dabei schrien sie bedrohlich nach dem Blut der Österreicherin. Bevor der Tag zu Ende ging, kehrten Marie Antoinette und ihre ganze Familie auf einer allerletzten Reise nach Paris zurück. Sie waren Gefangene des Volkes, die Wut der Frauen hatte die historischen Würfel fallen lassen. Diese Wut war überwältigend, so scheint es im nachhinein. Nichts konnte sie beschwichtigen, auch nicht die politische Aktion. Der Weiblichkeit selbst mußte Gewalt angetan werden, alle heiligen Regeln vom Frausein mußten so freizügig und öffentlich wie möglich verletzt werden. Zeitgenössische Kommentatoren bemerkten erstaunt und entsetzt, daß die ehrbaren *bourgeoises* keinen Sprachunterricht von den rüden Fischweibern brauchten, als sie die Nationalversammlung stürmten. Als nämlich ein Bischof bei ihrem Auftritt »Ruhe und Ordnung« verlangte, antworteten sie: »Wir scheißen auf deine Ruhe und Ordnung!«, und drohten, *boules* mit dem Kopf des nächstbesten *abbé* zu spielen . . .[15]

Auch die Huren wurden innerlich getrieben, eigene Ausdrucksformen der Radikalität zu finden. Sie hatten ja keine Ehre, die sie der großen Sache hätten opfern können. Der Exzeß wurde zum Befreiungsschlag, und durch extreme Roheit sagten sie sich los von allen Normen der

Wohlanständigkeit. In der Anarchie des Augenblicks suchten wohl alle Frauen diese Art der Befreiung. Ein kurioser und später berühmter Vorfall ließ die Huren von Paris als Stoßtruppen der Revolution bekannt werden – im Wortsinne. Im Juli 1790 hielt eine Bande von pistolenschwingenden Prostituierten eine königliche Kavallerieabteilung an. Die Frauen befahlen den Soldaten »Tod dem König« zu rufen, und sie prahlten: »Wir alle gehören euch, wenn ihr euch der Revolution anschließt!« Als sich die Soldaten weigerten, fing eine hellhäutige, rund sechzehnjährige Schönheit auf der Straße zu tanzen an. Ein Augenzeuge erzählt:

»Sie hatte die Brüste entblößt und bot sie mit ihren Handflächen dar. Dabei wackelte sie absichtsvoll mit dem Hinterteil – wie eine Ente. Die anderen Frauen stürzten sich sofort auf sie und hoben ihre Kleidung hoch. Die errötenden Kavalleristen bekamen den denkbar hübschesten Körper zu sehen, und die Huren riefen: ›Wenn ihr davon probieren wollt, müßt ihr nur ‚Tod dem König‘ rufen!‹«[16]

Das liest sich wie eine Rezension von Edmund Burkes ernstem Gedankengang über Revolutionen, der im Licht der amerikanischen Erfahrungen 20 Jahre zuvor geschrieben worden war: »Menschen, die von Gesetzen zermalmt werden, erhoffen sich nur noch etwas von der Macht. Wenn Gesetze ihre Feinde sind, werden sie den Gesetzen Feind sein. Und wer vieles zu gewinnen, aber nichts zu verlieren hat, wird immer gefährlich sein.«[17]

Während dieser kurzen, unwiederbringlichen Periode wimmelte es im revolutionären Frankreich von solchen gefährlichen Frauen. Hier war eine Gesellschaft außer Kontrolle geraten, man hatte die traditionellen Leitlinien und Herrschaftsprinzipien abgeschafft und sie noch nicht ersetzt. Eine von oben nach unten gespaltene Gesellschaft, wie eine Pioniergemeinschaft. Den Ehrgeizigen, Furchtlosen und Zähen stand alles offen. Zu den ersten Frauen, die aus dem Nichts auftauchten und zu für Frauen unvorstellbaren Höhen gelangten, gehörte Théroigne de Méricourt. Diese komplexe Persönlichkeit war eine talentierte Sängerin, die in London und Neapel ausgebildet worden war. Außerdem war sie eine erfolgreiche Kurtisane, die vor der Revolution in Paris ein Vermögen gemacht hatte. Sie führte in Amazonenkleidung den Sturm auf die Bastille an und später den Marsch auf Versailles. Beim Angriff auf die Tuilerien im Jahre 1792 kommandierte sie ein Amazonenbataillon.

Aber de Méricourt war mehr als eine Soldatin. In politischen Clubs galt sie als Idol, und sie trug lautstark zu den revolutionären Diskussionen bei. Sie gründete zahlreiche politische Clubs für Frauen, und so wurden die vorher mißachteten *citoyennes* in die Revolutionsdebatte einbezogen. Am Ende opferte sie ihren Reichtum und riskierte ihr Leben für eine Sache, die sie betrog. Weil de Méricourt während der Schreckensherrschaft (1793/94) sich den Gemäßigten anschloß, wurde sie unbeliebt. Genau jene revolutionären Pariserinnen, deren Vorkämpferin sie einst gewesen war, griffen sie an und schlugen sie wüst zusammen. Der Schock zerstörte ihren Verstand, und sie wurde in ein Irrenhaus gebracht, wo sie bis zum Ende ihres Lebens blieb. Es ist nicht leicht, de Méricourts Verdienste und Handlungen richtig einzuschätzen. Sogar nach den damaligen Maßstäben war sie in den Augen ihrer Zeitgenossen oft völlig ungehemmt und unbeherrscht. Weder Gesetze noch Gewohnheiten, ja noch nicht einmal die schlichte Menschlichkeit hielten sie auf. Beim Angriff auf die Tuilerien nutzte sie ihren Einfluß beim Mob aus, um einen Journalisten lynchen zu lassen. Er hatte sie zuvor in einer Schmähschrift beleidigt. Ihr Ruf als weiblicher Dracula verfolgte sie bis zu ihrem Ende. ». . . einer ihrer letzten Morde war der an einem jungen Flamen, angeblich der erste Mann, der sie verführt hatte. Sie . . . schlug ihm den Kopf eigenhändig ab . . . und fiel dann in eine Art manische Verzückung, sie sang eine revolutionäre Ballade, während sie in den Blutlachen tanzte.«[18]

De Méricourt war keine Ausnahme. Viele Frauen teilten ihren wilden Haß auf das *ancien régime*, viele wollten genauso inbrünstig seine Zerstörung. »Frieden wirft uns nur zurück«, so schrieb Manon Roland leidenschaftlich. »Nur durch Blut können wir uns regenerieren.«[19] Manon Roland war eine begabte, autodidaktische Intellektuelle. Wie de Méricourt auf den Straßen, so war sie in den Salons zu Hause. Ob sie schrieb oder stritt – die Kraft ihrer Argumente formte und beeinflußte die revolutionäre Politik, die Theorie der Demokratie. Sie arbeitete nicht unter den Bedingungen völliger Gleichheit mit den männlichen Mitstreitern. Ihre ersten radikalen Schriften wurden unter dem Namen ihres Gatten veröffentlicht, und ihr Einfluß war am stärksten, als er im Jahre 1792 Innenminister war. Aber Manon Roland war die anerkannte Treibkraft der gemäßigten Girondistenpartei. Ihre Karriere zeigt, wie zum ersten Mal in der Geschichte eine Frau bei einem wichtigen politischen Unternehmen eine Führungsrolle verlangte und bekam. Und zwar wegen ihrer Verdienste und aus eigenem Recht.

Solche Frauen dienten keineswegs nur der Sache der Männer, was ja oft genug weibliches Handeln geprägt hatte. Der Umsturz geschah mit ungeheurer Gewalt, da war das Klima reif für andere, gleichermaßen revolutionäre Ideen. Der Feminismus keimte und fing an zu blühen. Zuvor hatte es nur hier und da verstreute, zufällige Impulse des Feminismus im menschlichen Denken gegeben, wie Samenkörner, die von irgendeinem Windstoß hin und her gejagt werden. Allein in Frankreich hatte man »*la question des femmes*« schon seit Jahrzehnten diskutiert. Den Rahmen dieser Debatte hatten begabte Denkerinnen wie Marie le Jars de Gournay abgesteckt. Marie war die Adoptivtochter Montaignes und eine beherzte Verteidigerin des Rechts der Frauen auf Erziehung und Ausbildung. Unbarmherzig zog sie gegen alle Vorstellungen von der »natürlichen« Unterlegenheit der Frau zu Felde. Sie trat niemals unterwürfig und beifallheischend auf. Ihre Unabhängigkeit, ihr Nein zu eitlem Zierat und femininen Rüschen machen sie – wie ihre Schriften *Egalité des Hommes et des Femmes* (1622) und *Grief des Dames* (1626) – zu einer Protofeministin, einer Vorläuferin der Frauenbefreiung. Aber während der Französischen Revolution fanden solche Gedanken, Proteste und Forderungen nun ein politisches Forum. Sie wurden in der »Petition der Frauen des Dritten Standes an den König« artikuliert:

»... alle Frauen des Dritten Standes werden arm geboren. Ihre Erziehung wird entweder vernachlässigt oder falsch durchgeführt ... Mit 15 oder 16 können die Mädchen fünf oder sechs Sous am Tag verdienen ... Sie werden ohne Mitgift an unglückliche Handwerker verheiratet und führen eine zermürbende Existenz ... sie bekommen Kinder, die sie nicht großziehen können ... Wenn unverheiratete Frauen altern, verbringen sie ihr Dasein unter Tränen, von ihren nächsten Verwandten verachtet. Um solches Unglück abzuschaffen, Sire, bitten wir, daß Männer von solchen Berufen ausgeschlossen werden, die das Vorrecht der Frauen sind ...«[20]

Angesichts der Tatsache, daß diese Frauen massiv unter männlichen Konkurrenten litten, die täglich einen Durchschnittslohn von 30 Sous verdienten, während Frauen höchstens 14 oder 15 Sous erwarten durften, erscheint ihr Protest recht mild zu sein. Dieser Eindruck wird noch durch die schüchterne Schlußbemerkung verstärkt: »Wir bitten, Sire, daß wir unterrichtet werden und Arbeit bekommen. Nicht um die Autorität der

Männer an uns zu reißen, sondern nur um unseren Lebensunterhalt bestreiten zu können.« Männliche Pamphleteschreiber wie der Marquis de Condorcet waren weniger vorsichtig. Er zog die Aufmerksamkeit der Öffentlichkeit auf das Unrecht und die Kränkungen, die den Frauen angetan wurden. Das weibliche Geschlecht war zum »Dritten Stand des Dritten Standes« geworden:

»Gibt es einen besseren Beweis für die Macht der Gewohnheit, wenn sogar aufgeklärte Männer nicht erkennen, wie das Prinzip Gleichheit zwar im Namen von 300 oder 400 Männern beschworen . . . aber im Fall von 12 000 Frauen einfach vergessen wird?«[21]

Einer Frau gebührt jedoch die Ehre, als erste die Fahne des Feminismus entfaltet zu haben. Und ihr Kampfruf lautete: »Mann, bist du zur Gerechtigkeit fähig? Es ist eine Frau, die diese Frage stellt . . .« Zu Beginn der Revolution hatte die Konstituante die Menschenrechte proklamiert (26. August 1789). Zwei Jahre später veröffentlichte Olympe de Gouges das feministische Pendant, die »Erklärung der Rechte der Frau und Bürgerin«:

»Die Frau wird frei geboren und bleibt dem Manne ebenbürtig in allen Rechten . . . Das Gesetz soll Ausdruck des Willens aller sein; alle Bürgerinnen und Bürger, Männer und Frauen gleichermaßen, sollen zu seiner Entstehung beitragen . . . für alle soll das Gesetz gleich sein . . . Alle, ob Männer oder Frauen, müssen berechtigt sein, öffentliche Ämter, Positionen und Stellen zu übernehmen, je nach ihrer Fähigkeit. Die einzigen Kriterien sollen ihre Tugenden und Begabungen sein . . .«[22]

Wie auch immer die Zeitläufte aussahen: Dies war der Stoff, aus dem Revolutionen sind. Und es sollte noch mehr kommen. De Gouges hatte nicht mehr formelle Bildung als Manon Roland. Aber sie sah dennoch über die unmittelbaren ökonomischen Nöte der Frauen hinaus. Sie durchschaute den Kern der Probleme und enthüllte, wie die Behinderungen des weiblichen Geschlechtes zu einem immer bösartiger werdenden Teufelskreis der Ausbeutung wuchsen. Die Hungerlöhne der Frauen und der Mangel an besseren Stellen, so argumentierte de Gouges, waren nur der schlechten Ausbildung von Frauen geschuldet. Sie wurden dadurch gezwungen, früh zu heiraten oder sich auf den Straßen herumzutreiben.

Die schlechte Ausbildung gab Männern wiederum einen Grund, den Frauen politische Rechte zu verwehren. Und der Mangel an politischen Rechten machte es für Frauen unmöglich, Reformen herbeizuführen oder das Recht auf Bildung, Lohngleichheit oder Rechtsgleichheit zu erkämpfen. Die Geschichte des Feminismus hat später bestätigt, wie zutreffend diese grundsätzliche Analyse war. Aber de Gouges ging es nicht nur um blasses Theoretisieren. »Frauen, wacht auf«, forderte sie, »erkennt eure Rechte.« Voller Verachtung stellte sie die eklatanten Unterdrückungsmechanismen bloß, die die eigennützigen männlichen Revolutionäre geschaffen hatten: »Der Mann, einst Sklave, hat seine Stärke vervielfacht ... Gerade befreit, wurde er ungerecht zu seiner Gefährtin ... Welche Vorteile habt ihr [Frauen] von der Revolution? Eine offenere Form der Verachtung!« Mit sarkastischen Bemerkungen über »unsere weisen Gesetzgeber« drängte de Gouges alle Frauen dazu, »mit der Kraft der Vernunft sich dem leeren Schein männlicher Überlegenheit zu widersetzen«.

Vernunft ist jedoch ein Luxus, den sich eine Revolution selten leistet. Und wie unbegründet und hohl auch immer die männliche Überlegenheit sich manifestierte – sie war kein Schein. Die Männer der Revolution hatten nie die Absicht gehabt, die Lage der Frauen zu verbessern, ja, sie erkannten noch nicht einmal die spezifischen Forderungen der Frauen an. Wie Mirabeau zu Beginn der Feindseligkeiten in einer berühmten Attacke bemerkte: »Jetzt fangen wir die Geschichte des Menschen an.«[23] Und mit »Mensch« war der Mann gemeint. Dabei blieb es auch; feministische Themen wurden bewußt und systematisch abgewürgt.

Was wäre wohl passiert, wenn diese revolutionären Feministinnen die blutige Apokalypse überlebt hätten? Ihr Geschlecht disqualifizierte sie für ein volles gesellschaftliches Leben. Aber es schützte sie keineswegs davor, ihr bißchen Leben auch noch gewaltsam zu verlieren. Olympe de Gouges beschleunigte ihr Los, als sie mutig gegen den Tod von Ludwig dem Sechzehnten protestierte, der im Januar 1793 geköpft wurde. Manon Roland wurde das Opfer eines Schauprozesses, bei dem sie nicht in eigener Sache sprechen durfte. Sie schaute dem Tod mit heroischer Stärke und Würde entgegen: »Ihr schätzt mich als würdig ein, das Geschick jener großen Männer zu teilen, die Ihr dahingemordet habt«, sagte sie ihren Richtern. »Ich werde mich bemühen, soviel Mut zum Schafott mitzunehmen, wie es jene getan haben.«

Beide Frauen waren überzeugte Revolutionärinnen. De Gouges hatte den berüchtigten Club de Tricoteuses gegründet, und Roland war eine

Anhängerin Voltaires und Rousseaus und eine leidenschaftliche Gegnerin der Königin Marie Antoinette. Aber sie verbündeten sich mit den gemäßigten Girondisten, als unüberbrückbare Spannungen die französische Nationalversammlung spalteten. Weissagung und Ironie zugleich: de Gouges hatte in ihrer *Déclaration* erklärt, daß Frauen das Recht haben müßten, Abgeordnete zu werden, »wenn sie das Recht haben, zum Schafott zu gehen«. Dies war die einzige wahre Gleichheit, die die feministischen Pionierinnen Frankreichs während ihres verkürzten Lebens wahrnahmen. Aufgrund ihrer Opposition zu Robespierre, dem bösen Geist der jakobinischen Extremisten, bestiegen beide Frauen im November 1793 die Stufen zur Guillotine.

Es ist jedoch eine augenfällige historische Tatsache, daß die meisten weiblichen Opfer der Terrorphase keine Aktivistinnen waren. Das Leben der jungen Lucille Demoulins war einfach deswegen verwirkt, weil sie die Ehefrau eines führenden Girondisten war. Vergeblich schrieb ihre Mutter verzweifelte Petitionen an Robespierre, der sogar Pate von Lucilles kleinem Sohn war. Noch unerklärlicher waren jene zahllosen, namenlosen Opfer wie zum Beispiel die »zwanzig Bauernmädchen aus Poitou«. Alle wurden nach Paris gebracht, um gemeinsam geköpft zu werden. Was ihr Vergehen war, ist heute nicht mehr bekannt. Eine der Frauen hatte ein Baby an der Brust, als sie die Stufen zur Guillotine hochstieg. Das passierte häufig genug in dieser Zeit, die die Heiligkeit des Lebens nicht mehr respektierte. Ob adlig, bürgerlich, männlich, weiblich, alt oder jung: »im Korb küßten sich alle Häupter« – wie es im letzten düsteren Scherz Dantons hieß.

Die politischen Frauen erkannten immerhin, wer ihr Feind war. Die instinktive Gegnerschaft zu Robespierre, die de Gouges und Roland das Leben kostete, war nur allzugut begründet. Als in diesem Jahr das allgemeine Wahlrecht eingeführt wurde, schloß man die Frauen ausdrücklich davon aus. Die »Revolutionären Republikanischen Frauen«, der aktivste von de Méricourts Clubs, organisierten eine Petition an den Konvent. Sie forderten das Wahlrecht für Frauen – und wurden prompt aufgelöst. Dann machten sich Robespierre und seine Jakobiner daran, die Frauen aus der Politik zu vertreiben und nach Hause zu schicken. In jenem schicksalhaften November, als de Gouges und Roland ihr Leben ließen, wurden auch alle politischen Frauenvereinigungen verboten. Von dieser Zeit an war in Frankreich die aktive Teilnahme der Frauen an der Politik wirksam geköpft. Viel zu kurz war der Morgen der Freiheit, als es tatsächlich eine Wonne war, jung, lebendig und weiblich zu sein. Viele Generationen lang blieb dieser Aufbruch der Frauen eine blasse Erinnerung. »Oh, *liberté*, Freiheit!« rief Manon Roland auf dem Schafott aus, »welche Verbrechen werden in deinem Namen verübt.« Es ist schon von feiner Ironie, daß Roland die Losung der Revolution anrief. Denn *liberté*, als »Marianne« von Delacroix unsterblich gemacht, ist natürlich weiblichen Geschlechts. Aber irgendwo auf dem Weg zur *égalité* zog sie den kürzeren. Sieger wurde der wahre Boß der Dreieinigkeit: die ewige, unveränderliche *fraternité* des Mannes. Die Schreckensherrschaft in Frankreich war – wie der bewaffnete Konflikt im neuerdings unabhängigen Staat der Amerikaner – von einer bestimmten historischen Dauer. Wer unter dem Moloch der Revolution litt, konnte wenigstens hoffen, irgendwie zu überleben und Zeuge der Wiedergenesung und des Wiederaufbaus der Gesellschaft zu werden. Eigentlich viel schlimmer war die Katastrophe, die fast ohne Warnung die Alte Welt überwältigte. Es gab keine Geiseln, keine Überlebenden. Ein wirklicher Krieg der Welten – die industrielle Revolution. Auf dem Land, wo viele Menschen schon seit der Römerzeit friedlich siedelten, kam es zu einer Umwälzung, deren Folgen unmittelbar, auffallend und dauerhaft waren:

»In der ersten Hälfte des 18. Jahrhunderts war England geradezu ein mittelalterliches Land. Ruhig, ursprünglich und vom lärmenden Handel und Kommerz so gut wie unberührt. Plötzlich, wie ein Blitz aus heiterem Himmel, wurde die industrielle Revolution eingeführt, mit ihren Stürmen, mit ihren Spannungen.«[24]

Im nachhinein können Historiker des 20. Jahrhunderts gut belegen, daß die Kräfte, die das Maschinenzeitalter formierten, sich schon einige Zeit zuvor heimlich aufgebaut hatten. Die Zeichen waren da, man mußte sie nur lesen. Aber die unwissentlichen Rekruten dieser neuen Schlacht hatten kaum Zugang zu irgendwelchen Vorwarnungen. Sie wußten nichts von den gesellschaftlichen und wirtschaftlichen Strömungen ihres Zeitalters, und sie hatten keine Möglichkeit, aktiv einzugreifen. Im Gegensatz zu anderen Kriegen forderte dieser nicht nur das Leben von leistungsfähigen männlichen Rekruten, sondern auch von Frauen und Kindern. Sie waren das armselige Kanonenfutter, deren Einsatz eine ewige Schande für die Menschheit bleiben wird.

Eisen, Kohle, Dampf – die neuen Kräfte, die im 18. Jahrhundert aus

Großbritannien kamen, revolutionierten mehr als nur einige Produktionstechnologien. In erstaunlich kurzer Zeit erschütterten sie die traditionellen Strukturen der weiblichen Existenz. Was einst ein untrennbares Ganzes gewesen war – Ehemann, Heim und Familie –, wurde nun gespalten. Die Hausfrau der vorindustriellen Epoche hatte diese drei Bereiche bei ihrer Arbeit miteinander verbunden, ohne Überanstrengung. Sie war deutlich der Mittelpunkt ihrer eigenen Welt und auch im größeren gesellschaftlichen Zusammenhang eine Person von Bedeutung:

»Als Landwirtinnen produzierten die Frauen den Hauptteil der Nahrungsmittel ihres Landes. Die gesamte Milchwirtschaft war in den Händen von Frauen, einschließlich Melken sowie Butter- und Käseherstellung. Die Frauen waren auch für den Anbau von Flachs und Hanf und für das Mahlen von Korn verantwortlich. Sie kümmerten sich um Geflügel, Schweine, Obsthaine und Gärten.«[25]

Eine Wende setzte ein: Aus der agrarischen wurde die industrielle Wirtschaft, die Stadt wurde wichtiger als das Land, die Fabrikarbeit löste die Arbeit im Haus ab. Und bei diesem Wandel verloren die Frauen die frühere Flexibilität, ihren Status, ihre Kontrolle über die Arbeit. Statt dessen wurden ihnen das »Privileg« der Unterqualifizierung, Ausbeutung, Doppelbelastung und der Alleinverantwortung für die Kindererziehung zuerkannt. Ein Privileg, das sie seit dieser Zeit niedergedrückt hat. Jede Veränderung, die die industrielle Revolution mit sich brachte, erwies sich als Rückschlag für die Frauen. Und zusammengenommen zeitigten sie unvorhersehbar verheerende Folgen.

Schon auf einfachster Ebene hatte der Wechsel von der Heim- zur Fabrikarbeit viele schädliche Auswirkungen auf die Arbeiterinnen. Vor allem verloren sie den Status als Partnerinnen ihrer Männer, da es einer Frau nicht möglich war, die Arbeit ihres Mannes zu teilen. Vor der Industrialisierung hatten Frauen oft neben ihren Männern gearbeitet. Oder sie standen zumindest in enger Harmonie mit ihnen: Gemeinsam schnitten sie, lasen die Ähren auf, banden, droschen, gruben. Ein wichtiges Bild für das Mittelalter und eine Metapher für die gegenseitige Abhängigkeit des gleichgestellten Paares war der Ehemann, der die Akkerfurchen zog, während seine Frau hinter ihm die Saat ausstreute. Dieses ländliche Idyll, das jahrtausendelang gedauert hatte, wurde nun zu einem der ersten Opfer der Revolutionierung der Arbeit.

Ein weiteres Opfer waren die Kontrolle und Machtausübung, derer sich Frauen als Haushaltsvorstände erfreut hatten. Sie standen ihren eigenen kleinen Produktionseinheiten vor, und sie erwirtschafteten manchmal eine Menge Geld. Die vorindustrielle Hausfrau machte einen geringen oder überhaupt keinen Unterschied zwischen häuslichen und kommerziellen Aktivitäten. Sie braute Bier, backte Brot, webte, sammelte Eier oder züchtete Schweine. Den Überschuß konnte sie verkaufen. Je härter sie arbeitete, je erfolgreicher die »Nebenbeschäftigungen«, um so mehr Geld verdiente sie. Es verhielt sich so wie mit der Arbeit im Freien, die Mann und Frau gemeinsam nach dem Kalender der Natur verrichteten: Die Arbeitsteilung beruhte auf Gegenseitigkeit. Es gab keine Vorstellung von einem »Haupternährer«, vom männlichen »Brötchenverdiener«, der Weib und Kinder füttern muß. Alle waren produktiv, und die Frau zweifach. Als Lohnarbeiterin dagegen bekam eine Frau wöchentlich eine festgeschriebene Summe. Meist war der Lohn geringer als der der Kinder, geschweige denn der der Männer. Die Gründe für diese Ungleichheit war den Bossen glasklar:

»Der geringe Preis der weiblichen Arbeitskraft macht es für eine Frau höchst profitabel und höchst angenehm, die Aufsicht über ihr eigenes häusliches Establishment zu übernehmen. Und ihr niedriger Lohn führt sie nicht in Versuchung, ihre Kinder zu vernachlässigen (im Klartext: Sie kann nicht zu etwas verführt werden, was sie sich nicht leisten kann, wie etwa die Dienste einer Kinderschwester oder Pflegemutter) ... Herr E., ein Fabrikant, stellt ausschließlich Frauen ein ... entschieden bevorzugt er verheiratete Frauen, vor allem solche mit Familien daheim, die von ihrer Arbeit abhängen. Diese Frauen sind aufmerksamer und fügsamer als unverheiratete, und sie sind gezwungen, ihr Äußerstes zu geben, damit sie ihren Lebensunterhalt beschaffen.«[26]

Das zeigt, wie das Fabriksystem die Arbeitskräfte reduzierte und entmenschlichte. Sie waren »nichts anderes als Werkzeuge, die man mietet«. Von Anfang an existierte auch unter den Ausgebeuteten eine Hierarchie: Denn Frauen wurden stärker ausgenutzt als ihre männlichen Leidensgenossen, und sie bekamen weniger Lohn. Überall waren sich die Arbeitgeber einig, daß man »Frauen besser als Männer dazu bewegen konnte, sich körperlich völlig zu verausgaben«, daher waren sie eine bessere Investition für den »Herrn«. Sie waren »für ihn selbst gehorsamere Bedienstete und für seine Maschinerie tüchtige Sklavinnen«. »Welch Grausamkeit!« schrieb ein Reformer leidenschaftlich, »auch wenn sie freiwillig verrichtet wird, denn – Gott helf ihnen – ihre Hände dürfen sich nicht verweigern.«[27]

Frauen, einst autonom, wurden jetzt ökonomisch verkrüppelt. Sie wurden von Männern abhängig, was der modernen Welt eine Neuauflage von der angeblich natürlichen Minderwertigkeit der Frauen bescherte. Auch die Formen weiblicher Unterordnung änderten sich, als die Frauenarbeit von den Häusern in die Fabriken umgeleitet wurde. Wenn der eigene Mann oder Vater der Boß/Patriarch war, so bedeutete die Unterwerfung unter die Männermacht für eine Frau etwas ganz anderes als die Unterwerfung in der Fabrik. Industrielle Produktionsverhältnisse bedeuteten, daß die Autorität des abwesenden Besitzers durch die tägliche Tyrannei eines brutalen, einschüchternden Aufsehers ihren Ausdruck fand. Wie im folgenden Bericht aus einer der ersten Fabriken Amerikas geklagt wird, wurde »der Ochsenziemer oder andere Peitschen amerikanischer Herkunft gern benutzt«:

»Wir könnten *viele* Frauen und Mädchen zeigen, die körperlich gezüchtigt worden sind. Einer Elfjährigen wurde das Bein mit einem Holzscheit gebrochen, bei einer anderen schlug ein herzloses Monster, der Aufseher der Baumwollfabrik, ein Brett an ihrem Kopf entzwei ... *ausländische Aufseher* werden oft genug den amerikanischen Frauen und Kindern vorgesetzt. Und wir müssen leider hinzufügen, daß manchmal *Ausländer in diesem Land* amerikanische Aufseher eingestellt haben, um ihren tyrannischen Regeln in den Fabriken Geltung zu verschaffen.«[28]

Die Frauen wurden aus ihrem häuslichen Arbeitsleben in die starre Routine der Fabriken hineinkatapultiert. Aber dies war nur der erste Schock. Da war die unaufhörliche Arbeitszeit: Es war üblich, von fünf Uhr morgens bis acht Uhr abends zu arbeiten. Zu Spitzenzeiten begann der Arbeitstag um drei Uhr morgens und hörte erst gegen zehn Uhr abends auf, ohne zusätzliche Bezahlung. Der Arbeitstag einer Hausfrau war zwar zuvor ähnlich lang gewesen, aber der aufgezwungene Arbeitsrhythmus – ohne Pausen, ohne Variationen, ohne Ruhe – machte die Tätigkeit in der Fabrik zu einer geistigen und körperlichen Folter.

Und sogar die einfachste Hütte war vergleichsweise angenehmer als die Fabrik. Dort heizten Maschinen ständig die Räume auf 30 Grad auf, und die Arbeitenden durften noch nicht einmal eine kleine Pause zum Trinken machen. Dort wurde sogar das Regenwasser weggeschlossen, damit niemand in Versuchung geriet. Alle Türen und Fenster blieben verschlossen, und wer sie zu öffnen versuchte, bekam eine Geldstrafe von einem Shilling. (Das war interessanterweise die gleiche Geldstrafe, die gegen jegliche homosexuelle Aktivität in der Fabriktoilette verhängt wurde: »Wenn zwei Spinner *gemeinsam im Abort* aufgefunden werden, so zahlt jeder Mann . . . 1 s [Shilling].«)

Ein Zeitgenosse beobachtete bzw. roch den Effekt solcher Arbeitsbedingungen auf die Opfer:

». . . kein Hauch frischer Luft . . . der abscheuliche, bösartige Gestank von *Gas*, der die mörderischen Folgen der Hitze noch verstärkt . . . schädliche Ausdünstungen, die sich mit dem Dampf vermischen . . . der Staub, die Baumwollfussel – all dies müssen die armen Kreaturen inhalieren . . .«[29]

Da überrascht es kaum, daß alle Industriearbeiter und -arbeiterinnen anfällig für Lungenkrankheiten waren, die unter dem Etikett »Schwindsucht« zusammengefaßt wurden. Aber die Art der Krankheit oder der Behinderung hatte sehr viel mit der spezifischen Arbeit zu tun: Messerschmiede und Schleifer litten an »beeinträchtigten Atemwegen«, d.h. Husten, Erbrechen von Staub und Schleim, »Nachtfieber, Durchfall, extremer Auszehrung, begleitet von den Symptomen der Schwindsucht«. Letzteres lauerte immer einem geschwächten Körper auf. Vor allem die Spitzenklöpplerinnen liefen Gefahr, schwindsüchtig zu werden. Von Kindheit an mußten sie feste Holzscheite in ihren Korsetts tragen, damit sie es aushielten, sich stundenlang über die Arbeit zu beugen. Aber diese Vorrichtungen verformten das Brustbein, die Rippen und die Brusthöhle, und so waren die jungen Frauen für alle Erkrankungen der Atemwege besonders anfällig, vor allem aber für die Schwindsucht.

Langfristige Berufskrankheiten wie diese, die aus jungen Frauen »ausgelaugte, altersschwache, verformte und mit 40 arbeitsunfähige« Geschöpfe machten, waren nur eine der vielen Gefahren der Fabrikarbeit. Verletzungen und Unfälle passierten häufig in der Anfangzeit der Fabrikarbeit. Und Frauen waren gefährdeter als Männer, da sie weitgeschnittene Kleider und Röcke, Unterröcke und Schürzen trugen, ganz zu schweigen von ihrem langen Haar. Die Akten sind voll von Vorfällen wie diesem: »Mary Richards, zum Krüppel geworden«, weil sie »vom Treibriemen des maschinellen Webstuhls« erfaßt wurde.[30] Dennoch war die Fabrikarbeit beliebter als jene Fron, die in dieser Epoche den Frauen die gefährlichsten und niedrigsten Tätigkeiten abverlangte – die Arbeit im Bergwerk. Unvorbereiteten Beobachtern kam der Anblick der arbeitenden Grubenfrauen vor wie ein Szenario aus der Hölle: »Angekettet, angegürtet, eingespannt – wie Hunde vor einem Karren. Schwarz, durchnäßt, fast nackt sind sie. Ihre Erscheinung ist unbeschreiblich ekelhaft und widernatürlich!« so berichtete ein entsetzter Gentleman.

Grubenfrauen hatten natürlich keine Zeit oder Gelegenheit, sich um ihr Aussehen zu sorgen. Die Arbeit war von solch grausamer Härte, daß manchmal ein Mädchen vor Erschöpfung zusammenbrach, wenn sie bei Schichtende in den Förderkorb geklettert war, der sie ans Tageslicht bringen sollte. Oft genug fiel sie aus dem unsicheren Behälter und stürzte sich zu Tode. Andere Todesfälle waren auf die schweren Waggons zurückzuführen, die die Frauen schleppen mußten. Ungefähr 13 Zentner faßte ein Waggon, und wenn er »ausriß«, dann zermalmte er ohne weiteres das weibliche Zugtier. Sogar die normalen Arbeitsbedingungen waren entsetzlich hart: Die kleinsten Mädchen mußten durch 40 bis 50 Zentimeter hohe Gänge kriechen. Erwachsene Frauen sollten sich durch Tunnel bewegen, die nicht höher als 75 Zentimeter waren. 14 Stunden dauerte ihre Schicht, und sie durchkrochen eine Strecke von 15 bis 30 Kilometer, ohne eine einzige Gelegenheit aufzustehen oder die Glieder zu strecken. Fanny Drake, eine Grubenfrau aus Yorkshire, erzählte, daß sie im Winter bis zu den Unterschenkeln im Wasser stehen mußte, sechs Monate lang. Dabei fiel ihr die Haut von den Füßen, »als hätte sie sie verbrüht«. Betty Harris aus Little Bolton in der Nachbargrafschaft Lancashire hatte andere Sorgen: Gurt und Kette, mit denen sie den Kohlekarren schleppte, schnitten und verletzten sie seitlich am Körper, »bis sich die Haut ablöste«. Aber die Wundstellen störten sie eigentlich nur, »als ich guter Hoffnung war«.[31]

Betty war 37 Jahre alt, als sie diese Äußerung machte. Arbeit wie diese konnte ja nur schwerer werden, wenn die Frauen älter wurden. Vor allem, wenn sie öfters schwanger wurden. Denn »bei einer so harten Plackerei kommen Fehlgeburten oft vor, das ist sehr gefährlich«, so die schottische Grubenfrau Isabel Hogg. Ihre Kollegin Isabel Wilson aus der Zeche von East Lothian hatte fünf Fehlgeburten und gebar ihr letztes Baby am Samstagmorgen, direkt nach der Freitagsschicht. Eine andere Kohlenarbeiterin schaffte nicht ein so abgestimmtes Timing: ihr Kind kam unter

Tage zur Welt. Sie mußte es, in ihrem Rock eingewickelt, den Schacht hochbringen und erklärte, »Gürtel und Ketten« hätten die Wehen einsetzen lassen.

Und dennoch machten diese Frauen weiter. In Bergwerken ohne Transportvorrichtungen trugen die Frauen die Kohle auf ihren Rücken nach oben. »Ich gehe 40- oder 50mal am Tag nach oben«, sagte die Schottin Mary Duncan, »und ich kann zwei Zentner tragen. Andere Frauen schaffen gar zweieinhalb oder drei Zentner, aber das ist zuviel.« So brachte jede einzelne Frau zwischen eineinhalb und zwei Tonnen Kohle im Laufe des Tages nach oben, und für ihr Tagwerk bekam sie nicht mehr als acht Pennys Lohn. Kein Wunder, daß der schottische Ingenieur Robert Bald berichtete, wie die Grubenfrauen an die Oberfläche kamen und dabei »höchst bitterlich weinten« wegen der Schinderei. »Eine verheiratete Frau«, so sagte er, ». . . stöhnte auf unter der gewaltigen Last, zitterte am ganzen Körper und konnte kaum ihre Knie gerade halten. Sie war kurz vor dem Zusammenbruch.« Diese arme Frau sprach für alle Arbeiterinnen, als sie in einer Stimme, die ihn lange verfolgen sollte, sagte: »Oh, Herr, das ist schlimme, schlimme Arbeit. Bei Gott, ich wünschte, daß die erste Frau, die Kohlen zu tragen versuchte, ihr Rückgrat gebrochen hätte. So daß keine es je wieder versucht hätte.«[32]

Margaret, Herzogin von Newcastle, griff bereits im 17. Jahrhundert den Zustand der arbeitenden Frauen aufs schärfste an, sie nahm dabei das Leben in der industriellen Revolution vorweg:

»Frauen leben wie *Fledermäuse* oder *Eulen*, schuften wie *Tiere* und sterben wie *Gewürm*.« Aber trotz abstoßender Arbeitsbedingungen, trotz zerstörter Hoffnungen, trotz ihres verstümmelten Lebens – das Leiden dieser Frauen ging noch weiter. Oft genug beuteten sie selbst Kinder wie Sklaven aus. Kleine Mädchen fingen schon mit fünf unter Tage an. Sie öffneten zum Beispiel Türen, damit die Kohlenkarren vorbeikamen. »Ausnahmslos ließ man sie immer früher mit der Arbeit anfangen als kleine Jungen . . . viele Eltern meinen nämlich, daß Mädchen scharfsinniger und früher als Jungen in der Lage sind, sich nützlich zu machen.«[33] Als Erwachsene sahen sie keine Alternative, als das Leben der eigenen Kinder ebenfalls zu ruinieren. Was dieses Schicksal für Mutter und Kind bedeutete, können wir aus den Äußerungen einer siebzehnjährigen Textilarbeiterin ablesen, die schon seit zehn Jahren in einer Fabrik in Nordengland schuftete:

»Als ich bereits ein halbes Jahr gearbeitet hatte, wurden meine Knie und Fußgelenke schwach, es hörte nicht auf, sondern wurde immer schlimmer. Morgens konnte ich kaum laufen, und so packten mich mein Bruder und meine Schwester freundlicherweise unter meine Arme und rannten mit mir los. Gut eine Meile war es bis zur Fabrik, und meine Beine schleiften über den Boden. Weil die Schmerzen so groß waren, konnte ich nicht selbst laufen. Wenn wir auch nur fünf Minuten zu spät kamen, nahm der Aufseher den Riemen und schlug uns grün und blau . . . Ich war so normal gewachsen und gesund wie alle anderen, als ich sieben Jahre alt war . . .

Da deine Mutter eine Witwe war, konnte sie sich es wohl nicht leisten, dich herauszuholen? – Nein.

War sie sehr unglücklich, daß du allmählich verkrüppelt und entstellt wurdest?

Ich sah sie manchmal weinen, und ich fragte nach dem Grund. Aber damals schwieg sie. Inzwischen hat sie es mir gesagt . . .«[34]

Die Kinder waren dazu verdammt, so viele Stunden wie ihre Eltern zu arbeiten und möglichst soviel zu schleppen wie ein Erwachsener. (Es gab etliche Fälle, da sich erwachsene Bergmänner einen Bruch hoben, nachdem sie die Last ihres Kindes auf den eigenen Rücken gepackt hatten.) Die »Kinder des Subproletariats« waren nur dem Namen nach Kinder. Wenn sie den unsinnigen Anforderungen nicht gewachsen waren, war die Strafe brutal und sadistisch: Wenn ein junger Nagelmacher »böse« war, wurde sein Ohr auf die Werkbank festgenagelt, und ein »ungehorsames« Mädchen lief Gefahr, an den Haaren durch die gesamte Fabrikhalle geschleift zu werden. Die Familien der betroffenen Kinder hatten sowohl Angst, daß sich solche Strafen wiederholten, als auch Angst, daß die »Stelle« gekündigt werden könnte und daß der Lohn des Kindes fortfallen würde.

Und die meisten Familien waren angesichts dieses Dilemmas machtlos, sie konnten es sich nicht leisten, den Mißbrauch ihrer Kinder anzuprangern. Es gibt jedoch das Beispiel einer Mutter, der es zuviel wurde. Als ihr junger Sohn mit einem *billy-roller* (einer Holzspindel von mehr als zwei Meter Länge und zwölf Zentimeter Durchmesser) verprügelt wurde, bis er Blut erbrach, reagierte sie nach den Worten des Sohnes wie folgt:

»Ich flehte meine Mutter an, sich nicht zu beschweren, aus Angst vor weiteren Prügeln. Am nächsten Morgen folgte sie mir auf dem Weg zur Arbeit. Sie ging zu dem Dreckskerl, der mich so behandelt hatte und machte ihm schwere Vorhaltungen ... Kaum war sie gegangen, da schlug er mich wieder feste, weil ich es ihr weitererzählt hatte. Einer der jungen Männer ... ging nach draußen, fand meine Mutter und berichtete ihr. Und sie kam wieder herein und fragte mich, womit man mich geprügelt hatte. Aber ich traute mich nicht, etwas zu sagen. Einige Umherstehende zeigten auf das Werkzeug, auf die Holzspindel. Sie packte sie sofort und haute auf den Kopf des Kerls ein und verpaßte ihm ein oder zwei blaue Augen ...«[35]

Anekdoten wie diese sind willkommene Zeugnisse dafür, daß die Frauen während der industriellen Revolution nicht ununterbrochen einem Fegefeuer von Grausamkeit, Leiden und Ausbeutung passiv ausgeliefert waren. Noch war die vorindustrielle Zeit so rosig und idyllisch, wie es manchmal scheint. Es gab keinen plötzlichen Szenenwechsel von einem ländlichen Utopia zu schwarzen, satanischen Fabriken. Und die Landfrauen, die La Bruyère als »wilde Tiere« beschrieben hatte, die in Löchern lebten, arbeiteten und starben, hätten sicherlich mit größtem Erstaunen gehört, daß ihr Leben einem verlorenen Paradies gleichkäme. Wir können nicht alles Böse dieses ereignisreichen Jahrhunderts auf das Fabriksystem und auf die Produktionsverhältnisse zurückführen. Zum Beispiel das Bevölkerungswachstum: Mehr Babys überlebten die Geburt und frühe Kindheit, weniger Frauen starben bei der Geburt. Daraus resultierte zwar eine Bevölkerungsexplosion, die sicherlich zur Überfüllung der städtischen Slums und zu bitterer Armut führte. Aber hier war auch eine Kraft der Natur positiv wirksam, die etwas mit einer uralten Quelle von Macht und Leben zu tun hatte und nichts mit den neuen, gefährlichen Entdeckungen.

Man hat auch argumentiert, daß die industrielle Revolution eine für das Überleben der Gesellschaft objektiv notwendige Umwälzung war – trotz des Leidens jener Menschen, die im Kampf gegen die allmächtige Maschine unterlagen. »Wer keine neuen Heilmittel anwendet«, so Francis Bacon, einer der ersten Gesellschaftstheoretiker der Moderne, »muß neues Übel erwarten.« Was wäre passiert, wenn man der Katastrophe aus dem Weg gegangen wäre? T. S. Ashton, einer der führenden Historiker jener Epoche, umreißt eindrucksvoll die Alternative:

»Das Hauptproblem dieses Zeitalters: Wie sollte man Massen von Kindern ernähren, kleiden und mit Arbeit versorgen, die doch zahlenmäßig viel stärker waren als je eine Generation zuvor? Irland sah sich dem gleichen Problem ausgesetzt. Und weil das Land es nicht lösen konnte, verlor es in den 40er Jahren ungefähr ein Fünftel der Bevölkerung – durch Auswanderung, Hunger oder Krankheit. Wenn England eine Bauern- und Handwerkergesellschaft geblieben wäre, hätte man diesem Los wohl kaum entkommen können ... Es gibt heutzutage auf den Ebenen Indiens und Chinas Männer und Frauen, von Seuchen und Hungersnot heimgesucht, die nach außen kaum besser leben als das Vieh, das tagsüber mit ihnen schuftet und nachts die Schlafstätten mit ihnen teilt. Solche asiatischen Verhältnisse und solche primitiven Schrecken sind das Los jener Länder, die immer mehr Menschen haben, ohne eine industrielle Revolution durchzumachen.«[36]

Einiges spricht für das letzte Argument; es ist ein gutes Gegengewicht zur tristen Untergangsvision mancher Interpreten dieser historischen Ereignisse. Freilich, der vorwärtsstürmende Fortschritt wird selten von jenen willkommen geheißen, die er unter seinen Stiefeln zertrampelt. Die Frauen mußten die von Männern erfundene, unwiderstehliche Maschinerie bedienen. Sie waren dazu verdammt, den neuen Göttern der Macht für einen beleidigenden Hungerlohn aufzuwarten. Für sie war die Erfindung *wahrlich aus der Not* geboren. Von dieser Arbeit, von diesen Löhnen konnten Frauen nicht leben. Verheiratete Frauen oder Mädchen im heiratsfähigen Alter waren also an die Ehe gekettet. Die Fesseln waren wie aus Stahl, denn das Gebot hieß »Überleben«. Alleinstehende dagegen zahlten mit allem, was sie hatten – oder, brutalerweise, was sie nicht hatten –, für den Verstoß gegen die Norm. Nichtseßhafte Frauen wanderten in beispiellosen Zahlen durch das Land. Allein im Juni 1817 versorgte die Gemeinde von Rugby in den Midlands, dem großen Industriegebiet Englands, 18 nichtseßhafte Frauen. Eine von ihnen »wohnte acht Männern bei«. Die Magistrate Londons verzeichneten eine ständige Zunahme von Selbstmorden bei Frauen. Andere Entwurzelte legten sich einfach hin und starben. Der angehende Käufer eines Hauses in der Nähe der St.-Pauls-Kathedrale mußte zu seinem Entsetzen entdecken, daß drei völlig ausgezehrte weibliche Leichen im Gebäude lagen. In der Dachstube fand er zwei weitere Frauen und ein sechzehnjähriges Mädchen, die dem Hungertod nahe waren.[37] Frauen wurden, um den Preis ihres Lebens, wieder in die Abhängigkeit gezwungen. Und inzwischen festigten die Männer ihre Herrschaft über Natur und Technik. Mit einem weitreichenden und komplexen Räderwerk der Unterwerfung, das bis heute noch nicht zum Stillstand gebracht worden ist.

Jede Revolution ist eine Revolution der Ideen. Aber innovieren heißt nicht reformieren. Die Revolutionen des 18. Jahrhunderts sind zwar in einigen spezifischen Grundsätzen sehr unterschiedlich, aber sie teilen eine einfache Wahrheit: Jede einzelne war eine Revolution für wenige, nicht für alle Menschen. Und nur wenige traditionelle Vorstellungen wurden während der großen Umwälzung endgültig weggefegt. Als besonders langlebig und hartnäckig erwies sich der Mythos von der natürlichen Überlegenheit des Mannes. Dann kam die große Welle der Expansion. Abenteurer und Gründer von Kolonialreichen machten sich auf, fremdes Terrain zu erobern. Wie ein Pestvirus reiste, unerkannt und unkontrolliert, der uralte Mythos von der Überlegenheit des Mannes mit. Das erste Mitbringsel des weißen Mannes für seine neuen Herrschaftsgebiete.

Kapitel 9
Die Knute des Kolonialismus

»Wer je Virginia erschaut,
Dies wird ihm sicherlich dünken
ein Land für Männer . . .«
Michael Drayton »Ode an die Reise nach Virginia«, 1605

»So sollen Frauen in die Kolonien gehen, gleich den Männern, daß
die Plantagen mit den Generationen sich ausdehnen und nicht auf
ewig von außen bevölkert werden.«
Francis Bacon bei einer Ansprache vor dem Englischen
Kronrat für Virginia, 1609

»Nein, nein – nicht wirklich! Mein Gott –
nicht noch mehr von diesen verdammten Huren!«
Leutnant Clark von der Ersten Flotte bei der Ankunft
eines Schiffes mit weiblichen Sträflingen, Sidney, Juni
1790

»Frauen sind Frauen, auf der ganzen Welt,
egal welche Hautfarbe sie haben.«
Rider Haggard, *King Solomon's Mines,* 1886

Die industrielle Revolution bedeutete eine Vergewaltigung der Natur.
Und der gleichzeitig stattfindende imperiale Vorstoß, der die Industrialisierung stimulierte und ihre Märkte versorgte, bedeutete die Vergewaltigung der ganzen Erde. Zwischen 1796 und 1818 bemächtigte sich Großbritannien Ceylons, Südafrikas, Indiens, Burmas und Assams. Bis zum
Opiumkrieg um 1842 waren auch noch Hongkong, Pandschab, Kasch-
mir, Afghanistan und Singapur unter den Gefallenen. Aber das Empire
war keine rein britische Erfindung. Auch die Holländer, Spanier, Franzosen, Belgier und Portugiesen stürzten sich auf die Verteilung der Erde,
wie kleine Jungen bei einer Rauferei. In Nordamerika marschierten Siedler und Soldaten Richtung Westen. Das war wie eine Neuauflage der

eroberungsfreudigen Gründerväter dieser Nation, und die USA wurden dabei innerhalb ihrer natürlichen Grenzen zu einem Weltreich, das an Größe viele andere übertraf. Die Summe dieser Eroberungszüge hinterließ bei der Formierung unserer heutigen Welt ein entscheidendes Vermächtnis. Von der Apartheid in Südafrika bis zu den Waffennarren in den USA: die Spur des großen Kolonialherren, der mit dem Gewehr in der Hand über die Jagdgründe der Geschichte einherstolziert, kann bis zum heutigen Tag verfolgt werden.

In Liedern, Geschichten, Mythen, Erinnerungen und vor allem in der offiziellen Geschichtsschreibung galt das Gründen von Weltreichen stets als heroisches, männliches Unternehmen. Seit den Zeiten Alexanders des Großen, der bis zum Ende der damals bekannten Welt vorstieß und dann weinte, weil er keine Grenze mehr erobern konnte, fehlten die Frauen in den Annalen der Kolonialisierung. 1620 stach die *Mayflower* in See, und die Namen der Pilgerväter sind im Hafen von Plymouth in Stein verewigt. Aber die 18 mitreisenden Frauen finden keine Erwähnung. Und die Weltreiche dehnten sich immer stärker aus. Die Schranken wurden umgestoßen – von Typen wie Kiplings kaltschnäuzigen Abenteurern, »die nach Tabak und Blut riechen«. Die klassische Mär von »Einer gegen Alle« wird trefflich wiedergegeben in Rider Haggards epischer Erzählung *King Solomon's Mines*. Da prahlt der Held: »Ich kann mit Bestimmtheit sagen, daß es in der gesamten Geschichte keinen einzigen *Unterrock* gibt.«

Aber weiblichen Einfluß gab es doch, wie wir aus Ortsnamen wie Port Elizabeth oder Maryland ablesen können. Denn die Frauen waren da, immer schon. Zur Zeit der alten Griechen waren sie als Siedlerinnen aktiv, und von Anfang an waren sie für das Formieren und Überleben der Weltreiche wichtig, wie Bacon unterstrichen hatte. Beim großen nordamerikanischen Unternehmen war das allererste Siedlerkind ein kleines Mädchen mit dem passenden Namen Virginia Dare. Es kam glücklich am Himmelfahrtstag des Jahres 1587 auf der Insel Roanoke zur Welt. In Australien war die kleine Rebekah Small das erste weiße Kind, das – kurz nachdem die Erste Flotte 1788 gelandet war – auf diesem Kontinent zur Welt kam. Sie war zwar die Tochter einer der »verdammten Huren«, über die sich Leutnant Ralph Clark so entsetzt hatte, aber sie schaffte es immerhin, später einen Missionar zu heiraten und ihr Land mit nicht weniger als 14 kleinen Australiern zu beglücken.

In der Geschichte des Kolonialismus waren die Frauen stets präsent. Der Grund war einfach: Ohne sie schafften es die Männer nicht. Auf der

214

ganzen Welt war sichere und dauerhafte Besiedlung ohne weibliche Arbeitskraft in der Tat unmöglich. Der holländische Oberst Van Riebeck, der erste Gouverneur am Kap, war schier entsetzt über die Unfähigkeit seiner Männer, das Vieh zu versorgen, Butter und Käse zu machen oder überhaupt etwas für das eigene Wohlergehen zu tun. Sofort wurden bei den Waisenhäusern in Amsterdam und Rotterdam junge Mädchen bestellt, um dieses Defizit auszugleichen. In England wurde, dank der Warnungen von Francis Bacon, das Problem von Anfang an erkannt. Die London Company, die für die erfolgreiche Gründung der Siedlung Jamestown in Virginia verantwortlich war, schickte systematisch »junge, heiratsfähige Frauen« in die Neue Welt, die neben den Männern »eingepflanzt« werden sollten. Sie mußten »gutaussehende und ehrlich erzogene Jungfrauen« sein, und der Kolonie »besonders empfohlen wegen ihrer anständigen Herkunft«. Aber weder Aussehen noch Erziehung, noch Herkunft verhinderten, daß diese Mädchen wie die Waren behandelt wurden, die sie ja in der Tat darstellten. Bei der Ankunft in Virginia wurden sie für 120 Pfund Spitzentabak »verkauft«, das entsprach einem Wert von 500 Dollar pro Nase. Danach waren sie dem Käufer auf Lebenszeit verpflichtet – als Ehefrau oder Dienerin.

Andere junge Mädchen konnten noch weniger über ihr Los bestimmen. Arme oder verwaiste Mädchen wurden auf den Straßen Londons regelrecht gekapert und bekamen, mit verdächtigem Eifer, Arbeitsverträge vorgesetzt. Sie mußten Herren dienen, die sie nie zuvor gesehen hatten. In Ländern, die ihnen so gut wie unbekannt waren. Wenn diese nicht ganz freiwilligen Kontraktarbeiterinnen dann eingeschifft wurden, bekamen sie am Hafen allerlei zu hören: Da spekulierten die lieben Mitmenschen, daß fünf von sechs Frauen die Überfahrt nicht überleben würden und daß der Rest dann gewiß an Malaria und Sumpffieber eingehen würde. Denn Jamestown lag doch so ungesund, und es starben dort die Männer wie Fliegen am »verdammten Ausfluß, Delirium, Wechselfieber«, oder sie »verhungerten in der Kälte«.

Je rauher das Land, um so größer das Unrecht, das Frauen angetan wurde. Jedes Mittel war recht, um den Frauenmangel in den Kolonien auszugleichen. Von Anfang an wurden Frauen wegen viel geringerer Delikte als Männer in die große Sträflingskolonie Australien abgeschoben. Die Männer auf den Schiffen waren Kapitalverbrecher oder gefährliche Wiederholungstäter. Dagegen waren weibliche Verbrecher eine winzige Minderheit, ein Verhältnis von eins zu zehn, damals wie heute. Aber

Englands Richter waren besessen vom Gebot des Empires, die Zahl der Frauen in den Kolonien zu steigern. Also verurteilten sie weibliche Gesetzesübertreterinnen beim geringsten Anlaß zur Verschiffung nach Australien. Und dann fand sich die Kammerzofe einer Lady, die die Handschuhe oder Haarkämme ihrer Herrin »geborgt« hatte, auf gleicher Stufe mit dem brutalen Straßenräuber, Leichendieb oder Mörder wieder.

Es war leichter gesagt als getan, »ehrliche« Frauen einzuführen. Von Anfang an gab es Mißbrauch und Ausbeutung. Ein Angestellter der London Company stellte sich ein Patent aus, »die Töchter von Freisassen nach Virginia zu schaffen, wo sie im Dienste Seiner Majestät sich vermehren mögen«.

Dort war der Preis für eine Frau innerhalb von nur zwei Jahren von 120 Pfund Tabak auf 150 Pfund hochgeschnellt. Ein anderer Möchtegernfleischhändler mit dem passenden Namen Breed (Brut) drängte sich der britischen Regierung mit dem Vorschlag auf, für 150 Guineen pro Person »16 anständige junge Frauen unter 23« nach Hobart zu transportieren. Unter der Leitung des Londoner Auswanderungskomitees wählten Wohltätigkeitsorganisationen weibliche »Sozialfälle« aus, die einer staatlich begünstigten Überfahrt »würdig« waren.

Ein Mann namens John Marshall bekam den Vertrag, für ihren Transport zu sorgen. Bei ihrer Ankunft stellte sich jedoch heraus, daß die ersehnte Fracht eine beträchtliche Quote »Unwürdiger« aufwies. (»Prostituierte und Arme« – sagten die Kritiker.) Marshall hatte sie »von den Straßen Londons aufgesammelt«, um sein Kontingent an Passagieren voll zu bekommen. Kaum waren sie an Bord, so machten sich die Unwürdigen flott daran, die Würdigen mit ihrer Lebensart vertraut zu machen:

»Die Disziplin an Bord war lasch gewesen, und das führte zu liederlichen Auftritten, Trunkenheit und Ausschweifungen . . . bei der Ankunft in der Kolonie führten sich die Frauen abstoßend auf und vergrößerten die Reihen der Prostituierten. Sie trugen mehr zur Verderbnis als zur Zivilisierung Australiens bei . . .«[1]

Auch als die Auswanderungsstellen für Frauen ordentlich arbeiteten, wurde das Problem des Frauenmangels nicht gelöst. Noch 1879 spürten die Männer Australiens die Knappheit schmerzlich, wie aus den folgenden Anzeigen des *Matrimonial Chronicle*, einer Publikation für Ehewillige, hervorgeht:

»– Frau gesucht, von einem jungen Mann auf dem Land, Haus und Jahreseinkommen von 500 Pfund vorhanden.

– arbeitsfähige Frau gesucht, von einem Mann im Kreis Manora. Er hat viel Landbesitz und viele Schafe.

– Frau gesucht, von einem jungen Mann in Queensland ... die Dame muß des Lesens und Schreibens kundig sein, damit sie ihm bei seinem Geschäft helfen kann.«[2]

Die Frauen wurden freilich für viel, viel mehr gebraucht als für die bloße Arbeitskraft. Es ist nicht daran zu zweifeln, daß die Reproduktion die Hauptaufgabe der Frauen in den Kolonien war. Vor allem, wenn das Klima feindlich war, und Krankheiten und Gefahren die Säuglingssterblichkeit in die Höhe schnellen ließen. Die Ehefrau des Hochwürdigen Samuel Sewall aus Massachusetts gebar ihm in vierzigjähriger Ehe 14 Kinder. Aber kaum war sie vier Monate tot, da suchte der Patriarch nach einer neuen Braut – »im gebärfähigen Alter«. Von den Frauen wurde überdies erwartet, daß sie weniger greifbare Pflichten erfüllten: Sie sollten für gewisse Umgangsformen sorgen und die Männer zivilisieren. Die britische Regierung war bestürzt über die Vielzahl von Kolonialbeamten, die »wild wurden«, d.h. der Verführung durch einheimische Frauen erlagen. Also exportierte sie schleunigst Schiffsladungen voller »Englischer Rosen«. Doppelt ausgerüstet mit Bibel und Seife, jagten die weißen Frauen flugs die einheimischen Konkubinen fort. Sie wurden offen bewundert von Reisenden wie dem Baron von Hubner: »Es ist die Engländerin, mutig, ergeben, gebildet und wohlerzogen – die christliche Hüterin des häuslichen Herds –, die durch ihren Zauberstab diese heilsame Wandlung herbeigeführt hat.«[3]

Aus dem Zitat geht hervor, wie englische Frauen als Waffe des Kolonialismus benutzt wurden. Man wollte die Herrenrasse rein halten und die damals so gefürchtete »Rassenmischung« vermeiden. Sogar die Gegenwart der Schwester vermochte »manch einen jungen Mann vom Alkohol und vom *Ruin* zu retten« – das war die Meinung vieler alter Imperialisten. Und unter »Ruin« verstanden sie sexuelle Beziehungen zu einheimischen Frauen. Eine richtige Engländerin hatte eine Porzellanhaut und zartrosa Wangen. Sie war frisch und zerbrechlich, unschuldig und unverletzlich. Sie verkörperte alle Werte »Englands, der Heimat und der Schönheit. Dafür litten und starben viele Männer. Aber die Aufgabe der Frauen, die Moral der Weißen aufrechtzuerhalten, war nicht nur eine fixe

Idee in den multi-rassischen Außenposten des Empires, noch hatten sich patriarchalische Männer diese Variante weiblicher Kulturarbeit ausgedacht. Die Philanthropin Caroline Chisholm, deren Hingabe an die Sache der Frauen nicht angezweifelt werden kann, empfahl 1847 der britischen Regierung folgende Leitlinie als Rezept für die ›Formierung eines guten und großen Volkes‹ in Australien: ›Mögen Sie noch so viele Geistliche schicken, noch so viele Lehrer ernennen, noch so viele Kirchen erbauen, noch so viele Bücher exportieren: Sie werden nie viel erreichen ohne jene Wesen, die ein Gentleman in der Kolonie sehr zutreffend ‚Gottes Polizei‘ genannt hat, nämlich gute und tugendhafte Frauen.‹«[4]

Auch Frauen, denen sogar die eigenen Mütter kaum Güte oder Tugend bescheinigt hätten, bekamen eine Schlüsselrolle bei der Disziplinierung der Männer. Vor allem im »Wilden Westen«, wie ein Historiker berichtet: »Wenn man die Ungeschlachtheit, die Roheit der früher vorwiegend männlichen Gesellschaft in Betracht zieht, muß man zugeben, daß die ›gefallenen Mädchen‹ eine wichtige Rolle bei der Zähmung des Westens spielten.« Und ein alter Mann aus Montana drückte es so aus: ». . . oft genug würde so ein Goldgräber sich nie das Gesicht waschen oder die Haare kämmen, wenn er nicht an die Animiermädel denken würde, die er vielleicht in den Saloons treffen könnte.«[5]

Von Anfang an begaben sich Frauen nur unter männlichen Bedingungen in das Abenteuer Kolonialismus. Sie waren schlicht die Instrumente für den vorrangigen Imperativ der Patriarchen: Land und Herrschaft. Und als die Frauen in den fernen Ländern angekommen waren, erinnerten sie selbst dort die starren Gesellschaftsstrukturen ununterbrochen an ihren Daseinszweck und untermauerten noch ihren Status als Menschen zweiter Klasse. In Amerika durfte anfangs kein Land an unverheiratete Frauen vergeben werden, diese sollten eben »unter der Aufsicht der Familie« leben. In Maryland wurde 1634 ein Gesetz erlassen, demzufolge jede Frau, die Land erbte, innerhalb von sieben Jahren heiraten mußte. Andernfalls bekam ihr nächster männlicher Verwandter das Land. Eine Frau in Salem wurde zu einer Prügelstrafe verurteilt, weil sie »dem Magistrat Vorwürfe machte«. Danach »zwängte man noch ein gespaltenes Holz in ihren Mund, eine halbe Stunde lang«, denn sie hatte überdies noch »den Ältesten Vorwürfe gemacht«. Immerhin blieb sie am Leben. Anders ging es dem »predigenden Weib« Mary Dyer. »Von sehr großem Stolz und von Erscheinungen heimgesucht« wurde sie aus Boston verbannt. Aber sie kehrte zurück und endete am Galgen.[6]

Bei der zweiten großen Kolonisierungswelle erreichte der Gebrauch und Mißbrauch von Frauen epidemische Ausmaße. Das hatte zum Teil mit dem Charakter des Unternehmens Australien zu tun: Das Land war ja anfangs als Strafkolonie konzipiert worden und galt nie als Bollwerk gegen die Verfolgung, noch nicht einmal als Spiegel des normalen Lebens in der alten Heimat England. Diese Bedingungen führten dann dazu, daß die Überfahrt, die an sich schon eine Strafe war, für Frauen doppelt schlimm ausfiel. Sie litten nicht nur wegen ihrer Verurteilung, sondern auch wegen ihres Geschlechts. Sie waren Häftlinge, und das genügte, ihnen alle Menschenrechte, alle persönliche Autonomie abzusprechen. Vom Augenblick des Urteilsspruchs an waren sie leichtes Spiel. Der sexuelle Mißbrauch weiblicher Häftlinge begann schon auf dem Transportschiff, wie ein aufgebrachter Beobachter der Parlamentarischen Kommission für den Zustand der Gefängnisse im Jahre 1819 berichtete:

»Diese Frauen informierten mich ... daß sie Opfer aller denkbaren Beleidigungen seitens des Schiffsführers und der Besatzung waren; daß der Kapitän etliche von ihnen auszog und öffentlich auspeitschte; daß eine junge Frau aufgrund der Mißhandlungen sich ins Meer stürzte und ertrank; daß der Kapitän eigenhändig eine der Frauen mit einem Seil schlug, bis sie sehr verletzt war an ihren Armen, Brüsten und anderen Körperteilen ...«[7]

Der gleiche Zeuge führte an, daß »die jüngsten und hübschesten Frauen von den anderen Häftlingen für den Kapitän ausgesucht wurden ... für die übelsten Zwecke.« Sogar mitreisende Ärzte nahmen an diesem grotesken Mißbrauch ihrer Schutzbefohlenen teil. Eine Strafgefangene namens Elizabeth Barber klagte den Assistenten des Schiffsarztes an als »einen verseuchten Blutsauger, der unschuldige Mädchen verführte, während er sie wegen Fieber behandelte. Dabei benutzte er die Krankenstation als ein schwimmendes Bordell.«[8]

Ein weiblicher Häftling – das war in den Augen jedes rechtschaffenen Mannes dasselbe wie eine Verlassene. Und eine Verlassene war nichts anderes als eine Hure. Ein Vorurteil, das dann alle Frauen in den gleichen Topf warf. Einer der ersten Magistrate der Kolonie, der ironischerweise selbst einmal ein Häftling gewesen war, beschrieb die Frauen als »die abstoßendsten Geschöpfe, die je das weibliche Geschlecht entehrt haben«. Ein anderer drückte sich noch derber aus: Für ihn waren die Frauen

»das Allerniedrigste ... sie rauchen und trinken allesamt, und um es deutlich auszusprechen: Ich meine, daß sie alle *Prostituierte* sind.«[9]

Als die Erste Flotte 1788 586 Männer und 192 Frauen nach Australien transportierte, waren unter den weiblichen Häftlingen zweifellos auch Prostituierte. Aber es war vollkommen egal, ob sie Prostituierte waren oder nicht, da sie alle bei der Ankunft als solche behandelt wurden. Man händigte sie sofort dem erstbesten aus, der vortrat und um sie bat. Dieser Brauch regte manche unbeteiligte Beobachter auf, weil er von so schamloser, brutaler Einfachheit war. Ein freier Siedler schrieb wie folgt nach Hause:

»Es ist fast unglaublich, was sich bei der Ankunft eines Schiffes mit weiblichen Häftlingen abspielt. Der Brauch duldet es, daß die Einwohner der Kolonie sich Frauen beliebig aussuchen können, nicht nur als Dienerinnen, sondern eingestandenermaßen als sexuelle Objekte ... sie machen die Kolonie zu etwas, was nicht sehr viel besser ist als ein ausgedehntes Bordell.«[10]

Ein Mann durfte beliebig viele weibliche Gefangene für seine persönlichen Zwecke haben, es gab keinerlei Beschränkung. Die Frauen wurden einfach den Männern nach der Landung ausgehändigt, zusammen mit den anderen Gebrauchsartikeln, die ihnen zustanden. Es gab sogar besondere Erlasse für das Militär: 1803 wurden 40 transportierte Frauen kaltschnäuzig als »weibliche Ration für das New South Wales Corps« aufgelistet.[11]

Man zwang die Frauen in die Prostitution und bestrafte sie dadurch doppelt für ihre Verbrechen: durch die schreckliche Überfahrt und die anschließende Hurerei. In dieser Situation war der beste Ausweg für eine Frau, sich an einen einzelnen männlichen Beschützer zu binden. In der Regel jedoch wurden die Frauen der »letzten Flotte« auf die Straße gejagt, wenn die nächsten Schiffe mit ihrer Fracht »Frischfleisch« sicher gelandet waren.

Frauen durften an den Privilegien und Vorteilen ihrer Gesellschaft nicht teilhaben, aber die Nachteile und Strafen voll auskosten. Dafür sorgten dieselben Gesetze. In den Kolonien ertrugen die Frauen, egal wie niedrig ihr Status war, vollkommen gleichberechtigt alle Bürden des Empires. Schulter an Schulter standen sie mit ihren Männern. Es gab keine Schonung für das »schwache Geschlecht«, wenn die unerträgliche

Hitze die Menschen folterte. »Heiß wie die Hölle! Wir wurden unsäglich gequält«, so erzählte ein Opfer der sechs Monate währenden Hitzewelle in Indien. Da stieg tagsüber die Temperatur auf 45 Grad im Schatten, in der Nacht wurde es nie kühler als 35 Grad, und rund um die Uhr war die Luft »wie heißes Eisen auf der Haut«. Andere Prüfungen bestanden darin, in einem Bett voller roter Ameisen wach zu werden. Von Assam bis Arizona pflegte man als unfehlbares Gegenmittel die Beine des Betts in je eine Blechdose voller Wasser zu stellen. Es kam auch vor, daß man beim Spaziergang zu irgendeinem hübschen Fleck in der Nachbarschaft ein paar »Mitreisende« sammelte: »Ich kann nicht beschreiben, wie schön der Ort war, die Ufer waren voller wunderschöner Blumen, und am Grund rauschte klares Wasser über graue Steine hinweg . . . Massen von Blutegeln saugten sich an mir fest – eklige, große, schwarze Geschöpfe . . . an 25 Stellen wurde ich gebissen, und ich blutete heftig, obwohl es überhaupt nicht weh tat . . .«, so berichtet gelassen eine *burra memsahib*.[12]

Auch der höchste Rang schützte nicht vor Ungemach. Als die Vizekönigin von Indien von ihren Pflichten vollkommen erschöpft in Simla ankam (nach einem »gräßlichen Alptraum von einer Reise«, die sie in Handtücher gehüllt verbracht hatte, um mit ihren gewaltigen Schweißausbrüchen fertig zu werden), fand sie 50 riesige blutsaugende Insekten in ihrem Bett vor. Und sie mußte sich die ganze Nacht mit ihnen befassen. »Bis zum Morgen tötete ich vier von ihnen . . . ich bin entzückt, wieder hier zu sein«, so schrieb sie lakonisch an ihre Tochter.[13] Soviel Entschiedenheit war noch nötiger, wenn es sich bei den hungrigen Angreifern um Wölfe handelte, wie es im Westen der USA vorkam. Noch gefährlicher konnte es in Afrika werden. Ann Moffat von der berühmten schottischen Missionarsfamilie rettete sich einmal vor einem angreifenden Löwen, indem sie einen gut berechneten Sprung in ihren Ochsenwagen tat. Dort lag sie die ganze Nacht und hörte, wie die große Katze die Knochen ihres Ochsen zermalmte, den es an ihrer Stelle erwischte.

Das gefährlichste aller Raubtiere war freilich das zweibeinige, und Pionierinnen mußten ständig bereit sein, sich zu verteidigen. Die Missionarin und Predigerin Dr. Anna Shaw beschreibt, wie sie reagierte, als ein Mann sie vergewaltigen wollte. Er war von ihr angeheuert worden, um sie durch ein entlegenes Grenzgebiet zu führen:

»Ich tastete unbemerkt nach dem Revolver in der Mappe auf meinem Schoß. Keine Berührung menschlicher Finger hatte je soviel Trost gebracht. Dankbar atmete ich tief durch, nahm den Revolver heraus und zog den Hahn ... Er erkannte das plötzliche Geräusch. ›Bei Gott‹, rief er aus, ›du würdest es nicht wagen‹ ... Ich spürte, wie mir angesichts dieses entsetzlichen Augenblicks die Haare zu Berge stiegen, schlimmer als der böseste Alptraum einer Frau ...«[14]

Die ganze Nacht fuhr Anna mit dem verhinderten Vergewaltiger durch einen dunklen Wald, ihren Revolver ständig auf den Rücken des Mannes gerichtet. Ihre schreckliche Reise hatte ein glückliches Ende. Als sie das entlegene Holzfällercamp erreichte, strömten alle Männer herbei, um die Predigerin zu sehen, die neben der Bibel auch eine Schußwaffe einpackte. Die Spendensammlung am Ende des Gottesdienstes war die größte, die die Siedlung je erlebt hatte. Und Anna selbst war ebenfalls ein großer Erfolg, wenn auch nicht ausschließlich wegen ihrer christlichen Worte. »Ihre Predigt?« sagte einer der Männer anschließend. »Keine Ahnung, worüber sie gepredigt hat – aber die Kleine hat Mumm, verdammt noch mal!«

Solche Erfahrungen waren alltäglich im Kolonialismus. Überall, wo Männer Männer waren und Frauen sich darauf einstellen mußten. Der einsame Lüstling war nicht die einzige Bedrohung. Wer in den Kolonien lebte, befand sich immer am Rande der Gefahr. Und die Frauen entwikkelten ganz neue Fähigkeiten, so selbstverständlich wie sie zuvor in der Alten Welt Stickereien oder Hausarbeiten verrichtet hatten. Sie lernten, auf Ochsen, Maultieren, Kamelen oder Elefanten, auf allem, was vier Beine hatte, große Strecken zu reiten. Sie suchten selbst den Weg, wenn sich der Führer wie ein Dieb in der Nacht davonschlich und sie ihrem Schicksal überließ. Sie lernten, mit allen möglichen Krisensituationen fertig zu werden.

Wie die stoische Margaret Carrington, die in den großen Ebenen Nordamerikas lebte. Ohne sich zu beklagen, zählt sie die täglichen kleinen Schicksalsschläge auf: »das Brechen der Zeltstange um Mitternacht, wenn drei Fuß Schnee aufliegt, das Auflodern der Zeltplane, wenn sie mit dem glühendheißen Ofenrohr in Berührung kommt, der Schnee, der durch den gut zugedeckten Eingang kriecht und das Bett näßt, festgefrorene Wassereimer ... der Wind der Ebene ... der Laken und Tischtücher zerfetzt oder sie über die Prärie jagt ...«[15]

Margarets Waschtage waren gewiß eine schwere Prüfung, und sie sorgte sich, ganz weiblich, um die hübschen Kleinigkeiten des Alltags wie

Tischtücher und dergleichen. Das verschleiert jedoch, daß diese Pionierinnen zusätzlich zur unvermeidlichen »Frauenarbeit« auch noch die Last typischer Männeraufgaben bewältigen mußten. »Ich lernte ganz ausgezeichnet mit einer Muskete umzugehen«, erklärte Susie King Taylor, eine ehemalige schwarze Sklavin. »Ich konnte geradeaus schießen und häufig das Ziel treffen.« Susie wußte auch, wie man eine Muskete lud, reinigte, auseinandernahm und wieder zusammensetzte.

Ihre Waffenkenntnisse lernte sie, als sie vier Jahre lang bei einem Nordstaatenregiment während des amerikanischen Bürgerkriegs diente, »ohne einen Dollar zu kriegen ... froh, daß ich mit dem Regiment marschieren durfte«[16]. Zu Susies Aufgaben gehörten die Krankenpflege und das Schießen. Die Armee bekam also von Anfang an doppelten Wert, ohne etwas zu zahlen.

Oft genug fühlten sich die Männer durch das Selbstvertrauen und die Kompetenz solcher Frauen vollkommen entnervt. Da gab es zum Beispiel Annie Blanche Sokalski, eine Soldatenwitwe und eine echte Heldin des Wilden Westens, berühmt als Scharfschützin und Kunstreiterin. Sie kleidete sich immer in Fellen von Wölfen, die sie eigenhändig getötet hatte, und trat überall in Begleitung ihrer 13 Hunde auf. »Genau die Anzahl der Streifen in der amerikanischen Nationalflagge«, pflegte sie zu sagen. Als diese Wolfsfigur wie eine Horrorvision an General Sherman vorbeigaloppierte, hörte man den erstaunten Befehlshaber nach Luft schnappen: »Was zum Teufel ist das für ein Geschöpf? Eine Wilde, eine Pawnee- oder Siouxindianerin, oder was?«[17]

Frauen, die die Freiheiten des Empires genießen konnten, weil sie das Glück hatten, von hohem politischem und gesellschaftlichem Rang zu sein, wurden reichlich für ihr Abenteuerdasein belohnt. In der Blütezeit des Kolonialismus war das Leben für manche wie ein Märchen – »unter dem Schatten eines Traumes«, wie es Kipling nannte. Die Vizekönigin von Indien beschreibt, wie die Gastquartiere im Palast eines Maharadschas aussahen:

»... blaßblaue Seidenvorhänge mit wunderschönen Verzierungen und Badezimmer mit jedem bekannten Badesalz und Parfüm aus der Rue de Paix. Am nächsten Tag besichtigten wir die Festung und wurden auf Stühlen aus rotem Samt und Gold hochgetragen ... Ich wünsche, Ihr hättet den Frauenhof sehen können, eine einzige Schnitzerei aus weißem Marmor, wie Alabaster ...«[18]

Und das waren nur die Vergnügungen am Tag. Nachts gab es die »Mondschein-Vergnüglichkeiten«, das waren Feste mit 500 oder 1000 Gästen, die in Phantasiekostümen die Nacht hindurch auf weißen, gewachsten Planen tanzten, umgeben von unzähligen Hortensien unter Bäumen, die mit roten, weißen und blauen Lampen erleuchtet waren. Sogar die Alteingesessenen verfielen bei solchen Gelegenheiten wieder dem Zauber Indiens: »Vollmond, und der ganze Garten ist umgeben von Blumenmauern, ein Blütenmeer – ein *Feenreich!*« verkündete die Vizekönigin mit großer Zufriedenheit. Indien rief sie alle, ob hohen oder niedrigen Standes: »Ich kann niemals richtig ausdrücken, wie glücklich ich bin, wie sehr ich hier dieses entzückende, unkonventionelle Leben genieße«, berichtet die Mutter eines jungen Kolonialbeamten von ihrem ersten und einzigen Besuch bei ihm, »und die Schönheit der Menschen, so reizende Saris und Juwelen, so liebliche Gesichter . . .«[19]

Im allgemeinen allerdings war das Leben der Frauen in den Kolonien kein Fest. Die Sehnsucht nach dem verschwundenen Glanz läßt die Wirklichkeit vergessen, die oft abstoßenden Prüfungen, denen sich Frauen ausgesetzt sahen. Als Dr. Livingstone sich etliche Monate lang beim Missionar Edwards und seiner Frau Mary einquartierte, war er für die Hausherrin kein einfacher Gast. Aber als er überdies unbesonnen einen Löwen zum Angriff reizte und Mrs. Edwards die eiternden Wunden voller Maden pflegen mußte, war der schroffe, arrogante, messianische Livingstone als Patient wohl das allerletzte.[20] Immerhin erholte sich der gute Doktor. Viel schlimmer war der Kummer jener Menschen, die ihre Liebsten pflegen mußten und dabei den Kampf gegen das Schicksal verloren, wie die Gattin von Sir Thomas Metcalfe. Er war britischer Einwohner von Delhi und hatte das Mißgeschick, Rädchen eines Verwaltungsakts zu sein, der Titel und Privilegien des Königs abschaffte. Die Königin rächte sich auf die alte Art der Mogule – sie ließ ihn vergiften. Das Empire kostete viele, weniger berühmte Leben. Da gab es die 17 Jahre alte Jeanie Goldie, die innerhalb von 18 Monaten einen Mann beim Indian Service heiratete, ihr Baby bei der Geburt verlor und an Kindbettfieber starb. »Ich fühlte mich wie ein Mörder«, so schrieb ihr verzweifelter Mann.[21]

Diese individuellen Tragödien sind nur Beispiele für Tausende andere. Sie begannen schon mit der ersten Kolonisierung Amerikas, als ganze Siedlungen untergingen, von äußeren Feinden und von inneren Seuchen grausam dahingerafft, als man Weizen über die Gräber aussäte, damit niemand die Toten zählen konnte. Von Anfang an tönte bei der Saga des Kolonialismus ein Trauergesang mit, Verlust, Niederlage und Tod bildeten den düsteren Dreiklang. Und manchmal trat der Tod in seiner schmerzhaftesten Form ein. Die Oberschwester des Missionskrankenhauses in Peshawar mußte mit ansehen, wie ihr Mann, der Arzt, von einem Mann erschossen wurde, dessen Sohn er nicht hatte heilen können. Frau Starr ließ sich freilich nicht abschrecken, sondern kehrte zum Krankenhaus zurück, um zwischen den Feinden und Mördern ihres Mannes weiterzumachen. Sie widmete ihr Leben den Menschen, die das Leben ihres Mannes genommen hatten. Es sollte noch eine weitere Heldentat folgen. Angehörige des Stammes des Mörders ihres Mannes töteten die Ehefrau eines britischen Offiziers und entführten seine Tochter. Mrs. Starr sprach fließend Pushtu und erbot sich freiwillig, ins Feindesland zu gehen, um das Leben des Mädchens zu retten. Sie schaffte es, die Geisel unverletzt heimzubringen, ohne den Entführern irgendwelche Zugeständnisse zu machen.

Für viele Frauen gab es jedoch kein Happy-End. Einige gingen in einem letzten blutigen Sturm unter, sie kämpften bis zum letzten Atemzug. Wie Mrs. Beresford, eine der vielen Heldinnen und Opfer der schrecklichen Massaker während des Großen Aufstandes von 1857. Als die Bank von Delhi angegriffen wurde, deren Manager Mr. Beresford war, stand seine Gattin unverzagt zur Verteidigung aller ihr liebgewordenen Werte bereit, wie ein Augenzeuge berichtete:

»Beresford . . . floh mit seiner Frau und der Familie auf das Dach eines der Außengebäude. Und dort verteidigten sie sich eine Zeitlang verzweifelt. Er mit Schwert in der Hand, während seine mutige Gefährtin mit einem Speer bewaffnet war. Mit Entschiedenheit und Mut verteidigten sie die Schlucht der Treppe [und] wehrten sich tapfer . . . ein Mann sank tot unter dem Speer der Dame nieder . . .«[22]

Aber die Verteidiger waren hoffnungslos in der Minderheit, und »sich zu wehren hieß nur, die Todesqualen hinauszuzögern«. Mrs. Beresford wurde überwältigt und zu Tode gehackt. Sie wurde zu einem weiteren Beispiel eines imperialistischen Ideals, »die Liebe, die niemals wankt, die Liebe, die den Preis zahlt/ Die Liebe, die unerschrocken das Letzte opfert«[23].

Das letzte Opfer bedeutete: von Feindeshand zu sterben, *pro patria mori*. Ein Los, das vor allem Männer betraf, wenn die Schlacht tobte. Aber die

225

Risiken, die die Soldaten an der Frontlinie eingingen, waren wohl kaum größer als das Routinewagnis jeder Frau in den Kolonien, nämlich Kinder zu gebären – unter allen möglichen Umständen. Im gleichen Augenblick, als das Ehepaar Beresford um sein Leben kämpfte, kam die Offiziersfrau Harriet Tyler nieder. Sie befand sich allein und ohne Hilfe in einem polternden Munitionswagen, der sie aus Delhi und in Sicherheit brachte. Im Vergleich hierzu hatte Mary Livingston, die von ihrem rastlosen Mann David kreuz und quer durch Afrika geschleppt wurde, das Glück, nur »auf einem Feld eingesperrt zu sein«. Ihre Mutter sah das freilich anders, wie aus ihren starken, aber fruchtlosen Vorwürfen an den Schwiegersohn deutlich wird:

»Reichte es nicht, daß Du ein süßes Kind verloren und die anderen kaum durchgebracht hast? . . . eine Schwangere, die mit drei kleinen Kindern umherwandert . . . durch die afrikanische Wildnis, unter gefährlichen Männern und Bestien! Hättest Du einen Ort gefunden, um dort zu missionieren, läge der Fall wohl anders. Kein Wort würde ich äußern, und wenn es die Berge auf dem Mond wären. Aber mit einer Expedition loszuziehen, das ist einfach lächerlich . . .«[24]

Lächerlich oder nicht, es trat ein. Mary kam am Ufer des Flusses Zouga nieder, nur ein dorniger Baum gab ihr Schutz. »Hab' es niemals leichter oder besser erlebt«, so Livingstones Urteil zu seiner fünften Erfahrung, Vater zu werden.

Immerhin wußte Mary Livingstone, was sie zu erwarten hatte. Wenn unvorbereitete Mädchen jung verheiratet und zu kolonialen Außenposten verschifft wurden, ohne Mutter oder weibliche Verwandte, die sie durch die Mysterien des Ehelebens lenkten, dann war das Ergebnis manchmal umwerfend. Zum Beispiel Emily Bayley, eine junge Frau, die im März in Delhi geheiratet hatte. Ihre langen Flitterwochen waren noch nicht zu Ende, als sie sich im Oktober »schrecklich krank« fühlte und die Reise nach Simla nicht fortsetzen konnte. Der Arzt befahl ihr, nach England heimzukehren. Ihr gesamtes Gepäck war schon vorausgeschickt worden, als in der Nacht vor der Abfahrt »wir überrascht wurden von der Geburt unseres ersten Kindes«, wie sie sich erinnerte.[25] Nach Mutter und Kind mußte sich der Arzt bald um einen dritten Patienten kümmern, denn der frischgebackene Vater fiel in Ohnmacht, als er vom Ereignis hörte. Kaum erholt, stürzte er los, um Kleidung für den unerwarteten

Besuch zu kaufen. Er kam triumphierend zurück mit »einem exquisit verzierten, französischen Batistkleidchen und einem rosafarbenen Plüschmantel«. Nicht gerade das, was ein Neugeborenes braucht. Aber dieser Mann wußte nicht, daß Babys aus Geschlechtsverkehr resultieren und daß seine Frau hochschwanger war. Wie sollte man erwarten, daß er von Windeln gehört hatte?

Aber auch für erfahrene Frauen war das Leben in den Kolonien nicht leicht. Was sie vor allem unglücklich machte, war die erzwungene Trennung von den Kindern, die sie mutig in Hütten und an Landstraßen, unter Kanonenwagen und neben unbekannten Gewässern zur Welt gebracht hatten. Im ganzen britischen Empire galt das heilige Gebot, daß Kinder nicht in einem heißen Klima großgezogen werden durften, konnten. Und doch war es die Pflicht einer Ehefrau, an der Seite ihres Mannes auszuharren. Die Folge, wie die englisch-indische Schriftstellerin M. M. Kaye berichtet: »Jahrein, jahraus brachten weinende Mütter ihre Kinder zu den großen Handelshäfen ... und übergaben sie der Obhut von Freunden oder Kinderschwestern, damit sie ›nach Hause‹ gebracht wurden. Dort wurden sie von Verwandten großgezogen oder in vielen Fällen von Fremden (so geschah es auch mit Rudyard Kipling und seiner Schwester Trix).« Mit großer Gelassenheit ließ die *memsahib* die Attacken der Blutegeln über sich ergehen, aber jetzt erlaubte sie sich, um ihre fernen Kinder zu trauern. »Ich fühlte mich wie der Sarg Mohammeds, zerrissen zwischen den einzelnen Teilen meiner zerbrochenen Familie.« Aber wenn sie nicht ihre Kinder auf diese Weise verloren, wie Kaye berichtet, so verloren sie sie auf andere Art: »Indien war übersät mit den Gräbern kleiner Kinder, [und] jede Mutter erwartete, mindestens drei von fünf Kindern, die sie zur Welt brachte, zu verlieren.«[26]

Verheiratete Frauen mußten also schwere körperliche und emotionale Belastungen auf sich nehmen. Da wundert es kaum, daß diejenigen, die die Gelegenheit zum Abenteuer Empire beim Schopf ergriffen, überwiegend Alleinstehende waren. Die Chancen waren da. Es gab Aussichten und Möglichkeiten wie noch nie zuvor im beschränkten Leben einer Frau. Die Fabrikarbeiterin Mary Slessor mußte über ein Jahrzehnt sparen und studieren, bevor sie ihren ehrgeizigen Traum wahr machen und als Missionarin nach Afrika gehen konnte. Aber nach ihrer Ankunft wurde sie mit Stammesbräuchen wie Menschenopfer und Zwillingsmord so erfolgreich fertig, daß die Regierung sie zu einer hohen Verwaltungsbeamtin machte. Obwohl sie unverheiratet war, wurde sie die Mutter von nicht weniger als zwölf Zwillingspaaren, die sie vorm Ritualopfer gerettet hatte. In Schottland hätte sie noch immer am Webstuhl gesessen ...

Mary Slessor gehörte zu einer langen Linie weiblicher Weltreisender und Forscherinnen. Von der phänomenalen Jane Digby, die mit sechsundvierzig einem syrischen Scheich den Kopf verdrehte und Königin seines Stammes wurde, bis zu Lady Anna Blunt, die als erste Frau Saudi-Arabien betrat. Man kann nicht stark genug hervorheben, wie sehr das Reisen einigen Glücklichen die Chance gab, der qualvollen Langeweile in den eigenen vier Wänden zu entkommen. Isabella Bird war so »delikat«, daß sogar »das ruhigste Leben in London« ihr »nervöse Erschöpfung« bescherte. Aber woanders konnte sie 30 Meilen am Tag reiten, während eines Blizzards im Zelt schlafen sowie Grizzlybären und heulenden Meuten von Chinesen trotzen.

Diese abenteuerlustigen Frauen konnten auch den Restriktionen viktorianischer Sexualmoral entkommen. Nachdem die fürchterliche Bird die Männer Australiens, Chinas, Iraks, Tibets und des Pazifiks erforscht hatte und zum ersten weiblichen Mitglied der renommierten »British Geographical Society« ernannt worden war, verlor sie im Westen der USA ihr Herz an einen »lieben Desperado«, an »Rocky Mountain Jim«. Munter sammelte die berühmte Schmetterlingsforscherin Margaret Fountain auf ihren Reisen mehr als nur Insekten. Und als sie einen ansehnlichen jungen Übersetzer in Syrien aufstöberte, machte sie dieses Prachtexemplar zu ihrem ständigen Begleiter. Louise Jebb ritt mit nur einer anderen Frau als Begleiterin durch die Türkei und den Irak und entkam nur knapp dem Tod durch islamische Fanatiker. Sie beschreibt, wie sie einmal auf einen »Kreis schreiender, tanzender, stampfender Männer« traf. Obwohl sie sich lebhaft daran erinnerte, daß sie eigentlich »einst in Salons zu häkeln pflegte«, zögerte sie keinen Augenblick:

»Ein Gefühl wilder Rebellion überkam mich: Ich sprang in den Kreis. ›Macht mich verrückt!‹ rief ich. ›Ich will auch verrückt werden!‹ Die Männer ergriffen mich, und wir machten weiter – mit dem Hüpfen und Drehen und Stampfen. Und bald war auch ich eine Wilde, eine herrliche, freie Wilde unter dem weißen Mond.«[27]

Ach, die blassen Kartenspiele in Winchester, Cheltenham und Marlborough. Kein Whist-, kein Dame- oder Mah-Jong-Spiel konnte so hervorragend unterhalten wie solche Abenteuer. Und konnten Tanzsaalvergnügungen wie die spanische Veleta oder der St.-Bernhards-Walzer jemals wieder wirklich aufregend sein?

Kein bißchen weniger abenteuerlustig waren jene Frauen, die des Reichtums wegen herumreisten, wie zum Beispiel die jamaikanische Geschäftsfrau, Goldsucherin, Autorin und »Ärztin« Mary Seacole. Sie war eine Kreolin mit Sklavenvorfahren, die sich irgendwann mit Schotten gekreuzt hatten. Um der britischen Armee auf die Krim zu folgen, gab Mary ein gutgehendes Geschäft in Kingston auf. Im fernen Rußland wurde sie berühmt, weil sie mit sehr viel Eifer und Sorgfalt die Truppen verköstigte. Mrs. Seacole betonte gerne, daß sie als Witwe diese Arbeit aus freien Stücken gewählt hatte; ihr war nichts aufgezwungen worden: »Ich hatte eben Vertrauen in meine eigene Kraft. Es geschah nicht aus Not, daß ich, ohne Beschützer, alleinstehend blieb.«[28] Wie Seacole hatte auch eine Mary Reibey allen Grund, »auf die eigene Kraft zu vertrauen«. Mary wurde um 1790 mit 13 Jahren nach Australien transportiert, weil sie ein Pferd gestohlen hatte. Sie wurde später Hotelbesitzerin, Weizenhändlerin, Importeurin, Reederin und Grundstücksmaklerin. Die erfolgreichste Geschäftsfrau in der Geschichte Australiens.

Die meisten kolonialistischen Geschäftsfrauen handelten jedoch mit einer Ware zum Anfassen: Körper. Die Mädchen der Saloons des Wilden Westens sind zu Mythen geworden, obwohl ihre Lebensgeschichten keinerlei Ausschmückung bedurften. Lakonisch zollen die Männer einer stillgelegten Silbermine in Kalifornien einer »Hattie, einer Little Eva und den Girls an der Front« Tribut. Da heißt es kläglich: »Während die Männer nach Silber gruben, gruben sie nach Gold.«[29] Ein entsetzter Reisender erzählt, wie sich ungefähr 75 Tanzmädchen auf ihn stürzten:

»Alle hatten Spitznamen, wie zum Beispiel die Jungfrau, Cheekako Lil, Buntie, die Oregon-Stute, das Utah-Pferdchen, Punch Grass, die Schwarze Bärin und ihre Schwester Bärchen. Eine andere wurde Wiggles genannt, und so ging es die ganze Reihe hinab. Du konntest bezahlen und auswählen. Wenn du nicht achtgabst, so bedienten sie sich selbst! ... Wundert es dich, daß wir darauf brannten, diesen Ort zu verlassen, wo alles teure Dollar kostete [und] geschminkte Damen uns an jeder Straßenecke in Versuchung führten?«[30]

Natürlich gab es in den Taschen der Männer Gold zu schürfen. Sie hatten ja lange, harte, entbehrungsreiche Monate und Jahre damit verbracht, das kostbare Metall aus unzugänglichen Stellen unter der Erde zu fördern. Honora Ornstein, die unter dem Namen Diamond Tooth Lil (Diamantenzahn-Lil) bekannt wurde, war das letzte »Tanzhallen-Liebchen« der Stadt Dawson in Texas. Es fiel ihr so leicht, ihr erstes Vermögen zu machen, daß sie »einfach so« ein zweites anhäufte. Unter den gefallenen Mädchen gab es wahre Königinnen, wie zum Beispiel Julia Bulette, die 1859 kurz nach der Entdeckung fabelhaft reicher Erzlager in Virginia City ankam. Sie verlangte von den Schürfern 1000 Dollar pro Stunde Liebesdienste und häufte eine Kollektion wertvoller Edelsteine und Schmuckstücke an, die einer Zarin oder Maharani würdig gewesen wäre. Was freilich bei der Romantisierung solcher Frauen häufig übersehen wird (der Inbegriff aller Phantasien ist Marilyn Monroe im Film *River of No Return* – Fluß ohne Wiederkehr), ist das große Risiko, das sie eingingen. Ornstein verlor ihr ganzes Geld und danach ihren Verstand. Sie verbrachte die letzten 40 Jahre ihres Lebens in Heilanstalten des Staates Washington. Bulette wurde von einem unbekannten Mörder in ihrem prachtvollen Schlafzimmer erwürgt, und ihr privater Palast wurde vollständig ausgeplündert. Die Kolonien hatten eine bestimmte Art, mit »schutzlosen Frauen« umzugehen. Sie durften nie vergessen, warum Frauen Schutz brauchen. Letztendlich war das Empire eine Männersache, ein Abenteuer für die Kerle. Und wenn sich Frauen ins Abenteuer, auf das Terrain der Männerherrschaft stürzten, riskierten sie, den brutalsten Denkzettel verpaßt zu kriegen – ihre eigene Vernichtung.

Goldgräberinnen, »Geschäftsfrauen«, Weltenbummlerinnen, Händlerinnen und einfache Opportunistinnen – diese weiblichen Kolonialisten hatten immerhin ein paar Optionen in ihrem Leben. Am unglücklichsten waren die, die das Empire überrumpelte – die Kolonisierten. Diese Frauen hatten das Pech, in einem bestimmten Land zur Welt zu kommen und deswegen Opfer der weißen Männer und nicht nur der eigenen zu werden. Denn wie die »leichten Mädchen« uns erinnern: Einer der unsichtbaren Exporte des Kolonialismus war die uralte patriarchalische Aufteilung der Frauen in Heilige und Huren. Den Frauen der Neuen Welt wurden alle Werte und Zwänge der Alten auferlegt. Bei den neuen Besitztümern handelte es sich keineswegs um »unberührtes Gebiet«, das passiv den (An-)Stoß des weißen Mannes erwartete, um aus dem Schlaf der Barbarei geweckt zu werden, wie es die Kolonialisten so gern ausmalten. Alle Kolonialgebiete hatten eigenständige Kulturen und politische Systeme, in denen die Frauen freilich den Männern überwiegend untertan waren. Der Kolonialismus führte zu einer unumstößlichen, finsteren Verkettung von Interessen: Die Vorherrschaft der neuen weißen Herren vermengte sich mit einer ohnehin existierenden, althergebrachten Männerdominanz innerhalb der einheimischen Kultur. Sexismus und Rassismus gingen eine unheilige Allianz ein, und am Ende fand sich die einheimische Frau ganz unten wieder, sie war das Niedrigste vom Niedrigen.

Sogar unter den eigenen Leuten war der Status von Eingeborenenfrauen manchmal entsetzlich erniedrigend. Ein Dr. Codrington, der Missionar auf den nordöstlich von Australien gelegenen Neuen Hebriden war, zeichnete den Fall einer jungen Frau auf, die zufällig Zeugin einer rituellen Waschung bei der Initiation eines jungen Mannes wurde. Sie flüchtete sofort zur Mission und bat um Vergebung ihrer »Sünde« – aber als die Männer ihres Stammes sie aufsuchten, ergab sie sich ihnen und ließ sich ohne den geringsten Widerspruch lebendig begraben.

Dieselbe Mißachtung des Wertes eines Frauenlebens manifestierte sich in fast jeder Kolonie, und das schmälerte jegliche Aussicht darauf, daß die »Herrenrasse« ihre Untertanen je richtig verstand. Die weißen Männer nahmen ihre eigenen Frauen auch nicht als wirkliche und vollwertige Menschen wahr, aber ihre Diskriminierung nahm eine andere Form an: Sie mystifizierten und überhöhten das weibliche Geschlecht. Wenn abgebrühte Abenteurer oder frischgebackene Kolonialbeamte beispielsweise im Jahre 1838 miterlebten, wie ein junges Mädchen geopfert wurde, so bestätigten solche Episoden in ihren Augen nur, daß die einheimischen Männer hoffnungslose, unverbesserliche Wilde waren:

». . . sie war halb rot, halb schwarz angemalt und an eine Art Leiter gefesselt, sie wurde langsam über einem kleinen Feuer geröstet und dann mit Pfeilen durchbohrt. Der Oberschlächter riß ihr Herz heraus und verschlang es, während ihr Körper, in kleine Stücke zerteilt, in Körbe gelegt wurde. Man nahm die Körbe dann zu einem nahegelegenen Kornfeld. Dort wurde das Blut auf die neue Saat gepreßt, um sie zu düngen. Das Fleisch wurde zu einer Paste zermalmt, die dann auf die Kartoffeln, Bohnen und Samen gerieben wurde, um sie fruchtbar zu machen . . .«[31]

Angelsächsische Gentlemen schreckten vielleicht davor zurück, Mädchen zu Tode zu rösten. Vor allem, wenn sie attraktiv genug für andere

Zwecke waren. Aber in jeder anderen Hinsicht sorgte das Verhalten der Kolonialherren dafür, daß die Eingeborenenfrauen, die den eigenen Männern bereits ausgeliefert waren, doppelt kolonisiert wurden. Jungfräuliches Territorium zu unterwerfen – das war die große Metapher des Kolonialismus. Und die natürliche Verlängerung dieses Bildes bedeutete: Alle Frauen der neuen Kolonie gehörten dem Eroberer, er konnte mit ihnen nach eigenem Gutdünken verfahren. Jedes Land war also ein unendliches Reservoir an möglichen Konkubinen für die Erholung der glorreichen Truppen. Und die Weißen waren so von ihrer Überlegenheit überzeugt, daß die von ihnen benutzten Frauen auch noch dankbar für die große Gunst sein sollten.

Aber die so geehrten Frauen mußten bald herausfinden, daß sie sich das schlechteste beider Welten eingehandelt hatten. Typisch für diese Erfahrung war das Leben der aztekischen Adligen Malinche, der »mexikanischen Eva«. Als Cortes im Jahre 1519 in Mexiko einfiel, wurde Malinche dem *conquistador* als Versöhnungsgeschenk überreicht. Sie wurde seine Übersetzerin, Ratgeberin und Geliebte. Man rechnet ihr als Verdienst an, daß sie Cortes bei seiner Eroberungspolitik mäßigte – zugunsten ihres Landes und ihres Volkes. Und doch kannten sie ihre Zeitgenossen als *La Vendida,* »sie, die ausverkauft«, oder *La Chincada,* »sie, die gefickt wird«.[32]

Für manche Frauen waren solche Positionen das Sprungbrett zur Karriere, zu Einflußmöglichkeiten. Wie zum Beispiel die junge Mohikanerin, die die Geliebte Sir William Johnsons wurde. Er war britischer Kommandeur der Kolonien Nordamerikas und demzufolge »Superintendent für Indianische Angelegenheiten«. Als er sich mit seiner »Molly Brant« liierte, hatte er wohl kaum vor, den Lauf der Geschichte vor Ort zu ändern. Aber Molly war unentbehrlich für die Beziehungen zu den einheimischen Stämmen. Sie verhandelte über Grenzziehungen, und sie half Entscheidungen zu treffen, die bis zum heutigen Tag gültig sind. Johnson respektierte Molly so sehr, daß er sie zur Gastgeberin bei offiziellen Angelegenheiten machte. Von 1759 an gebar sie ihm neun Kinder, und sie lebte offiziell mit ihm an seinem Amtssitz – als seine Frau. Für ihre besonderen Verdienste bekam sie nach seinem Tod eine Rente von der dankbaren britischen Regierung.

Manche Männer fühlten sich mit diesen Frauen wie ehelich verbunden, nichts Geringeres. Sie behandelten ihre einheimischen Frauen mit Zuneigung und Respekt, wie zum Beispiel dieser Offizier der Hudson Bay Company in Kanada. In einem Brief nach Hause beschreibt er seine

Gefährtin, eine Ojibwa-Indianerin. Bewußt lehnt er es ab, sie als seine Geliebte zu bezeichnen:

»Ich habe noch nichts über meine Frau mitgeteilt, woraus Ihr vermutlich ableitet, daß ich mich ihrer schäme. Ihr hättet aber unrecht. Sie ist nicht unbedingt dafür geeignet, den Tisch eines Adligen mit ihrer Präsenz zu krönen. Aber sie paßt viel besser zu dem Bereich, in welchem sie sich zu bewegen hat, als irgendeine feine Puppe ... Was die Schönheit betrifft, so ist sie so anmutig wie ihr Ehemann ... «[33]

Auf der ganzen Welt waren die »Eingeborenenfrauen« der weißen Kolonialherren freilich eher daran gewohnt, als »kleine Braune«, »Squaw«, »schwarzes Ding« oder »zirkulierendes Kupferstück von XY« tituliert zu werden. Und noch viel schlimmere Bezeichnungen gab es für sie. Da war es abzusehen, daß sogar langlebige Liebesbeziehungen zerbrachen, aus denen richtige Familien hervorgegangen waren, wenn die »weiße Gesellschaft« den Mann zurückrief oder versetzte.

Allzuoft erreichte die sexuelle Ausbeutung einheimischer Frauen grausame Ausmaße. Nirgendwo ging es schlimmer zu als in Australien. Dort behandelten die weißen Männer die Aboriginals nicht nur als »Untermenschen«, sondern als niedere Tierart. Selbst Pferde oder Hunde wurden nicht so grausam benutzt. Es war gängige Praxis, die Frauen der Aboriginals zu prügeln und überdies in Notzeiten Fleisch von ihrem Gesäß abzuschneiden. Entschieden widersetzten sich die weißen Seehundjäger allen Versuchen, ihre Rechte auf die »gins«, die einheimischen Frauen, zu beschneiden.

Die Beziehungen zwischen Eroberern und Eroberten waren allerdings nicht ununterbrochen düster. Insbesondere die Kolonialistinnen fühlten sich oft motiviert, sich um die Einheimischen zu kümmern. Aus christlicher Nächstenliebe oder humanitärem Antrieb halfen sie denjenigen, die gewiß keine andere Unterstützung diesseits des Grabes zu erwarten hatten. Um die Jahrhundertwende wurde im indischen Lahore eine staatliche Gesundheitsberaterin zu einer schwierigen Entbindung gerufen. Es handelte sich um einen »Normalfall« für die damalige Zeit:

»Drei Uhr an einem kalten Wintermorgen ... Das Haus von Kastenlosen, eine kleine Lehmhütte mit etwa 33 Quadratmetern Innenraum. Darin schliefen zehn Menschen, drei Generationen der Familie. Nur die Patientin war wach. Dazu kamen noch ein Schaf, zwei Ziegen, einige

Hühner und eine Kuh, denn ihr Besitzer traute seinen Nachbarn nicht. Kein Licht, nur ein bißchen Glut in einem Tontopf. Keine Wärme, nur die von Mensch und Tier. Keine Öffnung bis auf die Tür, die allerdings verschlossen war. In einer kleinen Nische des Raumes standen vier Kinderbetten übereinander, alle waren von Familienmitgliedern besetzt. Im zweithöchsten Bett befand sich eine Frau in den Wehen . . .«[34]

Die Hebamme/Beraterin war jedoch zu klein, um an die Patientin zu kommen, obwohl jeder Augenblick kostbar war. Aber zum Glück lag die Kuh zu Füßen des Bettenberges eingekeilt. Also stellte sich die Hebamme auf den Rücken des geduldigen Tieres und brachte nach langen Anstrengungen »ein Paar winziger Hindus – Junge und Mädchen!« erfolgreich zur Welt.

Der Austausch der Frauen in den Kolonien verlief nicht immer wie in einer Einbahnstraße. Es waren nicht nur die Kolonialfrauen, die den kolonisierten Schwestern Wohltaten bescherten. Liebevoll schrieb die schottische Missionarin Mary Moffat, wie ihre afrikanischen Nachbarinnen ihr beibrachten, im Kuruman-Tal in der Wüste Kalahari so etwas wie einen ordentlichen Haushalt zu führen: »Vielleicht dünkt es Euch seltsam, daß wir mindestens einmal wöchentlich unsere Böden mit Kuhmist einreiben.« Mary gab zu, daß sie alles versucht hatte, ohne den »schmutzigen Trick« auszukommen. Aber sie beichtet:

»Ich war noch nicht lange hier gewesen, aber ich war froh, daß es gemacht wurde. Und ich konnte kaum den Samstag abwarten. [Kuhmist] bindet den Staub besser als alles andere, tötet die Flöhe ab, die andernfalls sich unermeßlich vermehren würden, und ist von einem feinen, klaren Grün . . . Er wird mit Wasser vermischt und so dünn wie möglich aufgetragen. Ich schaue so selbstzufrieden auf meinen Kuhmistboden, wie ich früher auf die frischgescheuerten Böden unserer Empfangszimmer geblickt habe.«[35]

Im allgemeinen führte der Vormarsch des Kolonialismus jedoch nicht zu einer Zusammenarbeit mit der Urbevölkerung, sondern zur Zementierung einer Gewaltherrschaft. Und sie nahm nicht ab im Laufe der Zeit, sondern wurde nur härter. In Südafrika lehnten die weißen Siedler aufs bitterste jeden Schritt zur Gleichstellung der Schwarzen ab. Zunächst waren die Kolonien richtig patriarchalisch: Die Schwarzen waren »Abhängige«, und sie konnten, wenn sie befreit wurden, mit den Söhnen der

Herren um Land konkurrieren. Diese Situation führte dann zum »Großen Treck« von 1835 bis 1848, als das Kap von jenen Siedlern verlassen wurde, die eine Emanzipation der Schwarzen nicht ertragen konnten. Die neuen Republiken wurden Natal, Transvaal und Oranje-Freistaat genannt, und die Menschen hier belebten hingebungsvoll das Prinzip der Rassentrennung aufs neue. Das geschah in einer Zeit, da die Rassentrennung in der Mutterkolonie zu verwischen begann. Die Politik des Rassismus wurde so erfolgreich weitergeführt, daß im Jahre 1910 die Nachkommen der Trecker bei der Vereinigung der neuen Territorien mit dem Kap stark genug waren, jegliche Andeutung von Liberalismus in ihrer Heimat zu zerstören. So wurde eine Tyrannei verwurzelt, die sich bis heute als so negativ, so langlebig erwiesen hat.

Rassen und Individuen wurden zertreten. Alle litten auf ihre Art unter den aufgezwungenen, fremden Werten des weißen Herren. Schwerwiegende Ironie des Imperialismus: Die Kolonialbeamten erwiesen sich als machtlos oder desinteressiert, wenn es darum ging, brutale, frauenfeindliche Traditionen zu beenden. Aber sie hatten kaum Bedenken, etablierte Bräuche anzugreifen, die den einheimischen Frauen so etwas wie Autorität oder ökonomische Kontrolle verschafften. In Westafrika hatten Frauen beispielsweise stets den Markt kontrolliert, und sie waren oft genug wichtige Unternehmerinnen geworden. Die weißen Kolonialisten lehnten diese Strukturen ab, der Markt sollte mit westlichen Vorbildern übereinstimmen. Also wurden die Marktfrauen systematisch unterdrückt. Obwohl die Betroffenen protestierten und demonstrierten, wurde die Macht schließlich den schwarzen Männern übergeben. So war Omu Okwei die letzte »Königin des Marktes«, als sie zur Vorsitzenden des uralten Rats der Mütter gewählt wurde. Nach Okweis Tod im Jahre 1943 entzogen die Briten dem Frauenrat die Handelsaufsicht. Die lokalen Behörden übernahmen diese Funktion, und so wurden die letzten Spuren des Matriarchats zerstört.[36]

Das war das Paradoxe am Kolonialismus: Während einige Frauen neue, unbekannte Welten entdeckten und insbesondere die »Töchter Britannias« die Chance ergriffen, der erstickenden Enge zu Hause zu entkommen, um Ärztinnen, Lehrerinnen, Führerinnen, Kämpferinnen oder Farmerinnen in der Wildnis zu werden, wurden andere Frauen zur ewigen Erniedrigung verdammt. Sie waren in der alten Spirale der Minderwertigkeit gefangen, von der sich Frauen bis heute zu befreien versuchen. Die Geschichten der alten Pionierinnen zeigen, wie sich diese

Frauen mit großem Geschick, Mut und Witz die Botschaft von ihrer angeblich angeborenen Minderwertigkeit zurechtlegten und wie gleichzeitig genau diese Frauen zum Überleben der keimenden Siedlungen gebraucht wurden.

Aber mit der Zeit wurde das Empire enger, es war ohnehin nur ein groß geratenes Abbild des Vaterlandes und seiner Gesellschaft. Die Strukturen verfestigten sich und erstickten die neugeborene Unabhängigkeit und Unternehmungslust der Frauen bereits im Keim.

Wir müssen der hurrapatriotischen Selbstbeweihräucherung in der Kolonialgeschichte entschieden widersprechen: Man kann diese gesamte Epoche kaum anders interpretieren als eine gewaltige Chance, die verpaßt wurde. Denn was die Welt am Ende von den Imperialisten erbte, war nichts anderes als eine weitere Version des weißen Patriarchats. Im Namen des »Vaterlandes« kam es zu einer Neuauflage aller Ansprüche, die Vater seit Menschengedenken je eingefordert und verwirklicht hatte. Dieses Muster wurde in der ersten Stunde der amerikanischen Demokratie festgelegt, als die Gründerväter das alte Zweikammersystem reproduzierten. Trotz der Einwände Abigail Adams, die ihren Mann John leidenschaftlich bat: »Ich wünsche, du würdest dich der Damen besinnen und sie mehr berücksichtigen als deine Vorfahren ... lege nicht soviel Macht in die Hände von Ehemännern. Denke daran, daß alle Männer Tyrannen wären, wenn sie es dürften.«[37]

Sie durften Tyrannen sein, und sie waren es auch. Die Maschinerie der Patriarchen mahlte weiter. Sie zermalmte Frauen, Kinder und fremde Rassen auf ihrem Weg. Sie bescherte ihrer eigenen Jugend einen schmutzigen Tod fern der Heimat. Und sie benutzte genau diese Frauen, Kinder, Rassen und Jugendlichen als Ausrede für ihre selbstsüchtigen Obsessionen und Illusionen. Als beim Kampf um die Oberhoheit sich Sexismus mit Rassismus paarte, wurden Frauen von beiden Seiten zu Opfern gemacht. Ein wahrer Teufelskreis, wie einer der schlimmsten Massaker während des Großen Aufstands in Indien (1857–1858) illustriert. Nach dem Fall der Stadt Cawnpore hielten die aufrührerischen Sepoy-Truppen die Frauen der Briten in demselben *bibighar* (Frauenquartier) gefangen, wo zuvor die weißen Offiziere ihre indischen Konkubinen untergebracht hatten. Als die rebellierenden Soldaten sich weigerten, sich mit dem Blut der Frauen zu beflecken, wurden Metzger hineingeschickt.

Die britische Armee eroberte Cawnpore zurück. Aber im *bibighar* waren bereits Ströme von Blut geflossen. Das Haus war übersät mit weiblicher Unterwäsche, Haaren, abgehackten Körperteilen und nackten, verstümmelten Körpern. Die Soldaten teilten die Haarlocken eines jungen Mädchens unter sich auf und schworen, daß für jedes einzelne Haar ein Sepoy sterben müsse. General Neil, der britische Kommandeur, befahl, daß die Rebellen »die schwerste, abstoßendste, unvergeßlichste« Form der Bestrafung zu erleiden hätten. Demzufolge mußten die Gefangenen den *bibighar* sauber lecken und alle Blutspuren dabei beseitigen. Nach der Religion der Gefangenen bedeutete das für sie ewige Verdammnis und Qualen. Danach wurden die Sepoy ausgepeitscht und gehenkt, in einem »Akt barbarischer Rache und Raserei, der zu den beschämendsten Episoden der britischen Geschichte gehört«[38].

Bei diesem entsetzlichen Massaker und seinen schlimmen Folgen tönt das Leitmotiv des Imperialismus laut und unverwechselbar über das scheinheilige Gewäsch der Zeitgenossen hinweg. Es ging um *dominions* und Dominierung, um Land und Herrschaft. Mochten die Kolonien angeblich noch so viele Freiheiten zu bieten haben: letztendlich dienten sie nur dazu, die Frauen als die unterste Klasse, die ewige Untertanenrasse festzulegen. Aber Glanz und Gloria des Kolonialismus täuschten, unter der sanften Oberfläche rührte sich der Widerspruch. Eine Wende setzte nun im uralten Lebenskampf der Menschheit ein.

IV
Die Wende

»Als ich ›Jedermann‹ im Charterhouse sah, fragte ich mich, warum nicht ›Jedefrau‹?«

George Bernhard Shaw

Kapitel 10

Die Rechte der Frau

»Was Geschlecht und Fertigkeiten, was Quantität und Qualität von natürlichen Begabungen betrifft – sei es im Bereich der Gefühle oder des Intellekts –, so bist Du die Minderwertige.«

Der Poet Coleridge zu seiner Frau Sara

»Ehemann und Ehefrau sind eins, und das Eine ist der Mann.«

Sir William Blackstone,
der »größte aller englischen Juristen«

»Die Geschichte der Menschheit ist die Geschichte wiederholter Ungerechtigkeiten und Anmaßungen des Mannes gegen die Frau, verübt mit dem direkten Ziel, ihr eine absolute Tyrannei aufzuerlegen.«

»Deklaration von Meinungen und Resolutionen« beim ersten Kongreß für Frauenrechte in Seneca Falls, USA, 1848

»Die Königin ist äußerst besorgt, jeder ist aufgerufen, dieser verrückten, schlechten Torheit ›Frauenrechte‹ entgegenzutreten.«

Königin Viktoria an Sir Theodore Martin, 1870

1848 beantragte in England eine Mrs. Dawson die Scheidung. Ihr Mann hatte sie in aller Offenheit betrogen, und zu seinen privaten Späßen gehörte es, sie mit einer Reitpeitsche zu züchtigen und mit einer metallenen Haarbürste zu verletzen. Ihr Antrag wurde abgewiesen. Acht Jahre zuvor war ein ähnliches Urteil ergangen. Auch bei diesem Fall hatte es sich um eine unglückliche Ehefrau gehandelt, sie hieß Cecilia Maria Cochrane. Cecilia war aus der unglücklichen Ehe ausgebrochen und zu ihrer Mutter nach Frankreich geflohen. Aber unter einem Vorwand lockte ihr Mann sie zurück nach England und schloß sie dann ein. Nie wieder sollte sie ihn verlassen. Als ihre Mutter eine *Habeas-corpus*-Eingabe vor Gericht machte, um die Freilassung ihrer Tochter zu erzwingen, nahm das Hohe Gericht Ihrer Majestät der Königin die Gelegenheit wahr, die

240

rechtliche Lage erneut festzulegen. Frauen waren dazu geboren, als permanente Mündel ihres Vaters oder Gatten zu leben, und durch die Heirat stimmten sie ihrer künftigen gesellschaftlichen Nichtigkeit zu. Es gab also »keinen Zweifel an der generellen Herrschaft des Mannes über seine Frau, [seine Macht] wird ihm durch die Gesetze Englands zugesprochen ... [Er] darf sie mit Gewalt behalten ... er darf sie schlagen.« Cochranes Freiheit, seine Frau hinter Schloß und Riegel gefangenzuhalten, wurde offen auf Kosten ihrer persönlichen Freiheit festgeschrieben, wie der Richter verdeutlicht:

»Es wird geltend gemacht, daß ich [Cecilia Cochrane] zu ewiger Gefangenschaft verurteile, indem ich ihre Freilassung verweigere. Aber folgender Gedankengang steht für mich außer Zweifel: Wenn man davon ausgeht, daß eine Ehe unauflöslich ist, ist man eher zu gegenseitigen Konzessionen und zur Nachsicht bereit, und dies produziert ein größeres Glück innerhalb einer Ehe, als wenn das Band weniger fest geknüpft wäre.«[1]

Ein Einzelfall war das nicht. Zur gleichen Zeit wurde einer Mrs. Addison die Scheidung verweigert, obwohl sie nachweisen konnte, daß ihr sadistischer Ehemann gleichzeitig auch der Liebhaber ihrer Schwester war. Und der Antrag einer Mrs. Teusch wurde »aufgrund der öffentlichen Moral« abgelehnt, obwohl selbst der Lord Chancellor »sich nicht daran erinnern konnte, daß irgendeine Frau je ihre Argumente besser vorgetragen hätte«. Die Wahrheit war: Während alles andere auseinanderbrach, war das heilige Band der Ehe noch nie so fest. Zwischen 1700 und 1850 hatte das vielköpfige Ungeheuer der Revolution Europa, Nord- und Südamerika auseinandergerissen und Ketten zerbrochen, die die Menschheit seit Jahrtausenden unterdrückt und gefangengehalten hatten. In Afrika, Indien, Arabien und im Fernen Osten hatten kolonialistische Abenteurer beider Geschlechter die Grenzen der alten Geographie überschritten und für eine neue Weltkarte gesorgt. Die Daheimgebliebenen waren inzwischen auch nicht faul: Sie bescherten der Welt die Taschenuhr, das Repetiergewehr, die Baumwollentkörnungsmaschine, die drahtlose Telegraphie, den Stromgenerator und die Stenographie von Pitman. Aber während die Barrieren der Ignoranz zusammenbrachen, während größte Entfernungen dahinschmolzen, als hätten sie niemals existiert, konnte sich eine große Anomalie weiterhin behaupten. Überall waren die Frauen weiterhin in der Falle der sexuellen Sklaverei gefangen.

Die Menschheit befand sich dem christlichen Kalender zufolge im 20. Jahrhundert – und nach den Zeitrechnungen anderer Kulturen war sie noch weiter fortgeschritten – aber die ganze Entwicklung hatte den weltweiten Glauben an die männliche Überlegenheit kaum angekratzt. Noch immer lernte jedes Mädchen von Kindesbeinen an: Männer waren wichtiger. Um die Jahrhundertwende im nachrevolutionären Frankreich, so berichtet ein Reisender, war es bei Mahlzeiten üblich, daß »der Herr des Hauses zunächst sich selbst bedient, dann alle anderen Männer je nach Alter und Status; die Hausherrin, ihre Töchter und Freundinnen treten erst dann näher, wenn der letzte Landarbeiter seinen Anteil bekommen hat«.[2] Um die Mitte des 19. Jahrhunderts hatte sich dieses Vorrecht der Männer zu einem ganzen Geflecht von Privilegien verfestigt. Und sie konnten nur aufrechterhalten werden, indem den Frauen alles verweigert wurde, was Männer sich erlaubten. Diese »Deklaration« aus dem Jahr 1848, von Elizabeth Cady Stanton für den Kongreß für Frauenrechte in Seneca Falls, USA, geschrieben, zeigt die vom Mann gegen die Frau verübten Ungerechtigkeiten auf:

»Er hat ihr nie erlaubt, ihr unveräußerliches Recht auf Wahlen auszuüben ...
Er hat sie, sobald sie verheiratet war, zivilrechtlich sterben lassen.
Er hat ihr alle Rechte auf Eigentum abgenommen, sogar den Lohn, den sie verdient ... und er wird so in jeder Hinsicht ihr Herr ...
Er hat die Scheidungsgesetze so entworfen ... daß sie über das Glück der Frauen völlig hinweggehen ...
Er hat fast alle gutbezahlten Arbeiten für sich monopolisiert ...
Er hat ihr Einrichtungen für eine fundierte Ausbildung verweigert ...
Er hat eine verlogene öffentliche Meinung geschaffen, indem er der Welt unterschiedliche Moralvorschriften für Männer und Frauen gegeben hat ...[3]

Natürlich sahen die Männer die Sache anders. Und die Nutznießer dieses Arrangements waren nicht die einzigen, die mit dem Status quo recht zufrieden waren: Die Mehrheit der Frauen unterstützten diese Verhältnisse auch. Caroline Norton spürte am eigenen Leib, was Männervorherrschaft bedeutet – blanke Tyrannei. Ihr Mann, ein Rechtsanwalt, nahm lediglich seine Rechte wahr, als er sie des Ehebruchs anklagte, ihre Kinder wegnahm und ihr jegliche Unterstützung verweigerte. Als sie dann selbst durch Schreiben Geld verdiente, beschlagnahmte er ihre Honorare und ließ sich das Copyright auf alle ihre Arbeiten zusprechen. Aber selbst als Caroline Norton eine Kampagne für die Reform der frauenfeindlichen Gesetze anführte, behauptete sie immer noch: »Ich jedenfalls ... glaube an die natürliche Überlegenheit des Mannes, so wie ich an die Existenz Gottes glaube. Es ist für Frauen natürlich, daß sie den Männern unterlegen sind.«[4] Caroline Norton war sich sicher, daß sie für »Millionen andere« sprach: »Die wilden, dummen Theorien einzelner Frauen über ›gleiche Rechte‹ und ›gleiche Intelligenz‹ entsprechen nicht der Meinung ihrer Geschlechtsgenossinnen.«

Diese Einstellung wurde weltweit auf jeder Ebene unterstützt. In Großbritannien brachte Königin Viktoria die Gefühle aller Herrschenden zum Ausdruck, als sie sich unversöhnlich gegen »diese verrückte, schlechte Torheit der ›Frauenrechte‹« wandte, »mit allen horrenden Begleiterscheinungen, auf die ihr armes Geschlecht erpicht zu sein scheint«.[5] Viktorias Befürchtungen, daß die »Frau zum hassenswertesten, herzlosesten – und *abstoßendsten* Geschöpf würde, erlaubte man ihr, sich ihres Geschlechtes zu entledigen!«, wurde auf der ganzen Welt von Frauen jeder Altersstufe, jeder Klasse geteilt. In Amerika waren die Frauen die einzige Gruppe in der Geschichte des Landes, die aktiv gegen das eigene Wahlrecht kämpfte ... Wo auch immer eine Handvoll Reformerinnen und Reformer es schafften, das Thema Frauenrechte national zur Sprache zu bringen, wurden sie heftig, manchmal körperlich von männlichen und weiblichen Gegnern angegriffen, die ganz entschieden die natürliche Herrschaft des Mannes aufrechterhalten wollten. Aber weit davon entfernt »natürlich« zu sein, wurde die Vorherrschaft der Männer eiligst neu erfunden. Patriarchalische Sanktionen wurden in Bataillonsstärke aufgefahren – vom legalen Ausschluß bis zum gesellschaftlichen Tabu. Denn da traten Frauen auf, die bereit waren, »geschlechtslos« zu werden, wenn sie nur einige Vorteile ergreifen konnten, die die Männer (anscheinend ohne Schaden an ihren Fortpflanzungsorganen zu nehmen) seit Jahrhunderten genossen. Welche Bedrohung! Die sozialistische Reformerin Beatrice Webb erfuhr direkt, was es mit diesem Prozeß auf sich hatte, als sie im März 1889 einen Professor Marshall an der London University aufsuchte, um über ihr neues Forschungsprojekt zu diskutieren. Sie war eine erfahrene Wissenschaftlerin und konnte auf viele Arbeiten zurückblicken. Dennoch bekam sie folgende Ratschläge von ihrem prätentiösen Gegenüber zu hören, der sich eben »überlegen« fühlte:

». . . daß die Frau ein untergeordnetes Wesen war und daß sie für einen Mann kein zu ehelichendes Objekt wäre, wenn sie diese Unterordnung beenden würde. Die Ehe bedeutete nämlich für den Mann, seine Freiheit zu opfern. Und darum würden männliche Geschöpfe sie nur so lange tolerieren, wie die Frau ihnen mit Leib und Seele hingegeben wäre. Daher durften Frauen ihre Fähigkeiten nicht auf eine dem Mann unangenehme Weise entwickeln: Stärke, Mut und Unabhängigkeit waren bei Frauen unattraktive Züge. Und das Wetteifern der Frauen mit den Geschäften der Männer war eindeutig unangenehm . . . ›Wenn ihr mit uns konkurriert, werden wir euch nicht heiraten‹, faßte er die Sache lachend zusammen.«[6]

Die Minderwertigkeit der Frau wurde also abermals zementiert. Aber nicht nur durch Individuen. Hinter jedem angsterfüllten Pascha waren mächtige historische Faktoren am Werk, die der Frauenunterdrückung einen neuen Rahmen gaben. Neue Fesseln, Fallen, Peitschen und Ansporne kamen ausgerechnet mit der schönen, neuen Welt der Moderne auf. Sie waren Teil der Strukturwandlung und schlugen sich in drei Bereichen nieder:

- der industriellen Organisation und dem Aufstieg des Kapitalismus;
- der Geburt der modernen Wissenschaft und der Neubestimmung der »Natur der Frau«;
- der Reaktion der Gesetzgeber auf den sozialen Wandel.

Diese drei Bereiche waren zwar voneinander getrennt, aber sie wirkten aufeinander ein. Der langsam vorrückende Gifthauch der Industrialisierung brachte den sichtbarsten Schaden hervor. Die Produktionsstätte Fabrik »raubte der Frau ihr uraltes Terrain der produktiven, sozialen Arbeit«, wie es die südafrikanische Feministin Olive Schreiner formulierte:

»Unsere Spinnräder sind zerbrochen, und wir wagen nicht mehr wie früher zu behaupten, daß wir und ausschließlich wir die Unseren bekleiden . . . eine Zeitlang hatten wir noch den Backtrog und den Braubottich in unserem Besitz, [aber] heute formt Dampfkraft unser Brot, und die Laibe werden an unserer eigenen Haustür abgesetzt.«[7]

Die alte Familienwirtschaft ging verloren, und die Frauen wurden aus dem Mittelpunkt einer sozialen Struktur verjagt, die ihnen einst Status und Erfüllung gegeben hatte. Dafür sahen sie sich zum ersten Mal bei der Arbeit einer geschlechtsspezifischen Ausgrenzung ausgesetzt, und »der Mann als Brötchenverdiener« war das Leitmotiv dieser ach so heroischen Umwälzung. Ein Schachzug, der automatisch Frauen entwertete. Sie wurden unwichtiger als je zuvor. Die neuen Arbeitsverhältnisse schafften es nicht nur, die Frauen von produktiven Tätigkeiten wie Backen und Brauen loszulösen, sondern sie trennten sie auch von ihren Männern. Zuvor waren Mann und Frau notwendige und geschätzte Partner in der Sozialeinheit Haushalt. Jetzt mußten Frauen zusehen, wie ihre Männer ausgesucht wurden, um anspruchsvolle Aufgaben in der Industrie zu verrichten, während sie selbst zunehmend zu niederen, schlechtbezahlten Gelegenheitsarbeiten verdammt wurden. Und dies führte wiederum zu einem minderwertigen Status, denn der weibliche Beitrag zur Gesamtwirtschaft wurde ja weniger wichtig.

Diese neue, strukturelle, geschlechtsspezifische Ausgrenzung betraf alle Frauen, nicht nur die der keimenden »Arbeiterklasse«. In der vorindustriellen Zeit lebten und arbeiteten die meisten Frauen in Familieneinheiten, die zum Teil häuslich, zum Teil kommerziell geprägt waren und die sie mit Kindern, verwitweten oder verwaisten Verwandten, älteren Familienmitgliedern sowie Mägden, Dienern und Lehrlingen teilten. Die Trennung von Heim und Arbeit sonderte Frauen nicht nur von ihrer ertragreichen Arbeit und ihren männlichen Gefährten ab, sondern von einer Kinderschar, von anderen Frauen, von der Kontrolle über das eigene Leben, vom Zugang zur Welt. Weder die unterdrückten Frauen der »Lohnsklaven« noch die untätigen Frauen reicher Männer waren in der Lage, einen besonderen Einfluß geltend zu machen oder gar in Geschehnisse einzugreifen. Eine wirksame Verdrängung: Die Frauen durften nicht in der Welt der Arbeit mitbestimmen, aber sie waren in den meisten Fällen gezwungen, dennoch weiterzuarbeiten. Im Laufe des 19. Jahrhunderts wurden die Frauen in allen fortgeschrittenen Ökonomien an beide Enden des wirtschaftlichen Spektrums gedrängt, oben und unten. Sie wurden aus der Mitte vertrieben, wo sie, wie Männer, zuvor je nach Fähigkeit und gesellschaftlichem Status vertreten gewesen waren.

Ein abgetrennter Bereich der Gesellschaft, eine neue Unterklasse – das also waren die Frauen jetzt. Und mit dieser Einteilung entstand allmählich die Vorstellung, daß Frauen ein Problem von einzigartiger, beispielloser Komplexität darstellten. So kam die »Frauenfrage« zur Welt. Neue Dilemmas verlangten neue Lösungen: Von allen akademischen Disziplinen des 19. Jahrhunderts war keine für die beunruhigten Meinungsmacher nützlicher als die Naturwissenschaft. Dieser neue Wissensbereich bot den Trost absoluter Gewißheit an. Das menschliche Gehirn konnte ja bis auf ein Milligramm genau gemessen werden, und so wurde die neue Wissenschaft der »Craniologie«, die Hirnforschung, geboren.[8] Unhinterfragt wurde die These aufgestellt, daß Intelligenz unmittelbar mit der Größe des Gehirns zusammenhängt. Dann »bewiesen« die Hirnforscher, daß das Gehirn eines männlichen Weißen größer war als das eines Schwarzen, Orientalen, Indianers oder eines anderen Mitglieds der »Untertanenrassen«.

Der Beitrag dieser Wissenschaft zur »Frauenfrage« war der unbestreitbare Beweis, daß das Gehirn eines Mannes fast immer größer ist als das einer Frau. Freilich, die Paschas konnten sich nur kurz an dieser Entdeckung freuen. Was die reine Hirnmasse betrifft, so wurden die Frauen in der Tat von den Männern übertroffen. Aber betrachtete man das Verhältnis von Gehirngröße zur Körpergröße, so entschieden die Frauen die Sache für sich. Das war kein geringes Problem, war doch zuvor die These von der überlegenen Intelligenz des Mannes äußerst wichtig für die Rechtfertigung der Männerherrschaft. Aber die Hirnforschung zeigte sich der Krise gewachsen: Sie siedelte die Intelligenz je und je im Frontalhirn, in den parietalen Hirnlappen (Scheitellappen) und in den okzipitalen Hirnlappen (am Hinterhaupt) an. Eigentlich überall, wo die männliche Hirnmasse nachweislich größer ausfiel als die weibliche. Bei allem »wissenschaftlichen« Geschwätz blieb freilich die wichtigste Frage außen vor: Wenn der Besitz eines Penis und eines übergroßen Hirns die tatsächlichen Herren der Schöpfung kennzeichnete – warum wurde die Welt nicht von Walen regiert?

Aber es ging ja nicht um Wale, als die Herren der Welt zum Beweis antraten, daß sie mehr waren als zu groß geratene Affen. Und als dann die Evolutionslehre der Hirnforschung zu Hilfe eilte, vervollkommneten die Wissenschaftler ihre Argumentation gegen die weibliche Intelligenz: Darwin tat das »weniger entwickelte weibliche Gehirn« ab als »charakteristisch für niederere Rassen und darum einem vergangenen, niedrigeren Stand der Zivilisation zugehörig«[9]. Die arrogante »Naturwissenschaft« und der Glauben an die Empirie stellten sich als die Wesensmerkmale der neuen Zeit heraus, und sie wurden stur eingesetzt. Nicht etwa für die unparteiische Suche nach neuen Wahrheiten, sondern für die absichtsvolle Neuauflage uralter Lügen. Überdies wurde die Wissenschaft selbst zu einem neuen Instrument der Macht. Schnell kolonisierten die Männer die riesigen, unberührten Bereiche des Wissens und nahmen sich das Recht zu definieren. Sie bestimmten das, was war, und das, was sein sollte. Was »normal« und »natürlich« war. Der Triumph der Naturwissenschaft vollendete einen Prozeß, der bis zum Beginn der Menschheit zurückreichte. Die ewige Quelle von Macht, Sinn und schöpferischer Kraft – einst die übernatürliche Gebärmutter, später der heilige Phallus – war nun das männliche Gehirn. Und bei einer letzten Pervertierung der Funktionen der Großen Mutter wurde aus dem Kopf des wissenschaftlich denkenden Mannes die verkrüppelte, unterentwickelte Version von Frau geboren, die uns bis heute lähmt. Die moderne Wissenschaft verschwor sich, genau wie die Industrialisierung, objektiv gegen die Interessen der Frau. Sie bot der Frau eine neue Definition ihrer Rolle und Funktion an, aber das war Etikettenschwindel: Die Wissenschaft zementierte nur den zweitrangigen Status von Frauen und bescherte ihnen eine üblere Lage als je zuvor. Ärzte, Physiologen, Biologen, Gynäkologen, Phrenologen (Phrenologie = Schädellehre, Anm. d. Ü.) und Quacksalber trugen mit zahllosen »wissenschaftlichen Erklärungen« zum Thema »Natur der Frau« bei. Aber bei ihren Annäherungen an die »Frauenfrage« entdeckten sie schlicht das, was ihnen jeder Stammtisch hätte erzählen können: Frauen waren schwach und Männer stark. Und darum war die Vorherrschaft der Männer nicht nur richtig, sondern auch notwendig. Auch die guten Ärzte taten das Ihre und noch mehr, um den »wissenschaftlichen Beweis« anzutreten, daß Frauen lebenslängliche Märtyrerinnen ihrer Biologie waren, der »Tyrannei ihrer [körperlichen] Verfaßtheit« unterworfen. Was damit gemeint war, schildert der Präsident der Amerikanischen Gesellschaft für Gynäkologie, Dr. George J. Engelmann, in bewegenden Worten, die wir nur als mentale »Hitzewelle« interpretieren können:

»Manch ein junges Leben wird in der Brandung der Pubertät arg mitgenommen und auf ewig verkrüppelt. Wenn es unbeschadet aus diesem Sturm hervorgeht und nicht auf den Felsen der Geburt zerschmettert wird, kann es dennoch in den Untiefen der Menstruation auflaufen oder schließlich an der Klippe der Menopause zugrunde gehen, bevor es im ruhigen Schutzhafen vor Anker gehen kann, wo es die Stürme der Sexualität nicht mehr erreichen.«[10]

Da jede natürliche Funktion der Frau als lebensbedrohliche Krise verstanden wurde, konnte der rationale, wissenschaftlich denkende Mann nicht allzuviel Vertrauen in ein so verletzliches Gefäß setzen. Die Frau, so lehrten die Pseudo-Biologen, war eine Kreatur von hoffnungsloser Schwäche. Das galt nicht nur für ihren Körper, sondern auch für das, was die Hirnforscher ihr wohl oder übel als Geist attestierten. Nervöse Störungen und geistige Instabilität waren ihr Los. Aber es gab keinerlei Hoffnung, diese Defizite der kleinen grauen Zellen zu heilen, etwa durch Bildung. Junge Ladys riskierten beim Lernen, ihr schwaches Denkvermögen »übermäßig zu stimulieren«, eine unkalkulierbare Gefahr ... Der Philosoph Herbert Spencer (aufgrund seiner Aussagen in der Evolutionsdebatte von Carlyle als »größter Esel der Christenheit« tituliert) stand ganz vorne, als es darum ging, die bösen Nebeneffekte vom »Zwang zum Denken« bei jungen Frauen herauszuposaunen. Nervosität, Anämie, Hysterie, Wachstumsverzögerung und übermäßige Abmagerung waren das mindeste, was jungen Frauen bevorstand, die es wagen sollten, ein Bändchen Catull auch nur anzurühren. Das war aber nicht alles. Die übermäßige Inanspruchnahme des Gehirns, so warnte Spencer, »schafft ... flachbrüstige Mädchen«. Und wer »die anstrengende Zeit der Ausbildung überlebte«, konnte logischerweise nie ein »richtig entwickeltes Kind« zur Welt bringen.[11]

In dieser Epoche fürchtete nicht nur ein Herbert Spencer, daß man für die Erlösung der Frauen aus ihrer »natürlichen« Unwissenheit mit einer »schwächlichen, ausgezehrten und kränkelnden Rasse« zahlen müsse. Ein Geschöpf, das zu schwachsinnig war, um durch Bildung gerettet zu werden, war wohl auch für alles andere nicht geeignet. Den Frauen wurde körperliche und geistige Schwäche zugeschrieben, und das war Grund genug, ihnen alle zivilen oder legalen Rechte zu verwehren. Ja, so hinderte man sie daran, den »natürlichen Zustand«, in dem sie sich befanden, auf irgendeine Art zu verändern. Noch im Jahre 1907 blockierte ein englischer Graf eine Gesetzesvorlage, die den Frauen beschränktes Stimmrecht auf lokaler Ebene erlauben sollte, mit folgenden Worten:

»Meiner Meinung nach sind sie zu hysterisch, sie neigen zu stark dazu, sich von Gefühlen und nicht von der kühlen Vernunft leiten zu lassen und ... irgendwelche Kompromisse abzulehnen. Ich glaube nicht, daß Frauen beim Regieren sicher führen könnten, sie sind sehr unsichere Führerinnen ...«[12]

Diese Gedanken fanden ein Echo bei einer anderen Leuchte der britischen Aristokratie. Unverhüllt ging es diesem Herrn um den Eigennutz der Männer: »Wenn wir die Position abschaffen, die Frauen bisher aufgrund ihrer Natur und keineswegs aufgrund einer künstlichen Bildung eingenommen haben, wenn wir sie vom häuslichen ins politische Leben versetzen, so steht zu befürchten, . . . daß Heim und Glück eines jeden Mitglieds der Gemeinschaft durch diesen Wandel Schaden nehmen werden.« Obwohl sich Seine Lordschaft kaum durch »künstliche« oder andere Bildung übermäßig belastet hatte, sprach er den Kern der Angelegenheit deutlich aus: Jeder Versuch der Frauen, ihrer aufgezwungenen Minderwertigkeit zu entkommen, war eine Gefahr für die Gesellschaft schlechthin und mußte darum verhindert werden.

Angeblich waren der niedrige Status, die gesellschaftliche Nichtexistenz der Frauen naturgegeben. Aber es bedurfte doch auffallend vieler sozialer und kultureller Zwänge, um diesen Zustand aufrechtzuerhalten. Gemeinsam mit der Revolutionierung der Produktionsverhältnisse und dem Sieg der Naturwissenschaft über den gesunden Menschenverstand erwiesen sich die Gesetze des 19. Jahrhunderts als Feinde der weiblichen Emanzipation. Und die Rechtsprechung unterdrückte am offensten. Nirgendwo trat dieser Prozeß offener zutage als in Frankreich, wo der *Code Napoléon* als großartiges Monument progressiver Rechtsprechung gefeiert wurde. Die Geschichtsschreibung hält leider nicht fest, ob dieser Enthusiasmus *trotz* oder gerade *wegen* der Tatsache aufkam, daß es sich hierbei um das frauenfeindlichste Gesetzespaket aller Zeiten handelte. Unter dem *ancien régime* genossen verheiratete Frauen große Freiheiten. Sie kontrollierten ihr Eigentum und hatten Einfluß in ihren Gemeinden. Rechte, die die Revolution von 1789 nur noch erweiterte, indem sie zum Beispiel die Scheidung erleichterte. Napoleon war aber darauf versessen, das französische Recht auf einer neuen moralischen Grundlage aufzubauen – den Römern, oder genauer, den Korsen entlehnt. Er schuf eine Rechtsprechung, die der Frau völlige Unterordnung und sklavischen Gehorsam dem Mann gegenüber abverlangte, und sicherte dergestalt ab, daß alle Männerwünsche erfüllt wurden.

Kein Zweifel, das Schwert der Justiz war durch Napoleons persönliche Erfahrungen geschärft. »Frauen sollten beim Stricken bleiben«, so belehrte er den Sohn von Madame de Staël, die für alles mögliche, aber nicht für ihre Nadelkunst berühmt war. Napoleon verriet dauernd seine kleingeistige, reaktionäre, krude und sexistische Haltung Frauen gegenüber.

Entschlossen trat er dafür ein, daß jeder Mann die totale Kontrolle über seine Familie haben sollte, so wie er selbst die einzige Autorität im Staat war. Er drückte seine »Reformen« durch den Staatsrat durch und verkündete, daß »der Mann die absolute Macht und das Recht haben muß, zu seiner Frau zu sagen: ›Madame, Sie werden nicht ins Theater gehen, Sie werden nicht soundso empfangen, denn die Kinder, die Sie gebären, werden mir gehören.‹« Außerdem muß jede Frau »lernen, daß sie in dem Augenblick, da sie die Vormundschaft ihrer Familie verläßt, in die Vormundschaft ihres Mannes übertritt«[13].

In dieser Hinsicht stattete der *Code Napoléon* jeden Ehemann mit außergewöhnlicher, beispielloser, ja despotischer Macht aus. Er konnte seiner Frau jeden Wohnort vorschreiben. Alles, was sie je besaß oder verdiente, wurde sein Eigentum. Bei einer Scheidung behielt er die Kinder, das Haus und alle Wertgegenstände, denn sie hatte keinerlei Recht auf den gemeinsamen Besitz. Bei einem Ehebruch drohten ihr zwei Jahre Gefängnis, während er nichts zu befürchten hatte. Den Französinnen ging es im finstersten Mittelalter besser als in der Zeit nach 1804, als Napoleons Code allgemeingültiges Recht wurde. Eine moderne Tragödie war das, und sie wiederholte sich unerbittlich in zahllosen anderen Ecken der Erde, als die neue Rechtsordnung zusammen mit dem metrischen System große Teile der zivilisierten Welt eroberte.

Mit frischer Kraft versammelten sich die Kräfte des Patriarchats also aufs neue. Aber in den Strukturen der Unterdrückung lag bereits der Keim ihrer späteren Überwindung verborgen. Die Revolutionierung der Produktionsverhältnisse zwang die Frauen dazu, eine neue Identität und Funktion für sich zu finden, und unwissentlich bescherte sie ihnen auch die Mittel zur Emanzipation. Die industrielle Revolution schuf mit Erfolg großen Wohlstand. Daraus ging u. a. auch das Phänomen der »untätigen Ehefrau« hervor, das äußere Zeichen des gesellschaftlichen Erfolgs eines Mannes. Waren und Geld wurden im Überfluß produziert, das führte zwangsläufig zur Produktion überschüssiger Frauen. Neu in der Geschichte war auch die Vorstellung, daß Frauen ganz und gar von Männern versorgt werden mußten. Eine große Zahl von Frauen aus der wachsenden bürgerlichen Klasse fand sich in einem Gefängnis wieder. Sie waren irgend etwas zwischen Porzellanpuppe und Schoßtier und auf die klassische »Weibchen«-Rolle reduziert, die wir ja auch noch heute kennen. Man nahm der Frau die Arbeit und die Bedeutung weg und bot ihr statt dessen Schwätzereien von Geschlechtsgenossinnen wie Mrs. Beeton oder Emily

Post an, die sich über »die Kunst der Haushaltsführung«, über »gutes Benehmen« und über *Die Sprache der Blumen* ausließen.

Aber nach einiger Zeit »erwies sich dieser merkwürdige Irrglaube der Männer, daß Frauen nutzlos zu sein hätten ... als Fehler ersten Ranges«, wie es Amaury de Riencourt formuliert. »Die Geschichte beweist, daß Frauen auf jeden Fall im Mittelpunkt der Dinge sein müssen. Sie nehmen es nicht lange hin, zum Nichtstun gezwungen oder auf die Seite geschoben zu werden.«[14] Die auferlegte Passivität gab der *lady of leisure,* der begüterten Müßiggängerin, ausreichend Zeit, um ihre entnervende, demoralisierende Lebensart, ihre finanzielle, soziale und bedeutungsmäßige Abhängigkeit vom Mann zu hinterfragen. Als die Frauen diese brutale, dumpfe und unnatürliche Lebensart überdies noch als höchstes Lebensziel, als schönste Hoffnung herunterwürgen sollten, wurde der Konflikt zwischen Wirklichkeit und Anspruch unerträglich.

Auf der anderen Seite der Skala stand die Arbeiterfrau, und sie hatte wahrlich keine Muße, um ihr Los in Frage zu stellen. Sie war ihrem Herrn und Meister vollkommen untertan und ächzte unter dem neuen Phänomen der »Doppelbelastung«. Das heißt, sie arbeitete den ganzen Tag, um dann die ganze Last des Haushalts in der restlichen Zeit zu bewältigen. Aber vor der Ehe machten diese Frauen die (manchmal sehr kurze) Erfahrung, Teil einer neuen Gattung zu sein. Beim Übergang zum Kapitalismus entstanden noch nie dagewesene Berufe – im Banken- und Finanzwesen, in der Geschäftswelt, im Einzelhandel. Auch die neuen Technologien boten Stellen an, wie Telegraphie und Maschinenschreiben. Millionenfach stärkten junge Frauen als Stenographinnen, Telefonistinnen, Kassiererinnen, Sekretärinnen und Warenhausverkäuferinnen die neue Armee der berufstätigen Frauen. Diese neuen Erfahrungen lehrten sie zwangsläufig, daß »Schulfranzösisch und Musikunterricht, Tanzen, Handarbeit, das Malen von Blumen und der korrekte Gebrauch von Rückenstützen sie nicht unbedingt für eine Lohnarbeit qualifizierten«, wie ein besorgter Kritiker vermerkte.[15]

Die Vorstellung, daß junge Frauen nur bis zur Hochzeit arbeiteten, wurde überdies völlig falsch, wie die Erfahrungen von Sozialarbeiterinnen wie der britischen Reformerin Miss Rye belegten. Sie schätzte 1861 die Situation »junger berufstätiger Frauen« wie folgt ein:

»Mein Büro wird täglich von Stellensuchenden belagert, und im gesamten Königreich gibt es kaum eine Grafschaft oder eine Stadt, die nicht besorgt bei mir nachgefragt hätte. Leider stehe ich mit meinen Beobachtungen nicht allein ... Ich darf festhalten, daß in einem Büro, das den bereits erwähnten Beispielen ähnelt, sich 120 Frauen an *einem einzigen* Tag bewarben. Nur um herauszufinden, daß es buchstäblich *keine einzige Vakanz für irgendeine Bewerberin* gab.«[16]

Unter diesen Umständen mußten berufstätige Frauen den Mythos vom Alleinversorger Mann zurückweisen. Genau wie die untätigen Ehefrauen der höheren Schichten mußten sie erkennen, daß sich ihr Leben und ihre Interessen von denen der Männer völlig unterschieden. Überdies kosteten sie von der Frucht der finanziellen Unabhängigkeit, nur um sie später bei der Hochzeit wieder abgenommen zu bekommen. Eine finanzielle Unabhängigkeit, die nichtsdestotrotz ständig aufs erniedrigendste an die relative Wertlosigkeit der Frauen erinnerte, da sie ja im Durchschnitt nur halb soviel wie Männer verdienten.

Andere Faktoren machten es den Frauen ebenfalls unmöglich, sich mit dem herrschenden Frauenbild abzufinden. Da gab es Heldinnen, die beim Abenteuer Kolonialismus Blut, Tod, Feuer und Hungersnot überlebt hatten. Natürlich konnten sie nicht die von den Wissenschaftlern neuentdeckte Schwäche der Frau einfach herunterschlucken.

Florence Nightingale wurde in den Geschichtsbüchern als »die Lady mit der Lampe« tituliert. Beim Krimkrieg wurde sie aber als »die Lady mit dem Hammer« berühmt: Als sie nämlich einmal Medikamente brauchte, attackierte sie wild und nicht so damenhaft die verschlossene Tür eines Vorratsraums.[17] Sie war vielen Hindernissen und Beleidigungen ausgesetzt, aber niemand hätte ihr zu erzählen gewagt, daß sie ja nur Opfer ihrer »minderwertigen körperlichen Verfaßtheit« war. Ähnliches galt für Harriet »General« Tubman. Während des amerikanischen Bürgerkriegs schmuggelte sie schwarze Sklaven auf der »Untergrund-Bahn« aus dem tiefen Süden in die Nordstaaten der USA, wo sie dann frei waren. Sie führte einmal eine Aktion durch, bei der mehr als 750 Schwarze befreit wurden. Dies war die einzige von einer Frau geplante und ausgeführte militärische Kampagne in der Geschichte der USA.[18]

Heldinnen wie diese und Frauen, die sich von solchen kühnen Taten aufwühlen ließen, konnten nicht widerspruchsfrei mit den hohlen und beleidigenden Klischees »wahrer« Weiblichkeit leben, die ihre männlichen Zeitgenossen leidenschaftlich propagierten. Den treffendsten Pro test finden wir in den heftigen Worten von Sojourner Truth. Sie war, wie Tubman, eine ehemalige Sklavin und aktive Gegnerin der Sklaverei. Bei einem Kongreß für Frauenrechte im Jahre 1851 polterte sie los:

»Der Mann da drüben behauptet, daß man Frauen beim Einstieg in Kutschen helfen müsse, daß man sie über Pfützen tragen müsse, daß ihnen überall der beste Platz gebühre. Niemand reicht mir den Arm, niemand gibt mir den besten Platz – und bin ich etwa keine Frau?

Schaut euch diesen Arm an! Ich habe gepflügt und gepflanzt und die Scheunen gefüllt, und kein Mann konnte mich übertreffen – und bin ich etwa keine Frau?

Ich konnte soviel arbeiten und soviel essen wie ein Mann – wenn ich etwas zu essen kriegen konnte – und auch die Peitsche genausogut ertragen. Und bin ich etwa keine Frau?

Ich habe 13 Kinder zur Welt gebracht und zugesehen, wie die meisten von ihnen in die Sklaverei verkauft wurden, und als ich meinen Mutterschmerz herausbrüllte, hörte mich niemand außer Jesus – *und bin ich etwa keine Frau?*«[19]

Am Ende waren es nicht die Wissenschaftler, sondern die Gesetzgeber, deren brutale und verpfuschte Versuche, die wackligen Fundamente patriarchalischer Macht zu festigen, den Anfang der Frauenrevolte auslösten. Im Grunde genommen repräsentierte der Ruf der Frauen nach Gerechtigkeit, nach persönlicher Freiheit und nach voller Selbstbestimmung die letzte Welle des Aufbegehrens im »Jahrhundert der Revolution«, das an großen politischen Umwälzungen so reich gewesen war. Die Frauen machten jetzt Ansprüche geltend und folgten dabei nur den Spuren der Männer, die in fast allen industrialisierten Ländern für ein neues Verständnis gesellschaftlicher Partizipation erfolgreich gekämpft hatten. Was der einen Gruppe zugestanden wurde, konnte schlechterdings nicht der anderen auf legitime Art vorenthalten werden – das verbot das Ideal der Demokratie. Das hieß freilich nicht, daß die Machthaber vor solchen Diskriminierungen zurückschrecken würden. Allmählich sahen sich die Regierungen gezwungen, altes Recht neu zu formulieren und dabei demokratische Ansprüche zu berücksichtigen. Zum ersten Mal in der Geschichte ergriffen sie dabei die Gelegenheit, absichtlich und kategorisch den Frauen jedes einzelne von den Männern erkämpfte Recht vorzuenthalten. Auf beiden Seiten des Atlantiks mußten sich Frauen mit der Tatsache auseinandersetzen, daß man die »Menschenrechte« genaugenommen als »Rechte der Männer« auslegen würde.

Besonders herabwürdigend, zumindest für die Engländerinnen, war das Wissen, daß Frauen noch nie dagewesenen Restriktionen unterworfen wurden, während Männer im gleichen Augenblick neue Rechte bekamen – wie zum Beispiel »ein Mann, eine Stimme«. Zuvor hatte es keine gesetzlichen Grundlagen der Frauendiskriminierung gegeben. Es war den Frauen nicht gesetzlich verboten worden, im Parlament zu sitzen, und jahrhundertelang hatten die Äbtissinnen von Shaftesbury, Barking, Wilton und St. Mary Winchester genau dieses getan. Noch bis zur Zeit der Stuarts hatten Aristokratinnen das Recht, Kandidaten für das Parlament auszuwählen und Wahlen zu entscheiden. Diese Frauen waren nicht disponiert, an ihren politischen Privilegien rütteln zu lassen. So ruft die Gräfin von Dorset den *apparatchik* des Hofes, die ihr einen Kandidaten des Königs aufdrängen wollen, nachdrücklich ins Gedächtnis: »Ich bin von einem Usurpator [Cromwell] schikaniert worden, ich bin von einem Hof schlecht behandelt worden [die Gräfin hatte Anstoß an König Karl dem Zweiten genommen], aber ich lasse mir nicht von einem Untertan Vorschriften machen. Euer Kandidat wird nicht aufgestellt.«[20] Auch wenn diese Rechte nur auf die Frauen der oberen Klassen beschränkt waren, so stellten sie doch das Dogma absoluter Männerherrschaft in Frage, und das war wichtig. Nun aber wurden Frauen durch beispiellose Gesetze der »Mutter der Parlamente« formal und legal von allen Ämtern ausgesperrt. Alle neuen Reformvorhaben und Rechte fielen nur der männlichen Ausgabe des Bürgertums zu. Dies zündete den Funken, die Frauenbewegung wurde geboren.

Die Funken fielen auf einen Boden, der schon lange zum Brennen bereit lag. Zwar schien die Bewegung irgendwann Mitte des 19. Jahrhunderts aus heiterem Himmel aufzutauchen, aber de facto keimte sie schon seit Ende des 18. Jahrhunderts heran. Damals durchbrachen weibliche Stimmen zum ersten Mal die Jahrtausende des Schweigens. Nachdem sie seit Urzeiten der Lüge von der männlichen Überlegenheit aufgesessen waren, machten die Frauen jetzt Jagd auf alle verlausten Praktiken und Bräuche der Frauenunterdrückung und nagelten sie an die Wand. Mary Wollstonecraft gehörte zu den ersten Revolutionärinnen eines Denkens, das noch nicht gelernt hatte, sich feministisch zu nennen. In groben Zügen unterschied sich Marys Geschichte nicht viel von dem, was jedem anderen armen und alleinstehenden Mädchen hätte passieren können:

Anstellung als »Gesellschafterin einer Dame«, erfolgloser Versuch einer Schulgründung, Reisen in Frankreich, eine Liebesaffäre mit einem Mann, der sie mit ihrem unehelichen Kind sitzenließ. Aber obwohl dieser Stoff nach Groschenroman klingt, schmiedete Mary Wollstonecraft 1792 daraus eine der machtvollsten und selbstsichersten Streitschriften des Feminismus, die *Vindication of the Rights of Women,* die »Verteidigung der Frauenrechte«.

Marys Ausgangspunkt war ihr brodelnder Zorn auf den »verderblichen, lauernden Wundbrand« der »Tyrannei der Männer gegen die Frauen«[21]. Hieraus leitete sie alle gesellschaftlichen Mißstände ab, die sie selbst erlitten hatte: den Mangel an Bildung, die Verweigerung von sinnvoller Arbeit und jene Doppelmoral, die den Mann belohnte, weil er »ein luxuriöses Biest oder ein verwöhnter Genießer« war, während sie die Frau aufgrund einer einzigen Indiskretion zur Hure abstempelte. Mary Wollstonecraft betrachtete die real existierenden Geschlechterbeziehungen als schädlich und ausbeuterisch: ». . . der Mann nimmt ihren Körper, ihr Kopf rostet vor sich hin.« Voller Verachtung lehnte sie die gängigen Ideale weiblichen Verhaltens ab: »Wie ungeheuerlich beleidigen sie uns, wenn sie uns gute Ratschläge geben, damit wir sanfte, häusliche Tiere werden!« Die *Vindication* verlangte mit Schärfe das Recht auf Bildung, auf Arbeit und auf gleichberechtigte Beziehungen zu den Männern. Damit brachte sie einige Grundanliegen des Feminismus zur Sprache und warf unübersehbar den Fehdehandschuh hin. Denn nachdem so drastisch offenbart worden war, daß Frauen in einer bösartigen Dumpfheit und pervertierten Unreife unglücklich dahinschmachteten, konnten nur wenige mit der Fiktion fortfahren, daß die »Mitglieder des schönen Geschlechts« glücklich waren mit dem Los, das ihnen Gott und der Mann zugedacht hatten.

Man konnte freilich nicht erwarten, daß das »unschöne Geschlecht« besonders glücklich war mit diesem Generalangriff auf seine Macht und seine Vorrechte. Ganz zu schweigen von der Kritik an seinen Manieren, seiner Moral und seiner geistigen Beengtheit. Kein Mann sieht sich als einen Tyrannen. Als also Mary Wollstonecraft diesen Stein aufhob, gab es eine heftige, oft hysterische Reaktion auf das, was sie darunter fand. Wie Flora Tristan, eine der französischen Anhängerinnen von Wollstonecraft, trocken anmerkt, war es für Frauen durchaus spaßig, wie »die Männer ›Skandal‹ schrien, bevor sie sich überhaupt mit der Frage befaßt hatten«. Tristans Leben selbst liest sich wie aus einem Handbuch des Frauenbefreiungskampfes: Als ihr Vater starb, wurde sie unvermittelt als Kind in bitterste Armut gestürzt. Dann führte sie eine kurze, unglückliche Ehe, deren Folgen schwer auf ihrem gesamten Leben lasteten. Unter dem *Code Napoléon* war es ihr unmöglich, eine Scheidung oder Zugang zu ihren Kindern zu bekommen. Als sie ihre Autobiographie *Pérégrinations d'un Paria* (Reisen eines Parias) veröffentlichte, versuchte ihr Mann sie umzubringen. Von der Polizei wurde sie als unerwünschte Person belästigt, und 1844 starb sie vorzeitig mit nur 41 Jahren. Als Sozialistin unterstützte Tristan von ganzem Herzen Wollstonecrafts Forderungen nach dem Recht auf Bildung und auf Arbeit. Ihr eigener Beitrag bestand darin, daß sie beharrlich »das Recht auf die juristische Gleichheit zwischen Männern und Frauen« einklagte, da dies »das einzige Mittel ist, die Einheit der Menschheit zu erreichen«[22]. Der Mann, der sich immer als die Menschheit schlechthin sah und sich absolut einig fühlte, konnte solche Anliegen nicht verstehen.

Als die Frauen allmählich lernten, ihre Interessen von denen der Männer zu unterscheiden, fingen auch einzelne Männer an, sich von ihren Geschlechtsgenossen abzugrenzen. Sie weigerten sich, Privilegien auf Kosten der Frauen aufrechtzuerhalten. Von der fast vergessenen Freidenkerin Mrs. Wheeler inspiriert, veröffentlichte 1825 der sozialistische Philosoph William Thomson sein *Appeal of one half the human race, Women, against the pretensions of the other half, Men* (Appell der einen Hälfte der Menschheit, der Frauen, gegen die Anmaßungen der anderen Hälfte, der Männer). Dieses außergewöhnliche, fast prophetische Dokument stellte explizit eine Verbindung zwischen sexueller und rassischer Unterdrückung her: Frauen waren »unfreiwillige Brutmaschinen und Haushaltssklavinnen«, durch die Tyrannei der Männer auf die »Lebensbedingungen der Neger in der Karibik« herabgesetzt. Die Gleichsetzung von Eheleben mit Sklaverei ist ein beständiges Motiv in diesem Buch. »Das Heim ist die Haftanstalt der Ehefrau«, schrieb Thomson. »Der Ehemann malt es als Wohnsitz von Ruhe und Glückseligkeit, aber er achtet sorgfältig darauf, jenseits der Haustür eine nicht ganz so ruhige Glückseligkeit zum eigenen Gebrauch zu finden ... Das Haus und die ganze Einrichtung gehören ihm. Und von allen Inventarstücken ist seine Frau, die Brutmaschine, aufs gemeinste sein Eigentum.« Nur durch die Gewährung politischer Gleichheit konnte man die Frau befreien, so Thomson, und er agitierte zum Schluß mit soviel Vehemenz für das Frauenstimmrecht, daß auf der ganzen Welt in jedem Frauenherzen ein Echo laut wurde:

»Frauen Englands, erwacht! In welchem Land auch immer Ihr erniedrigt Euren Atem schöpft, erwacht, Ihr Frauen! Werdet des Glücks gewahr, das Euch erwartet, wenn alle Möglichkeiten Eures Körpers und Eures Geistes einst voll kultiviert und entwickelt sein werden . . . Da Eure Knechtschaft den Mann gekettet hat an die Ignoranz, an das Laster des Despotismus, wird Eure Befreiung ihn belohnen mit Wissen, mit Freiheit und mit Glück.«[23]

Thomson bezahlte teuer für seine Unterstützung der Frauensache. Er wurde von seinen Zeitgenossen lächerlich gemacht und geächtet. 1868, rund 40 Jahre später, startete John Stuart Mill einen weiteren Versuch. In einem breitangelegten, logisch argumentierenden Essay stellte er die Wirklichkeit der Unterwerfung der Frauen, *The Subjection of Women,* dar. Aber trotz aller sympathisierenden Weggefährten war der Kampf um Freiheit, Gerechtigkeit und volle Selbstbestimmung ein Kampf, den die Frauen für sich selbst austragen mußten. Ein weiterer Aufbruch fand statt: Zum ersten Mal in der Geschichte planten und führten Frauen eine politische Bewegung aus, die Frauenrechtsbewegung. Die Führerinnen spiegelten Würde und Rechtmäßigkeit der Forderungen wider. Ihre außergewöhnlichen persönlichen Qualitäten waren genauso wichtig für den Erfolg der Sache wie ihre politischen Aktivitäten. Inspiration und Kühnheit der Frauen wurden zum weltweiten, einzigartigen Phänomen. In England, so wurde der Innenminister informiert, waren junge Frauen sogar bereit, für Mrs. Pankhurst zu sterben. Ihr zweifelhafter Rat an eine junge, angstvolle Suffragette »Bete zu Gott, meine Liebe – *Sie* wird dich erhören!« faßt vorzüglich das selbstbewußte Charisma dieser Frau zusammen. Andere bezogen ihre Stärke aus der erhabenen Einfachheit der Frauensache: »Den Männern ihre Rechte und nichts mehr; den Frauen ihre Rechte und nichts weniger«, so lautete der bekannte Ausspruch von Susan B. Anthony.

Vor allem schafften sie es durchzuhalten. Die Französin Maria Desraismes gründete 1866 die erste Gesellschaft für Frauenrechte. Davor war sie schon bekannt als Feministin und Kirchenkritikerin. Ihr letztes Werk, *Eve dans l'Humanité* (Eva in der Menschheit), erschien 1891. Elizabeth Cady Stanton zog sich 1892 vom Posten der Vorsitzenden der National American Woman's Suffrage Association zurück (die militante amerikanische Organisation für das Frauenwahlrecht, Anm. d. Ü.), sie war 77 Jahre alt. Susan B. Anthony übernahm die Aufgabe für weitere acht Jahre, sie trat zurück, als sie achtzig wurde. In einem Staat nach dem anderen, in einem Land nach dem anderen kämpften Frauen für die ihnen gebührenden Rechte. Sie machten so lange weiter, bis sie die Feinde überlebt, eingeäschert oder bekehrt hatten.

Der historische Augenblick passierte jedoch in England. In den USA besaßen die Frauen bereits mehr politische Macht aufgrund der demokratischen Ideale ihres Landes und aufgrund ihrer aktiven Rolle bei der Erschließung des Landes, vor allem als Pionierinnen im Wilden Westen. Anders die Lage in Großbritannien: Dort rühmte sich die britische Regierung der ersten und erfolgreichsten industriellen Revolution der Welt und eines glorreichen Empires, wo die Sonne nie unterging. Sie stand einem System vor, das Frauen ganz und gar von diesen wichtigen nationalen Unternehmungen ausschloß. 1832 versuchte die Regierung mit einem Gesetzesentwurf, dem First Reform Bill, diesen Ausschluß auf Dauer zu legalisieren. Die Reform gab großen Gruppen die Wahlberechtigung, aber sie war begrenzt auf ausschließlich »männliche Personen«. Eine Einschränkung, die noch nie in der englischen Rechtsprechung vorgenommen worden war.

Der Protest kam sofort, auch männliche Sympathisanten waren direkt zur Stelle. Ohne ihre Hilfe hätte der Frauenkampf viel länger gedauert. Am 3. August 1832 reichte der berühmte Radikale »Orator« Hunt eine Petition beim Parlament ein und verlangte darin, daß die Frauen das Wahlrecht erhalten sollten, da sie ja die gleichen Kriterien wie die Männer erfüllten, nämlich über bestimmtes Eigentum verfügten. Er griff auf alte Argumente aus den USA und Frankreich zurück: Es sollte keine Besteuerung ohne Repräsentation geben, und da Frauen vollkommen gleichberechtigt zu den Männern hingerichtet werden konnten, sollten sie auch zu Lebzeiten diese Gleichheit genießen.

Hunts Eingabe wurde niedergebrüllt, Geschrei und Zoten waren an der Tagesordnung. Und wenn es um Frauenthemen geht, wird bis zum heutigen Tag das Antlitz des Mutterhauses der Demokratie häßlich entstellt. Aber jetzt trat man von allen Seiten zur Schlacht an. Beim Weltkongreß gegen die Sklaverei im Jahre 1840 vermittelten englische Sklaverei-Gegnerinnen den amerikanischen Schwestern ihre Vision vom Feminismus. Das wiederum führte 1848 zum Kongreß in Seneca Falls, wo dann der Frauenkampf um das Frauenwahlrecht auf der anderen Seite des Atlantiks formell begann. Als Elizabeth Cady Stanton und Susan B. Anthony 1869 das radikalfeministische Mitteilungsblatt *Revolution* starteten, konnte niemand mehr an Charakter und Ausmaß der Veränderungen zweifeln, die die Frauen herbeiführen wollten.

Das Wahlrecht war immer der Eckstein jedes Emanzipationsprogramms. Und die Verweigerung des Wahlrechts war das wichtigste und sichtbarste Symbol der weiblichen Unterwerfung. Aber beim Kampf um die Rechte der Frau wurden auch andere Freiheiten gefordert. Auch die Religion stand ganz oben auf der schwarzen Liste der Frauen, da sie die älteste aller Tyranneien war. Ausnahmsweise standen die Rebellinnen in dieser Frage nicht allein. Ab 1840 hatten zahlreiche, vor allem deutsche Gelehrte Werke verfaßt, die nicht nur den Wert der Bibel als historisches Zeugnis in Frage stellten, sondern auch den Status der heiligen Schriften grundlegend veränderten. Dem traditionellen christlichen Glauben setzten auch die Entdeckungen der Geologen zu. Als Charles Lyell 1830 seine *Principles of Geology* (Prinzipien der Geologie) veröffentlichte, überwältigte er die Welt mit dem unangreifbaren Beweis, daß die biblische Schöpfungsgeschichte lediglich ein Märchen war. Der Schöpfungsgeschichte wurde ein weiterer tödlicher Schlag durch Charles Darwin versetzt. Der »Monkey Man« (»Affenmann«) zeigte, daß der Mensch keineswegs das einzigartige Privileg einer göttlichen Herkunft hatte, sondern sich wie jedes andere Tier im Laufe der Zeit entwickelt hatte. Die vereinigte Attacke von Historikern, Linguisten, Geologen und Darwinisten bewirkte, daß um 1850 kein vernünftiges Individuum weiter buchstabengetreu an die Bibel glauben konnte. Nur ein, zwei Jahrzehnte zuvor hatte man die Heilige Schrift und ihre Berichte von der männlichen Überlegenheit für bare Münze genommen. Jetzt witterten feministische Freidenkerinnen Blut, und sie näherten sich der Beute. Wie konnte es nur passieren, so fragten sie, daß Männer eine Theorie der eigenen Überlegenheit auf eine so dürftige Geschichte aufgebaut hatten?

Von allen Seiten stand das Christentum wegen seiner Frauenfeindlichkeit unter Attacke. 1876 wurde auch im römisch-katholischen Herzland Italien zum Angriff geblasen:

»Frauen müssen sich des Einflusses der Kirche entziehen, und mit einer neuen Kultur ... werden sie aufhören zu glauben und aufhören, ihre Kinder zum Glauben zu zwingen (was ja die Entwicklung ihres Intellekts behindert), daß Jesus persönlich den Regen schickt, daß Donner ein Zeichen göttlichen Zorns ist und daß erfolgreiche oder schlechte Ernten auf den Willen der Vorhersehung zurückzuführen sind ...«[24]

Aus Amerika kamen freilich die heftigsten Attacken. Dort waren Elizabeth Cady Stanton und Susan B. Anthony vereint in der Überzeugung, daß die Bibel seit 2000 Jahren das größte Hindernis für die Emanzipation der Frau darstellte. Stanton betrachtete die Bibel einfach als »die Geschichte eines unwissenden, rückständigen Volkes«, die später manipuliert wurde, um der Frauenunterdrückung so etwas wie »göttliche Autorität« zu verleihen. Stanton zufolge konnten Frauen Charakter und Ausmaß dieses kosmischen Schwindels erst dann erahnen, wenn sie Zugang zu einer wahren Version der biblischen Geschichte hätten. Und in einem gewaltigen Kraftakt sorgte sie dann auch dafür: *The Woman's Bible*, geschrieben von 1895 bis 1898. Jahrtausendelang hatte Gottvater dem Antifeminismus einen Mantel der Respektabilität und Göttlichkeit umgehängt. Jetzt zeigte sich, daß der alte Patriarch mit dem weißen Bart ein Kaiser ohne Kleider war.

Das feministische Nein zum weltweit verbreiteten negativen Frauenbild des Christentums hatte wichtige Folgen für ein anderes Schlüsselthema der Frauenrechtlerinnen: die Forderung nach Ausbildungschancen. Die Unwissenheit der Frauen war fest mit dem christlichen Dogma verwoben. Evas Sünde war ja der Griff nach dem Baum der Erkenntnis, also lag ihre Strafe darin, auf ewig der Erkenntnis beraubt zu bleiben. Diese Attitüde blieb jahrhundertelang unhinterfragt und produzierte Generationen von Frauen, die zu einer Jugend in geistiger Dunkelheit verdammt und dann als dumm abgestempelt wurden. »Man erzieht uns zu krassester Ignoranz, und nichts wird ausgelassen, um unsere natürliche Vernunft zu ersticken«, so klagte im 18. Jahrhundert die verbitterte Lady Mary Wortley Montagu.[25]

Als dieses Jahrhundert zur Neige ging, breiteten sich die Proteste gegen das aus, was als weibliche Bildung durchging. »In dieser verdorbenen Zeit denken die meisten, daß eine Frau gebildet und klug genug ist, wenn sie das Bett ihres Mannes von dem eines anderen unterscheiden kann«, wie Hannah Woolley, eine Vorreiterin im Erziehungswesen, mit der ihr typischen Schroffheit beobachtete. Aber ermutigende Vorbilder der Mädchenerziehung gab es kaum. Im Westen gab es zwar eine lange Tradition »gelehrter Damen«, aber ihre Erfolge waren eher privater, verstreuter Natur. Die brillanten d'Andrea-Schwestern, beide Anwältinnen im Italien des 14. Jahrhunderts, wurden von ihrem Vater unterrichtet. Caterina Corner, im 15. Jahrhundert Königin von Zypern, wurde von ihren Brüdern unterrichtet. Und bei Tullia d'Aragona, der Dichterin und

»Priesterin des Humanismus« aus dem 16. Jahrhundert, waren es die Liebhaber. Es gab also keine Grundlagen, auf die die Frauen hätten aufbauen können. Außerdem waren die Karrieren der einzelnen »Blaustrümpfe« wenig ermutigend für andere. Elizabeth Elstob, die »Sachsennymphe« genannt, sorgte beispielsweise für unvorstellbare Fortschritte bei der Erforschung des Angelsächsischen aufgrund ihres »unglaublichen Fleißes«. Und doch endete sie ihre Tage in bitterer Armut; trotz aller Mühen war ihre Schule für Damen kein Erfolg. Am schlimmsten traf es das Projekt von Mary Astell, das das erste Institut für höhere Bildung für Frauen geworden wäre. Als es zu Beginn des 17. Jahrhunderts vorgestellt wurde, stellte Königin Anne eine Förderung in Höhe von 10 000 Pfund in Aussicht. Aber die darauf einsetzende heftige Opposition sorgte dafür, daß nichts dergleichen für die nächsten 150 Jahre auch nur vorgeschlagen wurde. Aber es brodelte, und die Mixtur von revolutionärem Gedankengut plus ärgerlicher »Frauenfrage« sorgte dafür, daß das Thema Bildung nicht auf ewig verschoben werden konnte. Thomas Huxley war ein viktorianischer Vater, der genau im Veröffentlichungsjahr von Thomsons *Appeal* geboren worden war, des Appells zugunsten des unwissenden weiblichen Geschlechts. Huxleys Worte beweisen, wie weit sich die öffentliche Meinung innerhalb einer Generation verändert hatte:

»Ich sehe nicht, wie wir auf Dauer irgendwelche Fortschritte machen sollen, wenn die Hälfte der Menschheit – und das gilt für neun Zehntel aller Frauen – unwissend, abergläubig und von beengtem Horizont ist. Um Ihnen zu zeigen, daß meine Vorstellungen realistisch sind, bin ich fest entschlossen ... meinen Töchtern die gleiche Ausbildung in Physik angedeihen zu lassen wie ihren Brüdern ... Sie sollen auf jeden Fall nicht als Männerfallen auf dem Heiratsmarkt aufgestellt werden.«[26]

Das waren aufgeklärte Männer, die in der gleichen erhabenen Tradition wie Cotton Mather, Sir Thomas More und Erasmus standen, und ihr Einfluß war unschätzbar. 1865 hielt Barbara Bodichon in Großbritannien die erste Vorlesung zum Thema Frauenwahlrecht. Sie war eine der Schlüsselfiguren der europäischen Suffragetten-Bewegung, finanzierte feministische Publikationen und half bei der Gründung von Girton College in Cambridge. Das alles war nur möglich, weil sie von einem progressiven Vater großgezogen worden war, der wie Huxley darauf achtete, daß seine Tochter genau dieselbe Ausbildung bekam wie sein Sohn.

Aber wie beim Frauenwahlrecht, so kam es auch im Kampf um Bildung in dem Augenblick zum entscheidenden Durchbruch, da die Frauen die Sache in die eigene Hand nahmen. Schlag auf Schlag ging es mit den Errungenschaften: von der 1821 in den USA erfolgten mutigen Eröffnung des Troy Female Seminary durch Emma H. Willard bis zur Gründung des St.-Hilda-College im englischen Oxford durch Miss Beale im Jahre 1892. Erfolge, die trotz der häufigen und heftigen Richtungskämpfe unter den Reformerinnen errungen werden konnten. In den USA glaubte zum Beispiel eine Catherine Beecher leidenschaftlich an das traditionelle Frauenbild, und sie verlangte eine Ausbildung in »Haushaltswissenschaft«, um die Mädchen auf das Eheleben gut vorzubereiten. Dagegen bekämpften andere Frauen wie Emily Davies, die Gründerin von Girton, unerschütterlich und entschieden ihre Kollegen, damit die Studentinnen dieselben Ausbildungschancen bekamen und denselben Anforderungen entsprachen wie ihre männlichen Kommilitonen. Die Unterschiede ließen sich jedoch überbrücken.

Die Bildungsexplosion war nicht nur eine Sache der Anglo-Amerikanerinnen. Ab 1860 arbeiteten Pionierinnen wie Learmonth White Dalrymple in Neuseeland, Kalliopi Kehajia in Griechenland, Pandita Ramabai in Indien und Marya Trubnikova in Rußland gemeinsam mit zahllosen anderen Frauen daran, die Mädchenerziehung voranzutreiben, vom Kindergarten zur Hochschule.

Die Reformerinnen hatten bewiesen, daß sie eigene Universitäten gründen konnten, wenn Männer sie aus den ihren aussperrten. Und als weibliche Studenten Zugang zur höheren Bildung bekamen, konnte man ihnen nicht länger das Eintreten in die Berufswelt verwehren. Da mochten die männlichen Ärzte sich noch so sehr den Kopf zerbrechen, warum eine Frau lieber Ärztin als Krankenschwester wurde – die künftigen Kolleginnen verloren keine Zeit, die Sache klarzustellen: »Natürlich ziehe ich 1000 Pfund im Jahr 20 Pfund im Jahr vor«, bemerkte die erste Ärztin Englands, Elizabeth Garrett Anderson.[27] Trockene Worte, hinter denen sehr viel feministischer Idealismus stand. Garrett Anderson war zu ihrer Berufswahl inspiriert worden, nachdem sie eine Vorlesung von Elizabeth Blackwell, der ersten Ärztin der USA, gehört hatte. Wie Blackwell benutzte sie ihren Einfluß, um Frauen auf vielfache Weise zu helfen. Aktiv setzte sie sich für das Frauenwahlrecht und die Öffnung des Ärztestandes für Frauen ein. Schließlich wurde sie in Aldeburgh, Suffolk, im Jahre 1908 die erste Bürgermeisterin Englands.

Diese Frauen brauchten den ganzen Mut, die ganze Kraft ihrer Überzeugungen, um den Feinden standzuhalten, die sie bei jedem Schritt vorwärts angriffen. Die australische Ärztin Harriet Clisby mühte sich jahrelang in England und in den USA ab, bevor sie 1865 im Alter von fünfunddreißig zugelassen wurde. Nicht immer war die USA so gastfreundlich zu Frauen gewesen, die hier Medizin studieren wollten. Als Harriot Hunt 1850 vom Dekan Oliver Wendell Holmes persönlich in Harvard zugelassen wurde, zwangen sie randalierende Mitstudenten zum Aufgeben. Die Kommilitonen hatten etwas dagegen, daß die Studentin »sich ihrer Bescheidenheit entledigte«. Hunt kehrte nie wieder zurück.

Auch wenn sie die Hürde der Qualifikation schafften, hörten die Erniedrigungen und Behinderungen für weibliche Mediziner nicht auf. Um die erste Ärztin Ungarns zu werden, mußte Vilma Hugonnai-Wartha sich in den Fächern Höheres Latein und Mathematik einschreiben, als Pflegeassistentin des Leiters der medizinischen Abteilung arbeiten, zwei Dissertationen veröffentlichen und eine besondere mündliche Prüfung ablegen. Zusätzlich zum normalen Studiengang, den die Männer absolvierten. Als sie die Schufterei 1879 hinter sich hatte, bekam sie zu hören, daß sie als Frau nur ein Zertifikat für Geburtshilfe bekommen würde. Sogar als sie sich später auch an der Universität zu Zürich qualifiziert hatte, wurde sie abermals von neuen Gesetzen schachmatt gesetzt: Ärztinnen durften nur mit einem männlichen Kollegen als Partner den Beruf ausüben.

Kämpfe, die sich in allen von Frauen angestrebten Berufen wiederholten. Auch gab es von Land zu Land ganz eigenartige Herausforderungen für den Feminismus. Der weltweite Kampf der Frauen bestand nicht darin, von Land zu Land dasselbe Geflecht allgemeiner Prinzipien durchzusetzen, sondern das zu erobern, was unter den spezifischen Gegebenheiten eines Landes für Frauen zu holen war. In Indien entfachten Sarojini Naidu und Abala Bose eine Kampagne gegen Witwenverbrennung und Kastensystem. Letzteres stempelte eine Frau aufgrund ihres Geschlechts grundsätzlich als niedriger ab als einen Mann derselben Kaste. In Japan dagegen kämpfte eine Fusaye Ichikawa gegen die regulierte Prostitution, die für Tausende Japanerinnen wirkliche Sklaverei bedeutete.

Es gab viele Anliegen, die den Kampf um die Rechte der Frauen inspirierten. Das wichtigste war aber zweifellos der gleichzeitig stattfindende Kampf gegen die Sklaverei in den Südstaaten der USA. Viele Frauen waren entsetzt über die Not der Schwarzen, und sie stürzten sich geradezu auf den Befreiungskampf. Die Aktivistin Sarah Grimke war nur vier Jahre alt, als sie sah, wie eine Sklavin aufs brutalste ausgepeitscht wurde, und sie sollte niemals diese Szene vergessen. Als Kind bereits verstieß sie gegen das strenge Bildungsverbot für Sklaven, indem sie ihrer persönlichen Sklavin das Lesen und Schreiben beibrachte. Dafür wurde sie selbst ausgepeitscht. Unter solchen Umständen wurde der Kampf um die Abolition, die Abschaffung der Sklaverei, zur Wiege des Feminismus, da die gewalttätige und kompromißlose Feindseligkeit der männlichen Gesellschaft diese Frauen zu Aktivistinnen der Frauenbefreiung machte. »Ich bitte nicht um Begünstigungen für mein Geschlecht«, verkündete Sarah Grimke, »ich will nur, daß sie ihre Füße von unserem Nacken fortnehmen.« Wenn es zu Konflikten zwischen den beiden Bewegungen kam, so konnte es nur eine Wahl geben: »Ich war eine Frau, bevor ich Abolitionistin wurde«, sagte Lucy Stone zur Anti-Sklaverei-Gesellschaft von Massachusetts. »Ich muß für Frauen sprechen«[28].

Und das taten sie auch. Überall erhoben sie die Stimme. Für mehr Bildung, für Gesetzesreformen, für Arbeit, für Bürgerrechte und vor allem für das Wahlrecht. Von welcher symbolischen Macht die letzte Forderung war, läßt sich aus der Tatsache ablesen, daß sie zuallerletzt erfüllt wurde, nachdem alle anderen Kämpfe gewonnen worden waren. Frauen bekamen den Zugang zu weiterführenden Schulen, Universitäten und gehobenen Berufen, das Recht auf Eigentum und auf Scheidung wurde ihnen zugesprochen. Dann erst erlaubte man ihnen das heilige Zeichen des vollen Bürgerrechts. Nicht zufällig ging es in den USA los: Im westlichen Bundesstaat Wyoming wurden 1869 zum ersten Mal Frauen zur Wahl zugelassen. Neuseeland darf es sich ewig als Verdienst anrechnen, daß hier 1893 das Wahlrecht für Frauen auf nationaler Ebene eingeführt wurde. Die verachtenswürdige Hinhaltetaktik der britischen Regierung gegen Sylvia Pankhurst samt weiblichen Schocktruppen sowie gegen gemäßigte Suffragetten stellte sicher, daß Australien, Dänemark, Finnland, Island, Norwegen und Rußland die Frauen an die Wahlurnen ließen, bevor 1918 auch in Großbritannien der Sieg errungen wurde. Aber schließlich war es vorbei, nach vielen Reden und Petitionen, nach viel Geringschätzung und Widerstand. Aus Unrecht war Recht geworden. Die Frauen hatten gewonnen.

Stimmte das? Im Schatten der Guillotine hatte Olympe de Gouges ausgerufen, daß Revolutionen nie etwas für die Frauen verändern. Die Rechte, die die Frauen im Laufe dieses langen Jahrhunderts errungen hatten, waren im Grund Männerrechte. Frauen hatten keine andere Möglichkeit gehabt, als das Tor zur uralten Festung der Männerprivilegien einzuschlagen, die Zitadellen hartnäckiger Überlegenheit und Macht zu stürmen. Aber wer glaubte, der endgültige Sieg wäre nun errungen, sah sich getäuscht. Sogar im Augenblick des Triumphs sahen manche in aller Schärfe, was den Frauen bevorstand:

»Wer die feministische Bewegung versteht oder wer die Seele einer wirklichen Neuen Frau kennt, wird nicht den Fehler begehen zu glauben, daß die moderne Frau für das Wahlrecht, für Bildung und für ökonomische Freiheit kämpft, weil sie ein Mann sein will. Diese Vorstellung ist eine pure Erfindung des männlichen Geistes. Die Frau kämpft heutzutage, wie sie es seit jeher getan hat, für die Freiheit, eine Frau zu sein.«[29]

Eine Frau sein – was war das? Bei der Suche nach der Antwort zu dieser Frage tat sich ein anderer Kampf, ein weiteres Schlachtfeld auf. Müde, aber ohne zu klagen, ergriff die Weltarmee der Frauen wieder die Waffen und marschierte los.

Kapitel 11
Die Politik des Körpers

»Eine Frau, die den eigenen Körper nicht besitzt oder kontrolliert, kann sich nicht frei nennen.«

Margaret Sanger

»Kein Vorwand, kein Versprechen kann es einem Ehemann erlauben, die Individualität seiner Frau, weder auf geistiger noch auf körperlicher Ebene, seinem Willen und seiner Zwangsherrschaft unterzuordnen. Die Funktionen der Ehe und Mutterschaft müssen allein und vollständig der Wahlfreiheit der Frau unterliegen.«

Elizabeth Wolstenholme Elmy

»Sooft ein Vergleich gezogen wurde, der scheinbar ungünstig für ihr Geschlecht ausfiel, konnten die Damen einen Verdacht zum Ausdruck bringen, demzufolge wir, als männliche Analytiker, gewisse tiefverwurzelte Vorurteile gegen das Weibliche niemals überwunden hätten ... Dann mußten wir nur sagen: ›Das gilt nicht für Sie. Sie sind eine Ausnahme, in dieser Hinsicht sind Sie eher männlich als weiblich.‹«

Sigmund Freud

Das Wahlrecht war also errungen. Die Krone, das zentrale Symbol für den Kampf um Frauenrechte. Es stand für alle anderen neuen Rechte und Freiheiten: Bildung, Bürgerrechte, Zugang zu höheren Berufen, Recht auf Eigentum. Aber was nutzten verbesserte Bildungschancen einer unverheirateten Mutter von 14 Jahren? Was bedeutete die Freiheit der Wahlurne einer Frau mittleren Alters, die nach der Geburt des 17. Kindes in 20 Jahren so schwere Schäden an der Gebärmutter erlitten hatte, daß sie sich nicht mehr zum Wahllokal schleppen konnte?

Selbst als der Kampf um die Frauenrechte in vollem Gang war, erkannten viele, daß ohne die körperliche Emanzipation der Frauen ein Sieg auf tönernen Füßen stehen würde. 1919 ortete Victor Robinson von der American Voluntary Parenthood League (Amerikanische Liga für freiwillige Elternschaft) den Kampf um die Verhütung als Grundstein und Höhepunkt des Freiheitskampfes schlechthin. Er warnte vor den bevorstehenden Anfeindungen, denn bislang hatte noch jeder Fortschritt für die Frauen unter Beschuß gestanden:

»Als Frauen zum ersten Mal den Zugang zum Privileg der höheren Bildung forderten, hatten die Männer folgenden Einwand: Eine Frau, die Botanik studiert und dabei von den Geschlechtsorganen der Pflanzen erfährt, ist nicht mehr ein passender Umgang für die respektablen Geschlechtsgenossinnen. Als sie an die Pforten der Medizin klopfte, erklärten die Männer: Eine Frau, die in der Lage ist, eine Vorlesung in Anatomie zu besuchen, ist der Ehre der Verehelichung nicht wert. Als sie um Chloroform bat, um die Qualen der Geburt zu lindern, wurde sie rasch von den Männern unterrichtet: Frauen, die ohne Schmerzen gebären, werden ihre Kinder nicht lieben können. Als die verheiratete Frau das Recht auf Eigentum forderte, schworen die Männer: Ein so radikaler Schritt wird den Einfluß der Frau völlig vernichten, die Fundamente der Familieneinheit zum Einsturz bringen und das wahre Glück des Ehelebens zerstören. Und die Männer versicherten uns, daß sie gegen Veränderungen waren, weil sie die Frauen mehr als die Gerechtigkeit liebten. Während der langen Jahre, als Frauen um volle Bürgerrechte kämpften, versammelten sich traurige Männer in Spielhöllen und Bars und bemitleideten einander, weil die Frau doch dabei war, Heim und Familienleben zu zerstören. Heutzutage verlangt die Frau die Kontrolle über den eigenen Körper, und manche Männer antworten: Wenn die Frauen lernen, die Schwangerschaft zu vermeiden, werden sie die Mutterschaft abschaffen. Scheinbar gibt es immer einige Männer, die von der Angst verfolgt werden, daß Frauen die Ausrottung der Menschheit planen. Zu versuchen, mit solchen Männern vernünftig zu argumentieren, ist töricht. Wir können nur hoffen, daß weitverbreitetes Wissen über klug eingesetzte Verhütungsmethoden diesen Typus eliminieren wird.«[1]

Beim Kampf um die Selbstbestimmung über den eigenen Körper war also die Verhütung das Hauptthema. Sie war Dreh- und Angelpunkt, so wie zuvor die Forderung nach dem Wahlrecht für Frauen. Es ging aber um mehr als um Techniken der Geburtenkontrolle. Konnte die Frau sich von »der Tyrannei ihrer körperlichen Verfaßtheit« befreien, so hatte sie eine echte Chance, zum autonomen Individuum zu werden. Wenn sie sich aus dem endlosen Kreis von Geschlechtsverkehr, Schwangerschaft, Geburt, Stillzeit und erneuter Schwangerschaft retten konnte, so wurden persönliche Entwicklung und gesellschaftliche Identität endlich möglich. Wenn Sex nicht mehr so gräßliche Folgen wie ungewollte Schwangerschaften, gesellschaftliche Tragödien und sogar tödlich verlaufende Geburten zeitigte, dann konnte eine Frau nicht mehr als eine mit Recht bestrafte Sünderin stigmatisiert werden. Wenn jede Frau so dachte und außerdem frei über den eigenen Körper verfügte, was hieß das für den Pascha und seine Macht? Welchen Preis mußte er zahlen?

Es sollte ein schrecklicher Kampf werden und bleiben, denn dieser Kampf ist noch längst nicht vorbei. Als die Frauen von den Männern das Recht abrangen, mehr zu sein als bloße Gefäße für den Samen, ging es um nichts weniger als die Umdefinierung der weiblichen Sexualität. In den neuen Industriegesellschaften wurde der »Fortschritt« des 19. Jahrhunderts – insbesondere die »wissenschaftlichen« Prognosen – dazu benutzt, das weibliche Geschlecht einmal mehr als schwach und zerbrechlich festzulegen. (Eine Position, die andere, nicht so Progressive, niemals in Frage gestellt hatten.) Und es gab keinerlei Zweifel an der Quelle dieser Schwäche: Sie war der unberechenbare Uterus, »die wandernde Gebärmutter, geist- und willenlos«.

Wie Generationen von Männern zuvor, so betrachteten auch die modernen Medizinexperten die Frau lediglich als einen »bewundernswert konstruierten Apparat zum Zweck des geheimnisvollsten und erhabensten Rätsels der Natur – des Reproduktionsprozesses«[2]. Wir stehen wieder dort, wo Luther stand, als er 350 Jahre zuvor verächtlich herausplatzte: »*dafür* sind die Weiber da!«

Wenn Frauen als gebärmuttergesteuert gelten, dann wird ihr Zustand zur lebenslänglichen Strafe. Die Gynäkologen des 19. Jahrhunderts hoben geradezu poetisch ab, als sie die »Sieben Zeitalter« der Frau festlegten: Geburt als Mädchen, Menstruation, Entjungferung, Schwangerschaft, Niederkunft, Stillzeit, Menopause. Natürlich drehte sich alles ausschließlich um »die Krönung und größte Freude im Leben einer Frau – die MUTTERSCHAFT«, und so wurden die Menschen wiederholt daran erinnert, daß »Ehe und Mutterschaft die natürliche Berufung jeder Frau sind«.

Diese Funktionen sind so fest mit dem »natürlichen Los« einer Frau verwoben, daß »sie ein unvollständiges, unterentwickeltes Wesen ist, bis sie ein Kind zur Welt gebracht hat«. Paradoxerweise sieht der Lebensprozeß einer Frau in den Augen der guten Herren im weißen Kittel nicht sonderlich »natürlich« aus:

»Keine Frau durchschreitet das Leben, ohne krank zu werden. Sie leidet an der ›Art der Frauen‹, oder auch nicht. In beiden Fällen ist sie krank, als Normalzustand oder als Anomalie . . . Die Natur behindert das gesamte Geschlecht . . .«[3]

Das gesamte Geschlecht? Ja. Absolut und ohne Ausnahme. Ein prominenter Frauenarzt erzählte seinen Patienten: »Wenn eine Frau wüßte, wie sehr sie durch ihren Unterleib gefährdet wird, so würde sie nicht aus der Kutsche steigen und auf den Gehweg treten.«

Männliche Zwangsvorstellungen unterhalb der Gürtellinie. Sie waren freilich nicht nur komisch. Da Frauen vor allem als reproduktive Wesen galten, wurde jede Krankheit und Störung bei ihnen an ihren Geschlechtsorganen festgemacht und entsprechend behandelt. Anämie, »Hysterie«, Wahnsinn und »Kriminalität« wurden mit Unterleibsoperationen »behandelt«. Häufig entfernten die Gynäkologen nur einen Eierstock oder einen Eileiter auf einmal, um später noch einmal zu operieren. Dadurch wurde die Situation der Patientin verschlimmert, ihr Leiden und ihre Abhängigkeit vom Arzt zogen sich in die Länge. Dehnungen und Ausschabungen, »der Moral zuliebe«, waren an der Tagesordnung. Der Gebärmutterhals wurde zwangsgeweitet und die Schleimhaut der Gebärmutter abgekratzt. Diese chirurgische Vergewaltigung wurde vor allem bei undamenhaften, ungestümen Mädchen empfohlen. Am grausamsten war die sogenannte »weibliche Beschnidúng«, die Entfernung der Klitoris und der externen Genitalien. Diese genitale Verstümmelung wurde dennoch als »Vivisektion der erhabensten Art« verteidigt. Während des gesamten 19. Jahrhunderts und noch bis ins 20. Jahrhundert wurde diese Operation ausgeführt, um Selbstbefriedigung, Halluzinationen, »vaginalen Katarrh«, »Wirbelsäulenirritationen« und »hysterische Manie« zu heilen. Insbesondere wurde sie bei Epileptikerinnen eingesetzt.[4] Von den »entwickelten« Ländern waren Großbritannien und die USA führend auf diesem Spezialgebiet der Chirurgie. Selbstzufrieden marschierten die modernen Industriegesellschaften rückwärts ins finsterste Mittelalter des Nahen und Mittleren Ostens, wo die genitale Verstümmelung von Frauen nach wie vor als wirksames Heilmittel für jene Kondition galt, die man Weiblichkeit nennt.

Aber es wäre völlig unwahr, die Frauen lediglich als ewige Gefangene ihres eigenen Geschlechts zu zeichnen. Wenn wir die Sache mit dem Sex, der Menstruation und Reproduktion einmal historisch überblicken, so erkennen wir, daß Frauen beharrlich Kontrollmittel suchten und manchmal auch fanden. Vor allem gilt das für die Verhütung. Da eine Niederkunft die bedrohlichste und einschneidendste körperliche Tätigkeit war und bleibt, die Frauen von Natur aus unternehmen, waren sie immer stark daran interessiert, Geburten zu verringern oder zu vermeiden. Von prähistorischen Zeiten bis in unsere Gegenwart hinein zeugen umwerfend viele Mittel und Arzneien davon, wie sich Frauen auf der ganzen Welt den Kopf über die Vermeidung von Mutterschaft zerbrachen, was auch ein ironisches Streiflicht auf den Mythos vom »Mutterinstinkt« wirft. Alles und jedes, was irgendwie zum Segen der Unfruchtbarkeit führte, wurde anscheinend »dienstverpflichtet«.

Viele Verhütungsmethoden waren so entsetzlich, daß nur die unerwünschte Schwangerschaft sie wohl an Schrecken übertraf. Ratgeberbücher in Japan schlugen eine Mixtur aus Quecksilber, einer Bremse und einem Blutegel vor, »das Ganze wird zu Brei gekocht und direkt nach dem Aufkochen eingenommen«[5]. Wer keinen Hals aus Asbest besaß, bekam einen Aufguß aus »Rüben in großer Zahl« empfohlen, leicht frikassiert mit »Affenhirn in kaltem Wasser« und Spiegel-Splittern. Andere Kulturen legten eine unerklärliche Begeisterung für Tierexkremente an den Tag. In einer Papyrusrolle aus dem Jahre 1850 v. Chr. wird bei den Ägyptern zum ersten Mal die Verhütung erwähnt. Vorgeschlagen wird eine Art Stopfen aus Honig und Krokodil-Dung. In anderen afrikanischen Ländern wurden frische Kotballen von Elefanten bevorzugt, die Methoden richteten sich zweifellos nach der örtlichen Versorgungslage... Um 900 n. Chr. erreichte der Gag mit dem Dung auch England. Das *Boke of Saxon Leechdoms* (Buch der sächsischen Heilkunst) schlug ein so scheußliches Verhütungsmittel vor, daß es wohl als frühe Aversionstherapie funktionierte: »Man nehme einen frischen Pferdeapfel, lege ihn auf heiße Kohlen und lasse ihn unter dem Gewand an den Schenkeln stark hochdampfen, damit die Frau viel schwitzen möge...«[6]

Andere Vorsichtsmaßnahmen beruhten auf der Theorie von der Barriere. Klare Sieger bei den sonst nicht so überzeugenden Experimenten waren die Japaner. Sie erfanden so etwas wie den Vorläufer der Portiokappe, eine eingeölte Scheibe aus Bambusfaserpapier. Beim Geschlechtsakt wurde freilich eine solche Scheibe wahrscheinlich leichter weggedrückt oder zerstört als die Portiokappen aus Bienenwachs, die die deutsch-ungarischen Frauen des Banats anzuwenden pflegten. Zahllos sind die Mittel, die auf der ganzen Welt benutzt wurden, um den

Muttermund zu verschließen und so das Eindringen des Samens zu verhindern: Eigelb, Schaum aus dem Maul eines Kamels, Walnußblätter, Safran, Zwiebeln, Pfefferminz, getrocknete Wurzeln, Tang, Stoffetzen, Opium und Gras. Am erstaunlichsten war wohl Casanovas Spezialrezept. Ein in Lauge getauchter »goldener Ball« (von unbekannter Größe) und eine halbe Zitrone werden in die Vagina gezwängt. Das spitze Ende ragt in den Gebärmutterhals hinein und blockiert ihn, die Schnittfläche zeigt zum Penis hin und setzt während des Geschlechtsverkehrs den Saft frei. Für beide Seiten war das Resultat vermutlich unvergeßlich. Daran sehen wir, warum sich Casanova in die Geschichtsschreibung hineingefickt hat, während andere reisende Bettgesellen in Vergessenheit geraten sind.

Wie die Beispiele zeigen, konnten die Frauen der Vergangenheit nicht einfach den Geschlechtsverkehr passiv über sich ergehen lassen. Im Gegenteil, Aktionismus war gefragt. Als Gegenmittel zur Empfängnis. Solanas von Ephesus, ein griechischer Gynäkologe aus dem 2. Jahrhundert unserer Zeitrechnung, verschrieb ein kleines Ritual, das noch viele Jahrhunderte lang zum Einsatz kam: ». . . im kritischen Augenblick des Koitus, wenn der Mann gerade ejakulieren will, muß die Frau den Atem anhalten und sich ein wenig zurückziehen, damit der Samen nicht zu tief in die Höhle der Gebärmutter geschleudert wird«[7]. Die Frauen – von den römischen Huren bis zu den spanischen Contessas – wurden belehrt, daß heftige Bewegungen während des Akts den Samen vertreiben würden. Offensichtlich erhoffte der Ratgeber mehr von einer Sexualpartnerin als nur eine Frau, die einfach die Beine breit macht und den Atem anhält.

Unter den Frauen hielten sich aber solche Vorstellungen ebenfalls. Zu den Patentmitteln der alten Weiber von Island bis Peru zählten u. a. husten, niesen, herumspringen oder sich sogar draußen im Schnee herumwälzen, um den Samen loszuwerden oder wegzufrieren. Am weitesten verbreitet war »das herzhafte Pissen in einen Topf«. Prostituierte auf der ganzen Welt kannten diese Methode (ihre ehrbaren Schwestern ebenfalls). Sie ist noch heute in Gebrauch, in Kombination mit einer gründlichen Ausspülung mit Wein oder Essig. Wenn die Umstände solches postkoitales Schütteln und Rütteln nicht erlaubten, griff die Frau zu passiven Techniken. Sie trug Amulette, um eine Befruchtung abzuwehren. Am Hals baumelte dann der Zahn eines toten Kindes, ein Koranvers oder der linke Hoden eines Wiesels, der dem Tier bei lebendigem Leibe vor Monduntergang abgenommen worden war.

Die Frauen standen natürlich nicht ganz allein da bei ihren Bemühungen, Sex ohne Folgen zu genießen, wie die lange Geschichte des guten, alten Kondoms beweist. Ob er nun aus Leinen, dem Blinddarm eines Schafes, Fischmembranen, Leder, Schildpatt oder Horn bestand: er war wohl kaum dem Liebesvergnügen zuträglich. Madame de Sevigné beschwerte sich 1650, daß ein Schutz aus Leder »ein Panzer gegen den wahren Genuß und nur ein Spinnweben gegen die Gefahr der Infektion«[8] wäre. Eine Erinnerung daran, daß Kondome ursprünglich als Schutz des Mannes, nicht der Frau erfunden worden waren, als Vorbeugung gegen Geschlechtskrankheiten, die Kolumbus und seine Mannen unbemerkt aus der Neuen Welt nach Europa importiert hatten und die nun verheerend wüteten. Daß Männer wirklich daran interessiert waren, Schwangerschaften zu vermeiden, wird bei einer anderen Praxis deutlicher: jene schwierige und entnervende Hantiererei namens *coitus obstructus.* »Der volle Geschlechtsakt, bei dem die Ejakulation unterdrückt wird, indem die Harnröhre an der Wurzel gepreßt und so das Ejakulat in die Blase gezwungen wird.«[9] Bei solch anstrengenden Manövern hatten die beiden Sexualpartner wohl mehr Liebesleid als Liebesfreud. Vermutlich wußten sie kaum, ob es ihnen gerade kam oder ganz und gar abging – die Sache mit dem Spaß.

Das hört sich ja alles nach einer schweren Prüfung an. Und so war es höchstwahrscheinlich auch. Ähnlich trübe waren andere Praktiken der Verhütung. Man heiratete beispielsweise sehr spät. In Irland wird bis zum heutigen Tag eine andere primitive, aber wichtige Methode der Geburtenkontrolle angewandt: der *coitus interruptus.* Dann gab es noch die »sicheren Tage«, auch »vatikanisches Roulette« genannt, die schlichte Abstinenz der Eheleute und das, was Thoreau als »die moralische Zurückhaltung« bezeichnete. Praktiken, die insgesamt bei den Betroffenen jede Hoffnung auf Sinnesfreude und Hingabe ausschlossen.

Es gab noch schlimmere Folgen. In der Vergangenheit waren viele Verhütungsmethoden ohnehin abstoßend, und allzuoft waren sie auch noch eindeutig gefährlich für die Frauen. Sie mußten den Dreck aus Eselsohren oder quecksilberhaltige Spiegel-Splitter essen. Sie tranken Wasser, in welches Schmiede ihr Werkzeug tauchten (weil es bleihaltig war), oder sie führten Schafswolle, Baumrinden, Wurzeln, Alaun und Ätzmittel in die Scheide ein. Das führte allzuoft zur einfachsten Lösung des Verhütungsproblems: zum Tod der Frau.

Überdies funktionierten diese Methoden noch nicht einmal. Honig oder Naturgummi hatten zwar eine spermienabweisende oder -tötende

Wirkung, aber die Maschinerie der Reproduktion war viel zu mächtig und kompliziert, um vor etwas Geringerem zu kapitulieren als der großen Attacke der Wissenschaft des 20. Jahrhunderts. Jede Studie dieses verwirrenden und gelegentlich abstoßenden Gebiets enthüllt, daß eine Frau früher einen starken Magen, eine ruhige Hand, eiserne Nerven und unvorstellbares Glück haben mußte, wenn sie während ihrer fruchtbaren Jahre, die ja vom 12. bis zum 50. Lebensjahr dauern konnten, nur Wunschkinder zu Wunschterminen bekam. Wie auch immer Frauen in den Jahrtausenden vor unserem Zeitalter schwanger wurden: ein freier Willensakt war das nie. Kinder wurden von Gott gesandt. »Je mehr Kinder, um so mehr Segen«, so hieß es in einer frommen Redensart zur Zeit Elizabeths der Ersten. Die Mutterschaft war ja auch die wichtigste Rolle, die Hauptbeschäftigung für Frauen, und in den Jahrhunderten, als Frauen eine individuelle Berufstätigkeit noch nicht kannten, war die Mutterschaft die wesentliche Quelle von Macht und Bedeutung. »Wer ist – lebend oder tot – die bedeutendste Frau?« fragte Madame de Staël Napoleon. »Die mit den meisten Kindern«, schnauzte der kleine Diktator sie ohne Zögern an.[10] Das war nicht nur eine Zwangsvorstellung des kruden Korsen. In Amerika kamen zwei Sachverhalte zusammen, die die Produktion einer großen Kinderschar zum gesellschaftlichen Gebot machten – die Ethik der Puritaner und die menschenleere Weite der Neuen Welt. Wer unter der Fuchtel des Vatikans stand, durfte sich ohnehin nicht von der Pflicht beurlauben lassen, viele kleine Katholiken zu machen.

Besonders in armen Ländern diktierte die riesige Kindersterblichkeitsrate eine Politik des ständigen Nachschubs. Der verwickelte Zusammenhang von Armut, Kinderreichtum, Unwissenheit und Kindersterblichkeit war noch unbekannt. Fast überall, bei Reichen und bei Armen, herrschte das tiefempfundene, unhinterfragte Gefühl, daß es sich nicht schickte, in die Fortpflanzung einzugreifen. Das war »gegen die Natur und auch gegen Gott«[11], wie die Tochter von William Gladstone, Königin Viktorias Premierminister, ihrem Vater schrieb. In den meisten Kulturen erwartete man kaum, daß Mutter oder Kind die Geburt überlebten. Gebete für die Reinigung der Frau nach der Niederkunft schlossen meistens Dankesworte ein für die sichere Reise »durch das Tal des Todesschattens«. Und alle Gesellschaften sorgten für Ehefrauenersatz, indem sie die Polygamie gestatteten. Im Osten hatte man »viele Weiber« auf einmal, dagegen setzte der Westen auf die Serien-Variante.

Was dies für Frauen bedeutete, können wir aus dem Tagebuch Gregorio Datis, eines Händlers der Renaissance, ablesen. Datis erste »geliebte Frau Bandecca ging nach einer neunmonatigen, von einer Fehlgeburt verursachten Krankheit ins Paradies ein«. Eine Zeitlang tröstete sich Dati mit seiner »tatarischen Sklavin«, die ihm einen Sohn schenkte. Dann aber heiratete er, um legitime Kinder zu haben. Seine zweite Frau starb während der Niederkunft, nachdem sie ihm in neun Jahren acht Kinder geboren hatte. Seine dritte Frau produzierte elf Kinder, dann war es »Gottes Wille, die gesegnete Seele meiner Frau Ginevra zu sich zu rufen. Sie starb bei der Geburt nach langem Leiden.« Unerschrocken heiratete Dati abermals, und nachdem seine vierte Frau sechs Kinder und eine Fehlgeburt hinter sich gebracht hatte, hörte er mit seiner privaten Volkszählung auf. Innerhalb von 30 Jahren hatte er fünf Frauen 28mal geschwängert.[12]

Was den unstillbaren Hunger auf Vaterschaft oder zumindest auf den Akt, der zur Vaterschaft führte, betrifft, war dieser Dati keine Ausnahmeerscheinung. Und auch die Gefahren von Krankheit und Tod, denen sich seine Frauen durch die Schwangerschaft aussetzten, waren zu seiner Zeit und später nichts Ungewöhnliches. Wir können nur staunen, mit welcher Zuversicht Thomas Jefferson im 19. Jahrhundert seiner Tochter in einem Brief erklärt, daß eine Geburt »nicht mehr ist als ein Ellbogenstoß«. Seine Frau war bereits im Kindbett gestorben, und zwei Monate später passierte der Tochter dasselbe. Viel ehrlicher war da Madame de Sevigné. Sie bekundete offen ihre Angst um ihre geliebte, einzige Tochter, nachdem die junge Frau in den ersten zwei Ehejahren bereits drei Mal schwanger geworden war und dabei eine schlimme Fehlgeburt erlitten hatte. In einem wütenden Brief warnte sie ihren Schwiegersohn, daß »Schönheit, Gesundheit, Fröhlichkeit und Leben der von Dir geliebten Frau zerstört werden können durch allzu häufige Vorfälle wie dieses von Dir verursachte Leiden«. Und sie drohte ihm: »Ich werde Dir Deine Frau wegnehmen! Glaubst Du, ich habe sie Dir überlassen, damit Du sie umbringst?« Françoise überlebte diese Schwangerschaft, aber die Angst ihrer Mutter ließ nicht nach. Sofort nach der Niederkunft haute Madame de Sevigné eine eilige Warnung hin. Die Tochter sollte sich nicht darauf verlassen, daß das Stillen eine neue Schwangerschaft verhindern würde: ». . . wenn Du, nachdem Deine Periode wieder eingesetzt hat, auch nur daran denkst, mit Monsieur de Grignan Liebe zu machen, kannst Du Dich bereits als schwanger betrachten. Und wenn eine Deiner Hebammen Dir etwas anderes erzählt, so hat Dein Mann sie bestochen!«[13]

Das war Ehealltag. Und der Ehemann hatte nur die Option, ein lebensgefährlicher, egoistischer Sinnesmensch zu sein oder ein unfreiwilliges Zölibat auf sich zu nehmen. Keine glückliche Situation. Immerhin überlebte er sein Sexualleben, sehr viele Frauen schafften das nicht. Und als das moderne Zeitalter mit seinem prahlerischen Fortschritt und Reichtum ausbrach, machten die Frauen im Westen fassungslos die Erfahrung, daß das Gebären schlimmer und nicht leichter wurde. Denn bei einem entscheidenden Machtkampf, der das Leben aller Frauen berühren sollte, trugen die Männer schließlich den Sieg davon: Sie waren jetzt die Manager des Geburtsvorgangs. Angriffe auf die weibliche Heilkunst waren zwar nichts Neues (die Hexenverfolgung beruhte u. a. auf der Entschlossenheit der akademischen Ärzteschaft, mit der weiblichen Konkurrenz aufzuräumen).

Aber als Betäubungsmittel, Geburtszangen, Anästhesie und eine formale Ausbildung sich allgemein durchsetzten, konnten männliche Ärzte endlich die uralte Rolle der Frauen als Hebammen usurpieren und sich als *accoucheurs*, als Geburtshelfer, hochwichtig präsentieren. Mit der Autorität des wahren Experten bewaffnet, hatten die neuen Männer keinerlei Schwierigkeit damit, die Künste der alten Frauen niederzumachen, auch wenn sie aufs schrecklichste unrecht haben sollten. »Der große William Smellie«, der bahnbrechende »Meister der Britischen Geburtshilfe«, gab zu, während der Ausbildung die Nabelschnur eines Neugeborenen so ungeschickt durchschnitten zu haben, daß das Kind fast verblutete. Smellie informierte die mißtrauische Hebamme, die er zuvor beiseite gedrängt hatte, daß es sich hierbei um eine revolutionäre, neue Technik handle, um Krämpfe bei Neugeborenen zu verhindern. Später aber gab er zu, daß er insgeheim noch nie im Leben soviel Entsetzen gespürt hatte.[14]

Als sich in den westlichen Ländern Chloroform und Desinfektionsmittel ausbreiteten, kam die medizinische Wissenschaft endlich gegen die dunklen Vorurteile in den eigenen Reihen voran. Daß nämlich Leiden und Sterben bei der Niederkunft angeblich nur »notwendige Übel« waren, die man »sogar als biblischen Segen«[15] betrachten sollte, wie es ein führender britischer Frauenarzt im Jahre 1848 formulierte. Woanders sah es freilich so aus, als könnte überhaupt nichts die fatalistische Haltung zum Sterben der Frauen erschüttern, als würden sich die Sitten und Gewohnheiten niemals verändern, die eine Geburt zur Lebensgefahr machten. Aus Indien schickte Dr. Vaughan, eine britische Chirurgin, während der letzten Tage des Raj diesen verzweifelten Bericht:

»Auf dem Flur liegt die Frau. Bei ihr sind eine oder zwei alte Frauen mit schmierigen Händen und Haaren voller Ungeziefer ... die Patientin ist schon seit drei Tagen in den Wehen, und sie bekommen das Kind nicht heraus. Bei der Untersuchung stellen wir fest, daß die Vulva geschwollen und zerrissen ist. Sie sagen uns, daß es sich in der Tat um einen schweren Fall handelt und daß sie mit Händen und Füßen versuchen mußten, die Mutter zu entbinden ... Chloroform wird verabreicht, und das Kind wird mit Geburtszangen geholt. Mit Sicherheit werden wir Stockrosenwurzeln finden, die in die Mutter hineingezwängt worden sind, im Uterus stecken manchmal auch eine Schnur und ein schmutziger Stoffetzen, der Quittenkerne enthält. ... Denken Sie nicht, daß nur die Armen so leiden. Ich kann Ihnen die Haushalte vieler indischer Männer mit Universitätsabschluß zeigen, wo die Ehefrauen auf schmutzigen Lumpen niederkommen, von diesen *dhais* der Basare behandelt ...«[15]

Mit großer Klarheit erkannte Vaughan, daß die Wurzel des Übels – Leiden, Infektionen, Tod – nicht bei den *dhais* zu suchen war, sondern beim Verhalten der Männer. Dieser Sachverhalt wurde auch in den industrialisierten Ländern analysiert, als westliche Frauen merkten, daß sie nach wie vor durch die Ansichten und Erwartungen der Männergesellschaft behindert und bestraft wurden, obwohl sie doch angeblich unter fortschrittlicheren Bedingungen lebten. Mit dem gleichen Mut, der sie beim Kampf um das Wahlrecht beflügelt hatte, begannen die Frauen des Westens, die Verantwortung für die eigene Sexualität zu übernehmen, als Teil ihrer umfassenden Forderungen nach Menschenrechten. Um dies zu erreichen, mußten sie eine weitere Mammutaufgabe auf sich nehmen. Es ging um nichts Geringeres als die Veränderung der Männer. Sie hatten nie ihr Recht in Frage gestellt, Frauen als Objekte zu benutzen. Jetzt mußte die weibliche *und* die männliche Sexualität umgekrempelt werden. Denn wie sollten Frauen jemals ihre eigene Herrin sein, wenn sich Männer weiterhin als Herr und Besitzer des jeweiligen Frauenkörpers betrachteten? Während des 19. Jahrhunderts kamen und gingen gewalttätige Unruhen, Chaos und Revolutionen, ohne das Frauenbild in den Köpfen der meisten Männer zu erschüttern. Man betrachtete Frauen als sexuelles Hab und Gut, eine Einstellung, die bis zum finstersten Mittelalter und noch weiter zurückreichte. Als Friedrich Engels 1844 durch Nordengland reiste, merkte er an, daß in jeder von ihm besuchten Spinnerei und Fabrik »selbstverständlich« war, daß »die Institution Fabrikarbeit, wie jede andere Lohnarbeit und sogar noch verbreiteter, dem Herrn das *Jus primae noctis* überträgt«. Die Zustimmung der »Mädchen« wurde auf althergebrachte, aber keineswegs ehrwürdige Weise erzielt: ». . . die Drohung mit Entlassung reicht in neun von zehn Fällen aus, den Widerstand zu brechen.« Kurz gesagt, der Herr »machte aus seiner Spinnerei einen Harem«; seine Macht war so groß, daß er »der Souverän über die Person und die Reize seiner Angestellten war«, ihr absoluter Herrscher.[17]

Das Ganze war nicht nur ein Fall von ein paar »unglücklichen« Fabrikmädchen. Die Feministinnen begannen genauer hinzusehen, denn ihr Gespür für Unterdrückung war im Kampf um andere Freiheiten geschärft worden. Und sie sahen, daß sie in einer Gesellschaft lebten, die nicht mehr war als »ein System der sexuellen Versklavung von Frauen«. Dieses System war entstanden, weil die Männer auf der reproduktiven Rolle der Frau beharrten, so schrieb Christabel Pankhurst. Weil es eine »Doktrin« gab, derzufolge »die Frau Sex ist, und darüber hinaus nichts«. Männer tarnten ihre Meinung von Frauen, indem sie von der natürlichen Bestimmung der Frau zur respektablen Mutterschaft sprachen. Pure Augenwischerei: »Ein Mann, der so etwas behauptet, meint in Wirklichkeit, daß Frauen vor allem zur sexuellen Befriedigung der Männer da sind und in zweiter Linie für die Mutterschaft, falls er Kinder wünscht. Aber nicht mehr Kinder, als es ihm genehm ist.«[18]

Diese radikalen Ansichten wurden keineswegs nur vom umstürzlerischen Flügel der Frauenrechtsbewegung, von Frauen wie Pankhurst und ihren Anhängerinnen, geteilt. Von der Gesellschaftsreformerin Josephine Butler inspiriert, marschierten auch die gemäßigten Mitglieder der Ladies' National Association gegen die sexuell motivierte Beschimpfung einer ganzen Klasse von Frauen als bloße Huren. Wenn die Männer ihr »Recht auf freie Sexualität« wahrnahmen, so argumentierten die Aktivistinnen, so ging es in Wirklichkeit nur um grobe Ausbeutung. Männer betrieben eine falsche Aufteilung der Frauen in »rein« und »gefallen« und zerstörten dadurch die »Schwesternschaft der Frauen«. Butler selbst betonte mit Nachdruck, daß die »reine«, ehrbare Frau in Wirklichkeit kein bißchen weniger ausgebeutet wurde als ihre »schwache« Schwester. Der einzige Unterschied: Der Körper der »Ehrbaren« war für einen anderen Zweck bestimmt. Er war eine Art Kanal, um Besitz per Erbschaft zu übertragen. Er war nicht für die Lust vorgesehen.

Weil Butler die »Zügellosigkeit der Männer« und die »freche Tyrannei der Stärkeren über die Schwächeren« geißelte, wurde sie als »nichts

Besseres als eine Prostituierte« gebrandmarkt. Empörte Männer beeilten sich zu versichern, daß sie überhaupt nichts mit solchen Geschlechtsgenossen gemein hätten. Aber endlich waren die Frauen aufsässig geworden. Aus Amerika tönte Elizabeth Cady Stanton mit der ihr eigenen Sprache:

»Der Mann hat in seiner Wollust die ganze Frage des Geschlechtsverkehrs reguliert. Lang genug! Laßt die Mutter der Menschheit, deren Vorrecht es ist, der Zügellosigkeit Grenzen zu setzen, aufwachen und diese Angelegenheit gründlich und furchtlos untersuchen.«[19]

Anders als ihre Kolleginnen Lucy Stone und Susan B. Anthony hatte Elizabeth Cady Stanton eine sehr aktive Vorstellung von den Beziehungen zwischen Mann und Frau. Das war nichts anderes als Geschlechterkrieg ... Obwohl sie sich durchaus sehr ernsthaft mit den Hoffnungen der Frauen auf volle Bürgerrechte und auf das Wahlrecht befaßte, hegte sie einen besonders leidenschaftlichen, persönlichen Zorn gegen die von Männern formulierten Gesetze und Bräuche, die jenen das Recht auf und die Kontrolle über den weiblichen Körper sicherten. In England spürte eine »Miss Swiney of Cheltenham« bei ihrer Kampagne die gleiche Wut wie die ferne Stanton und teilte mit ihr die klare Einsicht, daß die Ausbeutung der Frauen weder natürlich noch zufällig war, sondern Teil eines ausgefeilten *Systems* der Sexualität:

»Man betrachte, was die Männerherrschaft, die Männerreligion und die Männermoral für die Frau bedeutet hat. Sie mußte mit ansehen, wie ihr weibliches Kind, die höchste organische Entwicklungsstufe der Natur, rücksichtslos dahingemordet wurde, weil es überflüssig war. Sie mußte mit ansehen, wie ihr Sohn, die biologische ›Abweichung‹ (und das Ergebnis von Mangelernährung und feindlichen Umständen, darum unvollkommen), über sie gestellt wurde als Herr, Meister und Tyrann! ... Kirche und Staat, Religion, Gesetz, Vorurteil, Gewohnheit, Tradition, Gier, Wollust, Haß, Ungerechtigkeit, Selbstsucht, Ignoranz und Arroganz – das alles hat sich gegen die Frau verschworen, unter der sexuellen Knute des männlichen Menschen!«[20]

Nicht alle Menschen stimmten Swiney zu, insbesondere wenn sie offen die unangreifbare Überlegenheit der Frauen deklarierte. Aber viele Frauen konnten nicht umhin, sich von dieser erstklassigen feministischen Attacke auf Männer aufwühlen zu lassen. Da war die Rede davon, daß die anmaßenden Herren der Schöpfung nicht mehr waren als ein eugenischer Unglücksfall, mit kleinen und schwachen Hirnen, mit »wollüstigen und maladen« Körpern, und daß das Spermium dieser Herren nur »ein käsiger Schlamassel« aus »bösartigem Gift« war. Swiney nannte ein Spermium offen beim Namen, und von ihrer Freizügigkeit ließen sich überall Frauen ermutigen, »diese Angelegenheit gründlich und furchtlos zu untersuchen«, wie es Elizabeth Cady Stanton gefordert hatte.

Nun wurde die Prostitution zum Thema Nummer eins der Feministinnen. Dies um so mehr, da während des 19. Jahrhunderts jede neue Initiative der Gesetzgeber unweigerlich in neues Leiden der betroffenen Frauen mündete. Wohingegen die Nutznießer und der *raison d'etre* der Prostitution, die Männer, vom Gesetz unbehelligt blieben. Jedes Land hatte eine andere Tagesordnung: In Frankreich reagierte man nur zögerlich auf die Kampagne zur Abschaffung der Kinderprostitution. Denn die Nachfrage nach den Objekten des »weißen Sklavenhandels«, der die englischen Reformerinnen so empörte und quälte, war in Frankreich verwurzelt. Dagegen versuchten die französischen Aktivistinnen, wenn auch vergeblich, in einer anderen Sache das Gewissen der Nation zu wecken: Sie wiesen auf das Los erwachsener Prostituierten hin, die als unterhaltendes Spektakel regelmäßig von Polizisten durch die Straßen geprügelt wurden. »Staub- oder schlammbedeckt, die Röcke und Blusen in Fetzen, so werden sie getreten, gestoßen und an den Haaren gezerrt . . .«[21] In England drückte sich die offizielle Gewalt gegen Prostituierte in brutalen und erniedrigenden medizinischen Untersuchungen aus. Das Contagious Diseases Act (Geschlechtskrankheiten-Gesetz) zwang die betroffenen Frauen dazu, sich regelmäßig auf Geschlechtskrankheiten untersuchen zu lassen. Feierlich wurde behauptet, daß ausschließlich Frauen solche Infektionen bekommen oder übertragen könnten. Die nationalen Unterschiede bei den Protestbewegungen ließen sich aber doch auf einen Nenner bringen: Alle Reformerinnen fühlten sich berufen, den Männern das sexuelle *droit* zu entziehen, das jeder von ihnen – ob *seigneur* oder nicht – in Anspruch nahm. Und als dieser Kampf Gestalt annahm, tauchten zwei Hauptthemen auf, die beide das Leben der Frauen im 20. Jahrhundert verändern sollten.

Diesen Leitmotiven des Frauenkampfes lag etwas zugrunde, was wir vermutlich als körperliches Grundrecht bezeichnen können: *das Recht, nein zu sagen.* Vor der industriellen Revolution gab es kaum ein Geschöpf, das mehr bemitleidet und verachtet wurde als die »alte Jungfer«. Allgemein nahm man damals an, daß sie sich nach einem Mann verzehrte und ohne ihn wertlos war; und sollte irgendein Mann ihren Weg kreuzen, würde sie ihn auf Anhieb nehmen. Die Vorstellung, daß eine Frau das Leben eines unglücklichen Singles dem Eheglück vorziehen könnte, war früher einfach nicht zeitgemäß. Die Frauenbewegung des 19. Jahrhunderts bot alleinstehenden Frauen einen Daseinszweck, sinnvolle Arbeit an. So erweiterte sich der Horizont der Alleinstehenden, und so stieg ihr Selbstrespekt. Unverheiratete Frauen kümmerten sich um Gesetzesreformen, Wahlrecht, Bildung für Mädchen, Antialkoholismus-Programme, Sklavenbefreiung usw., und sie erfuhren bei dieser Arbeit nicht nur den Triumph der persönlichen Leistung, sondern fanden auch die Zuversicht, die Notwendigkeit der Ehe überhaupt zu hinterfragen. Nach ihrem heroischen Krim-Einsatz wurde Florence Nightingale die berühmteste Ledige der Welt. Ihr Nein zur Ehe drückte deutlich aus, wieviel Wert sie auf Autonomie, Individualität und körperliche Integrität legte. »Frauen müssen ihr ganzes Leben aufgeben, wenn sie *so etwas* [einen Heiratsantrag] annehmen ... *seinem* Schicksal zuliebe muß die Frau sich selbst vernichten«[22], so eindeutig erklärte sich Nightingale.

Die neue Ledige brauchte also keinen Mann. Das bedeutete aber keineswegs, daß sie asexuell, jungfräulich oder zölibatär leben wollte. Mit dem Recht, nein zu sagen, kam das Recht, eine sexuelle Wahl zu treffen. Weil sie tun konnten, was sie wollten, trafen viele Frauen eine offensichtliche Wahl – sie liebten Frauen. Die herrschende Moral mußte einen weiteren Schlag hinnehmen, die harte Realität lesbischer Liebe. Das war im 19. Jahrhundert keineswegs eine historische Neuerscheinung. Aber in der Vergangenheit war die weibliche Sexualität (wie so viele andere privaten, häuslichen Aktivitäten der Frauen) einfach »unsichtbar«, d.h. dem Blick der (Männer-)Gesellschaft entzogen. Daß lesbische Praktiken zu den Merkmalen einer Gesellschaft gehörten, wußten einige Männer, aber sie nahmen so etwas bestenfalls mit eitler Selbstzufriedenheit wahr. Als Abbé de Brantôme über die Hofdamen Heinrichs des Zweiten im 17. Jahrhundert schrieb, verteidigte er die Frauenliebe als »Lehrzeit für die größere Liebe der Männer«. Diese weiblichen Praktiken wären für Ehemänner durchaus akzeptabel und ungefährlich, da sie dabei »keine Hörner« aufgesetzt bekämen.

Diese selbstgefällige Attitüde eines kultivierten Höflings wurde freilich kaum von der Kirche geteilt. Obwohl die Bibel nur ein einziges Mal den Lesbianismus erwähnt (natürlich in den Schriften des Paulus, wo sonst?), entwickelte das Christentum einen schäumenden Haß auf dieses »widernatürliche Laster«, das mit der Todesstrafe geahndet wurde. Noch im Jahre 1721 wurde die Deutsche Catharina Margaretha Linck am Pfahl verbrannt, weil sie versucht hatte, als Mann aufzutreten und eine andere Frau zu heiraten. Dieser Fall (wie auch alle anderen vergleichbaren Beispiele) enthüllt, was hinter der patriarchalischen Entrüstung wirklich steckt. Lincks Vergehen bestand nicht darin, daß sie ihre »Frau« körperlich geliebt hatte, sondern daß sie sich dabei Männerattribute widerrechtlich angeeignet hatte. Ähnlich ging es in der Kirche selbst zu: Nonnen oder Laienschwestern, die mit »sodomitischen Vorrichtungen« (Dildos) erwischt wurden, konnten keinerlei Gnade erwarten. Sie eigneten sich ja ein männliches Glied an. Den Kirchenmännern, Vätern und Gatten kam es weniger schrecklich vor, wenn Frauen miteinander ein Bett teilten und sich küßten, streichelten und bis zum Orgasmus masturbierten, denn dieses Szenario korrespondierte mit ihren eigenen Vorstellungen von der weiblichen Sexualität, ja, es heizte sogar ihre phallozentrischen Phantasien an. Bis heute gilt die Kombination »zwei Lesben und ein Mann« als erregend, wie die klassische Darstellung in der Pornographie belegt.

Da tauchten also Frauen auf, die sich bewußt und politisch von den herrschenden Normen der Gesellschaft losgesagt hatten. Jetzt mußte das Thema Frauenliebe in einem neuen Licht gesehen werden. Als 1892 Alice Mitchell, eine junge Frau aus Tennessee, ihre Liebhaberin Frieda Ward umbrachte, »weil niemand anders sie kriegen sollte«, konnten selbst respektable Amerikaner nicht länger behaupten, daß so etwas nur in der Alten Welt vorkam und dort auch nur in französischen Pornos. In Europa sammelten sich lesbische Frauen, die bereits zu Anfang dieses Jahrhunderts »schwules Selbstbewußtsein« entwickelten, wie aus den Worten dieser deutschen Wissenschaftlerin hervorgeht:

»Seid mutig, meine Schwestern, und zeigt, daß Ihr soviel Recht auf Liebe habt wie die ›normale‹ Welt! Trotzt dieser Welt, dann werden sie Euch tolerieren, anerkennen, sogar beneiden.«[23]

Sehr voreilig, diese Zuversicht! Europäer und Amerikaner hatten die »romantischen Freundschaften« und »sentimentalen Bindungen« von Frauen als »Liebe von gleichgesinnten Seelen« lange Zeit toleriert. Sogar die »Boston-Ehe« wurde hingenommen. Man war ja erfahren und gab vor, lesbische Frauen zu verstehen. Ein Verständnis, das letztendlich dem

Phallus ordentlich schmeichelte. Aber als Frauen die wahre sexuelle Grundlage solcher Bindungen nicht mehr kaschierten, erfolgte die Reaktion heftig und prompt. Denn wenn zwei Kitzler wunderbar ohne einen einzigen Penis zurechtkamen, fiel das Klischee von der Überlegenheit des Phallus in sich zusammen. Plötzlich mußten sich Männer mit der Vorstellung auseinandersetzen, daß ein Finger, eine Zunge, eine *Frau* ihrem heiligen Organ überlegen waren. Zudem forderten Frauen massiv die ökonomische und politische Gleichheit. Alles zusammen bedeutete das: Frauen konnten ganz und gar auf Männer verzichten . . .

Das war das Armageddon. Frauen, die für einen Zugang zur Welt kämpften, erlebten nicht nur, wie ihnen die Tür ins Gesicht zugeschlagen, sondern wie gerade zugestandene Öffnungen wieder zugemauert wurden. 1928 veröffentlichte die britische Schriftstellerin Radclyffe Hall *The Well of Loneliness*, eine leidenschaftliche Bitte um Toleranz. Marguerite Radclyffe Hall (die stets »John« gerufen wurde) ist später von lesbischen Feministinnen unter Beschuß geraten aufgrund ihrer überwiegend negativen Einstellung zu dem, was im Psycho-Jargon ihrer Zeit »sexuelle Inversion« genannt wurde: »Ich gehöre zu jenen, die das Zeichen Gottes auf der Stirn tragen müssen«, erklärt die Heldin des Buches ihrer Liebhaberin. »Wie Kain bin ich gezeichnet und gebrandmarkt.« Aber in einem unvergeßlichen letzten Aufschrei spricht die lesbische Protagonistin für alle ihre Schwestern: »Erkenne uns an, Gott, vor der ganzen Welt. Gib auch uns das Recht auf Existenz!«[24] Der Ruf verhallte ungehört. Radclyffe Hall wurde von der Gesellschaft lange und bösartig verfolgt, am Ende stand sie sozial und finanziell vor dem Ruin. An ihrem Beispiel demonstrierte die Männergesellschaft, daß sie bei der geringsten Herausforderung mit ganzer Wucht zurückschlagen würde.

Wir können jedoch nicht behaupten, daß die Patriarchen sich besonders viel mit den für sie ungewohnten Forderungen nach Toleranz und Akzeptanz von Lesben auseinandersetzten. Sie hatten einen anderen Kampf auszufechten, und zwar in jedem industrialisierten Land der Welt. Niemand war so reaktionär, daß er nicht spürte: es kamen andere Zeiten auf. Seit Mitte des 19. Jahrhunderts hatten die Männer miterleben müssen, wie ihre sexuellen Rechte allmählich abbröckelten. Prostitution, Sex mit Kindern, Gewalt gegen Frauen – alles war unter den vernichtenden Blick der Feministinnen geraten. Im Kampf um die Verhütung spitzte sich die Auseinandersetzung um eine selbstbestimmte Sexualität zu. Die Frauen wollten die Macht der Männer über den weiblichen Körper brechen, oder zumindest verringern. Die moderne »Geburtenkontrolle« – ein Begriff von Margaret Sanger – wurde zum Symbol und Mittelpunkt der Kampagne für physische Emanzipation. So wie das »Wahlrecht« Dreh- und Angelpunkt der Bürgerrechtsbewegung der Frauen war. Beide Forderungen lösten Wut, Paranoia und Abneigung aus, und bei beiden Kampagnen mußten die Aktivistinnen die gleiche Überzeugung und Beharrlichkeit an den Tag legen. Die Frage der Geburtenkontrolle wirkte sich jedoch insbesondere auf den Intimbereich, auf das Allerprivateste des einzelnen Menschen aus. Mochte ein Paar noch so ehrlich glauben, daß das Frauenwahlrecht wenig an seinem Leben ändern würde. Die Einführung von Dingen, die das Sexleben radikal und endgültig zum Besseren oder Schlechteren verändern würden, konnte kaum so gleichmütig hingenommen werden ...

Zum ersten Mal in der Geschichte funktionierten die Verhütungstechniken. Darin unterschieden sie sich von allen alten Arzneien und Vorrichtungen. Zwar gab es seit Beginn der Menschheit Vorformen von Schutzvorrichtungen für Vagina und Penis, jetzt aber stand erstmals eine Technologie zur Verfügung, die zuverlässig und preiswert das verwirklichte, was zuvor nur Phantasie gewesen war. Die Vulkanisierung (die Umwandlung von Kautschuk in Gummi) war ab 1840 der Schlüssel zum modernen Kondom. Sie sorgte auch für die Verbesserung und Verbreitung der Portiokappe, eine Erfindung des deutschen Arztes Wilde. Zuvor bestand die Portiokappe aus Silber oder Gold. Um 1870 herum wurde dann die Vaginaldusche patentiert. Sie hatte zusätzlich den Vorteil, daß Frauen sie einfach als »Hygienevorrichtung« kaufen konnten und nicht in Verdacht gerieten, der »Natur ins Handwerk zu pfuschen«. Fazit: Das Spermium konnte unschädlich gemacht werden, endlich war alles unter Kontrolle.

In dieser Hinsicht schritt die Wissenschaft freilich schneller voran als die Geisteshaltung der Öffentlichkeit, der der ganze Segen galt. Schon als der Reformer Francis Place »einem Stück Schwamm, das vor dem Verkehr in die Vagina eingeführt und hinterher mittels eines doppeltgewickelten Fadens wieder herausgezogen wird«, ein großes Loblied sang, fingen die Auseinandersetzungen an, und die Reaktionen auf die Verhütungsdiskussion waren einfach hysterisch. Auf beiden Seiten des Atlantiks zogen sich die Männer der Medizin entsetzt von solcher »üblen Perversion der Natur« zurück. (Sie waren ohnehin befangen, weil sie noch um die gesellschaftliche Anerkennung ihres Berufsstandes kämpfen mußten.)

Sex um seiner selbst willen und mit der Absicht betrieben, eine Schwangerschaft zu vermeiden, so hieß es, war nicht mehr als »ehelicher Onanismus«. Jedes »erwürgte Spermium« war nichts anderes als »indirekter Kindesmord«. »Aber wie alle Verbrechen kann und wird sie [die Verhütung; Anm.d.Ü.] nicht ohne Strafe ausgeführt«, so dröhnte Dr. C. H. F. Routh, der Prophet Jeremias der British Medical Association:

». . . chronische Gebärmutterschleimhautentzündung . . . schleimiger Vaginalausfluß . . . Menorrhagie . . . verstärkte Perioden . . . Schmerzen der Gebärmutter und Schmerzüberempfindlichkeit . . . aggressive Krebsformen . . . Sekretstau in den Eileitern . . . völlige Unfruchtbarkeit, Wahnsinn, der zum Selbstmord führt, und die abstoßendste Nymphomanie werden hierdurch verursacht . . .«[25]

Die Reformer und Reformerinnen hatten nicht nur solche krankhaften Verbalattacken zu befürchten. 1877 wurde die britische Aktivistin Annie Besant zu einer Haftstrafe verurteilt. Sie mußte sie nicht antreten, aber weil sie eine »untaugliche« Mutter war, verlor sie das Sorgerecht für ihre Tochter. Zehn Jahre später wurde dem britischen Arzt H. A. Allbutt die Lizenz entzogen, weil er im Buch *The Wife's Handbook* über Geburtenkontrolle geschrieben hatte. Aber mochte die Wut der aufgerüttelten Patriarchen noch so schäumen: die Wende war da. 1882 eröffnete Aletta Jacobs, die erste Ärztin der Niederlande, die erste Klinik für Geburtenkontrolle. Und bereits die nächste Generation von Aktivistinnen (Marie Stopes in Großbritannien und Margaret Sanger in den USA) erlebte den Rückzug der Verhütungsgegner.

Die schlimmsten Anfeindungen waren vorüber, ein Sieg war greifbar nahe. Die oft tragische Verkettung von Sexualität und Fortpflanzung war zerbrochen. Sanger und Stokes hatten den Kampf mit den gleichen Zielen, aber aus unterschiedlichen Gründen auf sich genommen, und beide Frauen sahen nun, daß die Zukunft gesichert war. Sanger sah voraus, wie die allzu häufig schwangeren Frauen der Unterschicht nun vom Teufelskreis der Armut und des körperlichen Leidens befreit würden. Und Stopes hoffte, daß die Verhütung die »eheliche Liebe« befreien und paradiesisch verändern würde . . . Beide Kämpferinnen betrachteten die Frauen als Siegerinnen. Auf dem Höhepunkt der Auseinandersetzungen zwischen den Lagern hatte Sanger ihr Kampagnenjournal *Woman Rebel* genannt. Jetzt war die Revolution vorbei, und die Ziele waren erreicht. Die »Rebellin« mußte jetzt nur noch lernen, die Vorteile ihrer neuen Situation auszunutzen und auszuleben.

Zweifellos konnte sie das. Und zweifellos hätte sie es auch getan, wenn man ihr die Chance dazu gelassen hätte. Aber diese Neue Frau sollte noch nicht sein. Denn dieselben historischen Bedingungen, die den Feminismus des 19. Jahrhunderts verursacht hatten, brachten auch die Antwort der Männer hervor. Überall im Westen (wo auch immer ein Vatergott im Berufsleben, Privatbereich oder Gesetzeswesen von seinem Thron gestürzt worden war) lagen die Männer auf dem Boden, heulten ihren verletzten Stolz hinaus und schrien nach Wiedergutmachung. In der Stunde der Not kam der richtige Mann. In Wien begab sich Sigmund Freud an die lebenswichtige Aufgabe, den Mann wieder an seinen rechtmäßigen Platz zu setzen – in den Mittelpunkt aller Dinge.

Das erste große Unglück für die Frauen war die Tatsache, daß Freud genau zur Mitte des 19. Jahrhunderts als Mitglied des deutschen Bürgertums geboren wurde. Für einen Mann, dessen Los es war, die Vorstellungen vom weiblichen Geschlecht weltweit umzuprägen, konnte es kaum ein schlechteres Gesellschaftsmodell geben als jene lächerliche, engstirnige, reaktionäre Zeit, die Frauen zu geistlosen Puppen reduzierte oder sie in die Hysterie trieb. Freud persönlich stand fest in der Tradition der jüdischen Männergesellschaft, seine Einstellungen waren von den großen Frauenbefreiungskampagnen seiner Epoche völlig unberührt, wie dieser vorwurfsvolle Brief an seine Verlobte illustriert:

»Es ist wirklich eine Totgeburt von einer Idee, die Frauen genauso in den Existenzkampf zu schicken wie die Männer. Wenn ich mir beispielsweise mein süßes Mädchen als Konkurrentin vorstellen müßte, so würde das Ganze nur darin enden ... daß ich ihr von meiner Liebe erzähle, und daß ich sie beschwöre, sich aus der Welt des Haders zurückzuziehen in die wettbewerbsfreie Ruhe der Haushaltsführung für mich ... Ich glaube, daß alle Reformierung von Gesetz und Bildung zusammenbrechen wird angesichts der Tatsache, daß die Natur das Los einer Frau durch Schönheit, Charme und Liebreiz bestimmt, und zwar längst vor dem Alter, in dem ein Mann sich seine Stellung in der Gesellschaft verdienen kann. Möglicherweise müssen Recht und Tradition den Frauen vieles gewähren, was ihnen bislang vorenthalten worden ist. Aber die Stellung der Frau wird sicherlich weiterhin das sein, was sie schon ist: in ihrer Jugend ein angebeteter Schatz, in ihren reifen Jahren eine geliebte Ehefrau.«[26]

So kehrt die Primadonna Natur wieder auf die Bühne zurück, um die rechtmäßige Machtverteilung zwischen den Geschlechtern, den Status quo, zu legitimieren. Da überrascht es kaum, daß ein anderer Star sich wieder zum Mittelpunkt des Geschehens drängt. Von erhabenem Selbstbewußtsein, von Zweifeln völlig unangefochten – als hätte es nie die Frauenbewegung und ihre Erfolge gegeben –, brachte Freud den Phallus wieder auf den Plan. In Wirklichkeit war die große Schlange natürlich nie fort gewesen. Aber unter den Angriffen der Frauen auf die ungezügelten sexuellen Privilegien der Männer war sie gerade dabei, ihr Haupt zu verstecken. Nun aber wurde ein neues Stück gespielt, von einem deutschen Dramaturgen. Und die Schlange bekam die Hauptrolle.

Die Handlung war simpel. Ein kleiner Junge wächst heran, voller Liebe zur Mutter. Eines Tages entdeckt er ein großes Wunder – das Ding des erwachsenen Mannes. Leider hängt es nicht an seinem eigenen Körper. Der Junge bricht verwirrt zusammen. In der Zwischenzeit hat seine Schwester auch den großen Anblick erschaut. Auch sie platzt vor Wut, weil sie so etwas nicht hat. Kleiner Bruder wird immerhin seinen vatermörderischen Haß und seine Kastrationsängste überwinden, er wird heranwachsen und einen ganz eigenen Pimmel zum Spielen bekommen. Kleines Mädchen wird dagegen auf ewig in ihrem unreifen Neid auf das heilige Objekt gefangen bleiben. Die Moral des ödipalen Dramas ist daher einfach: Es ist besser, ein Junge als ein Mädchen zu sein. Und nichts auf der Welt ist so wundervoll, so mächtig, so wichtig und so erstrebenswert wie ein Penis.

Ein solcher Ausgangsgedanke erlaubte nur eine logische Weiterentwicklung: Die Frau als Geschlechtswesen war minderwertig aufgrund der »Armut ihrer externen Genitalien«. Eine Frau zu sein hieß, unvollständig zu sein. Außerdem war Freud selbst in der »Meiner ist größer als deiner«-Entwicklungsphase stehengeblieben, und so kam er nicht umhin, den »Penis der Frau«, die Klitoris, bemitleidenswert unzureichend zu finden. Freud erkannte allerdings, daß die Klitoris – trotz ihrer wenig beeindruckenden Größe – höchst sensibel ist. Also entschied er, daß der kleine Lustknopf unterentwickelt war, trauriger Ausdruck einer »kindischen Maskulinität«. Eine Frau war nur sexuell reif, wenn sich ihre Erregung von der Klitoris auf die Vagina übertrug. Der vaginale Orgasmus war das Zeichen einer echten Frau. Der klitorale Orgasmus bedeutete dagegen: »Zurück zum Start und auf ein Neues.« Was dies für Auswirkungen hatte, faßt eine amerikanische Biologin unserer Zeit zusammen:

»Freuds Theorie vom vaginalen Orgasmus forderte von den Frauen, ihre eigenen Empfindungen und ihr Wissen über die eigene Erotik zu leugnen, um reif und weiblich zu sein. Ein wirklich schwächendes und bedrückendes Unterfangen, und seine Folgen waren schwerwiegend und weitreichend. Viele Frauen mühten sich umsonst ab, sie bekamen nur um so stärker ein Gefühl von Minderwertigkeit, Unzulänglichkeit und Schuld. Als eine Theorie, die ›Frigidität‹ erklären und heilen will, führen [Freuds Gedanken] garantiert zu Fehlschlägen bei der Orgasmusfähigkeit, denn sie verlangt, daß die Frauen Sex auf eine Art und Weise haben sollen, die ihnen nur sehr schwer einen Orgasmus beschert ... [Freuds Theorie] unterstrich den Phallozentrismus der Sexualität, indem sie die weibliche Sexualität nur auf den Penis bezogen definierte.«[27]

Die Möse: Weh- und Mangelpunkt. Was war das Erbe Freuds? Von nun an würde das persönlichste und intimste Merkmal einer Frau, ihr Geschlecht, von männlichen »Experten« okkupiert werden. Von Männern, die Frauen nie nach ihren Gedanken und Gefühlen befragten und ohnehin deren Zeugnissen und Aussagen nie zugehört hätten. Die dennoch die Autorität besaßen, in jeder Hinsicht besser als die Betroffenen selbst zu wissen, was weibliche Sexualität war und sein sollte. Für Männer eröffnete sich ein reiches, neues Feld, wo die alte Mutter Natur dem neuen Vatergott, der modernen Wissenschaft, dienstbar gemacht werden konnte. Bums, bums, bums, Mutter Natur wurde der Kopf verdreht. Und so lieferte sie eine Neuauflage der alten Geschichte: Der Mann ist stark, die Frau schwach, der Mann aktiv, die Frau passiv, der Mann dominant, die Frau unterwürfig. Und zwar aufs feinste, wie wir im folgenden Zitat nachlesen können. Prinzessin Marie Bonaparte, eine Jüngerin Freuds, beschreibt in ihrem Buch *Female Sexuality* eine »echte Frau«:

»Denn die Rolle *alles Weiblichen*, vom Ei bis zur Geliebten, ist die der Wartenden. Die Vagina muß die Ankunft des Penis auf dieselbe passive, latente und ruhende Art erwarten wie das Ei die Spermien. Ja, der ewig weibliche Mythos von Dornröschen ist eine Nacherzählung unserer ursprünglichen biologischen Geschlechter-Beziehung.«[28]

Ein guter Trick. Und zur rechten Zeit. Durch die Verbreitung von Verhütungsmitteln und sexueller Aufklärung waren die Frauen gerade dabei, die Kontrolle über den eigenen Körper zu übernehmen. Von nun an würde es den Männern (zumindest jenen im Westen) schwerer fallen, ihre Frauen zu Gebärmaschinen zu machen und weiterhin sicherzugehen, daß die Weiber »barfuß, schwanger und häuslich« blieben. Aber der Durchbruch auf dem Gebiet der Verhütung sollte noch nicht, wie die mutigen Aktivistinnen gehofft hatten, das Ende der Unterdrückung der Frauen auf der Grundlage ihres Geschlechts sein. Denn als man die Frauen nicht mehr durch Einsperren oder Verprügeln zum Sex zwingen konnte, als die Frauen nicht mehr die vielen Schwangerschaften als Argument benutzen konnten, um sich sexuell zu verweigern, zogen die ewigen Machthaber ihre vielleicht beste Trumpfkarte heraus: Frauen sollten psychologisch zum Sex gezwungen werden, sie sollten Angst haben, frigide zu sein, ein unreifes, unterentwickeltes, vermännlichtes Wesen zu sein. Eben keine »echte Frau«. Ein makelloses Konzept. Wo auch immer das Wort des Wiener Märchenonkels gehört wurde, bemühten sich aufgeschreckte Frauen um Anpassung. »Eine Frau, die den eigenen Körper nicht besitzt und kontrolliert, kann sich nicht frei nennen«, sagte Margaret Sanger. Und als der Geist der Herrn sein Werk betrachtete, sah er, daß es gut war. Und er konnte ihr nur zustimmen.

Kapitel 12
Töchter ihrer Zeit

»Die Wahrheit – sie ist die Tochter der Zeit, nicht der Autorität.«
Francis Bacon

»Die Geschichte ist, wenn man sie richtig liest, die Aufzeichnung der Versuche, Vater zu zähmen ... Der größte Triumph dessen, das wir Zivilisation nennen, war die Zähmung des männlichen Menschen.«
Max Lerner

»Wie sollen Männer und Frauen über ihre Männlichkeit und Weiblichkeit in diesem 20. Jahrhundert denken, da doch so viele unserer alten Vorstellungen neu gedacht werden müssen?«
Margaret Mead

Am 4. August 1914 schaute der britische Außenminister Sir Edward Grey von Whitehall auf die sich verdunkelnde Stadt London. »Die Lampen«, sagte er, »werden in ganz Europa ausgehen. Wir werden sie zu unseren Lebzeiten nicht wieder aufleuchten sehen.« Kaum jemand konnte über diese Aussage sonderlich erstaunt sein. Nach den Feindseligkeiten hätte keiner der betroffenen Staaten sich leisten können, die Gas- oder Stromrechnung zu begleichen. Allein Großbritannien kostete dieser Krieg 50 000 Millionen Pfund. Und der Aufbau des verwüsteten Landes erforderte nochmals das Doppelte.[1] Dieses Geld hätte man für bessere Wohnungen, öffentliche Dienstleistungen und Lebensmittelvorräte ausgeben können. Statt dessen wurde es in einem Konflikt verpulvert, an dessen Ende Millionen Menschen in ganz Europa obdachlos waren und hungerten.

Sie hatten noch Glück. In den vier Jahren, die der Dienst an diesem bis heute unersättlichen Kriegsgott dauerte, verloren über zehn Millionen Menschen ihr Leben. Ein unvorstellbar blutrünstiges Menschenopfer. Was treibt alte Männer an den Schaltstellen der Macht dazu, die Blüte der Jugend ihres Landes zum Mord an der Jugend des Feindes und/oder in den eigenen Tod loszuschicken? Was auch immer ihr Motiv war: Als die

Frauen (die ihre Liebhaber, Ehemänner, Söhne oder die Hoffnung auf solche verloren hatten) zu hören bekamen, daß ihr vollwertiger Beitrag zum Krieg ihnen einen höheren gesellschaftlichen und rechtlichen Status eingebracht hatte, müssen sie wohl den Preis als recht hoch eingestuft haben. Und selbst dann war das Doppelziel von Freiheit und Gleichheit noch weit entfernt – wie eh und je. So wurde die britische Krankenschwester Edith Clavell von den Deutschen erschossen, weil sie verwundeten Soldaten zur Flucht verholfen hatte. Und die holländische Tänzerin Mata Hari wurde von den Franzosen hingerichtet, weil sie angeblich für die Deutschen spionierte.[2] Vor dem Erschießungskommando waren Männer und Frauen gleich. Auf allen anderen Gebieten blieben den Frauen weiterhin die Privilegien des starken Geschlechts vorenthalten. Eine kalte, brutale Erinnerung daran, wie wenig sich die Umstände oder die Männer geändert hatten.

Diese Lehre des I. Weltkriegs wurde im II. Weltkrieg nur wiederholt und bestärkt. Der Aufstieg des Faschismus, mit seinem ungezügelten Männlichkeitswahn und seinem übertriebenen Heldenkult, höhlte fast alle Errungenschaften aus, die Frauen im Jahrhundert zuvor erkämpft hatten.

Insbesondere der Nationalsozialismus klebte an einem »Gretchen«-Bild von Weiblichkeit. Hitler nannte die Frauenemanzipation ein Symptom der Verderbtheit, durch Frustration und Defekte der Sexualhormone hervorgerufen. Und Goebbels verkündete: ». . . das Vogelweibchen putzt sich für seinen Gefährten heraus und legt nur für ihn seine Eier.« Die Nazis lehrten, daß die Geschlechter so unveränderlich ungleich seien wie die arischen und nichtarischen Rassen. Das war ihre Haltung zur Frauenfrage. Aber es bedurfte, wie immer, der brutalen Gewalt, um diese Ungleichheit aufrechtzuerhalten. So erklärt der Historiker Richard Grunberger:

»Die Weimarer Verfassung gab den Frauen das Wahlrecht. Und eine feministische Elite, von Rosa Luxemburg und Clara Zetkin auf der äußersten Linken bis zu einigen weiblichen Reichstagsabgeordneten auf der Rechten, hatte dazu beigetragen, die politische Szene während der Nachkriegszeit zu prägen. Zwischen diesen politischen Leitfiguren und dem Heer der Arbeiterinnen stand die professionelle Avantgarde des anderen Geschlechts: fast 100000 Lehrerinnen, 13000 Musikerinnen und 3000 Ärztinnen.«[3]

290

Diese Frauen wurden nun aus dem öffentlichen Leben entlassen. Eine der ersten Parteiverordnungen der Nazis (im Januar 1921) schloß Frauen auf ewig von Parteiämtern aus. Aber etwas blieb natürlich, was die Frauen für Partei und Krieg tun konnten: sich vermehren, massenhaft. Sie sollten das Kind der Zukunft schaffen, den arischen Traum. Als Belohnung für ihre Rückkehr zu »*Kinder, Kirche, Küche*« versprach man den Frauen »die Hochschätzung, die sie für ihre weibliche Würde an sich verdienten«.

Das galt freilich nur für einige Frauen. Wie weit der Respekt Frauen gegenüber ging, zeigen Episoden wie die folgende. Mit typischer nationalsozialistischer Effizienz paßt sich ein ganzes System der Parteiideologie an:

»In Auschwitz gab es im Block 24 ein Bordell mit 40 Räumen für die deutschen Insassen mit schwarzem Dreiecksabzeichen und für einige auserwählte Speichellecker, die grüne Winkel trugen. Zur Belohnung händigte die SS Eintrittskarten zum ›Puffhaus‹ aus. Die Chefin wurde ›Puffmutter‹ genannt. Die Mädchen arbeiteten drei Mal wöchentlich zu je zwei Stunden . . . Die Puffmutter läutete alle 20 Minuten die Glocke (der gleiche Zeittakt wie bei den Schichten in den Verbrennungsöfen) . . .«[4]

Mit der ihnen eigenen berüchtigten Grausamkeit entdeckten die Nazis sogar eine völlig neue, bislang unerprobte Methode, Prostituierte einzusetzen: Die Frauen wurden an die Körper von männlichen KZ-Häftlingen gefesselt, die zuvor in eiskaltem Wasser ertränkt worden waren. Man wollte herausfinden, ob die Körperwärme der Prostituierten den Leichnam wiederbeleben würde. Der Zweck dieser »wissenschaftlichen Experimente« eines gewissen Dr. Sigmund Rascher von der Luftwaffe in Dachau: herauszufinden, ob ein Luftwaffenpilot, der über der eisigen See abgeschossen wurde, noch Überlebenschancen hatte. Höhensonnen, Warmwasserflaschen, sogar Elektroschocktherapie wurden ausprobiert, bevor den Forschern die Anwendung weiblicher »Tierwärme« einfiel. Himmlers einzige Klausel beim Befehl an seinen Stellvertreter Pohl, dem KZ-Verantwortlichen: die Versuchsfrauen sollten nicht *deutsche* Prostituierte sein.[5]

Gemessen an den Normen des Holocaust, hatten diese Frauen wohl noch Glück. Außerhalb der Lager schwamm eine Handvoll Frauen gegen die Woge weiblicher Begeisterung für Hitler (einer der Schlüsselfaktoren für seinen Aufstieg zur Macht). Da war die unbekannte Schülerin Hiltgunt Zassenhaus, die lieber ihren Arm durch eine Glasscheibe stieß als ihn zum Hitlergruß zu erheben. Da gab es die inzwischen berühmten Heldinnen des Widerstands. Da sie von den regulären Armeen ausgeschlossen waren, mußten diese Antifaschistinnen im Nachrichtendienst oder im Untergrund aktiv werden. Nichts Neues für Frauen: Bis zu Delilah und Jael reicht die Geschichte weiblicher Geheimoperationen gegen den Feind zurück. Allgemein wird der Beitrag der Frauen zum Kriegsgeschehen gern verdeckt, denn zur Mystifizierung des Konflikts gehört die Neuauflage einer uralten Lüge: Männer kämpfen angeblich nur, um das »schwache Geschlecht« zu schützen und zu verteidigen. Aber in Zeiten innerer Konflikte oder revolutionärer Umwälzungen kann man den Beitrag der Frauen nicht verhehlen oder schlicht abstreiten. Der Erfolg der Revolutionen der Neuzeit hing letztendlich sogar stark von Frauen ab. Denn wenn Frauen sich ihres Konservativismus entledigen (und ihr Wahlverhalten kennzeichnet sie eher als konservativ denn als umstürzlerisch), beweisen sie einem Wort Fidel Castros zufolge, daß »sie doppelt so revolutionär wie Männer« sind.

Frauen und radikale Aktivität – das war natürlich nichts Außergewöhnliches. Die meisten revolutionären Bewegungen fangen mit höchsten Idealen zugunsten der Frauensache an. Der T'ai-Ping-Aufstand, der zwischen 1850 und 1864 China auf die Knie zwang, forderte ursprünglich die gesellschaftliche Gleichstellung und gleiche Ausbildungschancen für Frauen. Eine Forderung, die wohl revolutionärer ist als jener primitive Kommunismus, dessen man sich noch bei dieser Bewegung erinnert. Aber egal wie sehr Revolutionen (und Kriege) als Geschehen *zugunsten* von Frauen präsentiert werden: Frauen sind stets auch *Teil* der Revolution, ihr auf jeder Ebene stark verpflichtet. 600 Frauen starben bei der letzten Schlacht um Piribebuy. Beim Kampf Paraguays gegen Brasilien war ieses blutige Massaker nur eine der vielen Schlachten, die Frauen im Krieg von 1864 bis 1870 schlugen. Ihre Berühmtheit verdankten diese Frauen den verheerenden Verlusten in den Reihen der Männer sowie dem traurigen Mangel an Munition. Zu Piribebuy im Jahre 1868 gingen die Frauen in einem der großartigsten und zugleich vergeblichsten Gesten des Widerstands unter, die die Kriegsgeschichte je gesehen hatte. Noch im Sterben warfen sie Steine, Sand und leere Flaschen auf den Feind.[6]

Ein Beispiel dafür, daß sich Frauen – unter den wirren Bedingungen einer Revolution – plötzlich als Soldatinnen an vorderster Front wiederfinden. Die letzten regulären Kämpferinnen waren ja im 7. Jahrhundert

n. Chr. in Irland abgeschafft worden. Aber diese Tradition, die bis zu den alten Matriarchaten zurückreichte, war nie völlig verschwunden. In Afrika hatten z. B. die »kämpfenden Amazonen« Dahomeys um 1863 den Hohn von Sir Richard Burton auf sich gezogen: »... fast alle betagt und insgesamt scheußlich ... die Offiziere gewiß wegen der Größe ihrer Gesäße ausgewählt ... sie manövrieren mit der Präzision einer Schafsherde ...«[7] Aber Burton berichtete auch, daß diese 2500 Frau starke Armee gut bewaffnet und schlagkräftig war. Und sie können nicht alle alt und häßlich gewesen sein, da sie allesamt offizielle Ehefrauen des Königs waren.

Offiziell durften Frauen nicht an die vorderste Front, aber von der frühen Neuzeit an schafften überraschend viele auf irgendeine Art, aktiv zu dienen. Im 16. Jahrhundert floh die Spanierin Catalina de Erauso – in der Nacht, bevor sie zur Nonne geweiht werden sollte – aus dem Kloster. Für Spanien kämpfte sie in ganz Lateinamerika. »Kit« Cavanagh schloß sich 1693 der britischen Armee an. Sie wollte ihren Mann finden, der zum Militärdienst gepreßt worden war. Kit kämpfte so erfolgreich gegen die Franzosen, daß sie zur Kavallerie befördert wurde. Hannah Snell wurde beim Angriff der britischen Flotte auf Pondicherry im Jahre 1748 zwölf Mal verwundet. Sie zog sich selbst eine Kugel aus dem Unterleib, damit ihr wahres Geschlecht unentdeckt blieb. Die Kubanerin Loreta Velasquez schloß sich während des amerikanischen Bürgerkriegs den Südstaaten an, nachdem ihre drei Kinder an Fieber gestorben waren. Und im I. Weltkrieg stand die englische Vikarstochter Flora Sandes einer serbischen Infanterie-Einheit im Kampf gegen die Bulgaren vor. Viele, viele Soldatinnen gab es noch. Ihr Kriegsdienst stand in heftigem Kontrast zu jener »eigentlichen« Frauenrolle während eines Kriegs. Nämlich Verletzte zu pflegen und Tote zu beweinen.

Schulter an Schulter mit den männlichen Mitstreitern, hatten die Frauen eine Position der Stärke, die ihnen ansonsten die Tradition vorenthielt. Trinidad Tescon, die ab 1895 während der philippinischen Revolution an allen wichtigen Kämpfen gegen die Spanier teilgenommen hatte, nutzte ihren Ruhm als Kriegsheldin aus und gründete Spitale für die Verletzten. Dort hieß sie bei den Männern einfach »Ina« (»Mutter«). Ähnlich tapfer (aber weniger mild) war die bolschewistische Soldatin Mariya Bochkareva. (Ihre Milch der frommen Denkungsart war etwas sauer geworden, weil sie sich als Kind prostituieren mußte und überdies einen Frauenmörder geehelicht hatte.) Nachdem sie ihren Militärdienst außerordentlich erfolgreich absolviert hatte und viele Male für ihre Tapferkeit ausgezeichnet worden war, gründete sie eine weibliche Elitetruppe, die aus 2000 hochrangigen Freiwilligen bestand: »Todesbataillone der Frauen«. Diese Schocktruppen waren so erfolgreich, daß in ganz Rußland ähnliche Einheiten aufgestellt wurden. Zuweilen ließen sich 1500 Frauen in einer einzigen Nacht anwerben – so gewaltig war die weibliche Streitlust.[8]

Frauen waren aber in revolutionären Zeiten eher Freiheitskämpferinnen, nicht so häufig Soldatinnen nach männlichem Muster. Insbesondere in Lateinamerika, wo während des mexikanischen Unabhängigkeitskriegs eine Gertrudis Bocranegra ein weibliches Guerilla-Netzwerk gründete und leitete. 1817 wurde sie verhaftet und zu Tode gefoltert. Dieses Schicksal widerfuhr auch der chinesischen Revolutionärin Ch'iu Chin Ende des vergangenen Jahrhunderts. Die bewußte Feministin nahm sich Jeanne d'Arc zum Vorbild und stürzte sich 1898 in den Aufstand gegen die Mandschu-Dynastie. Ihre Pläne schlugen jedoch fehl, und als sie 1907 hingerichtet wurde, schien auch ihr Lebenswerk zerstört zu sein. Aber ihr Netzwerk konnte überleben, weil Ch'iu Chin heldinnenhaft ihren Folterern widerstand. (Sie nannte keine Namen und schrieb bei den Verhören immer nur die sieben chinesischen Schriftzeichen auf: »Der Herbstwind und der Regen machen uns traurig.«) Ihre Kühnheit inspirierte ihre Nachfolgerinnen und trug zum Sieg der Sache bei, für die sie gestorben war.

Historisch betrachtet, scheint häufig »die Sache« den Sieg davongetragen zu haben – und nicht die Frauen, die dafür kämpften. Viele starben, die doch hätten leben können. Wie die Russin Sofia Perovskaya: Klar und überzeugt plante sie das Attentat auf Zar Alexander dem Zweiten im Jahre 1881. Aber als ihr Liebhaber verhaftet wurde, verlor sie den kühlen Kopf. Ohne einen Gedanken an die eigene Sicherheit warf sie ihr Leben weg. Auch diejenigen, die noch mit dem Leben davonkamen, zahlten einen abschreckenden Preis: Perovskayas Mitarbeiterin und Freundin Elisaveta Kovalskaya verbrachte 20 Jahre in Sibirien. Dieselbe Strafe saß ein anderes Mitglied der Gruppe ab, Vera Figner. Über ihren schrecklichen Kerker an der Newa schrieb Figner später in ihren Memoiren: ». . . die Uhr des Lebens blieb stehen.«

Das eindringlichste Beispiel war vielleicht die Vita von Vera Ljubatowitsch, die mit ihrem Liebhaber nach Genf entfliehen konnte, wo sie dann ein Kind von ihm bekam. Als er bald darauf von der Geheimpolizei aufgegriffen wurde, verließ Ljubatowitsch das Kind, um nach ihm zu suchen. Aber sie wurde selbst verhaftet und nach Sibirien verbannt. So verlor sie alles.[9]

Freilich, die Gefahr hat noch nie eine wahre Revolutionärin abgeschreckt. Die chinesische Revolution war eine der letzten großen Umwälzungen unserer modernen Zeit. Historisch ging ihr eine lange Vorbereitungsphase voraus, in der Frauen eine wesentliche Rolle spielten. Und weibliche Freiwillige gehörten zu den ersten, die beim letzten Gefecht dieses epischen Kampfes dabeisein wollten. Wie K'ang K'o-ch'ing, so bewaffneten sich auch andere Chinesinnen bereits als junge Teenager. Eine andere Revolutionärin, Teng Ying-ch'ao, war (wie K'ang K'o-ch'ing) eine der 35 Frauen, die von 1934 bis 1935 am Langen Marsch teilnahmen. Sie hatte ihre Heimat und ihre Familie verlassen, um gemeinsam mit ihrem Mann Tschou En-lai bei diesem 8000 Meilen langen Härtetest den »Kommunismus in China zu säen«. Sie erlebte noch, wie ihr Mann Ministerpräsident der neuen Volksrepublik wurde, und sie selbst bekleidete eine ganze Reihe höchster politischer Ämter. Ho Hsiang-ning war eine der ersten chinesischen Feministinnen, die sich in den 20er Jahren einen Bubikopf schnitt. Eine revolutionäre Geste damals. Sie verlor ihren Mann im Befreiungskampf, er starb 1925 bei einem Attentat. Xiang Jingyu hatte sich als erste den Zopf abgeschnitten – als Zeichen feministischen Aufbegehrens. Sie starb 1927 während einer Säuberungswelle der Kommunisten, »Weißer Terror« genannt. Damit sie keine »letzte Rede« halten konnte, knebelte man sie vor der Erschießung.

Die Namensliste geht weiter, Frauen waren auch in den Revolutionen der 30er, 50er und 70er Jahre zu finden. In Spanien inspirierte eine Dolores Ibàrruri, »La Pasionaria« genannt, eine ganze Generation mit ihrer mächtigen antifaschistischen Losung »*no pasaran*« (»sie werden nicht durchkommen«). Algerien hatte eine Djamila Boupacha und Kuba eine Haydee Santamaria. Beide Frauen wurden aufs abstoßendste sexuell gefoltert. Das weckte das Gewissen der ganzen Welt. Und in Rhodesien wehrte sich Joyce »Teurai Ropa« (»Blutvergießen«) Nhongo mit Erfolg gegen einen Überfall weißer Rhodesier, die sie zu Propagandazwecken gefangennehmen wollten. Zwei Tage später gebar Nhongo eine Tochter.

Sie zahlten teuer, gewannen aber auch viel. Im vorrevolutionären China konnte jeder Mann, der gegen den Befehl seines Vaters sich weigerte, seine Ehefrau abends zu prügeln, in den Kerker des ortsansässigen Richters oder Großgrundbesitzers geworfen werden. Die Revolution verbot diesen Brauch, und die Frauen ergriffen sofort die Chance, einer 5000 Jahre alten Misere zu entkommen. So beschwerte sich ein gekränkter Ehemann recht säuerlich:

»Alle meine Freunde schlugen ihre Frauen, ich hielt doch nur die alten Bräuche ein. Manchmal hatte ich überhaupt keinen Anlaß, abgesehen davon, daß ich sie in letzter Zeit nicht mehr geschlagen hatte ... Direkt nach der Befreiung wurde es für mich schwierig, sie weiterhin zu schlagen. Manchmal verlor ich die Beherrschung und hob den Arm, um loszuprügeln. Dann hielten sie und die Kinder mich davon ab. Sie erinnerten mich daran, daß der Vorsitzende Mao es nicht erlaubte, also hielt ich mich zurück ... Sie hielten den Geist der Revolte aufrecht. Und wenn wir unsere Frauen mißhandelten, protestierten alle. Es war einfach unmöglich.«[10]

Für ihn vielleicht. Für sie war dies die wahre Revolution. Und sie verdankte nicht alles dem Vorsitzenden Mao. Das Zentralkomitee der chinesischen Kommunisten hatte verboten, Ehefrauen zu schlagen, und das war wichtig. Aber durchgesetzt und abgesichert wurde das Gesetz durch die Stärke der Chinesischen Frauenassoziation, einer Vorläuferin der feministischen »Selbsterfahrungsgruppen« der späten 60er Jahre. Die chinesischen Frauen wurden ermutigt, sich zu treffen und »ihre Bitterkeit auszusprechen«, das heißt, sie setzten sich mit dem Machtmißbrauch ihrer Ehemänner und mit ihrer Situation auseinander. Und sie konfrontierten jeden Mann, der sich weigerte, von den schlechten alten Zeiten zu lassen. Das konnte sogar bis zur körperlichen Bestrafung von Unverbesserlichen gehen.

Nicht immer bewirkt der Umsturz eines Regimes zugunsten eines anderen solche klaren und spürbaren Vorteile für Frauen. Auf dem Land oder in den städtischen Armenvierteln ändert sich nur wenig für die weibliche Bevölkerung. Das endlose Kindergebären, der Überlebenskampf – alles geht so weiter. Oft erregen Ereignisse, die das Leben einer Frau tatsächlich fundamental ändern, zunächst kaum Aufsehen. Als 1955 ein Forscher am Worcester Institut für chemische Biologie im US-Bundesstaat Massachusetts verkündete, daß er eine Gruppe chemikalischer Steroide vom Typ Progestagen isoliert hatte, wußte die Durchschnittsfrau wohl nichts von diesem Durchbruch. Er war ihr vermutlich auch egal. Aber Gregory Pincus hatte de facto den Stein der Weisen im

Bereich der Genetik entdeckt: ein Element, das die Macht hatte, jahrhundertealte Wunschträume in Wirklichkeit zu verwandeln. Denn nach oraler Einnahme konnten Progestagene den Eisprung verhindern. Ohne Fanfarenklang kam sie zur Welt – die »Pille«. Eine unscheinbare Zusammensetzung natürlicher Hormone. Aber wie jede andere Revolution dieses Jahrhunderts sollten ihre Folgen noch viele Leben verändern.

Das Wissenschaftlertreffen in Tokio im Jahre 1955, wo Pincus seine Ergebnisse vortrug, war selbst eine historische Wende. Denn eine weitere unerwartete Sensation wurde vorgeführt: das (wiederentdeckte) Intrauterinpessar IUP. Bereits in den 20er und 30er Jahren hatte man in Deutschland und Israel mit diesem Verhütungsmittel experimentiert, aber es beruhte auf viel älteren Erkenntnissen. Jede noch so unwissende *dhai* auf einem indischen Basar wußte genau: Wenn sie eine Frau eine Samenkapsel, eine Stange Vanille oder eine Lakritzwurzel durch die Scheide in die Gebärmutter einführte, so empfing die Betreffende nicht mehr. Aber die ersten Forschungsergebnisse waren enttäuschend, sogar katastrophal. Es gab noch keine Technologie, um die Vorrichtung sicher in den Körper einzuführen. Und man hatte auch noch keine Materialien entwickelt, die die Gebärmutter nicht zu zersetzen versuchte, was häufig zu tödlichen Unterleibsentzündungen führte. Jetzt aber trumpften die Japaner auf: Nachdem sie soeben das Radio durch Mikrotechnologie revolutioniert hatten, schafften sie ähnliches bei der Verhütung. Ein Minischnörkel aus unverwüstlichem Plastik, bald als »Spirale« bekannt, schützte sicher vor unerwünschten Babys.

Es dauerte gerade 15 Jahre, da verhüteten bereits 20 Millionen Frauen mit der Pille und über 10 Millionen mit der Spirale.[11] Warum die Frauen so zahlreich und so rasch diese neuen Methoden willkommen hießen, ist unschwer zu beantworten. Nach einigen Anfangsschwierigkeiten boten beide Mittel entschieden mehr Sicherheit als die herkömmlichen Methoden. Beide hatten den Vorteil, ganz und gar unter weiblicher Kontrolle zu sein. Eine Frau mußte sich nicht mehr im Bett fragen, *ob* der Mann beim Friseur Kondome besorgt hatte. *Ob* er sich »das Ding« gefallen lassen würde, das doch seinen Spaß kaputtmachte. *Ob* er nüchtern genug war, es richtig überzustreifen. Und *ob* er es auch richtig anbehielt. Pille und Spirale waren auch besser als das Diaphragma, sie waren 24 Stunden am Tag, jahrein, jahraus einsatzbereit. Das Diaphragma (und das spermientötende Gel, das ausgerechnet in den Elfenbeintürmen der Universität Oxford 1932 erfunden wurde) verlangte geplanten Sex. Geschlechtsverkehr bekam den unangenehmen Beigeschmack einer nüchternen Rechenaufgabe (»heute abend ist es soweit«) oder einer Routine, die an echten Bedürfnissen vorbeiging (»einfach abends nach dem Zähneputzen einsetzen, den Rest besorgt Ihr Ehemann« – so trällerte ein britisches Aufklärungsblatt in den unschuldigen 50er Jahren). Der sexuelle Akt mochte nun Folge großer, spontaner Leidenschaft oder kleinkarierter, patriarchalischer Doppelmoral sein: Endlich konnten sich die Frauen von der Hantiererei beim Verhüten lösen. Die Verhütung selbst hatte die Sexualität von der Fortpflanzung getrennt. Die neue Technologie koppelte nun die Verhütung vom Sex ab.

Und so brachte diese Innovation einen Streit auf den Punkt, der zum Menschen gehört, seitdem er weiß, daß er existiert. Sie spitzte eine Frage zu, die wesentlich zum Krieg zwischen den Geschlechtern (und sogar zum Kampf innerhalb der individuellen Paarbeziehung) beitrug: Wer kontrollierte den Körper einer Frau? Zum ersten Mal in der Geschichte mußten sich die modernen Gesellschaften des Westens mit einer Situation herumplagen, die in vergangenen Epochen als unvorstellbare Gotteslästerung gegolten hätte: Eine Frau konnte jetzt Sex genauso benutzen und haben wie Männer. Beiläufig, nach Belieben, ohne Vorbedacht und möglicherweise das größte Übel, *ohne Folgen*. Welch eine Perspektive! Die Folgenlosigkeit wurde im Laufe der 60er Jahre nochmals zementiert, als nämlich in vielen Ländern des Westens die Abtreibungsgesetze liberalisiert wurden.

Allein die Geschichte der Abtreibung ist so etwas wie ein Mikrokosmos der Frauenfeindlichkeit. Sie zeigt, wie gesellschaftliche und juristische Kontrollmechanismen zum Reglementieren des weiblichen Körpers bis vor kurzem *immer* die Wünsche und Neurosen des Paschas widerspiegelten, aber niemals die Bedürfnisse der Frauen selbst. Noch 1939 bestätigte eine britische Regierungskommission unter dem Vorsitz von Lord Birkett, daß der Staat das Recht hatte, die Reproduktion der Frauen zu kontrollieren – damit die Geburtenrate nicht fiel. Im Westen kam es zur fundamentalen Wende, als das *politische* Interesse des Staates an der Kontrollausübung abgelöst wurde von der *juristischen* Anerkennung des individuellen Rechts auf persönliche Autonomie.

In Ländern mit einer starken katholischen Tradition war Abtreibung bis dahin nicht nur gesetzwidrig, sondern schlicht unvorstellbar. Hier waren der Konflikt besonders bitter, der Kampf lang, die Feindseligkeit ungebrochen. Der Erfolg war dort, wie überall, die Leistung einer starken und konzertierten feministischen Kampagne. Beispiel Irland: Dort reisten viele Frauen gemeinsam von Dublin nach Belfast, um Verhütungsmittel zu kaufen. (Belfast gehört zu Nordirland, darum gelten dort britische Gesetze.) Als der sogenannte »Verhütungs-Zug« nach Dublin zurückkehrte, wurde er von vielen Menschen offen begrüßt, und so drückten die Zollbeamten angesichts der mitgebrachten illegalen Importe einfach die Augen zu. In Frankreich unterzeichnete und verbreitete eine Gruppe von Frauen, darunter Prominente wie Simone de Beauvoir, das *Manifest der 343*. Alle Unterzeichnerinnen des Dokuments bezichtigten sich der illegalen Abtreibung und forderten die Behörden auf, sie strafrechtlich zu verfolgen. (Wenig später initiierte die deutsche Feministin und Journalistin Alice Schwarzer ebenfalls eine Selbstbezichtigungskampagne in der Bundesrepublik. In der Illustrierten »Stern« bekannten sich ebenfalls Hunderte von Frauen: »Auch ich habe abgetrieben.« Anm. d. Ü.) Aus der französischen Kampagne entwickelte sich »Choisir« (»wählen«), die Organisation der Abtreibungsbefürworter, gegründet von Gisela Halimi, die sich 1957 für die gefolterte algerische Freiheitskämpferin Djamila Boupacha eingesetzt hatte. Die Kampagnen von Choisir führten zu jenen epochalen Verhütungs- und Abtreibungsgesetzen, die 1974 im französischen Parlament von Simone Veil durchgeboxt wurden.

Ende der 70er Jahre hatten Grundsatzurteile auf beiden Seiten des Atlantiks das Los der Europäerinnen und Amerikanerinnen entschieden verändert. 1973 verkündete das Oberste Gericht der Vereinigten Staaten, daß »das Recht auf ein persönliches Privatleben die Entscheidungsfreiheit in Sachen Abtreibung mit einschließt«. Dieser Gedankengang wurde später noch einmal in einem deutlichen Signal bekräftigt:

»Weil es die Frau ist, die das Kind körperlich austrägt und die direkter und unmittelbarer von der Schwangerschaft betroffen ist, gibt dieser Umstand den Ausschlag, wenn zwischen beiden (dem männlichen und weiblichen Elternteil) abgewogen wird.«[12]

Ein britisches Gericht markiert die Wende noch deutlicher und wird überdies 1981 vom Europäischen Gerichtshof in einem Berufungsverfahren bestätigt: Die britische Gesetzgebung »sieht bei einem Schwangerschaftsabbruch nicht das Recht des Vaters vor, zu Rate gezogen zu werden«.

Keine Rechte für den Vater? Frauen erklären: »Mein Bauch gehört mir«, und werden auch noch darin gerichtlich unterstützt? Wie konnte das passieren? Die Antwort: Nur durch rund zwei Jahrzehnte der intensivsten feministischen Betriebsamkeit, die Frauen je auf die Beine gestellt hatten. Wir müssen verstehen, daß die Frauen der Industriegesellschaften nach der Einführung des Wahlrechts nicht einfach wieder nach Hause gekrochen sind und dankbar ihrem Herrn und Meister eine Stirnlocke geopfert haben. Wie Dora Russel, eine unermüdliche Aktivistin der Frauensache, einmal Dale Spender gegenüber bemerkte: »Es hat in diesem Jahrhundert immer eine Frauenbewegung gegeben!« Außerdem brachte die Nachkriegszeit ein Standardwerk des Feminismus hervor: 1949 veröffentlichte Simone de Beauvoir eine blendende Analyse des Geflechts der Frauenunterdrückung – *Le Deuxiéme Sexe* (Das andere Geschlecht).

Dennoch, es gab nie eine sichtbare, kontinuierliche, allgemein anerkannte Tradition weiblicher politischer Aktivität. Frauen kamen in den Geschichtsbüchern, in Aufzeichnungen von Zeitgenossen nicht vor. Sie konnten den kraftvollen, inspirierenden Kontakt untereinander nie genießen, der Männern bei der Arbeit und in der Öffentlichkeit so selbstverständlich ist. Nur wenn die Patriarchen an den Schaltstellen der Macht und Privilegien wieder einmal ihr altes Terrain verteidigen – wenn auch in neuen und meist unerwarteten Formen – und unvermeidlich die nächste Generation von Rebellinnen auf den Plan rufen, blicken die Frauen zurück und entdecken ihre Stärke, ihre Solidarität, ihre politische Geschichte. In solchen Zeiten muß alles wiederentdeckt und -erfunden werden, und meistens müssen sich die Frauen von den Männern vorwerfen lassen, sie hätten es noch nie so gut gehabt . . . Die Unterdrückung der Frau wird abgestritten. Das Schweigen darüber ist so stark, daß das daraus resultierende Unbehagen für jede Frau zum »Problem ohne Namen« wird. Mit diesem Begriff leitete Betty Friedan 1963 eine neue Phase des Frauenbefreiungskampfes ein. Die Mutter des modernen Feminismus sprach in ihrem Buch *Der Weiblichkeitswahn* die Situation der Frauen nach der Erringung des Wahlrechts an:

»Es war eine seltsame Bewegung, ein Gefühl der Unzufriedenheit. Die Frauen Amerikas litten mitten im 20. Jahrhundert an einer unbestimmten Sehnsucht. Jede Hausfrau in den Vororten plagte sich allein damit ab. Sie machte die Betten, kaufte Lebensmittel ein, suchte passende Bettwäsche aus, aß Erdnußbutterbrote, kutschierte ihre kleinen Pfadfinder herum, lag nachts neben ihrem Ehemann und hatte Angst, sogar sich selbst diese Eine Frage zu stellen: Ist das alles?«[13]

Betty Friedans Leistung liegt darin, daß sie den Mythos von der glücklichen Hausfrau in tausend kleine Stücke sprengte. Sie ermöglichte den Frauen, die goldenen Gitterstäbe jener Haftanstalt namens »häusliche Sphäre« zu brechen und mit anderen Frauen ihre Frustration und Wut zu teilen. Auch in einem anderen gesellschaftlichen Bereich gärte die Wut. In den 60er Jahren engagierten sich viele starke und überzeugte junge Frauen im Kampf gegen Rassismus und gegen den Vietnamkrieg. Bei jeder »revolutionären« Bewegung und Organisation mußten die Frauen freilich bald herausfinden, daß »die Männer die Protestmärsche anführten und die Rede hielten, während die Genossinnen nur die Umschläge zukleben und zuhören sollten«. Als der schwarze Führer Stokely Carmichael öffentlich sagte, daß die Bewegung nur eine Position für Frauen kenne, nämlich »mit dem Gesicht nach unten«, sahen die Aktivistinnen, daß es hier ein Subjekt gab, das die Befreiung nötiger hatte als das Volk Vietnams oder die Schwarzen Amerikas – sie selbst. Der Zorn der Frauen brach aus. Wie sehr sie aktiv wurden, läßt sich an folgender Liste der wichtigsten Ereignisse ablesen:

1966   Gründung von NOW (National Organisation of Women), des amerikanischen Dachverbands der Frauengruppen, mit Betty Friedan als Vorsitzender.

1969   Veröffentlichung des Textes *Der Mythos vom vaginalen Orgasmus*. »Anne Koedts Arbeit stellte einen Wendepunkt dar. Sie entriß die Klitoris der jahrhundertealten Vergessenheit und Geheimniskrämerei. Ein Aufruf zur Wiedereroberung der weiblichen Sexualität.«[14]

1970   Veröffentlichung der Bücher *Sexus und Herrschaft* von Kate Millett; *Der weibliche Eunuch* von Germaine Greer; *Frauenbefreiung und sexuelle Revolution* von Shulamith Firestone; erste nationale Frauenbefreiungskonferenz in Großbritannien.

1971   Gründung des Netzwerkes US National Women's Political Caucus.

1973   Internationaler Kongreß der Feministinnen.

1975	UNO »Jahr der Frau«, »Jahrzehnt der Frauenrechte«.

60er-
und
70er
Jahre In allen Industrienationen werden frauenfeindliche Gesetze reformiert, Frauenförderungsprogramme und Antidiskriminierungsgesetze verankert.

(Anm. d. Ü.: Folgende Daten dürften das deutsche Publikum auch interessieren:

Sept. 1968	»Tomatenwurf« beim Kongreß des SDS, Gründung der autonomen Weiberräte in versch. deutschen Universitätsstädten.
Juni 1971	»Wir haben abgetrieben« – Selbstbezichtigungsaktion von Gegnerinnen des § 218 im »Stern«.
1972	Veröffentlichung des »Frauenhandbuchs« der Berliner Gruppe »Brot und Rosen«, darin scharfe Kritik an der Pille.
1973–74	Gründung zahlreicher Frauenzentren in der ganzen BRD, Männer haben keinen Zutritt.
1975	Veröffentlichung von *Der kleine Unterschied und seine großen Folgen* von Alice Schwarzer.
1976	»Sommeruniversität für Frauen« in Berlin, jährlich eine Woche lang wissenschaftliche und kulturelle Veranstaltungen für Frauen.
1976	Gründung der Berliner feministischen Zeitschrift *Courage*.
1977	Gründung der bundesweit erscheinenden feministischen Zeitschrift *Emma*).

Rätselhaft und ungewiß ging es mit der neuen Frauenbewegung los, aber dann wuchs sie zu einer beherrschenden politischen Macht heran. In ihren Reihen fanden sich auch überzeugte einzelne Männer und ganze Regierungen wieder. Der Protest dieser Feministinnen hatte einen neuen Klang, ihre Analyse eine neue Dimension. Das schenkte der Bewegung Autorität und Glaubwürdigkeit, man mußte einfach auf sie aufmerksam werden:

»Frauen sind eine unterdrückte Klasse ... Wir werden als Sexualobjekte, Brutkästen, Haushaltssklavinnen und billige Arbeitskräfte ausgebeutet ... man schreibt uns unser Verhalten vor und bedroht uns dabei mit körperlicher Gewalt. *Wir lebten so intim mit unseren Unterdrückern und so isoliert von anderen Frauen, daß eine wesentliche Erkenntnis uns vorenthalten wurde: unser persönliches Leiden ist ein politischer Zustand.*«[15]

Eine Einsicht, die – wenn sie erst verstanden wird – unwiderstehlich ist. Sie mündete denn auch in eine der mächtigsten Losungen der neuen Bewegung: DAS PRIVATE IST POLITISCH. Zum erstenmal in der Geschichte brachen die Frauen mit der Idee auf, daß der Feind nicht die Kirche, der Staat, das Gesetz, die Regierung oder »die da oben« waren. Sondern »ER«. Der Mann in ihrem Bett, der individuelle Repräsentant des Patriarchats.

Millionen Frauen hatten ihr Leben lang auf diese Losung gewartet. Plötzlich wurde ihnen klar, wie die gesellschaftliche Realität funktioniert, was hinter ihren persönlichen Erfahrungen steckt. Wie aber sollte es weitergehen? Für einige Frauen war der nächste Schritt offensichtlich: Es mußte ihnen gelingen, das Private in der Praxis politisch zu machen. Dann nämlich würden sie die Macht haben, zumindest einige Hindernisse für Frauen aus dem Weg zu räumen. Der Vormarsch der Frauen in die Politik und an die Schaltstellen der Macht verlief langsam und uneinheitlich. Als Sirimavo Bandaranaike 1960 in Sri Lanka zur ersten Premierministerin der Welt ernannt wurde, schien das kein besonderes Vorzeichen zu sein. Aber ihre Ernennung war das Signal für einen neuen Schlag von Politikerinnen. Zäh, fähig, ehrgeizig und machtorientiert. Als wollten sie ein für alle Mal der Welt die Wahrheit eines Diktums der amerikanischen Feministin Jill Johnston vorführen: »Kein Mensch sollte dazu gezwungen sein, sein Leben lang rückwärts zu tanzen.«

Ein Auftritt im Spektakel männlicher Machtpolitik verlangte ohnehin elegante Fußarbeit und gewaltige Ausdauer, auch in emotionaler und körperlicher Hinsicht. Als Nancy Astor das britische Parlament als erste Frau in seiner tausendjährigen Geschichte betrat, erlebte sie die ersten sechs Monate, wie sie sagte, als »reine Hölle«. In den meisten Ländern war es für Frauen bereits eine wahre Höllentortur, nur das Recht auf eine Kandidatur durchzusetzen. Die französische Sozialistin Jeanne Déroin hatte 1849 Verachtung und Verfolgung durch ihre Mitmenschen auf sich gezogen, als sie den Sprung ins Parlament wagen wollte. Zu dieser Zeit standen Frauen nämlich nur zwei Ämter offen: Sie konnten Postbeamtin oder Lehrerin werden. Aber die Frauen machten mit ihren Kandidaturen beharrlich weiter, unerschütterlich weigerten sie sich, die Beschränkungen hinzunehmen, die ihrem Geschlecht auferlegt wurden. 1872 bemühte sich die schöne Victoria Claflin Woodhull als erste Frau in der amerikanischen Geschichte um das Amt des Präsidenten. Woodhull, gemeinsam mit ihrer Schwester das erste weibliche Börsenmaklerunternehmen im Land gründete, war ihrer Zeit so weit voraus, daß sie zum nationalen Skandalfall wurde. Man lachte sie einfach aus.

Aber innerhalb eines einzigen Jahrhunderts nach Victoria Claflin Woodhulls gewagter Herausforderung kam es alljährlich zu solchen »Premieren« für Frauen, und gerade in sehr konservativen Ländern brachen Frauen in die Bastione der Männerherrschaft ein. 1966 wurde Indira Gandhi die erste Premierministerin Indiens. 1969 triumphierte Golda Meir in Israel, wahrlich eine Festung des Patriarchats. 1974 wurde Eleanor Grasso die erste Gouverneurin in den Vereinigten Staaten, die aus eigenem Recht gewählt wurde. Im gleichen Jahr feierte die frischgekürte Gesundheitsministerin der Franzosen, Simone Veil, die von ihr im Parlament durchgesetzte Abtreibungsreform. 1979 kamen Benasir Bhutto in Pakistan (sic?? B. Bs. Vater wurde zwar 1979 hingerichtet, sie selbst kam aber erst 1988 zur Macht, zuvor war sie neben ihrer Mutter politisch aktiv; Anm. d.Ü.), Hao Tianx'u in China und Margaret Thatcher an die Macht. In ihre Fußstapfen traten rasch andere erfreuliche »role-busters« (»Rollen-Rebellinnen«), wie die amerikanische Presse solche Frauen bald kennzeichnete. Vigdis Finnbogadottir wurde 1980 das erste weibliche Staatsoberhaupt Islands. 1984 wurde die New Yorkerin Geraldine Ferraro Kandidatin der Demokratischen Partei für das Amt der Vize-Präsidentin. Nur ein Herzschlag hätte sie von einer der wichtigsten Machtpositionen der westlichen Welt getrennt. Auf der ganzen Welt gab es solche Erfolgsgeschichten: in Gemeinden, in *départements*, im öffentlichen Dienst, in der Ministerialbürokratie. Und so ist die Behauptung einer amerikanischen Unternehmerin leicht nachvollziehbar: »Die Frauen sind im Kommen – mit orgasmischem Gebrüll!«

Freilich sind nicht alle Feministinnen vom weiblichen Vormarsch in die männliche Welt der Macht beeindruckt. Sie mißtrauen der Gelassenheit, mit der männliche Herrschaftssysteme und -strukturen Frauen absorbieren, ohne den eigenen Charakter zu ändern. Separatistinnen wie die schwarze amerikanische Dichterin Audrey Lorde argumentieren, daß »die Werkzeuge des Herrn niemals das Haus des Herrn abreißen werden«.

Immer mehr wächst die Überzeugung, daß Männer und Frauen nicht nur unterschiedliche, sondern vor allem *gegensätzliche* politische Bedürfnisse haben. Und das hat zur Gründung reiner Frauenparteien und -gruppierungen geführt, die sich für Frauenrechte und weibliche Interessen einsetzen. Seit dem Wiederaufleben des Feminismus in den 60er Jahren hat es einige neue, radikale Versuche gegeben, mit uralten, aber bis dato unerkannten sozialen Problemen fertig zu werden (unerkannt, weil es sich eben »nur« um Frauenprobleme handelte). Häuser für geschlagene Frauen und Krisenzentren für vergewaltigte Frauen gehören zu diesen Errungenschaften der Frauenbewegung. Naturschutz und Ökologie, die »grünen« Themen also, stehen ebenfalls hoch auf der Tagesordnung von politischen Aktivistinnen. Wie es Amaury de Riencourt formuliert: »Nachdem er sein planetarisches Nest beschmutzt hat, muß sich der westliche Mann jetzt mit der aufgerüttelten Mutter Erde streiten, die – wie die vielgesichtige Göttin Kali – nicht nur eine kultivierte Ordnung schafft, sondern gelegentlich auch revolutionären Zorn.«[16]

»Frauen für das Leben« – dieser Gedanke beseelt die ausdauerndste Friedensinitiative der Welt, das Friedensdorf der Frauen in Greenham Common in Südengland. Diese überzeugten Pazifistinnen sind unaufhörlich belästigt worden: durch die US-amerikanischen Armeeangehörigen der Atomraketenbasis, durch britische Gerichte, durch die örtliche Polizei, durch brutale Männer, die sich gelegentlich zusammenrotten, durch die schmuddelige Boulevardpresse. Aber seit 1981 halten sie durch, als lebendige Verkörperung des Lieds der weiblichen Friedensbewegung.

»Oh, Schwestern, kommt, singt mit all Eurer Kraft. Arme sind da, um sich einzuhaken. Schwestern, wir verlangen die Welt.«

Denn die Welt muß noch gewonnen werden. Viele offenkundige Ungerechtigkeiten sind abgeschafft worden, gewiß. Um so mehr müssen wir uns auf das konzentrieren, was an Frauenfeindlichkeit fortlebt. Nachdem der neue Feminismus vereinzelte spektakuläre Triumphe euphorisch gefeiert hat, muß er mit der Tatsache fertig werden, daß nach jeder gewonnenen Schlacht der Feind sich eben woanders aufstellt. Neue Unterdrückungsmechanismen tauchen anstelle der traditionellen auf. Auch sie sind nur Symptom, nur Ausdruck einer fundamentalen Ungleichheit, deren Wurzeln sich schwer genug indentifizieren, geschweige denn entfernen lassen. Frauen entwickeln ein geschärftes Verständnis für Geschichte, weil sie immer wieder enttäuscht worden sind. Sie erkennen, daß es ihrem Befreiungskampf eigen ist, immer wieder von vorn zu beginnen. Sie verstehen, daß die *Bedingungen selbst*, unter denen sie Rechte und Freiheiten erkämpfen, oft genug genau diese schmerzhaft errungenen Rechte und Freiheiten aushöhlen können.

Denn Frauen erleben Fortschritte, wenn sich die Gesellschaft insgesamt verändert. Wenn ältere, etablierte Machtblöcke sich verschieben oder rissig werden. Dann nämlich dürfen Frauen (und andere Unterprivilegierte) in Strukturen eindringen, die ihnen zuvor verschlossen waren. Der Vormarsch der Frauen in die Öffentlichkeit oder in die Welt der Arbeit geschieht also in Zeiten gesellschaftlicher Umwälzungen. In neuen Kolonien war es z. B. selbstverständlich, daß Frauen in Grenzgebieten kämpften und schossen, daß Einwanderinnen Geschäfte führten, sich um Ämter in der Lokalpolitik oder Gewerkschaft beworben. Der nach den 60er Jahren stattfindende Kampf um Emanzipation ist untrennbar mit der Weltwirtschaftslage verbunden. Der Frauenanteil an der Berufswelt wurde gewaltig gesteigert, in Großbritannien gar um 47 Prozent. Darin ähnelte diese historische Phase dem letzten Weltkrieg, als Frauen zu Millionen ihren Staubwedel gegen eine Drehbank tauschten und sich schworen, niemals wieder »Haushaltssklavinnen« zu werden.

Natürlich taten sie es. Die Arbeit zu Hause wurde bald anders etikettiert. Eine ganze Generation angehender Ingenieurinnen und Facharbeiterinnen – Arbeitsheldinnen aus zwei Weltkriegen – fand sich plötzlich in den eigenen vier Wänden wieder. Denn egal, wie wichtig es *zu einer gegebenen Zeit* ist, daß Frauen arbeiten, Auto fahren, Krippen und Kindergärten zur Verfügung haben: solche Zeichen weiblicher Emanzipation werden als Antworten auf eine Krisensituation wahrgenommen. Und dieses negative Vorzeichen höhlt solche Errungenschaften aus. Obwohl es Produkt der allgemeinen Wirtschaftskrise ist, wird das gesellschaftliche Klima der Unsicherheit, Unzufriedenheit und Angst mit der Tatsache assoziiert, daß die Frauen berufstätig sind, daß sie nicht mehr das Heim zu einem warmen, tröstlichen Nest machen. Frauen werden mit negativen Veränderungen gleichgesetzt, sie sind nur allzu schnell die *Ursache* allen Übels. Streß, Unzufriedenheit und überdies die Rolle des Sündenbocks – das alles ist ein verdammt hoher Preis für neue Freiheiten.

Seit Jahrhunderten sind die Ursachen für die Ablehnung der Frauenemanzipation auffällig konstant geblieben:

– Frauen arbeiten, während Männer arbeitslos sind (»sie nehmen den Männern die Stellen weg«).

- Frauen entkommen der häuslichen Isolierung und entwickeln Solidarität zu anderen Frauen, in Fabriken oder anderen gesellschaftlichen Gruppierungen.
- Frauen verdienen eigenes Geld und werden dadurch selbständiger.
- Frauen erringen öffentliche Rechte anstelle ihrer früheren häuslichen Privilegien.
- Frauen lernen »männliche« Fähigkeiten (sie reiten, schießen, führen Geschäfte), dadurch entmystifizieren sie die Kompetenz der Männer und stellen implizit das Recht der Männer auf eine Führungsrolle in Frage.
- Der »Engel am Herd« fehlt, der Haushalt leidet, wenn Frauen andere Dinge tun.

Wenn wir diese Streßfaktoren mit der allzu menschlichen Sehnsucht nach der »guten, alten Zeit« verknüpfen – »wenn sich die Zeiten wieder normalisieren, dann wird alles gut« ... »wenn dieser elende Krieg nur vorbei ist ...« –, dann erkennen wir ohne weiteres, warum Frauen ihre Errungenschaften nicht auf Dauer halten können.

»Wir entdeckten zu unserem Erstaunen, daß uns das Wahlrecht keineswegs zu vollwertigen Bürgerinnen machte, eine entsetzliche Erkenntnis«,[17] so trauerte eine ehemalige Suffragette 50 Jahre nach der angeblich gewonnenen Schlacht.

Eine Erkenntnis, die wieder und wieder erlangt werden mußte. Die oft schmerzhafte und immer unliebsame Lektion hieß: Freiheit und Emanzipation für Frauen kommen nicht von allein. Im 19. Jahrhundert setzte man große Hoffnungen auf das Wahlrecht, auf die Bildung, auf den Zugang der Frauen zu gehobenen Berufen. Bei den revolutionären Bewegungen Europas war es vor allem Clara Zetkin, die Gründerin des Internationalen Sozialistischen Frauenkongresses, die für diese Forderungen kämpfte. Sie war weltweit anerkannt für ihre brillanten kritischen Gesellschaftsanalysen und für das Ausmaß ihres Intellekts.

Aber wie viele vor und nach ihr, so glaubte auch Zetkin aufrichtig, daß die uneingeschränkte Beteiligung von Frauen an der Arbeitswelt und ihre juristische Gleichstellung automatisch zur politischen und gesellschaftlichen Emanzipation führen würden. Mit großer Erbitterung wurde zudem der Richtungskampf innerhalb der deutschen Linken geführt. So kam es, daß Zetkins Freundin und Kollegin Rosa Luxemburg – wie Hypatia – von ihren Widersachern ergriffen, geprügelt und umgebracht wurde. Was

u. a. zur Folge hatte, daß eine spezifische Frauenpolitik in die Enge getrieben wurde. Weder Zetkin noch Luxemburg trauten den Marxisten zu, auch die Zukunft der Frauen zu revolutionieren, hier ging den Genossen der Eifer ab, den sie bei der Sache der Männer an den Tag legten. Nach ein paar halbherzigen Veränderungen bei Scheidung und Abtreibung fand die russische Frau z. B., daß es ihr schlechter als je zuvor ging. Denn jetzt war sie ein ökonomisches Werkzeug des Regimes und gleichzeitig das Sexualobjekt ihres Mannes. Man zwang sie, den ganzen Tag zu arbeiten und *zusätzlich* die ganze Last der Kindererziehung und Haushaltsführung in ihrer nächtlichen »Freizeit« auf sich zu nehmen.

Das Ergebnis war unvermeidlich. Am Anfang des Jahrhunderts war die durchschnittliche Lebenserwartung einer russischen Frau um zwei Jahre geringer als die eines Mannes, obwohl Frauen in der Regel aufgrund ihrer Biologie länger leben. Anfang der 60er Jahre starben die Frauen im Durchschnitt *acht Jahre* früher als die Männer.[18] Aber die Partei schrieb unbeirrt die offenkundig ungerechte Arbeitsteilung weiterhin vor. Und sie verstrickte sich in die vorsintflutlichste Vorstellung von Rollverteilung, die die Paschas der Moderne nur ersinnen konnten:

»Ein Junge muß schon zu Schulzeiten auf seinen Dienst in der Roten Armee vorbereitet werden. Er erhält eine besondere körperliche Ausbildung und ein rein militärisches Training im Hinblick auf das harte Leben eines Soldaten ... Und das Mädchen? Es ist vor allem eine künftige Mutter. Die Schule muß dem Mädchen besondere Kenntnisse von der menschlichen Anatomie, Physiologie, Psychologie, Pädagogik und Hygiene vermitteln.«[19]

Diese lähmende geschlechtsspezifische Absonderung lebt in den Tiefen unserer gesellschaftlichen Strukturen weiter, weil sie auch unverdrossen im menschlichen Geist blüht. Der Lebensentwurf einer Frau (der ihr im großen und ganzen von der Gesellschaft vorgeschrieben wird) sieht letztendlich nur die Wahl zwischen zwei Übeln vor: sie kann mehrfach belastete Berufstätige/Ehefrau/Mutter werden oder die unterforderte Hausfrau, die ein unerfülltes Leben der Leere und Verzweiflung führt. Viele finden die Rolle der Hausfrau attraktiver, denn sie bietet scheinbar der individuellen Frau eine größere Kontrolle über das eigene Leben als etwa die industrielle Organisation in der Berufswelt. Ihr Los ist angeblich weniger beschwerlich als das der Lohnsklavin. Aber das ist eine Illusion.

Die Hausfrau hat wenig oder überhaupt keine Kontrolle über einen Job, der jede wache Stunde auffrißt, der »nie zu Ende geht«.

Vor über 100 ereignisreichen Jahren wies Charlotte Perkins Gilman gewitzt darauf hin, daß »ein Haushalt eine Frau genausowenig braucht wie einen Ehemann«, aber die weibliche Hausarbeit hat keineswegs abgenommen. Staubsauger, Waschmaschinen, Kühlschränke, Geschirr-spüler, Küchenmaschinen und Mikrowellenöfen sind seit Mitte des ver-gangenen Jahrhunderts ununterbrochen aus den Labors und Fabriken hervorgequollen. 1841 gab es in Großbritannien die ersten Gasherde, ab 1881 Elektrizität. Und der erste Staubsauger wurde 1908 patentiert. Ohne irgendwelche Folgen für die endlosen Stunden, die Frauen mit Kochen, Saubermachen, Hegen und Pflegen verbrachten. Die Zeit, die eine Frau bei einer Sache einsparte, brauchte sie schlicht für eine andere, da die häusliche Arbeit immer anspruchsvoller wurde. Die Frauen mußten noch härter arbeiten, um die von der schönen, neuen Technologie geschaffe-nen Erwartungen zu erfüllen.

Auch in der Theorie hatten Versuche, die Hausarbeit zu reduzieren oder neu zu definieren, wenig Erfolg. Charlotte Perkins Gilman erkannte, daß die soziale Ungleichheit zu Hause beginnt, und schlug darum die Abschaffung der Hausarbeit vor. Kochen, Saubermachen und Kinderbe-treuung sollten gemeinschaftlich organisiert werden, so argumentierte sie, und von Männern und Frauen gleichermaßen verrichtet werden, wie alle anderen Arbeiten. Das Haus sollte zum Ort des Rückzugs und privater Erholung werden. Als es darum ging, die geschlechtsspezifische Arbeitsteilung zu beenden, legte das starke Geschlecht freilich nicht allzuviel Begeisterung an den Tag. Die Männer beschränkten ihre Bemü-hungen auf das Erfinden von mehr und mehr Haushaltsgeräten und -maschinen. Und eins ist inzwischen gewiß: Dieser technische Schnick-schnack nutzt vor allem seinen Herstellern, für Frauen bringt er meistens Extraarbeit mit sich.

Die wundersame Vermehrung der Haushaltsgeräte hat auch dazu beigetragen, daß aus der Hausarbeit in unserer Zeit eine zutiefst einsame, mechanische und unbedeutende Aktivität geworden ist. Was wiederum dazu führt, daß Hausarbeit unabänderlich als niedrige Tätigkeit gilt. Sowohl in den Köpfen jener, die sie verrichten, als auch jener, die von ihr profitieren. »Ich bin nur Hausfrau« – eine klassische Selbstablehnung und -verleugnung unserer Zeit. Die Hausfrau ist nicht mehr als eine unbe-zahlte Haushaltssklavin, entfremdet und verachtet, unterbewertet und unsichtbar. Nur die Werbung nimmt die Hausfrau wahr. Die hohe Zahl von Alkoholikerinnen und weiblichen Tablettensüchtigen weist überdies darauf hin, daß Hausfrauen Drogen brauchen, um ihr Dasein auszuhalten.

Die sogenannte »Berufstätige« (als würde die Hausfrau untätig herumsitzen) verrichtet die ganzen unbezahlten Arbeiten daheim zusätzlich zur bezahlten Beschäftigung. Ohnehin wird sie nur Dreiviertel des Lohns bekommen, den ein männlicher Kollege für die gleiche Arbeit erhält. Gesetze, die für gleiche Arbeit den gleichen Lohn regeln, haben bisher nur geringe Auswirkungen auf dieses tiefverwurzelte Unrecht gezeigt. Frauen stellen ein Drittel aller Arbeitskräfte auf der Welt dar. Aber sie erhalten nur zehn Prozent des Einkommens und besitzen weniger als ein Prozent allen Eigentums auf der Welt.[20] Darüber hinaus werden Frauen bewußt auf unteren Einkommens- und Karrierestufen festgehalten. Beförderungsmöglichkeiten und höherwertige Stellen werden ihnen vorenthalten. In vielen Ländern führt die Tatsache, daß eine bestimmte Arbeit überwiegend von Frauen verrichtet wird, dazu, daß diese Tätigkeit als »Frauenarbeit« etikettiert und darum garantiert niedrig entlohnt wird. Kombiniert führen diese Faktoren dazu, daß Frauen von wichtigen Ressourcen ausgeschlossen werden, die ihnen eine Verbesserung ihrer Lebensumstände und mehr Macht innerhalb der Familie und Gemeinschaft erlauben würden.

Freilich: in den westlichen Industriegesellschaften haben sich Frauen so gut in der Arbeitswelt durchgesetzt, daß sie jetzt noch größeren Ehrgeiz entwickeln. Das weist auf einen beträchtlichen Fortschritt hin. Früher war es völlig unproblematisch, Frauen von Spitzenjobs auszuschließen. Heute versammeln sich wache und wütende Frauen in den Vorzimmern der Macht, und sie maulen nicht mehr über die Steine, die man ihnen in den Weg legt, sondern fangen an, sie beiseite zu räumen. Von den 70er Jahren an stellte es sich jedoch immer deutlicher heraus, daß solche Karrieresprünge und Erfolge vor allem durch und für weiße Mittelschichtfrauen zustande kamen. Als weiße Feministinnen bewußt versuchten, auf die Bedürfnisse ihrer schwarzen Schwestern einzugehen, mußten sie sich sagen lassen, daß ihre Bemühungen unzureichend, bevormundend und rassistisch wären. Für die Schwarzen, die ein feines Gespür für alle Nuancen von Unterdrückung hatten, schwang ein unsauberer Ton mit bei den Versuchen der Weißen, sie in die Befreiungsbewegung einzugliedern. Da hallte noch die alte Kolonialistenmentalität nach. Toni Morrison erklärte 1971 in einem Text »Was die schwarze Frau über die Frauenbewegung denkt«: »Zu viele Bewegungen und Organisationen haben bewußte Anstrengungen unternommen, Schwarze in ihre Reihen einzubinden. Das endete damit, daß die besonderen Interessen der Schwarzen abgeschnürt wurden. Schwarze wollen nicht mehr von jemandem dazu benutzt werden, Macht zu erringen – eine Macht, die sorgfältig von ihnen ferngehalten wird.«[21]

Für einige schwarze Aktivistinnen ist der Feminismus ein Nebenkriegsschauplatz, eine Ablenkung von der wahren Schlacht, vom wahren Feind, dem Rassismus. Andere wie Bell Hooks argumentieren, daß die verschiedenen Formen von Unterdrückung miteinander verknüpft sind. Alle, die sich wie Würmer unter den Stiefeln der weißen Männerherrschaft krümmen, sollen ihre Kräfte vereinen, um gegen den gemeinsamen Feind loszuschlagen, sie sollen nicht gegeneinander kämpfen. Was die schwarzen Frauen sagen, ist eindeutig: Obwohl alle Frauen die Erfahrung von Unterdrückung miteinander teilen, sind nicht alle Frauen gleich unterdrückt. Für Außenseiter kann es schwierig, wenn nicht unmöglich sein, das komplizierte Geflecht von Treue und Bindung zu einem Mann oder zu einer Lebensart zu begreifen, das der Frau deutlich einen minderwertigen Platz zuweist. Für die Frauen in den Kriegergesellschaften der amerikanischen Lakota- oder Siouxindianer gehört es zur uralten Tradition, sich *bloka* (der Männlichkeit, der männlichen Vorherrschaft) zu beugen. Wer ihnen einredet, daß sie ihren Männern gegenüber so selbstsicher auftreten sollen wie etwa weiße Amerikanerinnen, will letztendlich, daß die Lakotafrauen die »indianische Seite« ihrer Persönlichkeit ablehnen zugunsten der »amerikanischen«. Ihre persönliche Integrität wäre gefährdet.

Wo Rassismus und Sexismus sich kreuzen, hat das individuelle weibliche Opfer immer diese Aufsplitterung gespürt. In den Südstaaten stand ein richtiger Gentleman natürlich für eine Dame auf. Aber es war eine bekannte Tatsache, daß ein Nigger keine Dame sein konnte. (Jeder wohlgeborene Südstaatler hatte unzählige Werke in seiner Bibliothek, in denen andere Gentlemen nachwiesen, daß eine schwarze Frau noch nicht einmal ein vollwertiger weiblicher Mensch war, sondern nur zu den »höheren Säugetieren« gehörte.) Eine Schwarze löschte also die Hälfte ihrer Persönlichkeit aus, wenn sie einem weißen Gentleman ihren Sitz überließ. Einer wurde das zuviel: 1955 ging Rosa Parks in die Geschichte ein als die erste schwarze Frau, die sich in einem Bus in Montgomery/Alabama weigerte, einem weißen Mann ihren Sitz zu überlassen. Ihre Tat beflügelte einen Bus-Boykott im gesamten Süden der USA. So wurde die

Bürgerrechtsbewegung geboren. »Ein Wunder ist geschehen«, sagte Martin Luther King, und er segnete den Befreiungsschlag gegen jene seelische Sklaverei, die fast unbemerkt anstelle der alten, wirklichen Ketten getreten war.

Ein klassischer Grundsatz des Rassismus lehrt, daß es ethnischen Gruppen und Minderheiten, die von ihren Adoptivnationen zu Problemen abgestempelt werden, »in ihrer Heimat besser gehen würde«. Frauen haben gerade in ihren eigenen Ländern andere Erfahrungen gemacht: Die Freiheit mag bevorstehen – aber »nicht hier, nicht jetzt und nicht für uns«, wie die Iranerinnen es ausdrücken. Im Iran mußte die vom verstorbenen Schah aufgezwungene Verwestlichung und Modernisierung dem fundamentalistischen Fanatismus des Ajatollah Khomeini weichen. Ohne eine (auch nur kurze) Unterbrechung der Männertyrannei gegen die Frauen. Ein westlicher Beobachter faßte die Widersprüche zusammen, die den Iranerinnen durch Religion und Politik aufgenötigt wurden:

»Um 1978 und 1979 herum trug eine gebildete Frau den Tschador aus Protest gegen den Schah, während Ajatollah Khomeini die frauenfeindliche Haltung des Schahs attackierte . . . Der Schah verkündete, daß Frauen nur Objekte sexuellen Reizes sein sollen. Solche Vorstellungen führen zur Prostitution und zur Herabwürdigung von Frauen. Heute können Frauen, die ihr Haar zu sehr entblößen, zu ›Umerziehungs- und Besserungslagern‹ geschickt werden. Der Schleier gilt als Symbol der Befreiung von jenen westlichen Werten, die der Schah nur zur Konsolidierung seiner persönlichen Macht ausgenutzt hat. Wer gegen *hijab*, die von der Religion vorgeschriebene korrekte Kleidung, verstößt, ist konterrevolutionär.«[22]

Obwohl ein westlicher Mann diesen Angriff auf die »Romantisierung des Islam« formuliert hat, wird seine Aussage von unzähligen iranischen Frauen unterstützt. Mashid Amir Shahi hat öffentlich Khomeinis Erlaß kritisiert, daß Frauen »ungleich und den Männern biologisch, natürlich und intellektuell unterlegen sind«. Was dies in der Praxis bedeutet, wurde von einer anonymen Sprecherin auf einer Konferenz in London illustriert:

»Der Hochzeitstag ist nun Vorschrift. Politische Frauen werden vor der Hinrichtung gefoltert und vergewaltigt. Vor allem junge Frauen. Sie vergewaltigen neunjährige Mädchen im Gefängnis, denn es ist gegen

Gottes Wille, eine Jungfrau hinzurichten. Frauen werden auf verschiedene, gräßliche Arten angegriffen. Ihnen wird Säure ins Gesicht geworfen oder das Haar angezündet, wenn es nicht bedeckt ist. Das heißt: Im Iran ist es ein politisches Verbrechen, eine Frau zu sein.«[23]

Plus ça change ... Im Laufe der Menschheitsgeschichte war das Frausein eine Sünde wider die Natur und ein Verbrechen gegen Gott. Jetzt wurde es auch noch zur ideologischen Abweichung. Eine Frau, die jene Ideologie zu hinterfragen wagte, durch die sie beurteilt und verurteilt wurde, fand sich schnell unter den »Töchtern des Teufels« wieder, die die Gottesmänner oder der Männergott zu vernichten suchten. Für diese Paschas war eine streitende, fragende, herausfordernde Frau keine richtige Frau. Die Natur hatte die Frau doch dazu bestimmt, den Mann zu erfreuen und zu ergänzen, ihren Herrn und Meister zu lieben und zu bedienen. Wozu waren Frauen schließlich sonst da?

Im Urschlamm solcher Attitüden leben der Mythos vom ewig Weiblichen und die nimmersatte Phantasie des Mannes fort, der sich etwas vormacht. Für ihn ist die Antwort simpel: Frauen sind für Männer da und sollten dafür dankbar sein. Nirgendwo wurde diese unerhörte Forderung augenfälliger dokumentiert bzw. propagiert als in der Traumfabrik des 20. Jahrhunderts, in der Filmindustrie Hollywoods. Die Stadt des Zelluloids hatte ein ihr eigenes Laster, eine überwältigende Obsession: Sie sexualisierte das Weibliche. Letztendlich war dies für alle Massenmedien charakteristisch, ja das Geheimnis ihres kommerziellen Erfolgs. Aber obwohl in den westlichen Industriegesellschaften inzwischen die Werbeagenturen zum Hauptschauplatz sexueller Stereotypisierung wurden, hatte doch Hollywood gezeigt, wo es langgeht. Was auch immer sich die Menschen der Nachkriegszeit unter Männlichkeit und Weiblichkeit, unter Liebe und Arbeit vorstellten: Viele ihrer Ideen entstammten der Traumwelt Hollywoods.

Und was konnte die magische Leinwand ihrem gespannten Publikum auf der Welt vorführen? Was war die Botschaft jener Großmogule, die »Alles über Eva« wußten? Deren Frauengestalten »Berüchtigt« wurden, vor »Psycho« Angst hatten und sich nach einem »King-Kong« oder einer Sahnetorte ins Gesicht sehnten? Was gab es außer schlechten Mädchen und braven Mädchen, Frauen zum Ficken und Frauen zum Heiraten, niedlichen Weibchen und guten Ehefrauen? Die Geburt einer Nation war natürlich Männersache (sagt den Frauen, daß sie eine Menge Wasser zum Kochen aufstellen sollen . . .). Und Schwester, merk es dir: Gentlemen Prefer Blondes – Blondinen bevorzugt. Hollywood ging stets sehr respektvoll mit der Religion um (Jesus von Nazareth – der Mann, der zum Kassenstar geboren wurde). Aber ohne sich dessen bewußt zu sein, wurde die Traumfabrik zur Kirche Amerikas. Jeder Film der »Neue Bund«. Jedes Bild eine Geschichte. Und die Geschichte war die größte, älteste, grausamste, dümmste Geschichte, die je erzählt wurde. Nämlich daß der Mann dazu geboren wurde, Mann zu sein.

Denn die Jungens wollten nun mal Jungens sein. Und nirgendwo gelang ihnen das besser als auf dem großen Spielplatz Amerikas, im Hollywoodfilm. Die Kameras drehten einen Film nach dem anderen, unter den verkniffenen Augen der ersten Produzentengeneration. Sie waren alle Patriarchen reinsten Wassers, die Herren der Studios. Die alten Vatergötter müssen vor Freude im Viereck gesprungen sein. Denn wer brauchte plumpe Mechanismen wie Fesseln und brutale Gesetze, um Frauen in ihrem zweitklassigen »Bereich« zu halten, wozu mußte man sie von der Bildung, Arbeit und Gesellschaft offen abhalten, wenn ein Film dasselbe leistete und sie *obendrein* auch noch glücklich machte?

Man hat noch nicht völlig anerkannt, wie überaus erfolgreich die Massenmedien des 20. Jahrhunderts als neue Instrumente der Frauenunterdrückung funktioniert haben. Grapschend und voyeuristisch begegnen sie der Frau. Wie Gebetsmühlen rasseln sie die alten Klischees von der Mutter, Jungfrau und Hure herunter. Sie spulen Heile-Welt-Szenarios ab und kontrastieren sie mit einschüchternden Geschichten über »gefallene« Mädchen. Und so darf Hollywood den Ehrenplatz neben der »Sittenpolizei« des Ajatollah Khomeini einnehmen. Denn Hollywood hat wesentlich dazu beigetragen, daß Frauen sich fügen und zu jenen Puppen machen lassen, die sich normale Männer als Ehefrauen und Mütter ihrer Kinder wünschen. Ein wertvolles Training fürs Leben.

Rückwärts in die Zukunft! So führen sie uns, die Massenmedien. Und dabei halten uns diese pseudomodernen Industrien fest an den Genitalien. Wir können schon die neue Arena erkennen, wo die nächste Phase des Kampfes um Freiheit und Gleichheit ausgefochten wird. In den vergangenen Jahrtausenden hat man Ursache und Terrain der weiblichen Unterlegenheit verschieden angesiedelt: Die Frau ist – je und je – minderwertig wegen der Natur, der Biologie, der Religion, der Physiologie, der Gehirngröße und der Psyche. Die Frauen haben sich verteidigt und für das Recht, zu lesen, Geld zu besitzen und zu wählen, gekämpft. In einigen Ländern der Welt sind solche Unterdrückungsmechanismen abgeschafft worden. Das macht das Unrecht, das sich weiterhin hält, um so unnatürlicher und obsoleter. Aber die zugrundeliegende Mentalität und die Verhaltensmuster der Menschen ändern sich nur langsam. Das soll nicht die Erfolge der bisherigen Kämpfe schmälern. Sondern wir wollen nur darauf beharren, daß es viel Zeit bedarf, um die Welt zu ändern. Die Feministinnen auf der ganzen Welt haben erkannt, daß ihr Kampf weiter und tiefer geht.

Es gibt viel zu tun, letztendlich geht es um die Umgestaltung der modernen Gesellschaft. *Alle demokratischen Experimente, alle Revolutionen, alle Forderungen nach Gleichheit sind bislang immer vor der sexuellen Gleichstellung stehengeblieben.* Jede Gesellschaft hat in ihren Chefetagen ein Geflecht von subtilen Codes der Dominanz und Hierarchie. Und zu guter Letzt werden Männer immer höher eingestuft als Frauen. Nirgendwo hat man mit der uralten geschlechtsspezifischen Arbeitsteilung (und der damit einhergehenden materiellen und statusgemäßen Belohnung) erfolgreich Schluß gemacht. Nirgendwo können sich Frauen der gleichen Rechte, Privilegien, Chancen und Freizeit erfreuen wie Männer. Überall vermitteln Männer weiterhin zwischen Frauen und Macht, Frauen und Staat, Frauen und Freiheit, Frauen und ihnen selbst.

Diese Story hat kein Ende. Die lange Geschichte der Frauen hat nämlich in einem gewissen Sinne erst jetzt begonnen. Frauen haben nicht nur um des Überlebens willen gekämpft, sondern stets auch um einen Sinn. Jetzt organisieren sie sich und drängen nach vorn, und es geht ihnen dabei nicht nur um neue Definitionen, sondern um das *Recht, selbst zu definieren.* Wie wird die Geschichtsschreibung aussehen, fragt sich Gerda Lerner, »wenn der Schirm der Dominanz entfernt worden ist und Männer und Frauen gleichberechtigt ans Definieren gehen?« Ihre Vision von der Zukunft sieht vor, daß »wir einfach unter dem freien Himmel ausschreiten werden«:

»Wir wissen jetzt, daß der Mann nicht Maßstab alles Menschlichen ist, sondern Männer und Frauen sind es zugleich. Männer sind nicht das Zentrum der Welt, sondern Männer und Frauen sind es zugleich. Diese Einsicht wird unser Bewußtsein so entscheidend verändern wie die Entdeckung von Kopernikus, daß die Erde nicht der Mittelpunkt des Universums ist.«[24]

Die Neue Frau braucht den Neuen Mann. Aber sie wird nicht den Fehler machen und ihre Freiheit und ihre Zukunft nur ihm anvertrauen. Der neue Geist weiblichen Selbstvertrauens durchdringt alles, von der feministischen Theorie bis zum Schlager. Wie dieses Lied von Helen Reddy zeigt:

»Ich bin Frau. Höre, wie ich brülle.
Ich bin zu groß, um überhört zu werden.
Und ich weiß zuviel, um umzukehren und zu lügen.
Ich habe alles schon einmal gehört,
Ich habe ganz unten gelegen.
Niemand wird mich je wieder da unten festhalten.

Ich bin Frau. Sieh, wie ich wachse.
Sieh, wie fest ich stehe,
Und meine Arme liebevoll über das Land ausbreite.
Aber ich bin noch ein Embryo,
Mit einem langen, langen Weg vor mir.
Bis ich meinem Bruder das Verstehen beigebracht habe . . .

Wenn es sein muß, kann ich alles –
Ich bin stark,
Ich bin unbesiegbar,
ICH BIN FRAU!«

Diese neue Stärke von Frauen liegt im klaren, unbekümmerten Ja zu einer uralten Weisheit, von jungen, schwarzen Feministinnen ausgesprochen: »Wir erkennen, daß die einzigen Menschen, die sich ständig für unsere Befreiung einsetzen, weil sie sich aufrichtig um uns kümmern – wir selbst sind. Unsere Politik entspringt einer gesunden Liebe zu uns selbst, zu unseren Schwestern, zu unserer Gemeinschaft. Sie erlaubt uns, mit unserem Kampf und unserer Arbeit weiterzumachen.«[25]

Liebe, Kampf und Arbeit – das ist die Geschichte der Frauen. Die vergangene und künftige. Und wenn es eine letzte Gewißheit gibt, so ist es die folgende: Liebe, Kampf und Arbeit werden weitergehen. Alfred Adler hat das Gebot der Humanität umrissen, dem wir nicht entkommen können: »Welchen Begriff auch immer wir dafür finden werden: eine Treibkraft werden wir stets beim Menschen finden. Das Bemühen, von einer minderwertigen Lage in eine höhere zu kommen, von der Niederlage zum Sieg, von unten nach oben.«

316

Fußnoten

Kapitel 1

1 Elizabeth Gould Davis, *The First Sex* (1971), Seite 34 ff. Die Theorie vom männlichen Y-Chromosom als »verkrüppelte Variante von X« hat einen langen Stammbaum. Vgl. Francis Swiney, *Women and Natural Law* (1912). In unserer Zeit wurde diese Theorie insbesondere von Radikalen wie Valerie Solanas aufgegriffen, Autorin von *The Scum Manifesto, zu deutsch: SCUM – Manifest zur Vernichtung der Männer* (New York 1968), und von Gould Davis: »dieses kleine und verkrüppelte Y-Chromosom ist ein genetischer Irrtum ... die ersten Männer waren Abweichungen, hervorgerufen durch irgendeinen Gen-Schaden ...«

2 Amaury de Riencourt, *Women and Power in History* (1974, Erstveröffentlichung in Englisch 1983), Seite 10.

3 Nigel Calder, *Timescale* (1984), Seite 10.

4 Für Hinweise auf die »Gen-Quelle« vgl. *Listener* vom 27. 2. 1986 und *Guardian* vom 3. 3. 1986.

5 Zum Thema Lebenserwartung der ersten Menschen vgl. Marian Lowe und Ruth Hubbard (Herausgeberinnen), *Woman's Nature: Rationalisations of Inequality* (New York und Oxford 1983), Seite 131.

6 George P. Murdock, *Our Primitive Contemporaries* (New York 1934); *Social Structure* (New York 1949); »World Ethnographic Sample« in: *American Anthropologist* (1957); »Ethnographic Atlas: a Summary« in: *Ethnology* 6, Nummer 2, Seite 109–236. Murdocks eigene Arbeit ist Diskussionsgegenstand in: Jo Freeman (Hrsg.), *Women: a Feminist Perspective* (Palo Alto, Kalifornien, 1979), Seite 94. Vgl. auch R. B. Lee und Irven De Vore (Hrsg.), *Man the Hunter* (1968), insbesondere die Arbeit von Richard Lee. Der Autor weist nach, daß noch nicht einmal ein Fehlschlag bei der Jagd die Kung-Buschmänner aus Botswana dazu bewegen konnte, mehr als eine von drei oder vier Wochen zu jagen. Da ihrer Meinung nach die Jagd von einem unkontrollierbaren Zauber abhing, konnte keine noch so große Anstrengung eine Pechsträhne rückgängig machen. Die Weigerung zu jagen konnte einen Monat und noch länger dauern. Während dieser Zeit waren Besuche, Unterhaltung und vor allem Tanz die Hauptbeschäftigung der Männer, und nur die Sammeltätigkeit der Frauen versorgte den Stamm mit Nahrung.

7 Die besonderen Sammelfähigkeiten der Frauen werden beschrieben von Elaine Morgan, *The Descent of Woman* (1972), Seite 184. Vgl. auch Calder, a.a.O., Seite 156: Am Beispiel des »Blumenmannes von Shanidar«, einer der berühmtesten prähistorischen Begräbnisstätten, wird das botanische und ökologische Wissen der Menschen dieser Zeit deutlich. Dieser unbekannte Mesopotamier wurde vor 60000 Jahren auf einem Blumenbett zur letzten Ruhe gelegt. Man benutzte Pflanzen mit bekannten medizinischen Eigenschaften, die bis heute in der weiblichen Heilkunst Anwendung finden. Natürlich mochten es auch Männer gewesen sein, die diese Blumen sammelten. Aber selbst wenn sich das prähistorische Shanidar eines Mannes rühmen konnte, der tatsächlich Heilpflanzen von Unkraut unterscheiden konnte, so brachte es dieser Experte nicht fertig, sein Wissen an seine männlichen Nachkommen weiterzugeben ...

8 Zum Thema Werkzeugherstellung vgl. Kenneth Oakley, *Man the Tool-Maker* (1947); R. Leakey und R. Lewin, *Origins* (New York 1977); G. Isaac und R. Leakey, *Human Ancestors* (1979); B. M. Fagan, *People of the Earth: an Introduction to World Pre-History* (1980).

9 Vgl. Elise Boulding, *The Underside of History* (Colorado 1976), Seite 78. Die Autorin behandelt hier, wie Frauen die Technik des Härtens durch Feuer entdeckten. Boulding zufolge waren die Frauen die eigentlichen Erfinderinnen der Jagd, weil sie den Stamm mit Stich- und Stoßwaffen versorgten.

317

10 Vgl. Sally Slocum: »Woman the Gatherer: Male Bias in Anthropology«. Dieser bahnbrechende Aufsatz ist erschienen in: Rayna Reiter (Hrsg.), *Toward an Anthropology of Women* (New York 1975) und in: Mary Evans (Hrsg.), *The Woman Question: Readings in the Subordination of Women* (1982). Die Wichtigkeit des Sammelbeutels wird auch hervorgehoben von Sheila Lewenhak, *Women and Work* (1980), Seite 20 f.

11 Slocum, a.a.O.

12 Die Mär vom »Mann als Jäger« ist in wissenschaftlichen und populären Büchern für Erwachsene und Kinder weit verbreitet. Vgl. auch Lee und De Vore, a.a.O.; S. Washburn und C. S. Lancaster, »The Evolution of Hunting« in: Lee und De Vore (Hrsg.), *Kalahari Hunter-Gatherers* (Harvard 1976); Sol Tax (Hrsg.), *Evolution after Darwin,* Band II: *The Evolution of Man* (Chicago 1960); Josef Wolf und Zdenek Burian, *The Dawn of Man* (London und Prag 1978); Robert Ardrey, *African Genesis* (1961) und *The Hunting Hypothesis* (1976) sowie viele andere Werke.

13 Ardrey (1976), Seite 91 f.

14 W. I. Thomas, *Sex and Society: Studies in the Psychology of Sex* (1907), Seite 228.

15 Calder, Seite 142 f.

16 Morgan, a.a.O., Seite 58–63. Der übergroße Penis des männlichen Menschen wird auch hinlänglich untersucht von Desmond Morris, *The Naked Ape* (1967), Seite 65 und Seite 75.

17 Boulding, Seite 83.

18 Vonda McIntyres Gedanken sind nachzulesen in: Joanna Russ, *How to Suppress Women's Writing* (Texas 1983), Seite 51 f.

19 Elaine Morgan, a.a.O., Seite 116, beschreibt die Hygienemaßnahmen von weiblichen Affen; vgl. auch Sheila Lewenhak, a.a.O., Seite 20 ff., zum Thema Schlingenmacherinnen in der Steinzeit; und Paula Weideger, *History's Mistress* (1985), Seite 133 f., zum Thema Experimente mit Tampons.

20 Donald C. Johanson und Maitland A. Edey, *Lucy: The Beginnings of Humankind* (London und New York 1981), Seite 340.

21 H. G. Wells, *The Outline of History* (1920), Seite 94 und Seite 118.

22 Ardrey (1976), Seite 83.

23 Morris, Seite 65 und Seite 75.

24 Ardrey (1976), Seite 100.

25 Charles Darwin, *On the Origin of Species by means of Natural Selection* (1859), und *The Descent of Man* (1871); Thomas Huxley, *Ethics and Evolution* (1893); Herbert Spencer, *Principles of Biology* (1864–7); Carveth Read, *Origins of Man* (1925); Raymond Dart, ›The Predatory Transition from Ape to Man‹, *International Anthropological and Linguistic Review* V.i., n. 4 (1953).

26 Robert Ardrey (1961), Seite 316; Konrad Lorenz, *On Aggression* (1966); Anthony Storr, *Human Aggression* (1968) Seite 1.

27 Wells, Seite 77 f.; Ardrey (1978), Seite 91.

28 Washburn, und Lancaster, Seite 303; Johanson, Seite 65; John Nicholson, *Men and Women: How Different Are They?* (Oxford 1984), Seite 5.

29 De Riencourt, Seite 6.

30 Myra Shackley, *Neanderthal Man* (1980), Seite 68.

31 Peter Farb, *Man's Rise to Civilisation as shown by the Indians of North America from Primeval Times to the Industrial State* (1968), Seite 36 f.

32 Shackley, Seite 68.

33 J. Constable, *The Neanderthals* (1973).

34 Shackley, Seite 206.

35 Shackley, Seite 94.

36 Lowe und Hubbard, Seite 114 f.

37 Shackley, Seite 107 f.

38 Robert Graves, *The New Larousse Encyclopaedia of Mythology* (1959), Seite 6; siehe auch G-H Luquet, The Art and Religion of Fossil Man (Oxford 1930).

39 Lewenhak, Seite 19–36.

40 Graves, Larousse, Seite 7.

Kapitel 2

1 Für eine ausführliche Untersuchung der historischen Epoche, in der die oberste Gottheit weiblichen Geschlechts war, vgl. Merlin Stone, *The Paradise Papers: The Suppression of Women's Rites* (1976) sowie *Ancient Mirrors of Womanhood* (1979); vgl. auch Elizabeth Gould Davis, a.a.O., sowie Elizabeth Fischer, *Women's Creation: Sexual Evolution and the Shaping of Society* (New York 1979). Darüber hinaus wurden Theorien über die Große Mutter schon lange in folgenden Büchern verbreitet: Erich Naumann, *The Great Mother: An Analysis of the Archetype* (New York und London 1955); E. O. James, *The Cult of the Mother Goddess: An Archaeological and Documentary Study* (1959); Robert Graves, *The White Goddess: A Historical Grammar of Poetic Myth* (1984); C. Kerényi, *Eleusis: Archetypal Image of Mother and Daughter* (New York und London 1967); sowie viele andere.

2 Zum Thema Inanna und ihre Dichterin-Priesterin Enheduanna vgl. Paul Friedrich, *The Meaning of Aphrodite* (Chicago und London 1978), Seite 13 ff.

3 Die Vision des L. Apuleius ist nachzulesen in: Robert Graves (Übersetzer), *The Golden Ass* (Penguin 1950), Seite 228 f. Apuleius besteht darauf, daß die Göttin verschiedene Titel hat, von Ort zu Ort unterschiedlich angebetet wird und dennoch *eine* Gottheit ist – »die Zehntausendnamige Göttin«, wie Plutarch sie beschreibt: Isis, Ishtar, Ashtoreth, Astarte, Athar, Aphrodite, Inanna, Cybele, Demeter, Au Set, Allat und unzählige andere Namen. Ihre Ehrentitel waren ebenfalls vielfältig, auch oft genug sind sie uns merkwürdig vertraut: Unsere Dame, die Himmelskönigin, die Heilige, die Göttliche Herrscherin, die Herrin des Allerhöchsten, die Löwin der Götter, die Dame, die Weiße Dame, die Gott-Mutter des Landes, Heilige Mutter.

4 Sir Arthur Evans, *The Palace of Minos at Knossos* (4 vols., 1921–35), *passim,* und de Riencourt, Seite 26 f. und Seite 30.

5 Neumann, Seite 94.

6 Der heilige Status der Frauen und die anthropologischen und archäologischen Zeugnisse dieser Wertschätzung werden in folgenden Werken thematisiert: James (1959), Beumann, Wolf und Burian, a.a.O., Stone (1976), insbesondere die Seiten 19, 34, 46, 172.

7 Archäologinnen zufolge existieren in der steinzeitlichen Höhlenmalerei entschieden mehr Darstellungen von weiblichen Schenkeln und Scheiden, als es je in der Fachliteratur berichtet wurde. Nicht nur Abbé Breuil, der eine wichtige Rolle für die Veröffentlichung dieser Kunst spielte, sondern auch etliche andere der ersten Forscher auf diesem Gebiet gehörten der katholischen Geistlichkeit an, und sie neigten demzufolge dazu, die beunruhigenden Hinweise auf die »gefährliche Frau« zu ignorieren. Vgl. auch Fischer, a.a.O., Seite 143. Eine ehrenwerte Ausnahme: André Leroi-Gourhan, *The Art of Prehistoric Man in Western Europe* (1967). Der Fries zu Angles-sur-l'Anglin wird untersucht von: John Coles, *The Archaeology of Early Man* (1969), Seite 248.

8 Das Geburtsgeheimnis in urgeschichtlichen Kulturen und die völlige Unkenntnis vom männlichen Anteil an der Reproduktion werden dokumentiert in: Sir James Frazer, *The Golden Bough* (1922); Margaret Mead, *Male and Female: A Study of the Sexes in a Changing World* (1949); Jacquetta Hawkes, *Dawn of the Gods* (1958), *Prehistory* (New York 1965), *The First Great Civilisations* (1975); S. G. F. Brandon, *Creation Legends of the Ancient Near East* (1963).

9 James (1959), Seite 42 f.; und vgl. Graves (1960); Frazer; und Brian Branston, *The Lost Gods of England* (1974).

10 Allen Edwardes, *The Jewel in the Lotus: a Historical Survey of the Sexual Culture of the East* (1965), Seite 58 f.

11 Penelope Shuttle und Peter Redgrove, *The Wise Wound: Menstruation and Everywoman* (1978), Seite 178.

12 Graves, Larousse, Seite 58.

13 Friedrich, Seite 31.

14 Graves, Larousse, Seite 60.

15 *The Epic of Gilgamesh,* übersetzt von N. K. Sandars (London 1960).

16 Helen Diner, *Mothers and Amazons: The First Feminine History of Culture* (1932), Seite 15.

17 M. Esther Harding, *Women's Mysteries, Ancient and Modern: A Psychological Interpretation of the Feminine Principle as Portrayed in Myth, Story and Dreams* (New York 1955; englische Ausgabe 1971), Seite 138.

18 Vgl. Diner, Seite 174; Frazer, Seite 267 und Seite 270; James (1959), Seite 101; und Harding, Seite 128.

19 Shuttle und Redgrove, Seite 182.

20 Die erste ernsthafte Untersuchung des Themas Matriarchat leistete der Schweizer Gelehrte J. J. Bachofen, *Das Mutterrecht* (1861), vgl. auch die englische Version *Myth, Religion and Mother-Right* (Princeton 1967). Die Theorie von der weltweiten Existenz eines Matriarchats vor dem Aufkommen der »patriarchalischen Revolution« wurde auch von Engels aufgegriffen in: *Der Ursprung der Familie* (1884), sowie von Mathilde und Mathias Vaerting in: *The Dominant Sex: A Study in the Sociology of Sex Differences* (1923 in englischer Übersetzung). Andere frühe Beiträge zu dieser Diskussion kamen von: Matilda Joslyn Gage, *Women, Church and State* (1893); Robert Briffault, *The Mothers* (1927), sowie Helen Diner (s.o.). Spätere Arbeiten zu diesem Thema kamen von: Evelyn Reed, *Women's Evolution* (New York 1975); Fischer, Gould und Davis (s.o.). Vgl. auch Paula Webster, »Matriarchy: A Vision of Power«, in: Reiter, a.a.O., ein hilfreicher Überblick zur Literaturlage.

21 *Das andere Geschlecht* (Hamburg 1951, in deutscher Übersetzung), Seite 77 ff., zum Thema Matriarchat. Vgl. aber auch Beauvoirs Hinweise auf den Sturz der Großen Mutter, Seite 85, und ähnliche Thesen in Kapitel 11 und 12. Beauvoir war nicht ganz eindeutig in ihrer Negierung dieses Themas. Ihre Ablehnung der Matriarchatstheorien wird jedoch größtenteils von modernen Feministinnen geteilt, siehe auch Mary Lefkowitz, *Women in Greek Myth* (1987).

22 Diner, Seite 169.

23 Diner, Seite 169.

24 Melanie Kaye, ›Some Notes on Jewish Lesbian Identity‹, in *Nice Jewish Girls*, hg. Evelyn Torton Beck (Mass. 1982), Seite 28–44.

25 John Ferguson, *The Religions of the Roman Empire* (1970), Seite 14.

26 Charles A. Seltman, *Women in Antiquity* (1956), Seite 82; C. Gascoigne Hartley, *The Position of Women in Primitive Society* (1914), Seite 206 f.; und Boulding, Seite 186.

27 Diner, Seite 170.

28 Diner, Seite 170.

29 *The Oxford Classical Dictionary* (Oxford 1970), Seite 254.

30 Zu Tamyris, vgl. *The Macmillan Dictionary of Women's Biography*, hg. Jennifer S. Uglow (1982), Seite 457; und Eilean Ní Chuilleanáin (Hrsg.), *Irish Women: Image and Achievement – Women in Irish Culture from Earliest Times* (1985), Seite 14.

31 Ní Chuilleanáin, Seite 14.

32 Nora Chadwick, *The Celts* (1970), Seite 50.

33 Die Athener feierten das Fest *Boedromion*, um den Sieg des Theseus über die Amazonen zu feiern. Und die Zeremonie der Totenehrung zu Panopsion sollte die gefallenen Amazonen feiern. Um eine unhistorische und unproduktive Behandlung dieses Themas kennenzulernen, vgl. G. D. Rotherry, *The Amazons* (1910).

34 *Macmillan Dictionary of Biography*, Seite 459–60, und *Oxford Classical Dictionary*, Seite 1041.

35 Diner, Seite 172.

36 Chadwick, Seite 55.

37 Boulding, Seite 318.

38 Die Figuren aus Cogul werden beschrieben in: James, a.a.O., (1959), Seite 21; die Frauenfiguren der alten Briten werden beschrieben in: Seltman, a.a.O., Seite 37.

39 Harding, Seite 135.

40 Stone, Seite 168–178.

41 Hilary Evans, *The Oldest Profession: An Illustrated History of Prostitution* (1979), Seite 33.

42 John Langdon-Davies, *A Short History of Women* (1928), Seite 141.

Kapitel 3

1 Robert Graves, *The Greek Myths* (2 Bände, 1960), I, Seite 28. Siehe Marilyn French, *Beyond Power: Men, Women, and Morals* (1985), Seite 49 ff. In ihrem Buch *The Creation of Patriarchy* (New York und Oxford 1986), Seite 146, berichtet Gerda Lerner, daß allein in Südosteuropa über 30 000 Muttergöttin-Statuetten an 3000 Stellen gefunden worden sind. Zum Thema Winnepagos vgl. Harding, a.a.O., Seite 117.

2 Shuttle und Redgrove, Seite 66; de Riencourt, Seite 30.

3 Shuttle und Redgrove, Seite 139; E. O. James, *Sacrifice and Sacrament* (1962), *passim.*

4 Farb, a.a.O., Seite 72. »Sub-Inzision« wird unter anderem auch von Freud und Bettelheim thematisiert.

5 Ian D. Suttie, *The Origins of Love and Hate* (1960), Seite 87.

6 Margaret Mead, *Male and Female: A Study of the Sexes in a Changing World* (New York 1949), Seite 98.

7 Joseph Campbell (Hrsg.), *Papers from the Eranos Year Books,* vol. V, *Man and Transformation* (1964), Seite 12.

8 Jean Markdale, *Women of the Celts* (Paris, New York und London 1982), Seite 14.

9 Lee Alexander Stone, *The Story of Phallicism* (Erstveröffentlichung 1879; Chicago 1927), Seite 12 f.; und G. R. Scott, *Phallic Worship: A History of Sex and Sex Rites in relation to the Religion of all Races from Antiquity to the Present Day* (New Delhi 1975).

10 Gould Davis, a.a.O., Seite 98. Für weitere Details der zahlreichen und unterschiedlichen Arten von Phallus-Anbetung in Indien vgl. Edwardes, a.a.O., Seite 55–94.

11 Edwardes, Seite 72–75.

12 Gould Davis, Seite 99.

13 Lee Alexander Stone, Seite 75.

14 Die einzelnen Phasen der Entmachtung und Enteignung der Großen Göttin werden beschrieben von Joseph Campbell, *The Masks of God: Occidental Mythology* (New York 1970).

15 Graves (1960), Seite 58–60.

16 Ní Chuilleanáin, Seite 16; James (1959), Seite 53.

17 Calder, Seite 160.

18 Für eine ausführlichere Behandlung dieser historischen Schlüsselereignisse im Zusammenhang mit der landwirtschaftlichen Revolution und den großen Völkerwanderungen ab etwa 3000 v. Chr. vgl. auch *The Times Atlas of World History* (überarbeitete Version von 1986) sowie J. M. Roberts, *The Hutchinson History of the World* (1976).

19 Fisher, Seite 122.

20 Geoffrey Parrinder, *Sex in the World's Religions* (1980), Seite 105 f.

21 De Riencourt, Seite 35 und Seite viii.

22 *Macmillan Dictionary of Biography,* Seite 54. Einigen Quellen (den griechisch-römischen Historikern Appian von Alexandrien und Porphyry) zufolge heiratete Ptolemäus Berenice um 81 v. Chr. und tötete sie 19 Tage nach der Hochzeit.

23 Fisher, Seite 206 f.

24 Boulding, Seite 20.

25 Julia O'Faolain und Laura Martines, *Not In God's Image: Women in History* (1973), Seite 57; siehe auch Livy's *History,* Book 34.

26 Plutarch, *Dialogue on Love.*

27 Farb, Seite 42.

28 O'Faolain und Martines, Seite 62.

29 *The Illustrated Origin of Species,* hg. Richard A. Leakey (1979), Seite 58.

30 »Kingsworthy: a Victim of Rape« beschreibt die Ausgrabungen in Worthy Park, Kingsworthy, Hampshire, England, durchgeführt für das Department of the Environment (Umwelt- und Naturschutzbehörde) von Sonia Chadwick Hawkes (Oxford University) und Dr. Calvin Wells. Vgl. Artikel in: *Antiquity* und *Times* vom 23. 7. 1975.

31 James (1962), Seite 80 f.

32 C. P. Fitzgerald, *China: A Short Cultural History*, 1961, Seite 52.

33 Lynn Thorndike, *A Short History of Civilisation* (1927), Seite 148.

34 For Agnodice's story, vgl. *Macmillan Dictionary of Biography*, Seite 7.

35 Mead, Seite 206.

36 *Macmillan Dictionary of Biography*, Seite 464.

37 Um jenen unbekannten Heilkundlerinnen und Ärztinnen gerecht zu werden, die noch früher praktiziert haben, müssen wir betonen: Fabiola war die erste Ärztin, die *namentlich* bekannt wurde. Bereits um 3000 v. Chr. praktizierten Frauen in Ägypten Medizin, wie aus einer Inschrift an der Ärzteschule des Sais-Tempels im Norden von Memphis hervorgeht: »Ich bin von der Medizinschule zu Heliopolis gekommen und habe an der Frauenschule zu Sais studiert, wo die göttlichen Mütter mich gelehrt haben, Krankheiten zu heilen.« Darüber hinaus beweist die Papyrusrolle von Kuhn (etwa 2500 v. Chr.), daß ägyptische Fachärztinnen Schwangerschaften diagnostizierten, Unfruchtbarkeit behandelten und in allen Bereichen der Gynäkologie bewandert waren, während Chirurginnen Kaiserschnitte durchführten, krebskranke Brüste amputierten und gebrochene Gliedmaßen operierten. Siehe Margaret Alic, *Hypatias Heritage: A History of Women in Science from Antiquity to the late Nineteenth Century* (1986).

38 Wu Chao (Hrsg.), *Women in Chinese Folklore*, Women of China Special Series (Beijing, China, 1983), Seite 91 und Seite 45–60.

39 Joe Orton, the *Guardian*, 18. 4. 87.

40 Marcel Durry (Hrsg.), *Eloge Funèbre d'une Matrone Romaine: Eloge dit de Turia* (Collection des Universités de France, 1950), Seite 8 ff.

41 Siehe Alic, a.a.O., Seite 41–47. Vgl. auch den Roman von Charles Kingsley (bekannter als Autor des berühmten Kinderbuches *The Water Babies* (1863). Seine *Hypatia* ist ein sympathisches Porträt der Titelheldin. Kontrastiert wird Hypatias subtile und menschenfreundliche Intelligenz mit der bösartigen Blindgläubigkeit der Kirchenväter des frühen Christentums.

Kapitel 4

1 Eine detaillierte Analyse des Antifeminismus des Christentums ist zu finden in: Mary Daly, *The Church and the Second Sex* (1968), sowie *Beyond God the Father: Towards a Philosophy of Women's Liberation* (1973).

2 Für die Geschichte der Felicitas siehe Herbert Musurillo (Hrsg.), *The Acts of Christian Martyrs* (1972), Seite 106–131.

3 Karen Armstrong, *The Gospel According to Woman* (1986), Seite 256.

4 Jeremiah 7, 17–18.

5 Zum besseren Verständnis der chinesischen Begriffskette »Mutter Erde – Phallus – abstrakte männliche Macht« im Kontext eines gesellschaftlichen Machtwechsels siehe C. P. Fitzgerald, *China: A Short Cultural History* (1961), Seite 44 sowie Seite 47 f. Zum Thema weltweite widerrechtliche Aneignung des Muttergöttin-Kultes siehe Raphael Patai, *The Hebrew Goddess* (New York 1967); die Arbeiten von Merlin Stone (a.a.O.) und John O'Neill, *The Night of the Gods* (2 Bände, 1893) behandeln das Weiterleben der Mutterkult-Symbolik von den »gehörnten Monden« der Perser bis zur römisch-katholischen Verehrung der Jungfrau Maria als »Unsere Liebe Frau« und »Himmelskönigin«.

6 R. F. Burton, *Personal Narrative of a Pilgrimage to Al-Madinah and Meccah* (2 vols., 1885–6), II, Seite 161.

7 Für eine Vertiefung dieses Themas siehe Harding, a.a.O., Seite 41, und O'Neill, a.a.O., Band I, Seite 117.

8 Bertrand Russell, *History of Western Philosophy, and its Connection with Political and Social Circumstances from the Earliest Times to the Present Day* (1946); Seite 336.

9 Zur Rolle der Frauen in der frühen Kirchengeschichte siehe *The Times* vom 1. 11. 1986, Beitrag vom Professor für Kirchengeschichte der Universität zu London; sowie Boulding, a.a.O., Seite 360, und J. Morris, *The Lady was a Bishop* (New York 1973).

10 Julia Leslie, ›Essence and Existence: Women and Religion in Ancient Indian Texts‹, in Holden (q.v.), Seite 89–112.

11 Nawal El Saadawi, ›Women in Islam‹, in Azizah Al-Hibri, *Women and Islam* (1982), Seite 193–206.

12 Azizah Al-Hibri, ›A Study of Islamic Herstory, or, How Did We Ever Get Into This Mess?‹, in Al-Hibri (1982), Seite 207–219.

13 El Saadawi, Seite 197.

14 Fatnah A. Sabbah (pseud.), *Woman in the Muslim Unconscious* (London und New York 1984), Seite 104–106.

15 II Chronicles 15, 16–17.

16 F. I. Ranelagh, *Men on Women* (1985), Seite 49.

17 Numbers 5, 14–31.

18 Sabbah, Seite 108.

19 Edwardes, Seite 32.

20 Gabriel Mandel, *The Poem of the Pillow: The Japanese Methods* (Freiburg 1984), Seite 17 f.

21 Mandel, Seite 77 f.

22 Edwardes, Seite 50.

23 Armstrong, Seite 43 und Seite 23.

24 Fitzgerald, Seite 48 f.

25 De Riencourt, a.a.O., Seite 82. Vgl. auch Sara Maitland, *A Map of the New Country: Women and Christianity* (1983). Maitland zufolge teilt das Christentum die Schöpfung in einen dualistischen Gegensatz auf »gut« (Geist) und »schlecht« (Fleisch). Solche dualistischen Zweiteilungen sind nicht nur die Ursache für Sexismus, sondern auch für Rassismus, Klassengegensätze und ökologische Vernichtung.

26 Ní Chuilleanáin, Seite 14.

27 Sabbah, Seite 5 und Seite 110.

28 Sabbah, Seite 13.

Kapitel 5

1 D. Martin Luther, *Kritische Gesamtausgabe* Vol. III, *Briefwechsel* (Weimar 1933), Seite 327 f.

2 O'Faolain, Seite 134.

3 Mead (1949), Seite 343.

4 Chaim Bermant behandelt die Vorschriften des Talmud in *The Walled Garden: The Saga of Jewish Family Life and Tradition* (1974), Seite 60. Zum Thema Paulus vgl. I Korinther, 11,5.

5 Armstrong, a.a.O., Seite 56. Es ist bemerkenswert, daß die patriarchalischen Religionen diese neuen, frauenfeindlichen Zwänge nicht *als erste* erfunden haben. Bereits 42 v. Chr. ließ sich der Römer C. Sulpicius Gallus von seiner Frau scheiden, weil sie ohne Gesichtsschleier in der Öffentlichkeit gesehen worden war. Aber sein Vorgehen wurde von den eigenen Zeitgenossen als »hart und erbarmungslos« betrachtet, wie aus Valerius Maximus, *Facta et Dicta Memorabilia*, hervorgeht. Aus vielen anderen Quellen wissen wir, daß die überwiegende Mehrheit der Römerinnen nicht unter derartigen Restriktionen leiden mußten.

6 Renée Hirschon beschreibt die Griechen in »Open Body/Closed Space: The Transformation of Female Sexuality«. Caroline Humphrey beschreibt die Mongolen in »Women, Taboo, and the Suppression of Attention«. Beide Beiträge sind veröffentlicht in: *Shirley Ardener, Defining Females: the Nature of Women in Society* (1978).

7 Christopher Hibbert, *The Roots of Evil: A Social History of Crime and Punishment* (Penguin 1966), Seite 45.

8 Gallichan, Seite 42.

9 Sabbah, Seite 36.

10 Alle Zitate aus: Shaykh Nefwazi, *The Perfumed Garden,* übersetzt von Sir Richard Burton. (Erstveröffentlichung 1876, vorliegende Ausgabe 1963), Seite 201, Seite 191, Seite 72.

11 Jacob Sprenger, *Malleus Maleficarum* (Der Hexenhammer) (1484); Armstrong, Seite 100.

12 Gladys Reichard, *Navajo Religion: A Study of Symbolism* (New York 1950), Seite 31.

13 Der dunkle Verdacht, daß es Männern letztendlich besser geht, wenn sie keinerlei Kontakt zu weiblichen Geschlechtsorganen haben, wird besonders im Islam deutlich. Als Allah den *houris* im Paradies verordnete, den tapferen und treuen Gläubigen aufzuwarten, schuf er diese Frauengestalten *ohne Vagina*. Viele Kulturen haben ihren Ängsten vor der Frau, die dem Mann durch ihre Lustsekrete die Macht stiehlt, rituellen Ausdruck verliehen: beispielsweise durch das Tabuisieren des Geschlechtsverkehrs vor wichtigen oder religiösen Handlungen. Ganz unbekannt ist dieser Prozeß auch heutzutage nicht, wir müssen uns nur die Sprüche von Sportlern vor Wettkämpfen u. ä. anhören.

14 Edwardes, Seite 23.

15 Um eine Vorstellung vom Ausmaß der Menstruationstabus zu gewinnen, die noch viel abstoßender, schmerzhafter und gefährlicher sind als die hier zitierten, vgl. Frazer, a.a.O., Seite 595–607. Zum Thema Bräuche der amerikanischen Ureinwohner siehe Lowe und Hubbard, a.a.O., Seite 68.

16 Bermant, Seite 129.

17 Edwardes, Seite 24.

18 Edwardes, a.a.O.

19 Die gefährliche Aufgabe, eine Braut zu entjungfern, wurde auf einen älteren Mann übertragen. Das ist der atavistische Ursprung des *droit de seigneur*. Dieser Brauch ist nicht, wie viele glauben, auf den Wunsch des Herrn zurückzuführen, seine Besitzerrechte an der weiblichen Dienerschaft auszuüben. Später wurden diese Besitzerrechte freilich zur akzeptierten »Erklärung« eines Brauches aus uralten Zeiten, der zunächst »unerklärlich« gewesen war, sich dann zur gesellschaftlichen Erwartung mauserte und schließlich in einigen Ländern sogar in die Gesetzgebung Eingang fand. Siehe auch die angelsächsische Steuer namens *legerwite* (wörtlich: Bezahlung für das Hinlegen). Bis zum Mittelalter mußte jede Braut in England ihrem Lehnsherrn eine gewisse Summe zahlen, als Kompensation für ihre Jungfräulichkeit, die nun ein anderer Mann bekam – Katherine O'Donovan, *Sexual Divisions in Law*, a.a.O. (1985), Seite 34. Aber am Anfang dieser Tradition war der Lehnsherr *Übertrāger*, nicht *Empfänger* einer Wohltat, siehe auch Langdon-Davies, a.a.O., Seite 99 und Seite 118. Zum Thema Brutalität und *Jus primae noctis* der Türken und Araber bei der Entjungferung vgl. Edwardes, a.a.O., Seite 38f.

20 *The Confessions of Lady Nijö*, übersetzt von Karen Brazell (1975), Seite 9.

21 Angela M. Lucas, *Women in the Middle Ages: Religion, Marriage and Letters* (1983), Seite 101; Katharine Simms, ›Women in Norman Ireland‹, in Margaret MacCurtain und Donncha Ó'Corrain (Hrsg.) *Women in Irish Society: the Historical Dimension*, Seite 14–25.

22 Für Berichte der britischen Armee über Kindbräute siehe Katherine Mayo, *Mother India* (1927), Seite 61, desgl. Pramatha Nath Bose, *A History of Hindu Civilisation during British Rule* (3 Bände, 1894), I, Seite 66f., sowie H. H. Dodwell (Hrsg.), *The Cambridge History of India* (6 Bände, Cambridge und New York 1932), VI, Seite 128–131.

23 Joseph and Frances Gies, *Life in a Medieval Castle* (New York 1974), Seite 77.

24 Pierre de Bourdeille, Abbé de Brantôme, *Les Vies des Dames Galantes* (1961), Seite 86. Siehe auch Gould Davis, Seite 165 ff. und Eric Dingwall, *The Girdle of Chastity* (1931).

25 Edwardes, Seite 186 f.

26 Scilla McLean, »Female Circumcision, Excision and Infibulation: the Facts and Proposals for Change« in: *Minority Rights Group Report No. 47* (Dezember 1980). Siehe auch Fran Hosken, *The Hosken Report – Genital and Sexual Mutilation of Females* (Women's International Network News, Herbst 1979, 187 Grant Street, Lexington, Mass 02173, USA). Diese Praxis existiert auch heute noch. Über 90 Prozent aller Sudanesinnen sind an den Genitalien verstümmelt, obwohl vor 35 Jahren diese Praxis gesetzlich verboten wurde. In der Tat hat sich die Verstümmelung der weiblichen Genitalien auch im Westen ausgebreitet, eine Folge des »Exports« bestimmter Kulturen. Alle europäischen Hauptstädte können sich eines Chirurgen rühmen, der diese Operation auf den Wunsch von ausgewanderten Eltern hin vornimmt. Mit der Begründung, die Rechte von Eltern nicht beschneiden zu wollen, lehnte 1986 das britische Parlament ab, ein Gesetz zu verabschieden, das diesen Brauch in Großbritannien illegal gemacht hätte.

27 Jacques Lantier, *La Cité Magique* (Paris 1972), zitiert von McLean, Seite 5.

28 Zum Massenmord an Kindern in China siehe Lisa Leghorn und Katherine Parker, *Woman's Worth: Sexual Economics and the World of Women* (1981), Seite 163, sowie de Riencourt, a.a.O., Seite 171. Zu China siehe Bose, Band III, und Dodwell, Band VI, a.a.O., Seite 130 f. Barbara Burke zufolge existiert sogar heutzutage noch »eine relative Vernachlässigung der Mädchen, durch schlechtere Ernährung und Allgemeinversorgung. Das heißt: Obwohl Mädchen de facto bei der Geburt widerstandsfähiger sind als Jungen, ist die weibliche Sterblichkeitsrate in Bangladesch, Burma, Jordanien, Pakistan, Sri Lanka, Thailand, Libanon und Syrien höher als die der männlichen Kinder. In einigen Gegenden Südamerikas entwöhnen Mütter ihre Töchter früher als die Söhne, weil sie befürchten, daß zu langes Stillen die Mädchen unweiblich macht. Da die Töchter dann weniger gut ernährt werden, neigen sie dazu, tödlichen Krankheiten zu unterliegen.« »Infanticide« in: *Science 84*, 5:4 (Mai 1984), Seite 26–31.

29 Koran LXXXI 1, 8–9, 14.

30 Lesley Blanch, *Pavilions of the Heart: The Four Walls of Love* (1974), Seite 102.

31 Geoffrey von Tours, *Historia Francorum Libri Decem*, Band 6, Kapitel 36. Die Wut, mit der diese Frau überschüttet wurde, leitet sich möglicherweise z. T. aus der Tatsache ab, daß sie Männerkleidung trug. Ein Affront, der in Westeuropa jahrhundertelang in Kirche und Gesellschaft besonders viel Abscheu hervorrief. Noch im 17. Jahrhundert verlor eine gewinne Ann Morrow das Augenlicht, als eine ungewöhnlich bösartige Menschenmenge Steine auf sie warf. Sie stand am Pranger, weil sie Männerkleidung getragen hatte, um Frauen zur Ehe zu verleiten. (Vgl. Hibbert, a.a.O., Seite 44 f.) Man beachte, daß Jeanne d'Arc 1428 derselbe Vorwurf gemacht wurde: das Tragen von Männerkleidung. Nur in diesem Fall ging es *nicht* um die Vortäuschung falscher Tatsachen im Rahmen einer Eheschließung . . .

32 Cambridge History, Band 6, Seite 132. Man beachte, daß solche Praktiken gewöhnlich »schöngeschrieben« werden. Ihre abstoßende Grausamkeit und sadistische Barbarei werden hinter obskuren und unverstandenen lateinischen Vokabeln versteckt. Das Verbrennen von Ehefrauen bei lebendigem Leib wird als »Selbst-Opferung« umschrieben. Das tut ja kaum weh, nicht wahr?

33 Cambridge History, VI, 134.

34 Vgl. hierzu E. J. Burford, *Bawds and Lodgings: A History of the English Bankside Brothels c. 100–1675* (1976), Seite 26, Seite 56, Seite 73. Hier auch weitere Angaben zur englischen Rechtslage.

35 Master Franz Schmidt, *A Hangman's Diary*, hg. A. Keller, übers. C. Calvert und A.W. Gruner (1928), *passim*.

36 Susan Rennie und Kirsten Grimstad, *The New Woman's Survival Sourcebook* (New York 1975), Seite 223.

37 Hibbert, Seite 45.

Kapitel 6

1 Armstrong, Seite 82.

2 Joseph Campbell, Seite 22 f.

3 Diane Bell, ›Desert Politics‹, in *Women and Colonisation: Anthropological Perspectives*, (eds.) Mona Etienne und Eleanor Leacock (New York 1980).

4 Lewenhak, Seite 32.

5 Basil Davidson, *Africa in History: Themes and Outlines* (1968), Seite 119.

6 Julie Leslie (a.a.O.) beschreibt in ihren Arbeiten die weiblichen Orden und Organisationen innerhalb dieser Religionen. Obwohl Buddha scharf gegen die Mitgliedschaft von Frauen in Mönchsorden argumentierte, betonte er in seinen Lehren (etwa in den *Mahjung-Nikaya*-Schriften), daß Frauen in ihren eigenen Orden durchaus Erleuchtung erringen konnten. Innerhalb des Islam ist Anne-Marie Schimmel zufolge die Position von weiblichen Geistlichen noch viel interessanter: »Aus der Geschichte geht hervor, daß einige Frauen als Wohltäterinnen von *Sufi khanqahs* [Ordensgemeinschaften von Mystikern; Anm. d.Ü.] bekannt wurden; sie unterstützten sie mit Geldgeschenken oder regelmäßigen Nahrungsmittelspenden . . . Solche Aktivitäten waren nicht nur auf ein bestimmtes Land beschränkt: *Sufi*-Mäzenin-

nen finden wir in Indien und Iran, in der Türkei und in Nordafrika. Im mittelalterlichen Ägypten (und möglicherweise auch anderswo) wurden sogar besondere *khanqahs* eingerichtet, wo sie ihr ganzes Leben oder eine Zeitspanne verbringen konnten. Im Islam kannte man auch religiöse Führerinnen, die gemischten Gruppen oder sogar reinen Männergruppen vorstanden: »Wir kennen die Namen einiger *shaykas,* zum Beispiel im mittelalterlichen Ägypten. Wir kennen auch den Namen einer Frau aus Anatolien, die ... einer Gruppe von Derwischen *(tekke)* vorstand und die Männer leitete« (»Women in Mystical Islam« in: Al-Hibri, a.a.O., Seite 146 und Seite 148).

7 Diner, Seite 6; Gould Davis, Seite 140; Boulding, Seite 193f.
8 Diese Frauen konnten überraschend viele Privilegien ihr eigen nennen. Um das Thema zu vertiefen, siehe Julie Leslie in: Holden, a.a.O., Seite 91ff.
9 Leghorn und Parker, Seite 204f.
10 Armstrong, Seite 122.
11 Mac Curtain und Ó'Corrain, Seite 10f.
12 Anne J. Lane (Hrsg.), *Mary Ritter Beard: a Sourcebook* (New York 1977), Seite 223.
13 Russell, Seite 362.
14 Judith C. Brown, *Immodest Acts: The Life of a Lesbian Nun in Renaissance Italy* (Oxford 1986).
15 Angela M. Lucas, *Women in the Middle Ages: Religion, Marriage and Letters* (1983), Seite 38–42.
16 Lucas, Seite 141.
17 De Riencourt, Seite 167.
18 *The Lawes Resolution of Women's* (1632), written by the anonymous, ›T.E.‹, Seite 141.
19 *Paradise Lost,* Book IV, 635ff.
20 Pennethorne Hughes, *Witchcraft,* (1965), Seite 54.
21 Jean Bodin, *De La Demonomanie des Sorciers* (Paris 1580), Seite 225.
22 Reginald Scot, *The Discoverie of Witchcraft,* hg. B. Nicholson (1886), Seite 227.
23 O'Faolain, Seite 220f. und Seite 224.
24 Antonia Fraser, The Weaker Vessel: *Woman's Lot in Seventeenth Century England* (1984), Seite 143 und Seite 53. Zur Geschichte dieser attraktiven und großherzigen Persönlichkeit vgl. auch Seite 51ff.
25 Hughes, Seite 94.
26 Margaret Wade Labarge, *Women in Medieval Life* (1986), Seite 3f.
27 Raymond Hill und Thomas G. Burgin (Hrsg.), *An Anthology of the Provençal Troubadours* (1941), Seite 96.
28 Denis de Rougemont, *Passion and Society* (1956), Seite 96. Die höfische Liebe behauptete, daß die Liebe einer Frau sicherlich so stark wie die eines Mannes war, meistens sogar stärker. Man beachte, daß dieser radikale Gedanke im 19. Jahrhundert noch immer ein heißes Thema war, vgl. den dramatischen Höhepunkt von Jane Austens *Persuasion* (1818), Kapitel 23, sowie die Figur des Lord Warburton in Henry James, *Portrait of a Lady* (1881): »Es ist fürs Leben, Fräulein Archer, fürs Leben!«
29 Viola Klein, *The Feminine Character: History of an Ideology* (1946), Seite 91.
30 O'Faolain, Seite 202.
31 Das erste Zitat stammt von Hélisienne de Crenne, Autorin des ersten psychologischen Romans in französischer Sprache: *Les Angoysses qui procèdent d'Amour, contenant trois parties composées par dame Hélisienne de Crenne laquelle exhorte toutes personnes a ne pas suivre folle amour,* (1538), zu deutsch: Von der Liebe hervorgerufene schmerzhafte Heimsuchungen, aus drei Teilen bestehend und von der Dame Hélisienne de Crenne geschrieben, die jeden ermahnt, sich nicht in den Wahnsinn der Liebe zu begeben. Das zweite Zitat ist von Jeanne de Flore (Pseudonym Jeanne Galliarde), *Contes Amoureux, touchant la punition que faict Vénus de ceux qui condamnent et méprisent le vray amour,* zu deutsch: Liebesgeschichten, die zum Thema haben, wie Venus jene bestraft, die die wahre Liebe verurteilen und verachten. Das Buch wurde 1541 »edlen Frauen, die verliebt sind«, gewidmet. Der dritte Auszug stammt aus *Débat de Folie et d'Amour* (Debatte zum Wahnsinn und zur Liebe) von Louise Labé. Alle drei werden zitiert von: Evelyne Sullerot, *Women on Love: Eight Centuries of Feminine Writing* (1980), Seite 92f.
32 Christine de Pizan, *Treasure of the City of Ladies,* übersetzt von B. Anslay (London 1985), Bk. I, Ch II.

326

33 Dieser Gedanke und ähnliche Einstellungen werden vom Abt Antronius zur Sprache gebracht in: *Colloquies of Erasmus,* übersetzt von N. Bailey (3 Bände, 1900), II, Seite 114 ff. Erasmus legt hier ein dramatisiertes Gespräch über reaktionäre und fortschrittliche Meinungen zur Frage der Bildung von Frauen vor.

34 Agrippa D'Aubigny, *Oeuvres Complètes,* E. Réaume und F. de Caussade (Paris 1873), I, 445.

35 Joseph Besse, A *Collection of the Sufferings of the People Called Quakers* (2 vols., 1753), I, 84 ff.

Kapitel 7

1 Zu Jeanne d'Arc vgl. das hervorragende Buch von Marina Warner, *Joan of Arc: the Image of Female Heroism* (1982). Andere historische Daten und Ereignisse sind zitiert nach: *The Times Atlas of World History.*

2 Zu Parnell vgl. Burford, a.a.O., Seite 74. Es handelt sich hier natürlich um ein Pseudonym. »Parnell« war ein bekannter Name für eine Prostituierte, und »Portjoie« rühmte die professionelle Fähigkeit der Frau, »Freude zu bringen«. Zu Eva vgl. MacCurtain und O'Corrain, a.a.O., Seite 22.

3 W. I. Thomas, Seite 124.

4 Die arbeitenden Frauen von Griechenland werden beschrieben von Homer, Aristoteles, Plato, Demosthenes, Xenophon und vielen anderen. Arbeitende Römerinnen werden beschrieben von Ovid, Horaz, Plautus, Martial etc. Einen brauchbaren Abriß und eine Auflistung von Quellenmaterial bietet *The Oxford Classical Dictionary,* Seite 1139 f. Eine faszinierende Bearbeitung des Themas Musikerinnen im alten Griechenland bieten Yves Bessière und Patricia Niedzwicki, *Women and Music, Women of Europe,* Beilage Nummer 22 (Kommission der Europäischen Gemeinschaft, Oktober 1985), Zahlen zitiert nach Seite 9.

5 Lewenhak, Seite 33.

6 Zur Schwerarbeit von Frauen, einschließlich dieser zitierten Episode, vgl. Lewenhak, a.a.O., Seite 49, Seite 77, Seite 88 sowie Seite 122 f.

7 Erasmus, *Christiani Matrimonii Institutio* (1526); O'Faolain, Seite 194.

8 Lewenhak, Seite 111.

9 O'Faolain, Seite 272.

10 Jean de la Bruyère, *Oeuvres Complètes,* hg. J. Benda (1951), Seite 333.

11 Klein, Seite 9.

12 Vgl. Jacques de Cambry, *Voyage dans la Finistère* (1799), sowie O'Foilain, a.a.O., Seite 272. Für Statistiken zum Arbeitslohn siehe Seite 266 f.

13 Die entschieden niedrigeren Löhne von Frauen werden behandelt in: A. Abram, *Social England in the Fifteenth Century* (1909), Seite 131, sowie in der Untersuchung von Alice Clark, *The Working Life of Women in the Seventeenth Century* (1919), Seite 65 f.

14 J. W. Willis Bund, *Worcester Country Records,* (Worcester 1900), I, 337.

15 O'Faolain, Seite 273.

16 M. Phillips und W. S. Tomkinson, *English Women in Life and Letters* (Oxford 1927), Seite 76.

17 Lewenhak, Seite 42 f.

18 *Proverbs* 31, 13–27.

19 O'Faolain, Seite 265 f.

20 *Libro di Buoni Costumi* (The Book of Good Customs), hg. A. Schiaffini (Florenz 1956), Seite 126 ff.

21 Gies, Seite 60; siehe auch Patricia Franks, *Grandma Was a Pioneer* (Kanada 1977), Seite 25.

22 Le Grand Aussy, *Voyage d'Auvergne* (Paris 1788), Seite 281.

23 Edwardes, Seite 250.

24 Lewenhak, Seite 124.

25 *Le Livre de la Bourgeoisie de la Ville de Strasbourg 1440–1530,* hg. C. Wittmer und C. J. Meyer (3 Vols, Straßburg und Zürich, 1948–61), I, 443, 499, 504, 822, 857, 862, 1071.

26 Ganz selten gab es Ausnahmen. In Nordengland schaffte es Mariona Kent, von 1474 bis 1475

Mitglied eines Innungsrats zu werden. Die Zunft hieß The York Merchant Adventures. In anderen Zünften erbten Frauen gelegentlich die Mitgliedschaft von ihren verstorbenen Ehemännern. Interessanterweise konnten sie die begehrte Mitgliedschaft auf einen zweiten Ehemann *übertragen.* Aber die Mitgliedschaft verschaffte den Frauen niemals die gleichen Rechte und Privilegien wie Männern. Frankreich und Italien (Deutschland ebenfalls, z. B. in Köln ... Anm. d. Ü) konnten sich einiger reiner Frauenzünfte rühmen, aber deren Einfluß war notwendigerweise gering.

27 Diane Hutton, ›Women in Fourteenth-Century Shrewsbury‹ in Lindsay Charles und Lorna Duffin, *Women and Work in Pre-Industrial England* (1985).

28 Margaret Alic, *Hypatia's Heritage: A History of Women in Science from Antiquity to the late Nineteenth Century* (1986), Seite 54–57.

29 J. Q. Adams, *The Dramatic Records of Sir Henry Herbert* (New Haven, Oxford und London 1917), Seite 69.

30 Die Gesellschaft – und vor allem jener Teil der Gesellschaft, der Bücher zum Thema Prostitution schreibt (siehe Lujo Basserman, *The Oldest Profession: A History of Prostitution* [1967], sowie Hilary Evans, *An Illustrated History of Prostitution* [1979]) – beharrt darauf, die Prostitution als das »älteste Gewerbe« der Frauen zu bezeichnen. Diese Begrifflichkeit ist ein perfektes Beispiel für die Abwertung von Frauen, denn das glatte Gegenteil trifft zu. Das älteste Gewerbe der Frauen war die Priesterschaft. Sie dienten der Großen Göttin und später ihren phallischen Konkurrenten. Die echte Prostitution tauchte erst mit der Urbanisierung der Gesellschaft auf. Das Vorurteil, daß der erste echte Frauenberuf etwas mit der Bedürfnisbefriedigung von Männern zu tun hatte, erlaubt natürlich die Schaffung einer sehr brauchbaren historischen Fiktion.

31 Hilary Evans, Seite 37.

32 Burford, Seite 115.

Kapitel 8

1 Roger Thompson, *Women in Stuart England and America: A Comparative Study* (1974), Seite 106

2 Charles Royster, *A Revolutionary People at War: The Continental Army and the American Character 1775–1883* (Chapel Hill, North Carolina, 1979), Seite 30 f. und Seite 35 f.

3 Sarahs eindringliche und ausdrucksstarke Briefe werden untersucht in: Robert Middlekauf, *The Glorious Cause: The American Revolution 1763–1789* (New York und Oxford 1982), Seite 537. Sarah hatte mehr Glück als viele ihrer Leidensgenossinnen. Der Mann, nach dem sich ihr »Herz verzehrte«, kam schließlich zu ihr und den Kindern heim – unversehrt.

4 Royster, Seite 296 f.

5 Royster, Seite 166.

6 Zur Vertiefung dieses Themas vgl. William P. Cumming und Hugh Rankin, *The Fate of the Nation: The American Revolution through Contemporary Eyes* (1975), Seite 28 f.

7 Zu Lady Harriet Acland vgl. Mark M. Boatner, *Encyclopaedia of the American Revolution* (New York 1973), Seite 4. Baroneß Riedesel schrieb die eigene Lebensgeschichte nieder in einem Buch, das zur wertvollen Materialquelle für die Geschichte geworden ist: *The Voyage of Discovery to America* (1800). »Pitcher Molly« Hays wird beschrieben in: Cumming und Rankin, a.a.O., Seite 215.

8 B. Whitelock, *Memorial of English Affairs* (1732), Seite 215. Die Petition der Frauen wurde schließlich am 5. Mai 1649 dem Unterhaus vorgestellt. Es handelt sich um ein anständiges und würdiges Dokument, das auf der Grundlage menschlicher Gesetze wie auch natürlicher Gerechtigkeit sich mit Entschiedenheit für die Rechte der Frauen einsetzt. Diese Petition antizipiert das von Feministinnen später beharrlich vorgetragene Anliegen, daß nämlich die Rechte der Frau nichts anderes sind als grundsätzliche Menschenrechte, auf die jedes Mitglied der Gesellschaft Anspruch hat.

9 Lady F. P. Verney, *Memoirs of the Verney Family during the Civil War* (2 vols., 1892), II, Seite 240.

10 Antonia Fraser, Seite 192–197.

11 James Strong, *Joanereidos: or, Feminine Valour Eminently Discovered in Westerne Women* (1645).

12 John Vicars, *Gods Ark Overtopping the Worlds Waves, or, the Third Part of the Parliamentary Chronicle* (1646), Seite 259.
13 Edward Lytton Bulwer-Lytton, *The Parisians* (1873), Book 5, Chapter 7.
14 Christopher Hibbert, *The French Revolution* (1980), Seite 96–105.
15 Hibbert, Seite 99.
16 Basserman, Seite 213.
17 Edmund Burke, ›Letter to the Hon. C. J. Fox‹, 8 October 1777.
18 Basserman, Seite 215.
19 Hibbert, Seite 139.
20 A. Le Faure, *Le Socialisme pendant la Révolution Française* (Paris 1863), Seite 120 ff.
21 Marie-Jean de Caritat, Marquis de Condorcet, *Essai sur l'Admission des Femmes au Droit de la Cité* (Paris 1790).
22 Olympe de Gouges, *Déclaration des Droits de la Femme et la Citoyenne* (1791).
23 Mirabeau argumentiert von einem völlig männlichen Standpunkt her, wie aus dem Kontext dieser Aussage vom Juni 1789 deutlich wird: »Allzuoft hat die Geschichte die Handlungen von bloßen Tieren aufgezählt, unter denen wir in großen Abständen einige *Helden* herauspicken können . . .«, siehe Hibbard, a.a.O., Seite 63.
24 C. Beard, *The Industrial Revolution* (1901), Seite 23.
25 Anne Oakley, *Housewife* (1974), Seite 14.
26 Diese Kommentare stammen aus dem Bericht eines Kommissars zu den Arbeitsbedingungen in Fabriken sowie aus Hansards Bericht über die darauf folgende Debatte im Parlament. Siehe die bahnbrechende Studie von Ivy Pinchbeck, *Women Workers and the Industrial Revolution 1750–1850* (1930), Seite 94.
27 Pinchbeck, Seite 195, 190, 188 und 189.
28 J. L. Hammond und Barbara Hammond, *The Rise of Modern Industry* (1939), Seite 209.
29 E. Royston Pike, *Human Documents of the Industrial Revolution in Britain* (1966), Seite 60 f., Seite 192 f. und Seite 194.
30 Pike, Seite 80 und Seite 133.
31 Die Schrecken, die britische Grubenarbeiterinnen während der industriellen Revolution auf sich nehmen mußten, sind ausführlich und hervorragend dokumentiert. Für die hier zitierten Details siehe Pinchbeck, a.a.O., Seite 240–281, sowie Pike, a.a.O., Seite 245–278.
32 Pike, Seite 257 f.
33 Aus dem Bericht des parlamentarischen Kommissars. Siehe die Aussagen der achtjährigen Sarah Gooder: »Ich bin ein Trapper [Klappenöffnerin] in der Gawber-Grube . . . Ich muß ohne Licht den Durchgang öffnen, und ich habe Angst . . . Ich mag es nicht in der Grube, ich wäre viel lieber in der Schule . . .« Vgl. Pinchbeck, a.a.O., Seite 248.
34 Pike, Seite 134.
35 Pike, Seite 129 f.
36 T. S. Ashton, *The Industrial Revolution 1760–1830* (1948) Seite 161.
37 Pinchbeck, Seite 2 f.

Kapitel 9

1 A. James Hammerton, *Emigrant Gentlewomen* (1979), Seite 54 und Seite 57.
2 Kay Daniels und Mary Murnane, *Uphill All the Way: A Documentary History of Women in Australia* (Queensland 1980), Seite 117 f.
3 James Morris, *Pax Britannica* (1969), Seite 74.
4 Anne Summers, *Damned Whores and God's Police: the Colonisation of Women in Australia* (Ringwood, Vic., 1975), Seite 12.
5 Dee Brown, *The Gentle Tamers: Women of the Old Wild West* (New York 1958), Seite 81.
6 Thompson, Seite 84 und 88.
7 C. M. H. Clark, *Select Documents in Australian History 1788–1850* (Sydney 1965), Seite 48.

8 Frederick C. Folkhard, *The Rare Sex* (Murray, Sydney, 1965), Seite 69.

9 Michael Cannon, *Who's Master? Who's Man?* (Melbourne 1971), Seite 55; *Report of the Select Committee on Transportation* (1837), nach James Mudie.

10 T. W. Plummer zu Colonel Macquarie, 4 May 1809, *Historical Records of New South Wales*, VII, 120.

11 Brian Fitzpatrick, *The Australian People 1788-1945* (Melbourne 1946), Seite 108.

12 Das »gequälte« Opfer war Sir Malcolm Darling, *Apprentice to Power: India 1904-1908* (1966), Seite 26. Die *burra mem* war Annette Beveridge, von ihrem Sohn William Beveridge beschrieben in: *India Called Them* (1941), Seite 201.

13 Iris Butler, *The Viceroy's Wife* (1969), Seite 164.

14 Eve Merriam, *Growing Up Female in America: Ten Lives* (New York 1971), Seite 179 ff.

15 Dee Brown, Seite 41 f.

16 Merriam, Seite 195.

17 Dee Brown, Seite 51 f.

18 Butler, Seite 101.

19 Butler, Seite 111; Darling, Seite 129.

20 Edna Healey, *Wives of Fame: Mary Livingstone, Jenny Marx, Emma Darwin* (1986), Seite 14.

21 Beveridge, Seite 60.

22 M. M. Kaye (Hrsg.), *The Golden Calm: an English Lady's Life in Moghul Delhi, Reminiscences by Emily, Lady Clive Baylea, and by her Father, Sir Thomas Metcalfe* (Exeter 1980), Seite 213.

23 Zitiert aus der berühmten Hymne »I vow to thee my country« von Cecil Spring-Rice. Während des Kolonialismus und des Ersten Weltkriegs war die Hymne von unschätzbarem Wert, denn sie bewegte junge Männer dazu, sich freiwillig umbringen zu lassen. Die zweite Strophe schenkte einem Film aus unseren Tagen den Titel: *Another Country*.

24 Siehe Healey, a.a.O., Seite 24. Es ist bemerkenswert, daß Mary Livingstone sich nicht ganz und gar ihrem anspruchsvollen Gatten unterwarf. Als er den neugeborenen Jungen »Zouga« nennen wollte (nach dem Fluß, an dessen Ufer das Kind zur Welt gekommen war), sagte Mary unumwunden nein.

25 Kaye, Seite 215.

26 Kaye, Seite 49; Beveridge, Seite 240.

27 Joanna Trollope, *Britannia's Daughters: Women of British Empire* (1983), Seite 148; siehe auch D. Middleton, *Victorian Lady Travellers* (1965).

28 Ziggi Alexander und Audrey Dewjee (Hrsg.), *The Wonderful Adventures of Mrs. Seacole in Many Lands* (1984), Seite 15.

29 *The Insight Guide to Southern California* (1984), Seite 243.

30 William Bronson, *The Last Grand Aventure* (New York 1977), Seite 166.

31 James (1962), Seite 85.

32 Näheres zu Malinche, insbesondere die feministische Aufarbeitung des Mythos um diese Figur, in: Cheris Kramarae und Paula A. Treichler, *A Feminist Dictionary* (1985), Seite 245.

33 Trollope, Seite 52.

34 Mayo, Seite 103 f.

35 Healey, Seite 8.

36 F. Ekejiuba, ›Omu Okwei: A Biographical Sketch‹, *Journal of the Historical Society of Nigeria* iii, (1967).

37 R. Miles, *Women and Power* (1985), Seite 82; Susan Raven und Alison Weir, *Women in History: Thirty-Five Centuries of Feminine Achievement* (1981), Seite 14.

38 Ronald Hyam, *Britain's Imperial Century, 1815-1914: A Study of Empire and Expansion* (1976), Seite 224 f.

Kapitel 10

1 Zum Fall Cecilia Cochrane siehe A. Dowling, *Report of Cases argued and determined in the Queen's Bench Practise Courts* (1841), VIII, Seite 630 ff. Zu Dawson, Addison und Teush siehe O'Faolain, a.a.O., Seite 333.

2   de Cambry, II, Seite 57.
3   Louise Michele Newman (Hrsg.), *Men's Ideas, Women's Realities: Popular Science, 1870–1915* (New York und London 1985), Seite 192 f.
4   Klein, Seite 24.
5   Die Instruktionen der Königin Viktoria an ihren Sekretär sind dokumentiert in: Trollop, a.a.O., Seite 29.
6   Beatrice Webb, *My Apprenticeship* (1926), Seite 92.
7   Olive Schreiner, *Woman and Labour* (1911), Seite 50.
8   Vgl. Hubbard und Lowe, a.a.O., Seite 48 sowie das Kapitel 4, »The Dialectic of Biology and Culture«. Hier wird ausführlich die These behandelt, daß sich die Vorherrschaft weißer Männer durch ihre geistige Überlegenheit legitimierte, »eins der beharrlichsten Vorurteile der letzten 100 Jahre«.
9   Darwins Einordnung der mentalen Fähigkeiten wird ausführlich dargestellt in: *The Descent of Man, and Selection in Relation to Sex* (1871). Für eine detaillierte Kritik an diesen Theorien und ihr Verhältnis zum modernen Feminismus siehe Rosalind Rosenberg, insbesondere »In Search of Women's Nature, 1850–1920« in: *Feminist Studies 3* (Herbst 1975), Seite 141–153, sowie *Beyond Separate Spheres: Intellectual Roots of Modern Feminism* (New Haven 1982).
10 George J. Engelmann, ›The American Girl of Today‹, the President's Address, *American Gynecology Society* (1900).
11 Herbert Spencer, *Education: Intellectual, Moral, and Physical* (1861), für eine ausführliche Diskussion siehe Newman, a.a.O., Seite 6 f. und Seite 12.
12 Der erste Sprecher in dieser Oberhausdebatte war Earl of Halstead – vgl. Hansard vol. 175, 4th Ser. (1907), col. 1355. Der zweite war Lord James of Hereford, Hansard (a.a.O.), col. 1362.
13 J. Christopher Herold, *The Horizon Book of the Age of Napoleon* (New York 1963), Seite 134–137. Genaugenommen bestand die Strafe für einen männlichen Ehebrecher darin, daß er seine Geliebte nicht heiraten durfte. Aber es fällt schwer zu glauben, daß diese Restriktion für viele Männer *nicht* eine Erleichterung darstellte. Für die spezifischen Einschränkungen von Frauenrechten im napoleonischen Code siehe vor allem die Artikel 213, 214, 217, 267 und 298.
14 De Riencourt, Seite x und Seite 306.
15 Edwin A. Pratt, *Pioneer Women in Victoria's Reign* (1897), Seite 123.
16 ›The Emigration of Educated Women‹, Social Science Congress in Dublin, 1861 – siehe Klein, Seite 22.
17 ›Votes for Women‹ (1912), April 9, Seite 737.
18 Die Kampagne von »General« Tubman fand in Süd-Carolina in der Gegend von Port-Royal statt. Das Unternehmen ereignete sich am 2. Juni 1863. Siehe Kramarae und Treichler, a.a.O., Seite 31, sowie E. Conrad, *Harriet Tubman* (1943).
19 Kate Millet, *Sexual Politics* (1969), Chapter 3, ›The Sexual Revolution, First Phase‹; siehe auch H. Pauli, *Her Name was Sojourner Truth* (1962).
20 Roger Fulford, *Votes for Women: The Story of a Struggle* (1958), Seite 16.
21 Zitate aus *Vindication*, Jahrgang 1929, herausgegeben von Ernest Rhys, Seite 21 ff.
22 Flora Tristan, *L'Union Ouvrière* (Paris 1843), Seite 108.
23 Fulford, Seite 24.
24 A. Angiulli, *La Pedagogia, lo Stato e la Famiglia* (Neapel 1876), Seite 84 ff.
25 Phillips und Tomkinson, Seite 184.
26 Thomas Huxley, *Life and Letters of Thomas Huxley* (2 vols., New York 1901), I, Seite 228.
27 Raven und Weir, Seite 218.
28 Raven und Weir, Seite 73 und 86.
29 Anne B. Hamman, ›Professor Beyer and the Woman Question‹, *Educational Review* 47 (March 1914), Seite 296.

Kapitel 11

1 Newmann, Seite 105.
2 J. M. Allan, »On the Differences in the Minds of Men and Women«, *Journal of the Anthropological Society of London* 7 (1869), Seite cxcvi-cxcviii.
3 Dr. Mary Scharlieb, *The Seven Ages of Woman* (1915), Seite 11 f. und Seite 51. Hier werden die Freuden der »Mutterschaft« in den Himmel gepriesen. Allan (siehe oben) argumentiert, daß das Frausein eine Krankheit sei. Dr. Howard A. Kelly warnt in *Medical Gynecology* (1909) vor den Gefahren der »Unterleibsorgane«, siehe Seite 73 f.
4 Für eine ausführlichere Behandlung der abstoßenden Geschichte moderner Genitalverstümmelungen bei Frauen siehe G. Barker-Benfield, »Sexual Surgery in Late Nineteenth-Century America« in: C. Dreifus (Hrsg.), *Seizing Our Bodies* (New York 1978). Für brauchbare Auszüge aus zeitgenössischen Unterlagen, die diese Praktiken in Großbritannien behandeln, siehe Pat Jalland und John Hooper (Hrsg.), *Women form Birth to Death: The Female Life Cycle in Britain 1830-1914* (1986), Seite 250-265.
5 Zu den japanischen Rezepten und Methoden vgl. Mandel, a.a.O., Seite 44 f. Die Hinweise auf Ägypten verdanken wir Elizabeth Draper, *Birth Control in the Modern World* (1965), Seite 75; für Casanovas spezifische Methoden siehe Seite 77 f.
6 Burford, Seite 34.
7 Soranus's *Gynaecology,* übersetzt von Owsie Temkins (Johns Hopkins, 1956), Seite 62-67.
8 Burford, Seite 173.
9 Draper, Seite 69.
10 De Riencourt, Seite 281.
11 Jalland und Hooper, Seite 276.
12 G. Bruckner (Hrsg.), *Two Memoirs of Renaissance Florence,* übersetzt von J. Martines (New York 1968), Seite 112 ff.
13 Madame de Sévigné, *Lettres de Marie de Rabutin-Chantal, Marquise de Sévigné, a sa fille et ses amis* (Paris 1861), I, Seite 417 ff. und II, Seite 17 ff.
14 Herbert R. Spencer, *The History of British Midwifery from 1650 to 1800* (1929), Seite 43 und Seite 51. Zur Vertiefung dieser Themen siehe Anne Oakley, *The Captured Womb: A History of the Medical Care of Pregnant Women* (Oxford 1985).
15 Zum Streit über den Einsatz von Chloroform siehe Jalland und Hooper, a.a.O., Seite 165-186.
16 Mayo, Seite 97 f.
17 F. Engels, *Condition of the Working Classes in England* (1892), Seite 148 ff.
18 Christabel Pankhurst, *Plain Facts about a Great Evil (The Great Scourge, and how to end it)* (Womens' Social and Political Union, 1913), Seite 20.
19 A. Sinclair, *The Emancipation of American Woman* (New York 1966), Seite 72.
20 Francis (sic) Swiney, *Women and Natural Law* (The League of Isis, 1912), Seite 44, sowie *The Bar of Isis* (1907), Seite 38. Interessanterweise sah Swiney den Zusammenhang zwischen ungeschütztem Geschlechtsverkehr und Gebärmutterkrebs voraus.
21 L. Fiaux, *La Police et Les Moeurs en France* (Paris 1888), Seite 129.
22 Sheila Jeffreys, *The Spinster and Her Enemies: Feminism and Sexuality 1880-1930* (1985), Seite 88.
23 Lillian Faderman und Brigitte Eriksson (Übersetzer und Herausgeber) *Lesbian Feminism in Turn-of-the-Century Germany* (Weatherby Lake, Missouri, 1980), Seite 23-32. Siehe auch Faderman's magisterial *Surpassing the Love of Men: Romantic Friendship and Love between Women from the Renaissance to the Present* (1981).
24 *The Well of Loneliness,* Chapter 56, section 3.
25 C. H. F. Routh, *The Moral and Physical Evils likely to follow practices intended as Checks to Population* (1879), Seite 9-17. Es sei daran erinnert, daß viele dieser Krankheiten bei Frauen angeblich auch durch eine höhere Bildung ausgelöst wurden. Zu Francis Place siehe Derek Llewellyn Jones, *Human Reproduction and Society* (1974), Seite 228.
26 Eva Figes, *Patriarchal Attitudes: Women in Society* (1970), Seite 27 f.
27 Bleier, Seite 170 f.
28 Juliet Mitchell, *Woman's Estate* (1971), Seite 164.

Kapitel 12

1 M. N. Duffy, *The Twentieth Century* (Oxford 1964), Seite 1 f.
2 Die Verurteilung Mata Haris war stets umstritten. Sie selbst behauptete, Doppelagentin gewesen zu sein und die ganze Zeit für die Franzosen gearbeitet zu haben. Es ist möglich, daß ihre wirkliche Schuld darin bestand, sich mit den verhaßten Deutschen verbrüdert zu haben, siehe S. Wagenaar, *The Murder of Mata Hari* (1964).
3 Vgl. hierzu und zur Bemerkung von Goebbels: Richard Grunberger, *A Social History of the Third Reich* (1971), Seite 322 f.
4 Vera Laska, *Women in the Resistance and the Holocaust* (Connecticut 1983), Seite 181.
5 Edward Crankshaw, *Gestapo* (1956), Seite 19.
6 J. Henderson und L. Henderson, *Ten Notable Latin American Women* (Chicago 1978), Seite xv.
7 Macksey, Seite 56 f.
8 Siehe M. Bochkareva und I. D. Levine, *My Life is a Peasant Officer and Exile* (1929).
9 V. Figner, *Memoirs of a Revolutionist* (1927), und V. Liubatovich, *Memoirs* (1906); auch B. Engel und C. Rosenthal, *Five Sisters: Women Against the Tsar* (1975).
10 Leghorn und Parker, Seite 83.
11 Llewellyn Jones, Seite 239 f.
12 Die Akte *Planned Parenthood of Missouri v. Danforth* (1976), Verzeichnisnummer 428 US 52; 49 L. Ed. 788, gibt die Gerichtsentscheidung aus dem Jahr 1973 wieder. Zum britischen Fall siehe *Paton v. Trustees of BPAS* (1978), Verzeichnisnummer 2 All ER 987 at 991. Für diese Fälle und für eine faszinierende Retrospektive der Geschichte der Abtreibungsgesetzgebung vgl. O'Donovan, a.a.O., Seite 87–92.
13 Betty Friedan, *The Feminine Mystique* (1963) Seite 15.
14 Bleir, a.a.O., Seite 167. Koedts vieldiskutierter Aufsatz war wichtig, weil er Freuds Schlüsselthese von *zwei* weiblichen Orgasmusvarianten frontal angriff (Freud sprach von klitoralem und vaginalem Orgasmus und nannte ersteren »unreif« und letzteren »reif«). Koedt erklärte, daß der Freudsche Ansatz, die angebliche »Frigidität« von Frauen zu heilen, in Wirklichkeit zu noch mehr Orgasmusunfähigkeit führte, weil den Frauen der Sex ausgerechnet auf die Art vorgeschrieben wurde, die es ihnen besonders schwer macht, einen Orgasmus zu bekommen. Der Streit um den Orgasmus wurde so zum Symbol und zum Beweis dafür, daß Frauen über ihr Leben, über ihre Sexualität selbst bestimmen müssen. Und daß sie sich nicht mehr von männlichen »Experten« den eigenen Körper erklären lassen dürfen.
15 Dieses Zitat stammt aus einem der frühesten Texte der Frauenbefreiungsbewegung. Die Urheberin ist eine New Yorker Frauengruppe namens Redstocking – siehe Anna Coote und Beatrix Campbell, *Sweet Freedom: The Struggle for Liberation* (1982), Seite 15.
16 De Riencourt, Seite 339.
17 *International Herald Tribune*, 24. August 1970.
18 *Kommunist*, Moskau, November 1963.
19 R. Fuelop-Miller, *The Mind and Face of Bolshevism* (New York 1965), Seite 173.
20 Leghorn und Parker, Seite 14.
21 Tuttle, *Encyclopedia of Feminism* (London 1986), Seite 42; siehe auch Bell Hooks, *Feminist Theory: From Margin to Center* (Boston 1984).
22 Tim Hodlin, ›Veil of Tears‹, the *Listener* 12. Juni 1986.
23 Selma James (Hrsg.), *Strangers and Sisters: Women, Race and Immigration* (1985), Seite 85.
24 Lerner, Seite 13.
25 Tuttle, Seite 42.

Personen- und Sachregister

Abälard 142
Abolition 263 f.
Abstraktionsfähigkeit 28
Abtreibung 298
Ackerkultur 68
Acland, Lady Harriet 190
Acton, John 17
Adam 99. f., 144
Adams, Abigail 236
Adelaide 147
Adler, Alfred 316
Adonis 46, 89
Aelgifu 147
Aetharius 126
Aethelflaed 148 f.
Afra Bint Ghifar al-Humayriah 93
Aggression 31 f., 34, 134
Agnes von Courtenay 147
Agnodice 76
Agrippa von Nettesheim, Heinrich Cornelius
  151
Agrippina 50
A'isha 93 f.
Aischylos 54, 72
Al-Mukarram 147
Al-Uzza 90
Alarich 71
Alexander der Große 96, 214
Alexander II. 294
Alfred 149
Allah 49
Allbut, H. A. 284
Almasuntha 71
Ama-terasu 69
Amazonen 11, 54 f., 293
Ambrosius 99
Amina 148
Amniozentese-Test s. Fruchtwasser-
  spiegelung
Ampusa 43
Anaitis 46

Andrea, Schwestern d' 260
Anne Stuart 261
Anne von Beaujeu 148
Anpassungsfähigkeit, evolutionäre 20
Anthony, Susan B. 257 f., 260, 278
Apartheid 214, 234 f.
Apollon 69, 87
Aragona, Tullia d' 260
Arbeitsbedingungen 205, 245
Arbeitsteilung, geschlechtsspezifische
  166 ff., 204, 309
Archidice 58
Ardrey, Robert 26, 30, 32
Ares 87
Aristoclea 137
Aristoteles 21, 71, 76
Artemesia 58
Artemis 87
Arwa 147
Ärztinnen 174 ff., 181, 262
Asa 98
Aschera 98
Ashton, T. S. 210
Ashurbanipal 45
Asma 147
Aspasia 58
Aspatia von Milet 137 f.
Astell, Mary 261
Astor, Nancy 303
Athenaeus 164
Athene 62, 87
Attis 46, 89
Augigne, Agrippa d' 154
Augustinus 97, 101
Aurangzeb 161
Aurelia Aemiliana 40
Austen, Jane 12, 157, 160

Bacon, Francis 187, 210, 213 ff., 289
Bald, Robert 208
Banbha 69

Bandaranaike, Sirimavo 303
Banks, Lady Mary 192
Barak 50
Barber, Elizabeth 219
Barry, Elizabeth 183
Bayley, Emily 226
Beatriz de Diaz 150
Beaufow, Alice de 121
Beauvoir, Simone de 48, 299
Beecher, Catherine 262
Behn, Afra 184
Berenice II. 70, 85
Bergwerke 207
Bermant, Chaim 116
Bertha 148
Besant, Annie 284
Beschneidung, weibliche s. Verstümmelung, genitale
Bhutto, Benasir 304
Bibel 259f., 280
Bildung 132ff., 152f., 255, 260ff., 306
Bird, Isabella 228
Birkett, Lord 298
Blackstone, Sir William 240
Blackwell, Elizabeth 262
Blanche von Kastilien 148
Bleier, Ruth 20
Blunt, Lady Anna 228
Blut 115ff.
Bocchi, Dorotea 182
Bochkareva, Mariya 293
Bocranegra, Gertrudis 294
Bodichon, Barbara 261
Bodin, Jean 144
Bonaparte, Marie 287
Bose, Abala 263
Boudicca 53, 85
Boulding, Elise 28, 56, 137
Boupacha, Djamila 295, 299
Bradstreet, Anne 184
Brahma 64
Brant, Molly 232
Brantome, Abbé de 280
Brautkauf 120f.
Brigid 140
Bronowski, Jakob 28
Brontë, Emily 157

Brot und Rosen 302
Broumattin, Agnes 179
Brunhilda 11, 79
Brunstzeit-These 30
Buddha 49, 91f., 103, 109
Buddhismus 86, 95
Bulette, Julia 230
Bulwer Lytton, Edward 193
Burke, Edmund 186, 196
Burton, Sir Richard 90, 293
Butler, Josephine 277

Cady Stanton, Elizabeth 242, 257f., 260, 278f.
Calder, Nigel 21, 27, 67f.
Carlini Benditta 141
Carlyle, Thomas 31, 248
Carmenta 137
Carmichael, Stokely 301
Carpenter, Edward 83
Carrington, Margaret 222
Casanova, Giacomo Girolamo 271
Castiglione, Baldassare Graf 151
Castro, Fidel 292
Cato 72, 76
Cavanaugh, Kit 293
Cerne Abbas Giant 64
Certaldo, Paolo de 173
Ch'iu Chin 294
Chaucer, Geoffrey 132
Chester, Alice 180
Chiang Ch'ingh 11
Chirurgie 181
Chisholm, Caroline 218
Christentum 86, 95f., 100, 116, 260
Christine de Pisan 132, 152f., 156
Christus 49
Chromosomen 20f.
Claflin Woodhall, Victoria 304
Clark, Ralph 213f.
Claudius 50
Clavell, Edith 290
Clisby, Harriet 263
Cloe 91
Cloelia 53
Cochrane, Cecilia Maria 240f.
Code Napoléon 249f., 256
Codrington, Missionar 231

Coitus interruptus 272
Coitus obstructus 272
Coleridge, Samuel Taylor 240
Coleridge, Sara 240
Colinet, Marie 182
Collier, Mary 186
Constable, Anthropologe 34
Corner, Caterina 148, 260
Courage 302
Cromwell, Oliver 254
Cybele 40, 46, 87
Cynethryth 148
Cyril 82
Cyrus 70

Damen von Salerno 181
Dano 137
Dare, Virginia 214
Dart, Raymond 31
Darwin, Charles 31, 73, 246, 259
Dati, Bandecca 274
Dati, Ginevra 274
Dati, Gregorio 273 f.
Davis, Emily 262
Deborah 50
Delacroix, Eugène 202
Delilah 292
Demeter 39, 46, 85
Demoulins, Lucille 201
Déroin, Jeanne 303
Desraismes, Marie 257
Diana 87
Diaphragma 297
Digby, Jane 228
Dio Cassius 53
Diodorus 51, 54, 75
Diotima 137
Disney, Walt 114
Disraeli, Benjamin 186
Droit de seigneur s. Recht auf die erste
    Nacht
Dolguruky 126
Drake, Fanny 207
Drayton, Michael 213
Dreifaltigkeit 89
Drummond, Sarah 187
Drusilla Livia 78
Dschingis-Khan 103

Dualismus 105
Duncan, Mary 208
Dworkin, Andrea 109
Dyer, Mary 218

Eadburgh 148
Edwards, Mary 224
Ehe 105 f., 144, 154, 176 ff.
Ehefrau, untätige 250
Ehefrauenarbeit 176
Eheverträge 51
Eigentum 51, 266
Eingeborenenfrauen 231 ff.
Einsperren 92, 105, 163 f.
Ekklesiastikus 97
Eleanor 136
Eleanor von Aquitanien 150
Elizabeth I. 139, 273
Else von Ortemberg 179
Elstob, Elizabeth 261
Emma 302
Emu 69
Engelmann, George J. 247
Engels, Friedrich 276
Enheduanna 38 f.
Entjungferung 117 f.
Epikur 155
Erasmus von Rotterdam 165, 176, 261
Erauso, Catalina de 293
Erikson, Erik 82
Erklärung der Rechte der Frau und Bür-
    gerin 199
Eskimos 73
Euripides 52
Eva 99 ff., 144
Evans, Sir Arthur 39
Evolution 246

Fabiola 79
Falkes de Breauté 121
Felicie, Jacoba 156
Felicitas 87
Feminismus 198, 255, 258, 263 f.
Ferraro, Geraldine 304
Feuersteine 24
Figner, Vera 294
Filmindustrie 313 f.
Findmor 53

Finnbogadottir, Vigdis 304
Firestone, Shulamith 301
Fischerin, Magdalen 130
Fitzherbert, Sir Anthony 171 f.
Fodla 69
Fountain, Margaret 228
Foutin 65
Französische Revolution 13, 193 ff.
Frauen, berufstätige 251 f., 310
Frauen, unverheiratete 279 f.
Frauenarbeit 160 ff.
Frauenfrage 198, 246 ff.
Frauengesellschaften, geheime 133
Frauenhäuser 305
Frauenklöster 136, 138 ff., 156
Frauenregimenter 53 ff.
Freiheit, körperliche 52, 55 ff.
French, Marilyn 60
Freud, Sigmund 266, 285 ff.
Friedan, Betty 300 f.
Friedegunde 79
Friedrich Barbarossa 142
Frigidität 287
Fruchtbarkeit 37, 102
Fruchtwasserspiegelung 15
Fusaye Ichikawa 263

Gäa 42
Galla Placida 71
Gandhi, Indira 304
Garrett Anderson, Elizabeth 262
Gartenkultur 68 f.
Geb 61
Gebärfähigkeit 37, 62
Gebärneid 100
Geburtshilfe 275
Geoffrey de Tours 126
Gesetze 75, 106, 244, 254
Gewalt, sexuell motivierte 36, 118, 282
Ghazali 99
Gibbon, Edward 11
Giffard, Eva 162
Gilde 179
Gilgamesch 44, 46
Ginnungagab 42
Gladstone, William 273
Glover, Samuel 188
Goebbels, Joseph 290

GoFukasaka 118
Goldie, Jeanie 224
Gordon Cremonesi, Heather 160
Gouges, Olympe de 199 f., 264
Gournay, Marie le Jars de 198
Grace O'Malley s. Grainne Mhaol
Grainne Mhaol 148
Grasso, Eleanor 304
Greer, Germaine 301
Grendon, Sarah 187
Grey, Sir Edward 289
Grignan, Françoise de 274
Grimin, Ursula 129
Grimke, Sarah 264
Große Göttin (Große Mutter) 37 ff.,
   60 f., 63 f., 89 f., 98, 107
Großer Treck 235
Grunberger, Richard 290
Gutenberg, Johannes 160
Gwynn, Nell 184
Gymnasien 156

Hagemon, Agnes 180
Haggard, Rider 213 f.
Halimi, Gisela 299
Hammurabi 51, 57
Handel 178, 234
Hao Tianx'u 304
Harald Hasenfuß 147
Harcourt, Giles und Melville 84
Harris, Betty 207
Hatshepsut 50
Hausangestellte 169 f.
Hausfrau 300 f., 308 f.
Haushalt 169 ff., 306
Heinrich II. (Röm.-dt. Kaiser) 142
Heinrich II. (von England) 121, 129, 280
Heinrich III. 135 f.
Héloise 142
Hensel, Katherine 179
Hera 96
Herkules 137
Herodot 35, 49, 54, 57, 164
Heron, Isabella 119
Herrade von Landsburg 142
Hesekiel 89
Hexenverfolgung 13, 128 ff., 144 ff., 142
Hierarchie 96

338

Hieronymus 102, 141 f.
Hildegard von Bingen 142
Himeko 50
Himmler, Heinrich 291
Hind al Hunnud 99
Hirnforschung 246
Hitler, Adolf 290 f.
Ho Hsiang-ning 295
Hodkins, Sarah 188
Hogg, Isabel 207
Höhlenmalereien 34
Holmes, Oliver Wendell 263
Homosexualität 61, 130
Hooks, Bell 311
Howel der Gute s. *Hywel Dda*
Hrotsvita von Gandersheim 88, 142
Hugonnai-Wartha, Vilma 263
Huitzilopochtli 69
Hunt, Harriot 262
Hunt, Orator 258
Husenbolz, Katherine 179
Hutchinson, Anne 175
Huxley, Thomas 31, 261
Hypatia 81 f., 307
Hywel Dda 66

Iasion 46
Ibn Batuta 135
Igor I. 88
Ilamtecuhtli 74
Inanna 38 f., 44
Infibulation s. Zunähen 124
Initiationsriten 61
Intrauterinpessar s. Spirale
Inzest, königlicher 70
Irene 149
Iriti 69
Isabella von Angoulême 136
Isabella von Arundel 136
Ishtar 42, 44, 46, 67
Isis 39, 46, 59, 64, 85, 137
Islam 86, 95 f., 100, 105
Iwan der Schreckliche 126
Iwan III. 161

Jacobs, Aletta 284
Jade de Oscure 144
Jael 292

Jäger 20, 25 f., 31 f.
Jäger- und Sammlerkulturen s. Steinzeit-
   kulturen
Jahwe 49, 86 f., 89, 96
Jeanne d'Arc 12, 160, 294
Jebb, Louise 228
Jefferson, Thomas 274
Jeffreys, Richter 131
Jehova s. Jahwe
Jeremia 89
Jimili 134
Johann ohne Land 121, 136
Johannes 84
Johanson, Donald 30, 32
Johnson, Sir William 232
Johnston, Jill 303
Judentum 86, 95 f., 100, 116
Judith 50 f.
Julia Augusta 56
Julia Domna 77
Julia Maesa 78
Jungfräulichkeit 36, 65, 102 ff.
Juno 39
Justinian 78

Ka'aba 90
Kaiser, Julius 181
Kaiserschnitt 181
Kali 43, 137
K'ang K'o-ch'ing 295
Kapitalismus 244
Karfreitag 89
Karl I. 193
Karl II. 184, 254
Karl VIII. 148, 181
Kastration 47
Kastrationsängste 109
Katharina die Große 12
Katharina von Siena 140
Kaye, M. M. 227
Kehajia, Kalliopi 262
Kelly, Joan 13
Keuschheit 36
Keuschheitsgürtel 121 ff.
Khadijah 91, 03
Khawlah Bint al-Azwar al-Kindiyyah 93
Khomeini 312 ff.
Kinderarbeit 208 ff.

339

Kinderehen 119f.
Kinderprostitution 279
Kinderversorgung 22ff.
Kindesmord 110, 124ff.
King Taylor, Susie 223
King, Martin Luther 312
Kipling, Rudyard 223, 227
Kipling, Trix 227
Kirchenämter 92
Kleopatra 53, 79f.
Knut der Große 147
Koedt, Anne 301
Kolonialismus 212ff.
Kolumbus, Christoph 161, 272
Kommunikation 25f.
Kondom 272, 283, 297
Konfuzianismus 86, 95
Königsmord 45ff., 89
Konstantius 71
Kopernikus, Nikolaus 315
Kovalskaya, Elisabeta 294
Körper, weiblicher 108ff., 144, 266ff., 298
Krankenpflege 174ff.
Kremer, Katherine 179
Kultur, höfische 150ff.
Kulturen, afrikanische 134f.
Kulturen, matriarchalische 77
K'ung Fu-Tse 103
Kürssnerin, Maria 129

La Bryère, Jean de 166, 210
La Pasionaria 295
Labé, Louise 152
Lancaster, Professor 32
Landbesitz 218
Lantmennyn, Nese 179
Lars Porsenna 53
Lawrence, D. H. 170
Lerner, Gerda 19, 315
Lerner, Max 289
Leroi-Gourhan, Archäologe 41
Lesbianismus 280ff.
Leviticus 116f.
Linck, Catharina Margaretha 281
Literatur, japanische 138
Livingstone, David 77, 224, 226
Livingstone, Mary 226

Ljubatowitsch, Vera 294f.
Lohnarbeit 204ff., 245
Lohnunterschiede 168
Lorde, Audrey 304
Lorenz, Konrad 32
Lucius Apuleius 39
Lucy 30
Ludwig XVI. 193f., 200
Ludwig der Heilige 148
Ludwig Hays, Mary 190
Luquet, G. H. 36
Luther, Martin 109, 268
Luxemburg, Rosa 290, 307
Lydia 91
Lyell, Charles 259

Maacha 98
Maedb 53, 56
Maeve s. Maedb
Magellan, Ferdinand 161
Mailer, Norman 60
Malinche 232
Malleus Malleficarum 145
Mansa Musa 135
Mao Tsetung 296
Marcian 78
Marcus Antonius 53
Mardale, Jean 62
Marduk 60, 69
Margaret von Devon 121
Margaret von Newcastle 13, 208
Maria 89, 102
Marie Antoinette 194
Marie de Brinvillers 11
Marie de France 151
Marshall, John 216, 243
Martin von Tours 102
Martin, Jeanne 194
Martin, Sir Theodore 240
Märtyrertum 87f.
Mata Hari 290
Mather, Cotton 261
Matthew de Paris 11, 121
Maty-Devi 42
Mayflower 11, 214
McIntyre, Vonda 29
McKesky, Catherine 119
Mead, Margaret 62, 289

340

Medusa 137
Meir, Golda 304
Melisande 147
Menephta 66
Menschenrechte 254
Menstruation 27 ff., 41, 47 f., 110,
  115 ff., 145, 247, 269
Metcalfe, Sir Thomas 224
Méricourt, Théroigne de 196 f.
Mil 69
Militarismus 15
Mill, John Stuart 257
Millet, Kate 301
Milton, John 144
Minnesang 150
Mira Bai 155
Mitchell, Alice 281
Moffat, Anne 221
Moffat, Mary 234
Mohammed 86, 91, 93, 97 ff., 112, 117
Mondgöttin 69 f.
Monotheismus 49, 82
Monroe, Marilyn 230
Montaigne, Michel de 198
Montezuma 103
More, Sir Thomas 261
Morrigan 43
Morris, Desmond 31
Morrison, Toni 310
Murasaki Shikibu 138
Mutterarbeit 25 f.
Muttergottheiten, Sturz der 69 f.
Mutterinstinkt 270
Muttermord 75
Mutterrecht 67, 81, 92

Nacktheit 56 ff.
Nahrungsversorgung 173 ff.
Naidu, Sarojini 263
Napoleon 249 f., 273
Nationalsozialismus 290 ff.
Naturwissenschaft 244, 246 f.
Neandertaler 34 f.
Neil, General 237
Neumann, Erich 38
Nhongo, Joyce 295
Nicholson, John 32
Nightingale, Florence 12, 252, 280

Nijo 118
Ninon de l'Enclos 155
Nogarola, Ginevra 155
Nogarola, Isotta 155
Nomadentum 68
Norton, Caroline 242 f.
Novella, Maria di 182
Nur-Jahan 148
Nut 42
Nympha 91
Nzinga 148

Ocker, roter 40, 47
Odo von Cluny 103
Olga 88
Omu Okwei 235
Orgasmus, vaginaler 286 f.
Ornstein, Honora 230
Osiris 46, 64, 85

Pan Chao 79
Pankhurst, Christabel 277
Pankhurst, Sylvia 257, 264
Parks, Rosa 311
Partnerwahl, freie 105
Paston, Elisabeth 119
Paterfamilias 75
Paulus 91 f., 98, 111 f., 280
Pazifistinnen 305
Penisneid 286
Pepys, Elizabeth 169 f., 177
Pepys, Samuel 169 f., 177
Perikles 58
Perkins Gilman, Charlotte 159, 309
Perowskaja, Sofia 294
Peyelsteinin, Anna 129
Phallus 60, 282, 286
Phalluskult 63 ff.
Philippe von Navarre 132
Pickering, William 155 f.
Pille 297
Pincus, Gregory 296 f.
Pionierinnen, amerikanische 162 f.
Plato 103, 137, 145
Plinius 54, 57
Pluckrose, Nicholas 162
Plutarch 54, 72
Portiokappe 270, 283

Portjoie, Parnell 162
Posidippus 73
Post, Emily 250
Priapus 64
Prisca 91
Produktion, indirekte s. Reproduktions-
  arbeit
Prostitution 57f., 128, 182ff., 220, 279,
  282, 291
Protofeminismus 151, 198
Prynne, William 182
Ptah Hotep 52
Ptolemaios Alexander 70
Pulcheria 78
Puriti 69
Puvi 69
Pythargoras 137

Quetzalcoatl 103

Rabi-'ah al'Adawiyyah 136f.
Radclyffe Hall, Marguerite 282
Radegund 140f.
Ramabai, Pandita 262
Ramses 49
Rascher, Sigmund 291
Rassismus 15, 217, 310ff.
Read, Carveth 31
Rebestoeckyn, Katherine 179
Recht auf die erste Nacht 118
Rechtshändigkeit 27
Reddy, Helen 316
Redgrove, Peter 28
Reiby, Mary 229
Renaissance 13, 151
Reproduktion 41, 217, 269
Reproduktionsarbeit 23, 180, 306
Revolution, amerikanische 187ff.
Revolution, industrielle 202ff., 258
Richards, Mary 206
Riedesel, Baroness 190
Riencourt, Amaury de 21, 251, 305
Ritter Beard, Mary 16, 139f.
Robespierre, Maximilien de 201
Robinson, Victor 266
Roger de Caen 102
Roland, Manon 197, 199ff.
Rousseau, Jean-Jacques 201

Routh, C. H. F. 284
Russel, Dora 14, 300
Russel, Margery 180

Saadawi, Nawal El 92
Sabbah, Fatnah A. 99, 106
Salayim Bint Malhan 93
Sammeln 22ff.
Sammuramat 49f.
Sandes, Flora 293
Sanger, Margaret 266, 283f., 288
Santamaria, Haydee 295
Sappho 79
Sargon I. 38, 67
Schauspielerei 182ff.
Scheide, unersättliche 113
Schleierzwang 92
Schmidt, Franz 130
Schmuck 35
Schreiner, Olive 244
Schuttle, Penelope 28
Schwarzer, Alice 299, 302
Schwerstarbeit 164f.
Schwindsucht 206
Scold's bridle 112
Seacole, Mary 229
Selbstbezichtigungsaktion 299, 302
Semiramis s. Sammuramat
Seshat 137
Severus 56, 77
Sevigne, Marie Marquise de 272, 274
Sewall, Samuel 217
Sex 31, 102, 268ff., 284
Sexualfeindlichkeit 133
Sexualität, weibliche 130, 268, 287
Shackley, Myra 33f.
Shai, Mashid Amir 312
Shakespeare, William 144
Shaw, Anna 221f.
Shaw, Ellinor 146
Shaw, George Bernhard 239
Shiva 64f.
Sklavenbefreiung s. Abolition
Slessor, Mary 227
Slocum, Sally 25
Small, Rebekah 214
Smellie, William 275
Snell, Hannah 293

Sokalski, Anne Blanche 223
Sokrates 137
Solanas von Ephesus 271
Soldatinnen 292 ff.
Solon 75
Sonnengott 69 f.
Spencer, Herbert 31, 248
Spender, Dale 300
Spengler, Jakob 113
Spirale 297
Spitzenklöpplerinnen 206
Sport 52, 55
Sprache 137
Sprachlosigkeit 111 f.
Staël, Germaine de 249, 273
Steinzeitkulturen 22 ff.
Stewart, John 34
Stone, Lucy 264, 278
Stopes, Marie 284
Storr, Anthony 32
Strabo 54, 82
Sträflinge, weibliche 215 f., 219
Strukturwandel 244
Studium 181
Sub-Inzision 62
Subha 92
Sufi 136
Susa-nuwo 69
Swiney, Miss 278 f.

Tag der Marktfrauen 194 f.
Tammuz 46, 89
Tamyris 53, 70
Telessilla 55
Tempel-Prostitution 57
Teng Ying-ch'ao 295
Teresa von Avila 133
Tertullian 111
Tescon, Trinidad 293
Thammus 89
Thatcher, Margaret 304
Theano 137
Theoderich 71
Theodora 78
Theodosius der Große 71
Theresa, Mutter 11
Theseus 54
Thomas von Aquin 21

Thomas, W. I. 26
Thomson, William 256 f., 261
Thoreau, Henry David 272
Thutmosis I. 49
Ti'amat 69
Tomatenwurf 302
Treue, sexuelle 36
Tristan, Flora 255 f.
Trotula 181
Trubnikova, Marya 262
Truth, Sojoner 253
Tschou En-lai 295
Tubman, Harriet 252 f.
Tyler, Harriet 226

Universitäten 156
Unterdrückung 14, 36
Urmutter-Theorie 21 f.

Vac 42
Vagina, vampirische 113
Valance, Jeanne 168
Valeria Messalina 78
Van Riebeck, Gouverneur 215
Vasco da Gama 161
Vaughan, Ärztin 275 f.
Veil, Simone 299, 304
Velasquez, Loreta 293
Venus 46
Venus-Statuetten 39 f.
Verhütung 267, 270 ff., 282 ff., 288, 296 ff.
Verhütungs-Zug 299
Verstümmelung, genitale 15, 92, 123 ff., 269
Vielmännerei 92
Viktoria 240, 243, 273
Villon, François 179
Vindication of the Rights of Women 255
Virbius 89
Vishnu 64
Voltaire 201

Wahlrecht 201, 243, 248, 258, 261 f., 264, 266, 283, 306
Walker, Elizabeth 146
Ward, Frieda 281

Ward, Mary 155
Washburn, Professor 32
Washington, George 189
Webb, Beatrice 243
Wei Fu-Jen 79
Weibchen-Rolle 250
Wells, H. G. 30, 32
Werkzeugmacher 20
White Dalrymple, Learmonth 262
Wilde, Arzt 283
Willard, Emma H. 262
Williams, Eleanor 168
Wilson, Isabel 207
Witwen 180
Witwenverbrennung 15, 127 f., 263
Wollstonecraft, Mary 254 ff.
Wolstenholme Elmy, Elizabeth 266
Woolf, Virginia 14, 157
Woolley, Hannah 260

Wortley Montague, Lady Mary 260
Wu Chao 104

Xenophon 72
Xiang Jingyu 295
Xiulonen 75
Xochiquetzel 69

Ymir 42

Zarathustra 105, 115
Zassenhaus, Hiltgunt 291
Zeitalter der Königinnen 147 ff.
Zenobia 78
Zetkin, Clara 290, 306
Zeus 62, 87, 96
Zoe 147, 149
Zubaidah 95
Zunähen 124
Zwangsehen 119

Serie Piper

FRAUEN

1343

1476

1511

1323

1259

1508

Christiane Olivier

F wie Frau

256 Seiten, gebunden mit Schutzumschlag

Christiane Olivier, die bekannte französische Psychoanalytikerin, nimmt sich weiterhin der Fragen an, die ihr, spätestens seit ihrem Bestseller »Jokastes Kinder«, ganz offenkundig am Herzen liegen. Im Gespräch mit einer Gynäkologin handelt sie die Lebensstadien der Frau ab – Kindheit, Reife, Wechseljahre und Alter. Wichtig ist ihr vor allem die Kindheit, weil hier die Beziehungsmuster für das spätere Leben festgelegt werden. Wichtig ist aber, nicht nur aus medizinischer Sicht, auch die hormonelle Kondition, durch die über Jahrhunderte hinweg das Frausein in einer Weise determiniert war, die heute keine Gültigkeit mehr haben kann. »Frauen müssen sich sowohl psychisch als auch physisch kennenlernen, damit sie sich so akzeptieren können, wie sie sind«. Diese Forderung stellt Christiane Olivier ihrem Buch voran, und es ist ihr gelungen, ein »Begleitbuch« durch die Lebensstadien der Frau zu schaffen, in dem all das steht, was die Frauen eigentlich immer schon gewußt haben – nur haben sie vielleicht nie gewagt, dieses Wissen auch zuzugeben.

ECON Verlag
Postfach 30 03 21 · 4000 Düsseldorf 30